U0105014

古典文獻研究輯刊

三六編

潘美月・杜潔祥 主編

第29冊

《曝書亭集詩注》校證
（第二冊）

陳開林 著

國家圖書館出版品預行編目資料

《曝書亭集詩注》校證（第二冊）／陳開林 著 -- 初版 -- 新北市：花木蘭文化事業有限公司，2023〔民112〕

目 10+236 面；19×26 公分

（古典文獻研究輯刊 三六編；第 29 冊）

ISBN 978-626-344-287-0（精裝）

1.CST：中國詩 2.CST：詩評

011.08   111022060

ISBN-978-626-344-287-0

古典文獻研究輯刊

三六編　第二九冊　　　　　　ISBN：978-626-344-287-0

《曝書亭集詩注》校證（第二冊）

作　　者　陳開林
主　　編　潘美月、杜潔祥
總 編 輯　杜潔祥
副總編輯　楊嘉樂
編輯主任　許郁翎
編　　輯　張雅淋、潘玟靜　美術編輯　陳逸婷
出　　版　花木蘭文化事業有限公司
發 行 人　高小娟
聯絡地址　235 新北市中和區中安街七二號十三樓
　　　　　電話：02-2923-1455 ／傳真：02-2923-1452
網　　址　http://www.huamulan.tw 信箱 service@huamulans.com
印　　刷　普羅文化出版廣告事業
初　　版　2023 年 3 月
定　　價　三六編 52 冊（精裝）新台幣 140,000 元　　版權所有‧請勿翻印

《曝書亭集詩注》校證
（第二冊）

陳開林 著

目次

曝書亭集詩注卷五

嘉興　楊　　謙　纂

秀水　吳光昭　參

昭陽單閼癸卯

永嘉元日

官舍紅梅放，繁花一樹春。誰憐元日會，杜甫詩：「舊時元日會，鄉黨羨吾廬。」〔註1〕無復故鄉人。

元夕寄故鄉諸子

戍鼓動高城，青燈曖虛壁。為報故園人，天涯此元夕。

山雪

山雪消猶未，江梅凍已殘。龍蛇翻遠蟄，《易》：「尺蠖之屈，以求伸也。龍蛇之蟄，以存身也。」〔註2〕鳥雀凜《梅里詩鈔》作「靜」。相看。短服裝綿少，杜甫詩：「衣冷欲裝綿。」〔註3〕深杯入手乾。孟浩然詩：「當杯已入手。」〔註4〕今宵聞擊柝，轉憶北城寒。

夢中送祁六出關

酌酒一杯歌一篇，白居易《池上篇》：「時飲一杯，或吟一篇。」沙頭落葉何紛然。朔方此去幾時返，南浦送君真可憐。遼海月明霜滿野，陰山風

〔註1〕《遠懷舍弟穎觀等》。
〔註2〕《繫辭下》。
〔註3〕《陪鄭廣文遊何將軍山林十首》其六。
〔註4〕《春中喜王九相尋》。

動草連天。《史記‧秦本紀》:「自榆中竝河以東屬之陰山。」〔註5〕《通典》:「陰山,唐為安北都護府。」《北史》:「北齊神武使斛律金唱《敕勒》:『敕勒川,陰山下。天似穹廬,籠蓋四野。天蒼蒼,野茫茫,風吹草低見牛羊。』」〔註6〕**紅顏白髮雙愁汝**,按:祁六母商氏名景蘭,字媚生,妻朱氏,名德蓉,字趙璧,皆善吟詠。**欲寄音書何處傳**。李白詩:「欲寄音書那可聞。」〔註7〕

憶河豚二首《本草》:「河豚,江淮河海皆有之。腹白,背有赤道如印。目能開合,觸物即嗔,腹脹如氣球,故人以物撩而取之。」

正月河豚美,嘗時下箸貪。未應居海曲,翻遣憶江南。野老匙真滑,杜甫詩:「老人他日愛,正想滑流匙。」〔註8〕**西施乳更甘**。《藝苑雌黃》:「吳人珍之,目其腹腴為西施乳。」〔註9〕**還持春酒榼,爛醉與朋簪**。

下若槎頭鱠,松江巨口鱸。蘇軾《赤壁賦》:「巨口細鱗,狀如松江之鱸。」〔註10〕**嘉魚吾所欲,美味爾終輸。一食輕生慣**,《輟耕錄》:「東坡先生在資善堂與人談河豚之美,云:『據其味,真是消得一死。』」**頻年入饌無。故鄉弛海禁,應得飽春廚**。

賦得歸雁寄曹使君雲中

萬里南來雁,歸飛又一群。三江重泛泛,二月正紛紛。顧影愁官燭,謝承《後漢書》:「巴祇為揚州刺史,與客暗飲,不然官燭。」〔註11〕**懷書望浦雲。關門他夜月,應得故人聞**。

〔註5〕按:非出《秦本紀》,實出卷六《秦始皇本紀》。
〔註6〕按:《北史》未見。洪邁《容齋隨筆》卷一《敕勒歌》:
魯直《題陽關圖》詩云:「想得陽關更西路,北風低草見牛羊。」又集中有《書韋深道諸帖》云:「斛律明月,胡兒也,不以文章顯,老胡以重兵困敕勒川,召明月作歌以排悶。倉卒之間,語奇壯如此,蓋率意道事實耳。」予按:古樂府有《敕勒歌》,以為齊高歡攻周玉壁而敗,恚憤疾發,使斛律金唱敕勒,歡自和之。其歌本鮮卑語,詞曰:「敕勒川,陰山下,天似穹廬,籠罩四野。天蒼蒼,野茫茫,風吹草低見牛羊。」魯直所題及詩中所用,蓋此也。但誤以斛律金為明月,明月名光,金之子也。歡敗於玉壁,亦非困於敕勒川。
〔註7〕《思邊》。
〔註8〕《佐還山後寄三首》其二。
〔註9〕又,趙彥衛《雲麓漫鈔》卷五:「河豚腹脹而斑狀甚醜,腹中有白曰訥,有肝曰脂,訥最甘肥,吳人甚珍之,目為西施乳。」
〔註10〕《後赤壁賦》。
〔註11〕《御定佩文韻府》卷九十一之二。

舍弟彝鑒遠訪東甌喜而作詩

急難逢令弟，《詩》:「兄弟急難。」〔註12〕謝靈運《酬從弟惠連》:「末路值令弟。」訪我自江東。頓喜羈愁豁，兼聞道里通。晴江空翠裏，春草亂山中。知汝南來日，西陵定遇風。謝惠連有《西陵遇風獻康樂詩》。

題朱十江東見弟詩後　　諸九鼎〔註13〕

有客傳朱十，江東見弟詩。長城四十字，孰敢近偏師。

永嘉雜詩二十首

松台山《浙江通志》:「郡治之西曰松台山。」

蒼蒼山上松，颯颯松根雨。松子落空山，朝來不知處。

斜川

九曲斜川水，《溫州府志》:「永嘉東南有大九曲河、小九曲河。」分流到海濱。金釵河上月，《府志》:「金釵河在鎮海門內。」留照浣紗人。《名勝志》:「相傳謝靈運遊石門，入沐鶴溪，見有二女浣紗，嘲以詩。」

青牛塢

我行白鹿城，《名勝志》:「當晉立郡時，乃跨山為城，因名斗城。及始事，忽有白鹿銜花而至，又名鹿城。」曉入青牛塢。長嘯不逢人，松門已亭午。

春草池《府志》:「永嘉東南積穀山有春草池。」《甌江逸志》:「謝靈運西堂春草池在華蓋山下，即夢惠連得句之所。靈運嘗流觴於此。今遺跡尚存。」

謝公去已久，空餘池上樓。謝靈運《登池上樓》:「池塘生春草，園柳變鳴禽。」春風園柳色，朝夕使人愁。

太玉洞《浙江通志》:「華蓋山在郡治東下，有容成洞，為道書第十八洞，容成太玉之天。上有石龜池、青牛谷、丹井、老松、泉之勝。」《甌江逸志》:「永嘉縣學在華蓋山下，署中有一井甚古，相傳仙子所開。井上刻『容成太玉洞天』六字，書法遒古可愛，相傳為王羲之書。」

亭亭五粒松，《名勝志》:「上有三生石、五粒松。」《酉陽雜俎》:「松凡言兩粒、

〔註12〕《小雅·常棣》。
〔註13〕《曝書亭集》作「錢塘諸九鼎駿男」。

五粒，當言鬣。五粒松皮不鱗。」華蓋神君宅。風吹寸草生，依然綠袍色。《古詩》：「青袍似春草，長條從風舒。」〔註14〕

東山《方輿勝覽》：「東山在子城西南二里，一名海壇。」

　　判向花前醉，何難典縕袍。江南春可樂，策馬自蘭皋。《楚辭》：「步余馬於蘭皋兮。」〔註15〕

南亭《方輿勝覽》：「南亭在郡南一里許。」

　　薄雲雨初霽，返照南亭夕。如逢秋水生，我亦西歸客。謝靈運《遊南亭》：「逝將候秋水，息景偃舊崖。」

西射堂《浙江通志》：「西射堂在城西南一十里。或云亦謝靈運所建。靈運嘗鳴琴其中，超然有物外之想。」

　　已見官梅落，還聞谷鳥啼。王維詩：「已見寒梅發，復聞啼鳥聲。」〔註16〕愁人芳草色，綠徧射堂西。

北亭《方輿勝覽》：「北亭在州東五里。《圖經》云：『太守謝靈運於此與吏民別詩云云。』」

　　日落空水深，潮回春岸白。時有看山人，江南望江北。

孤嶼

　　孤嶼題詩處，中川激亂流。謝靈運《登江中孤嶼》：「亂流趨正絕，孤嶼媚中川。」相看風色暮，未可纜輕舟。

謝客巖見卷四《舟行》。

　　朝看白雲飛，暮看白雲宿。聞有山阿人，曾歌白雲曲。

花柳塘

　　山雪初消盡，春塘亂水喧。州人還幾日，相見樂遊原。《西京雜記》：「漢宣帝樂遊廟，一名樂遊苑，亦名樂遊原。基地最高，四望寬敞。」〔註17〕

〔註14〕《古詩五首》其四（穆穆清風至）。

〔註15〕《離騷》。

〔註16〕《雜詩三首》其三。

〔註17〕《陳檢討四六》卷十九《王母張孺人哀辭》「樂遊原左」注。按：（宋）程大昌《雍錄》卷六《唐曲江》、（宋）王應麟《玉海》卷一百七十一《宮室・漢樂遊苑》引此語，注出「《兩京新記》」。

吹臺《浙江通志》：「吹台山在縣南二十里，廣袤二十餘里，上有王子晉吹笙臺。」《西峰字說》：「上有飲崔泉，石池生椅桐及笙簫竹。梁邱遲為守，採琹料寄吳興柳惲，即此山也。」

仙人留吹臺，近在南山麓。上有半死桐，枚乘《七發》：「龍門之桐高百尺而無枝，其根半死半生。」下有孤生竹。《周禮》：「孤生之管。」《注》：「竹特生者。」《古詩》：「冉冉孤生竹。」〔註18〕

吳橋港《府志》：「吳橋在永嘉縣十都。」葉適詩：「對面吳橋港，西山第一家。有林皆橘樹，無水不荷花。」〔註19〕

聞說吳橋港，荷花百里開。當年王內史，五月櫂船回。《方輿勝覽》：「郡志：自百里坊至平陽嶼一百里皆荷花。王羲之自南門登舟賞荷花即此也。」〔註20〕

白水漈《溫州府志》：「永嘉城北八里永嘉山西崖有瀑，名白水漈。」

雲峰斷人行，活活風泉落。知有山桃花，青春發紅萼。謝靈運詩：「山桃發紅萼。」〔註21〕

斤竹澗謝靈運《遊名山志》：「神子溪南山與七里山分流，去斤竹澗數里。」

谷口啼清猨，岩花泫深露。謝靈運《從斤竹澗越嶺溪行》：「猨鳴誠知曙，谷幽光未顯。岩下雲方合，花上露猶泫。」美人兮不來，風篁自朝暮。

瞿谿《名勝志》：「岷岡山在城西三十五里。宋邑人戴溪築室其上，稱岷隱先生以此。亂峰環簇，如蓮花瓣。深潭邃谷，郭溪之水出焉。郭溪之水繞於瞿谿山，又繞雄谿山，合流入會昌湖。」

鳥驚山月落，樹靜谿風緩。法鼓響空林，已有山僧飯。見卷四《黃龍寺》。

華嚴山《浙江通志》：「羅峰山立於羅溪之上，又三里曰華嚴山。王羲之帖云『近得華嚴石塊頗佳』，即此岩也。」

聞昔華嚴寺，頻經逸少過。洮河流石研，《宋史·河渠志》：「黃河至積石，經河州，過臨洮，合洮河，東北流至蘭州，始入中國。」《洞天清錄》：「除端、歙二石

〔註18〕《古詩十九首》其八。
〔註19〕《西山》。
〔註20〕卷九。
〔註21〕《酬從弟惠連詩》其五。

外，惟洮河綠石，北方最貴重，綠如藍，潤如玉，發墨不減端溪下岩。」〔註22〕未若此中多。

上戍渡 《溫州府志》：「永嘉江在十三浦，一曰上戍浦。」

　　月露下檣烏，天風靜江樹。何處夜歸人，歷歷沙中語。

綠嶂山 《臨江逸志》：「郭若虛《畫論》有陶弘〔註23〕景《永嘉邑居圖》。考之地志，如木流嶼、永寧山、綠嶂山、白泉、烏石，均為弘〔註24〕景流寓之區，見有遺跡存焉。」

　　谿山百里陰，霜葉鳴琴瑟。試鼓丘中琴，定有幽人出。

雨

　　城晚吹煙霧，風回渡水雲。入林初漠漠，潤礎旋紛紛。《淮南子》：「山雲蒸，柱礎潤。」〔註25〕響愛青荷葉，涼思白練裳。西堂有官燭，《溫州府志》：「府內有西堂，即謝靈運夢弟惠連得『池塘生春草』之句處。」更遣夜深聞。杜甫詩：「應得夜深聞。」〔註26〕

七夕

　　遠客清樽夕，虛堂玉露秋。關山頻北望，河漢已西流。杜甫《十六夜翫月》：「舊挹金波爽，皆傳玉露秋。關山隨地闊，河漢近人流。」葉落他鄉樹，砧催故國樓。孟浩然詩：「不見穿針婦，空懷故國樓。」〔註27〕今宵看織女，未必詣牽牛。《續齊諧記》：「桂陽成武丁有仙道，謂其弟曰：『七月七日織女當渡河，諸仙悉還宮。吾向已被召，不得停，與爾別矣。』弟問曰：『織女何事渡河？』曰：『織女暫詣牽牛。』明日，失武丁。至今云織女嫁牽牛。」

東甌王廟 《史記·東越傳》：「孝惠三年，舉高帝時越功，曰閩君搖功多，其民便附，乃立搖為東海王，都東甌，世俗號東甌王。」〔註28〕先生《東甌王廟碑》：「歲在癸卯，

〔註22〕以上兩條見《御定佩文韻府》卷二十二之二，原見《宋史》卷九十一、《洞天清錄·洮河綠石硯》。
〔註23〕「弘」，底本、石印本作「宏」。
〔註24〕「弘」，底本、石印本作「宏」。
〔註25〕《說林訓》。
〔註26〕《喜雨》。
〔註27〕《他鄉七夕》。
〔註28〕卷一百一十四。

予遊永嘉，乃得謁王之廟於縣治之東華蓋山之下。」〔註29〕

九牧維揚外，《書》：「六卿分職，各率其屬，以倡九牧。」〔註30〕又：「淮海惟揚州。」〔註31〕三江霸越餘。王，句踐之後，同長沙王吳芮率百越師從漢祖入關滅楚。〔註32〕入關從漢約，見卷四《劉文成祠》。遵海裂秦墟。豪俊宜如此，艱難氣不除。《魏志·張邈傳》：「元龍湖海之士，豪氣不除。」〔註33〕策功尸〔註34〕項籍，分壤接無諸。《史記·東越傳》：「閩越王無諸及越東海王搖者，其先皆越王句踐之後也，姓騶氏。秦已併天下，皆廢為君長，以其地為閩中郡。及諸侯畔秦，無諸、搖率越歸鄱陽令吳芮，從諸侯滅秦。漢擊項籍，無諸、搖率越人佐漢。漢五年，復立無諸為閩越王，王閩中故地。」〔註35〕跡異尊黃屋，見卷二《越王臺》。忠能奉簡書。長沙堪伯仲，見《越王臺》。百濮定何如。《左傳》：「麇人率百濮伐楚。」〔註36〕萬古開王會，孤城指帝車。永嘉城象北斗，號斗城。〔註37〕《史記·天官書》：「斗為帝車，運於中央。」〔註38〕《名勝志》：「晉郭璞謂郡城象鬥者，華蓋、松臺、郭公、海壇四山為斗魁，積穀、巽吉、仁王三山為斗柄，黃土、靈官二山為輔弼也。」靈旐存髣髴，過客盡欷歔。殿瓦年頻坼，霜林日漸疎。躑踞山鬼立，王延壽《魯靈光殿賦》：「虬龍騰驤以蜿蟺，頷若動而躑踞。」苔蘚石堂虛。側想風雲會，《後漢·二十八將傳·論》：「前世以為上應二十八宿，未之詳也。然能感會風雲，奮其志〔註39〕勇，稱為佐命，亦各志能之士也。」乘時草昧初。遠途今日暮，《史記·伍子胥傳》：「吾日暮途遠。」〔註40〕下拜獨躊躕。

華陽精舍贈源上人《般若經》：「佛言若菩薩一心行阿耨菩提心不散亂，是名上人。」

支公櫪上馬，《世說》：「支道林嘗養數匹馬，或言道人畜馬不韻。支曰：『貧道

〔註29〕《曝書亭集》卷六十九。

〔註30〕《周官》。

〔註31〕《禹貢》。

〔註32〕國圖藏本眉批：「三江」句下注係原注。

〔註33〕《三國志》卷七。

〔註34〕「尸」，康熙本《曝書亭集》同，四庫本《曝書亭集》作「居」。

〔註35〕卷一百一十四。

〔註36〕文公十六年。

〔註37〕此係自注。

〔註38〕卷二十七。

〔註39〕「志」，《後漢書》卷二十二《朱景王杜馬劉傅堅馬列傳》作「智」。

〔註40〕卷六十六。

重其神駿耳。』」〔註41〕謝客郡東山。繫馬林亭外，看山日暮還。瑤華猶未折，謝靈運：「瑤華未堪折。」〔註42〕桂樹尚堪攀。試醉陶潛酒，《高僧傳》：「僧惠遠居廬山東林寺，與劉遺民等十八賢同修淨土，中有白蓮池，因號蓮社。以書招陶淵明，淵明：『若許飲酒，即往。』師許之，遂造焉。」狂歌白石間。

郡東山對月有懷週四吉亥陳大忳吳二周瑾

《浙江通志》：「溫州府治東華蓋山，一名東山。」吳字虎文，秀水廩生。

白露侵亭幔，涼煙滿桂叢。如何秋色裏，不與故人同。蕭颯聞風葉，飛揚見羽蟲。南樓滅明燭，佇望海雲東。

秋日對酒江心寺同高石埭駿升作二首

《浙江通志》：「縣北曰孤嶼山，在永寧江中，東西兩峰相峙，其麓有江心寺。」高，秀水山。順治丙戌舉人。官石埭知縣。池州府石埭縣，漢丹陽地，梁石埭。

謝監尋山日，江童擊汰迎。《楚辭》：「齊吳榜以擊汰。」〔註43〕寒潮天外落，秋草渡頭生。歷覽窮孤嶼，謝靈運《登江中孤嶼》：「江南倦歷覽。」逍遙倚化城。《法華經》：「有一道師〔註44〕以方便力化作一城，於是眾人盡入化城。」行廚深樹裏，乳酒正須傾。《升菴外集》：「《孝經緯》曰：『酒者，乳也。』梁張率《對酒詩》『如花良可貴，似乳更堪珍』，杜子美詩『山城乳酒下青雲』，本此。」〔註45〕

驟雨連山暗，回風病葉飛。入林初緩帶，改席忽沾衣。客醉從高枕，川長得斷磯。扁舟憐范蠡，鰕菜久忘歸。杜甫詩：「鰕菜久忘范蠡船。」〔註46〕《述異記》：「洞庭湖中有釣洲，昔范蠡乘扁舟至此，遇風，釣於洲上，刻石記焉。有一陂，陂中有范蠡魚。」

雨

斷續江天雨，涼風滿戶庭。轉添秋草綠，更洗暮山青。積霧猶沉樹，明河早見星。南亭有歸客，朝夕待揚舲。

〔註41〕《言語第二十一》。
〔註42〕《南樓中望所遲客詩》。
〔註43〕《涉江》。
〔註44〕「師」，石印本作「士」。
〔註45〕《升菴集》卷五十七《乳酒》。
〔註46〕《贈韋七贊善》。

夜渡永嘉江入黃嶴《名勝志》：「永嘉江在北門外，舊名慎江，一名蜑江。」《集異記》云：「唐元和中，韋宥於江漵沙中得箏弦，引之蜿蜒舒展，投江中，化為白龍飛去，故稱蜑江。一名永嘉江。」

絕岸蒼茫水，窮山斷續風。雨歸沉黑蜦，《淮南子》：「子牛粹毛，宜於廟牲。其致雨不若黑蜦。」〔註47〕高誘曰：「黑蜦，虵也。潛於神泉，能致雲雨。」川暝失丹楓。華髮垂垂短，悲歌處處同。最憐中澤裏，深夜有哀鴻。《詩》：「鴻雁于飛，集于中澤。」〔註48〕

送吳二先輩還漢陽

漢南歸思繞晴川，湓浦西風送客船。《廬山記》：「江州有青盆山，故其城曰湓城，浦曰湓浦。」《一統志》：「湓浦在今九江府城西。」莫上武昌門外望，斷腸楊柳似當年。《晉書》：「陶侃鎮武昌，嘗課諸營種柳，都尉夏施盜官柳植之於己門。侃後見，駐車問曰：『此是武昌西門前柳，何因盜來？』施惶怖謝罪。」〔註49〕

九月十四日夜月

坐惜如珪月，江淹《別賦》：「秋月如珪。」懷人歷九秋。梁元帝《纂要》：「秋月亦曰九秋。」關山仍遠道，西北有高樓。見卷四《天際樓》。苦憶前溪別，見卷四《吳興客夜》。應添少婦愁。王昌齡詩：「閨中少婦不知愁。」〔註50〕清輝憐玉臂，杜甫《月夜》：「香霧雲鬟濕，清輝玉臂寒。」獨自下簾鉤。

返照

反照開寒峽，江城入翠微。明霞飛不落，獨鳥去還歸。是處聞吹角，高樓尚曝衣。《西京雜記》：「太液池西有漢武帝曝衣樓，七月七夕宮女出後衣曝之。」山家多畏虎，應各掩柴扉。

孤嶼亭對月

皎月空江滿，寒雲萬里收。纖毫瞻顧兔，《楚辭》：「夜光何德，死則又育？

〔註47〕《齊俗訓》。

〔註48〕《小雅·鴻雁》。

〔註49〕卷六十六。

另，國圖藏本眉批：武昌楊柳，詩家習用，此特藉以言今昔之感耳，與陶侃事何涉耶？

〔註50〕《閨怨》。

厥利維何，而顧兔在腹？」〔註51〕忧忽動潛虯。望遠高樓笛，行歌半夜舟。杜甫詩：「半夜有行舟。」〔註52〕南征有鴻雁，相傍宿沙頭。

雨渡永嘉江夜入栢溪《浙江通志》：「《永嘉記》云：『秦時從海上浮來。』相近曰永寧山，又名麻江山，峰巒相屬，綿亙數里。下有溪，曰栢溪。」

落日下崦嵫，《淮南子》：「日入崦嵫，經細柳，入虞泉之地。」〔註53〕飛雨自崇墉。駕言出北郭，泛舟橫東江。近岫既凌縅，謝靈運詩：「登棧亦凌〔註54〕縅。」遙岑亦蒙籠。蔥青水竹交，乃有樵逕通。潛虯寒載蟄，海鷗夕來雙。顧望雲葉開，張星昏已中。《淮南子》：「昏張中則務種穀。」〔註55〕《晉書‧天文志》：「張六星主珍寶宗廟所用及衣服，又主天廚飲食賞賚之事。星明則王者行五禮，得天之中。」〔註56〕荒岡響哀狖，枉渚遵輕鴻。故鄉日以遠，川路靡克終。寄言薜蘿客，歲宴期來同。

題廊下村主人壁

江城獨客一千里，海月愁人十上絃。夢裏還家無長物，天涯歸思逼殘年。飢寒僮僕今何有，雨雪關山劇可憐。珍重主人投轄飲，〔註57〕幾回把酒意茫然。杜甫詩：「把酒意茫然。」〔註58〕

華壇望雁宕山歌贈方十三朱生朱十八振嘉《夢溪筆談》：「溫州雁蕩山，天下奇秀，然自古圖牒未嘗〔註59〕有言者。祥符中，因造玉清宮，伐山取材，方有人見之。此時尚未有名。按西域書，《阿羅漢諾矩羅贊》有『雁蕩經行雲漠漠，龍湫晏坐雨

〔註51〕《天問》。
〔註52〕《十六夜玩月》。
〔註53〕（宋）吳淑《事類賦》卷一。按：《淮南子‧天文訓》原作：「日入於虞淵之汜，曙於蒙谷之浦。」
〔註54〕「凌」，《從斤竹澗越嶺溪行》作「陵」。
〔註55〕《主術訓》。
〔註56〕卷十一。
　　另，國圖藏本眉批：按：《淮南子》：昏張中則務種穀，大火中則種黍菽，虛中則種宿麥，昂中則收斂蓄積。分四時言之。而《堯典》鳥火虛昂，而易鳥為張者，張為朱鳥七宿之一也，則張星昏中乃在春月。而此詩作於初冬，似悞用。注引《晉‧天文志》，更無謂。
〔註57〕國圖藏本眉批：《漢書》：「陳遵，字孟公。性好客，每會飲，取客轄投井中，雖有急，不得去。」
〔註58〕《重過何氏五首》其五。
〔註59〕「嘗」，石印本無。

濛濛』之句。此山南有芙蓉峰，有芙蓉驛，前瞰大海。然未知雁蕩、龍湫所在。因伐木，始見此山。頂有大池，相傳以為雁蕩。下有二潭水，以為龍湫。又有經行峽、晏坐峰，皆後人以貫休詩名之也。」〔註60〕《浙江通志》：「雁蕩山在樂清縣東九十里，高四十里。上有湖，方可十里，水長不涸。春雁歸時，多宿於此，故名。」

　　我昔逢羽人，迢迢歷滄海。貽我神山雁宕圖，玉笈金箱至今在。王勃詩：「玉笈三山記，金箱五嶽圖。」〔註61〕夢想忘歸亭上游，《溫州府志》：「雁山有忘歸亭。」琪花瑤草幾春秋。《十洲記》：「仙家有琪花瑤草。」崩流一萬丈，濯足大龍湫。薛應旂《雁蕩山志》：「山有大、小龍湫。大龍湫在西谷，自石壁絕頂瀉下，高五千丈，隨風旋轉，變態百出。小龍湫在東谷，從岩溜中飛流而下，高三千丈。」邇來作客荒山道，杜甫詩：「三年饑走荒山道。」〔註62〕欲往層崖事幽討。杜甫詩：「脫身事幽討。」〔註63〕方君遇我顏色親，朱子更覺人情好。杜甫詩：「相逢苦覺人情好。」〔註64〕攬環結佩山澤間，杜甫詩：「攬環結佩相終始。」〔註65〕樂酒今夕須歡顏。《詩》：「樂酒今夕。」〔註66〕登華壇之絕頂，眺雁宕之回巒。雲容容兮欲雨，《楚辭》：「表獨立兮山之上，雲容容兮而在下。」〔註67〕水嘈嘈兮下山。遙岑出沒，不可以悉數，但見哀禽雜獸日暝而俱還。君不見宗少文，當年意興真軼群。名山臥遊不得見，眼前圖畫空紛紛。《梁書·宗炳傳》：「字少文。妙琴書，工圖畫。遠公結白蓮社，炳其一也。以疾還江陵，乃作諸名山圖於室，曰惟當臥遊耳。」〔註68〕君不見謝康

〔註60〕卷第二十四《雜志一》。
〔註61〕《尋道觀》。
〔註62〕《乾元中寓居同谷縣作歌七首》其七。
〔註63〕《贈李白》。
〔註64〕《戲贈閿鄉秦少公短歌》。
〔註65〕《荊南兵馬使太常卿趙公大食刀歌》。
〔註66〕《小雅·頍弁》。
〔註67〕《九歌》。
〔註68〕《陳檢討四六》卷十五《微大銀臺柯素培先生六十壽言啟》「五嶽圖中燭榮，光於南戒」注。
　　　　按：《宋書》卷九十三《隱逸列傳·宗炳》：「宗炳，字少文，南陽涅陽人也。……妙善琴書，精於言理，每遊山水，往輒忘歸。征西長史王敬弘每從之，未嘗不彌日也。乃下入廬山，就釋慧遠考尋文義。……好山水，愛遠遊，西陟荊、巫，南登衡嶽，因而結宇衡山，欲懷尚平之志。有疾還江陵，歎曰：『老疾俱至，名山恐難遍睹，唯當澄懷觀道，臥以遊之。』凡所遊履，皆圖之於室，謂人曰：『撫琴動操，欲令眾山皆響。』」又見《南史》卷七十五《隱逸列傳上》。

樂，《宋書·謝靈運傳》：「襲封康樂侯。」〔註69〕跡近名山遠城郭。咫尺丹梯竟未登，沈存中《雁山記》：「謝靈運守嘉日，佳山水遊歷殆遍，獨不言此山，蓋當時未有雁蕩之名。」〔註70〕江南江北徒丘壑。我今得偕二子從，遙看一百二高峰。〔註71〕《甌江逸志》：「雁蕩山有東西內外谷，諸峰險怪，皆包在諸谷之中。嶺外望之，都無所見。東外谷之峰五，東內谷之峰四十八，西內谷之峰與西外谷之峰各二十有四，建寺十有八。」陸深《雁山圖記》：「東谷之峰五十有三，西谷之峰四十有八，謂之百一峰。」彈琴坐待天邊月，攜手同行石上松。荊榛極天路參錯，惆悵平生遠遊諾。謝靈運詩：「始果遠遊諾。」〔註72〕安得仙人相贈九節笻，《列仙傳》：「王烈曾受赤城老人九節蒼藤杖，行地，馬不能追。」杜甫詩：「安得仙人九節杖。」〔註73〕招爾雲中兩黃鶴。

病橘

　　病橘何年植，巡簷許數過。他鄉淹歲月，此樹漸婆娑。《晉書·殷仲文傳》：「此樹婆娑，無復生意。」〔註74〕滿院飛蟲繞，空庭落日多。向來懷袖意，《吳志·陸績傳》：「年六歲，謁見袁術。登筵懷橘，拜而墮地。術問其故，曰：『將以遺母。』術甚奇之。」〔註75〕華實竟蹉跎。

西陵後感舊

　　潘安曾對酒，見卷四《西陵感舊》。吳質數論文。《魏志》：「吳質，字季重，濟陰人。以文才為文帝所善。為朝歌長，官至振威將軍。」〔註76〕魏文帝有《與朝歌令吳質書》。舊史悲難續，斯人意不群。一為江海別，司空曙詩：「故人江海別。」〔註77〕遽作死生分。凄斷山陽笛，那堪歲歲聞。

文丞相祠 《浙江通志》：「孤嶼山麓有江心寺，寺中有文丞相祠。」

　　尚憶文丞相，當年此誓師。《廣輿記》：「天祥自鎮江浮海至溫，寓江心寺，

〔註69〕卷六十七。
〔註70〕《夢溪筆談》卷第二十四《雜志一》。
〔註71〕國圖藏本眉批：「一百二峰」當作「一百一峰」，原本疑悮。
〔註72〕《富春渚詩》。
〔註73〕《望嶽》。
〔註74〕卷九十九。
〔註75〕《三國志》卷五十七。
〔註76〕《三國志》卷二十一。
〔註77〕《雲陽館與韓紳宿別》。

欲號召豪傑從海道為戰守計，當國者沮之，留詩寺中而去。」訏成猶轉戰，事去只題詩。文天祥《江心寺》：「孤臣涕泗如此水，恨不從帝崆峒遊。」竹柏空祠屋，牲牢尚歲時。鴟夷他日恨，異代有同悲。謂永嘉諸生鄒維則也。〔註78〕

歸次皋亭山作《臨安志》：「皋亭山，《唐書·地里志》：『錢塘縣有皋亭山。』」《祥符經》云：「今屬仁和縣，在縣之東北二十里。」

去年雨雪桃花嶺，見卷四《絲丹楓驛曉行》。此日煙波橋李船。相值皋亭山上月，離家一十二回圓。於鄴詩：「家去幾千里，月圓十二迴。」〔註79〕滄江遊子愁心劇，白髮高堂望眼穿。白居易詩：「白頭吟處變，青眼望中穿。」〔註80〕行李自憐垂橐返，田園生計轉茫然。《梅里詩鈔》作「逢人羞澀一囊錢。」

閼逢執徐甲辰

別李繩遠按：李斯年於是年六月之滇南。

鴻雁歲北向，鷦鴣日南征。見卷二《大庾嶺》。棄置父母邦，各事萬里行。我遊逾上谷，《順天志》：「秦為上谷漁陽地，晉、唐曰范陽。」君去適昆明。《一統志》：「滇池在雲南府城南，一名昆明池。」迢迢異鄉縣，邈若參辰星。見卷一《東飛伯勞歌》。登艫即長道，祖席依修坰。俯視溝水流，卓文君《白頭吟》：「躞蹀御溝上，溝水東西流。」仰見浮雲平。居人有餘戚，況乃衢路情。昔賢重離別，努力期修名。忠信苟不渝，川陸猶戶庭。日邁月斯邁，《詩》：「我日斯邁，而月斯征。」〔註81〕暑往寒再更。但令長相思，何慮不合併。

送孫處士默還黃山杜濬《送孫無言歸黃山序》：「新安孫子無言僑居廣陵有年矣。一日，忽遍告友生曰：『默且歸黃山。』於是諸友生之能言者，多為文以贈其行。」《徽州府志》：「黃山在府城西北一百二十里，有峰三十二，水源三十六，溪二十八，洞十八，岩八。第四峰有泉，沸如湯，常湧丹砂，浴之能愈風疾。世傳黃帝嘗與容成子、浮丘公合丹於此。」

蕪城客散亂烏啼，《寰宇記》：「蕪城即揚州城，古為邗溝城也。漢以後荒毀，

〔註78〕此係自注。
〔註79〕《寄北客》。
〔註80〕《江樓夜吟元九律詩成三十韻》。
〔註81〕《小雅·小宛》。

宋文士鮑明遠為賦，即此。」**別業黃山路不迷。後夜相思秋色遠，月明三十二峰西**。李白詩：「黃山四千仞，三十二蓮峰。」〔註82〕

淮陰城下作《水經注》：「淮水古岸即淮陰也。」《南畿志》：「淮陰故城去治西北四十里，韓信釣於城下，即此。」

岸柳行將遍，郊扉日漸昏。淮陰十萬戶，誰解飯王孫。《史記‧淮陰侯傳》：「信釣於城下，諸母漂，有一母見信飢，飯信。信謂漂母曰：『吾必有以重報母。』母怒曰：『大丈夫不能自食，吾哀王孫而進食，豈望報乎！』」〔註83〕

七夕雨

七夕他鄉雨，孤舟下相城。《漢書‧地理志》：「臨淮郡縣。下相。」《水經注》：「睢水又東南流，逕下相縣故城南。」**戍樓連樹黑，漁火隔河明。且展輕衾臥，難沾濁酒傾。故園兒女在，相憶定含情**。

黃河夜月

落月黃河曲，《爾雅》：「河百里一小曲，千里一直一曲。」**先秋白露寒。牽牛何皎皎**，《古詩》：「迢迢牽牛星，皎皎河漢女。」〔註84〕**桂樹此團團**。李白《古朗月行》：「仙人垂兩足，桂樹作團團。」**直北程難計，天南淚不乾。居人掩閨夕，知己夢長安**。

謁先賢仲子祠《山東通志》：「先賢仲子祠在兗州府濟寧州南四十里仲家淺。」

光岳鍾青帝，《漢書‧郊祀志》：「秦宣公作密畤於渭南，祭青帝。」〔註85〕**明禋配素王**。〔註86〕《論語摘輔象》：「仲尼為素王，左丘明為素臣。」**世家猶不泯，俎豆儼成行。力養嗟何及**，《家語》：「孔子曰：『由也，事親可謂生事盡力，死事盡思者也。』」〔註87〕**長貧更可傷**。見卷四《永嘉除日》。**如聞琴瑟在，千載感升堂**。

〔註82〕《送溫處士歸黃山白鵝峰舊居》。
〔註83〕卷九十二。
〔註84〕《古詩十九首》其十。
〔註85〕卷二十五上。
〔註86〕國圖藏本眉批：《家語》：「齊太史子余歎美孔子云：『天其素王之乎！』」
〔註87〕《致思第八》。

分水廟酬高大佑釲《山東通志》：「分水龍王廟在兗州府汶上縣西南三十里運河上，汶水西注，分流於此。」〔註88〕高字念祖，嘉興人。貢生。有《懷寓堂詩》。《說鈴》：「朱十彝尊詩才雋逸，文尤跌盪可觀。然性好飲酒，嘗與高念祖佑釲入都，每日暮泊舟，輒失朱所在。及高往求之，則朱已闌入酒肆中，醉臥壚下矣。」

落月西風動戍樓，津亭官柳繫輕舟。行人莫唱思歸調，《樂府題解》：「晉石崇亦有《思歸引》，但歸河陽所居。若劉孝威，備言思歸之狀而已。」汶水南來已北流。《說文》：「汶，水。出〔註89〕琅邪朱虛東泰山，東入濰。」桑欽說：「汶水出泰山萊蕪，西南入沛。」〔註90〕

守凮清源驛凡五日不得度《山東通志》：「清源驛在東昌府臨清州東水門外。」

清源驛路接幽燕，《史記‧燕世家》：「周武王之滅紂，封召公於北燕。」《索隱》：「在今幽州薊縣故城是也。」顏延之《赭白馬賦》：「旦刷幽燕，晝秣荊越。」日日沙頭但繫船。五兩南風空自好，王維詩：「惡說南風五兩輕。」〔註91〕無由吹送衛河邊。《一統志》：「衛河在山東府德州城西，本衛漳、黃河諸水合流。」

臨清州大寧寺《名勝志》：「臨清州在東昌府城西北一百二十里。」《山東通志》：「大寧寺在東昌府臨清縣城西。」

西北浮雲過雨晴，香臺落日散高城。遠煙歸鳥忽雙下，法鼓空林時一鳴。江海幾人懸夢寐，詩書無地問柴荊。勞生擾擾成何事，目極關山萬里情。

曉發東光縣《一統志》：「東光縣在河間府景州城北七十里。」

際曉投前路，沖寒祗縕袍。關河仍鼓角，舟楫已風濤。落月金樞動，木華《海賦》：「攬轡於金樞之穴。」疏煙土〔註92〕銍高。見卷四《繇丹楓驛》。謀生宜有策，筋力爾徒勞。

〔註88〕國圖藏本眉批：明李燧《宋尚書祠堂記》：「永樂初，命工部尚書宋禮修元運河。用老人白英計，作壩於戴村，橫過汶勿東流，令盡出於南旺，分為二水。以其三南入於漕河，以接徐、呂；以其七北會於臨清，以合漳、衛。」
　　按：文載謝肇淛《北河紀》卷八，「橫」下原有「互五里」。
〔註89〕「出」，底本誤作「山」，據《說文》改。石印本正作「出」。
〔註90〕國圖藏本眉批：按：曾彥和云：汶水有二。出萊蕪縣原山入濟者，徐州之汶也。出朱虛縣泰山入濰州，青州之汶也。則《說文》與桑欽二說各別，不應並引。
〔註91〕《送楊少府貶郴州》。
〔註92〕「土」，四庫本《曝書亭集》作「上」。

青縣同高大佑鉅雨泊《一統志》：「青縣在河間府城東一百五十里。」

黃河秋潦急，群盜正紛紛。去遠驚秋半，愁多語夜分。空城寒更雨，哀角斷還聞。正值南飛雁，嗷嗷度海雲。

董子祠〔註93〕《一統志》：「董子祠在河間府景州治東南崇臺上，舊有祠，在西南廣川鎮。唐宋碑刻猶存。」

漢日江都相，《漢書‧董仲舒傳》：「少治《春秋》。武帝即位，而仲舒以賢良對策焉。冊曰：『善言天者，必有徵於人。』對策畢，天子以仲舒為江都相，事易王。而說《春秋》事得失，《聞舉》、《玉杯》、《繁露》、《清明》、《竹林》之屬，複數十篇。」〔註94〕荒祠舊水濱。玉杯存俎豆，青簡重天人。夕鳥窺園下，《董仲舒傳》：「下帷講誦，蓋三年不窺園。」〔註95〕秋花裛露新。淒涼不遇賦，董仲舒有《士不遇賦》。千載一沾巾。

八月十五夜集天津曹武備斌官舍分韻得牀字《孫氏南征紀略》：「天津衛，故直沽地，東連海上，傍水，村落悉號曰沽。」曹，嘉興人。順治乙未進士。官守備。

北里商歌倚笛牀，杜甫詩：「青〔註96〕霄近笛牀。」層城秋色轉蒼涼。關河西望猶千里，時余將適雲中。〔註97〕烏鵲南飛更幾行。冷露自零叢桂樹，深杯無那鬱金香。習池不改山翁興，倒載還同舊葛疆。

高博士恒懋席上留贈公子緝睿二首恒懋，直隸靜海人。順治己亥進士。

列席先投轄，升堂喜盍簪。飄零忘薊北，風物盡江南。滄酒瓷甖滿，張梨白露甘。潘岳《閑居賦》：「張公大谷之梨。」杜甫詩：「張梨不外求。」〔註98〕留連如意舞，《語林》：「王戎與諸人談，以如意指林公曰：『阿柱，汝憶搖櫓時否？』」庾信《對酒歌》：「王戎如意舞。」更與阿戎談。《晉書‧王戎傳》：「阮籍謂渾曰：『濬沖清爽，非卿倫也。共卿言，不如共阿戎談。』」〔註99〕

〔註93〕四庫本《曝書亭集》無此詩。
〔註94〕卷五十六。
〔註95〕卷五十六。按：《史記》卷一百二十一《儒林列傳‧董仲舒》：「下帷講誦，弟子傳以久次相受業，或莫見其面，蓋三年董仲舒不觀於舍園，其精如此。」另，國圖藏本眉批：「窺園」不必引本傳。
〔註96〕「青」，《數陪李梓州泛江有女樂在諸舫戲為豔曲二首贈李》其二作「青」。
〔註97〕此係自注。
〔註98〕《題張氏隱居二首》其二。
〔註99〕卷四十三。

西陸清秋候，〔註100〕《易通統圖》：「日行西方白道曰西陸。」東山舊宅開。見
卷四《逢楊二給事》。壺觴兼日夕，文詠許追陪。且為看花起，還愁上馬回。
春風倚歸櫂，賭墅定重來。見卷四《山陰苦雨》。

出居庸關《畿輔通志》：「居庸關在順天府昌平州西北三十里。」

居庸關上子規啼，《庚申外史》：「己亥至正十九年，居庸關子規啼。」飲馬
流泉落日低。雨雪自飛千嶂外，榆林祇隔數峰西。韓翃詩：「曉月暫飛千樹
裏，秋河隔在數峰西。」〔註101〕

土木堡

平蕪一簣狼山下，見卷四《于忠肅祠》。九月驅車白霧昏。到眼關河成
故跡，傷心土木但空屯。元戎苦戰翻迴蹕，見《于忠肅祠》。諸將論功首奪
門。《明紀》：「天順元年，徐有貞、石亨、張軏等薄南宮城，毀垣壞門而入，奉上皇
升奉天殿復位，逮少保于謙等下獄，斬于謙等於東市。上與李賢言迎駕奪門之事，賢
對曰：『迎駕則可，奪門二字豈可示後？』又大封迎駕奪門功臣，封有貞為武功伯。」
早遣金繒和社稷，見《于忠肅祠》。祠官誰奉裕陵園。□□□□□〔註102〕：「裕
陵在石門山，距獻陵西三里，自獻陵碑亭前分西為裕陵神路，路有小石橋，碑亭北有
橋三道，皆一空，平刻雲花殿，無後門，榜曰裕陵，碑曰大明英宗睿皇帝之陵，余竝
如景陵，寶城如獻陵。垣內及冢上樹存一百七十株。」《蕭松錄》：「裕陵園在景陵園西。
邊貢詩：『祠官如可乞，長奉泰陵園。』」

孫思九鈜曰：「白骨青山，英雄何處。為問當年，宗祊不墜，北狩重還，果伊誰
之力耶？令讀者一字一淚。」

宣府鎮《畿輔通志》：「明洪武二十六年，置宣府前衛，附郭宣府鎮城，屬萬金都指
揮使司。」

高城西北控燕《清詩初集》作「幽」。都，吹角清秋落日孤。尚憶武皇
巡玉塞，《晉書・載記・論》：「控弦玉塞，躍馬金山。」〔註103〕親從鎮國剖金符。

〔註100〕按：石印本此處有注：「西陸，昂也。」
〔註101〕《宿石邑山中》。
〔註102〕按：底本、石印本此處空五格，係引用文獻之出處。此注文出《昌平山水記》
（見《欽定日下舊聞考》卷一百三十六、《欽定古今圖書集成・方輿彙編・坤
輿典》卷一百三十、《方輿彙編・職方典》卷五十），則所缺五字可知。
〔註103〕卷一百二十六。

《明史藁》:「武宗十三年九月癸丑,降手敕曰:『總督軍務威武大將軍總兵官朱壽,親統六師,肅清邊境,特加封鎮國公』」謝朓《思歸賦》:「拖銀黃之沃若,剖金符之陸離。」**宮槐御柳今蕭瑟,虎圈鷹坊舊有無**。陸啟浤《客燕雜說》:「西苑之北,有虎豹圈。」**邊事百年虛想像,誰誇天險塞飛狐**。《漢書·酈食其傳》:「拒飛狐之口。」〔註104〕《一統志》:「飛狐口在山西大同府廣昌縣,北入懷仁縣界。」庾信詩:「雄辨塞飛狐。」〔註105〕

　　孫思九鉉曰:「語婉而刺,深得詩人忠厚之旨。」

上谷道中

　　急雪千山下,渾河萬里流。《一統志》:「盧溝河在順天府西南,本桑乾河,俗呼渾河,亦曰小黃河。」**搖鞭逢漢使,走馬入雲州**。《一統志》:「大同府,唐開元中置雲州。」

苦寒行《樂府解題》:「晉樂。奏魏武帝『北上太行山』,備言冰雪谿谷之苦。或謂北上行,蓋因武帝作此辭,今人傚之。」

　　九州皆可歷,賈誼《弔屈原賦》:「歷九州而相其君兮,何必懷此都也?」**何為雲中居**。見卷四《送曹侍郎》。**聽我歌苦寒**,《太平御覽》:「《郡國志》曰:『雲中五原唾出口成冰』,言苦寒也。」〔註106〕**泣下沾衣裾**。一解。**寒風利如刀**,王昌齡詩:「水寒風似刀。」〔註107〕白居易詩:「風頭向夜利如刀。」〔註108〕**雪花大如席**。李白詩:「燕山雪花大如席。」〔註109〕**重裘如束水,安問絺與紵**。二解。《吳越春秋》:「伍子胥曰:『越王夏被毛裘,冬御絺紵。』」**白日無光晶**,吳筠詩:「白日盡無光。」〔註110〕李白詩:「日月慘光晶。」〔註111〕**驚沙但茫茫。捨我四方事,土室獨摧藏**。三解。劉琨詩:「抱膝獨摧藏。」〔註112〕**白登自言高**,《括地志》:「朔州定襄縣,本漢平城縣。東北三十里有白登山,山上有臺。」《樂府》:

〔註104〕卷四十三。按:早見《史記》卷九十七《酈生列傳》,「飛」作「蜚」。
〔註105〕《預麟趾殿校書和劉儀同詩》。
〔註106〕卷一百六十三《雲州》。
〔註107〕《塞下曲四首》其二。
〔註108〕《房家夜宴喜雪戲贈主人》。
〔註109〕《北風行》。
〔註110〕《雍臺》。
〔註111〕《古風》其三十四。
〔註112〕《扶風歌》。

「南山自言高，只與北山齊。」乃是太古雪。漚洟自言深，《水經注》：「水自汾出，為汾陂。南接鄔。《地里〔註 113〕志》曰：『九日〔註 114〕在北，并州藪也。』《呂氏春秋》謂之大陸，又名漚洟之澤，俗謂之鄔城。」《一統志》：「嘔夷河在大同府蔚州境。」腹堅不可裂。四解。《禮》：「季冬之月，冰益盛，水澤腹堅。」〔註 115〕斧冰持作糜，魏武帝《苦寒行》句。餔〔註 116〕糜糜已冰。《樂府》：「妾與君共餔糜。」〔註 117〕展轉長宵中，謝靈運詩：「展轉長宵半。」〔註 118〕晨夙不得興。五解。《詩》：「夙興夜寐。」〔註 119〕攬衣未及帶，陸機詩：「攬衣有餘帶。」〔註 120〕手龜俱倫切。血出漉。《莊子》：「宋人有善為不龜手之藥者。」〔註 121〕《注》：「不龜謂凍不皸瘃也。」《樂府》：「心中惻，血出漉。」〔註 122〕嚴霜割我面，哽咽不得哭。六解。男兒可憐蟲，《樂府·企喻歌》句。出門思故鄉。寧飲吳市酒，不樂邯鄲倡。七解。《樂府·相逢行》：「堂上置樽酒，作使邯鄲倡。」

傷歌行漢樂府有《傷歌行》。

北風其涼，《詩》。〔註 123〕雨雪如擣。棲棲素冠，《詩》：「庶見素冠兮。」〔註 124〕行彼周道。一解。《詩》。〔註 125〕蟹則有筐，蟬則有緌。《禮》：「成人曰：蠶則績而蟹有匡，範則冠而蟬有緌，兄則死而子臯為之衰。」〔註 126〕父喪不葬，按：安度先生卒於癸卯仲冬，時未殯在堂。誰憐我為。二解。瞻彼桓山，有革其羽。《家語》：「孔子在衛，聞哭者之聲甚哀。回曰：『此哭聲非但為死者而已，又有生別離者也。』子曰：『何以知之？』曰：『回聞桓山之鳥生四子焉，羽翼既成，

〔註 113〕「里」，石印本作「理」。
〔註 114〕「日」，《水經注》卷六作「澤」。按：此注錄自江浩然《曝書亭詩錄》，亦作「澤」。
〔註 115〕《禮記·月令》。
〔註 116〕「餔」，四庫本《曝書亭集》作「鋪」，誤。
〔註 117〕《東門行》。
〔註 118〕《秋懷詩》。
〔註 119〕《衛風·氓》。
〔註 120〕《擬行行重行行詩》。
〔註 121〕《逍遙遊》。
〔註 122〕《平陵東》。
〔註 123〕《邶風·北風》。
〔註 124〕《檜風·素冠》。
〔註 125〕《小雅·何草不黃》。
〔註 126〕《禮記·檀弓下》。

將分於四海，其母悲鳴而送之，哀聲有似於此，謂其往而不返也。』子使人〔註127〕問哭者，果曰：『父死家貧，賣子以葬，與子長決。』」**載鳴載揚，忽失其侶。三解。力行雖疾，不如奮飛。**《詩》：「不能奮飛。」〔註128〕**遠望雖高，不如早歸。**四解。《古詩》：「遠望可以當歸。」〔註129〕又：「客行雖云樂，不如早旋歸。」〔註130〕**凡百君子，**《詩》。〔註131〕**庶幾心惻。翳桑之饑，**《左傳》：「晉侯飲趙盾酒，伏甲將攻之。初，宣子田於首山，舍於翳桑，見靈輒餓，問其病。曰：『不食三日矣。』食之。既而〔註132〕與為公介，倒戟以御公徒而免之。問何故，對曰：『翳桑之餓人也。』」〔註133〕**可以報德。**五解。

十月十四日夜同曹使君雲州對月

發軔自徂暑，王濟詩：「發軔將先起。」〔註134〕《詩》：「六月徂暑。」〔註135〕**息軫及玄冥。**《禮》：「孟冬之月，其神玄冥。」〔註136〕**迢迢沙際月，皎皎雲中明。皋禽警朔吹，**謝莊《月賦》：「聆皋禽之夕聞，聽朔管之秋引。」《注》：「《詩》曰：『鶴鳴于九皋。』皋禽，鶴也。《枹朴子》曰：『峻櫟獨立而皋禽之響振也。』朔管，羌笛。《說文》曰：『管，十二月位在北方，故云朔。』」《風土記》：「鳴戒露。此鳥性警，至八月白露降流於草上，滴滴有聲，因即高鳴相警，移徙所宿處，慮有變害也。」**別葉辭苦〔註137〕莖。青霜降北陸，**《左傳》：「日在北陸而藏冰。」〔註138〕**參井緬縱橫。**《一統志》：「太原府。天文，參井分野。」**主人託嘉藻，休澣寡所營。**鮑照《翫月》：「休澣自公日。」**悟彼行役艱，曲宴奏中誠。清樽湛瑤席，**見卷四《石門懷古》。**兔首亦以烹。**《詩》：「有兔斯首，炮之燔之。」〔註139〕**但言音塵**

〔註127〕「人」，石印本無。
〔註128〕《邶風・柏舟》。
〔註129〕《悲歌》。
〔註130〕《古詩十九首》其十九（明月何皎皎）。
〔註131〕《小雅・雨無正》。
〔註132〕石印本此處有「得」字。
〔註133〕宣公二年。
〔註134〕《文選》二十三《拜陵廟》詩李善注引。
〔註135〕《小雅・四月》。
〔註136〕《禮記・月令》。
〔註137〕「苦」，江浩然《曝書亭詩錄》卷四作「若」，疑是。著者另整理《曝書亭詩錄》，可參腳注。
〔註138〕昭公四年。
〔註139〕《小雅・瓠葉》。

闕，謝莊《月賦》：「美人邁兮音塵闕，隔千里兮共明月。」豈意良覿並。謙謙君子柄，《易》：「謙謙君子。」〔註140〕又：「謙，德之柄也。」〔註141〕習坎美不盈。《易》：「習坎：有孚。」〔註142〕又：「水流而不盈。」〔註143〕澄輝矢相照，慰我殷憂情。

十五日夜月

重陰積邊亭，張協詩：「烽火列邊亭。」〔註144〕風候異揚粵。《漢書·南越王傳》：「略定揚粵。」〔註145〕駢筵集親懿，復此亭上月。杜甫詩：「人煙復此亭。」〔註146〕析析靜衰林，謝靈運詩：「析析就衰林，皎皎明秋月。」〔註147〕斐斐滿層闕。清砧無緩響，素雲屢興沒。謝靈運詩：「陰霞屢興沒。」〔註148〕客情易為懷，謝靈運詩：「客〔註149〕情易為盈。」庶用慰寂蔑。謝靈運詩：「音塵慰寂蔑。」〔註150〕哀鴻逝不居，流芳久雲歇。劉休玄詩：「誰為客行久，屢見流芳歇。」〔註151〕天道互虧盈，《易》：「天道虧盈而益謙。」〔註152〕物理信昭昧。《莊子》：「昔日吾昭然，今日吾昧然。」〔註153〕詩人戒太康，職思永無忽。《詩》：「無已太康，職思其居。」〔註154〕霜露日夜零，故鄉渺難越。悽愴遊子心，獨坐待明發。

十六日夜席上贈陳孝廉容永孝廉戍邊。〔註155〕陳字直方。

暑運方代序，感此成鬱陶。良友縶白駒，芳酒永今宵。團圞東城月，

〔註140〕《謙》初六。
〔註141〕《繫辭下》。
〔註142〕《坎》卦辭。
〔註143〕《坎·象》。
〔註144〕《雜詩十首》其七（此鄉非吾地）。
〔註145〕卷九十五。
〔註146〕《宿白沙驛》。
〔註147〕《鄰里相送至方山詩》。
〔註148〕《遊赤石進帆海詩》。
〔註149〕「客」，《鄰里相送至方山詩》作「含」。
〔註150〕《鄰里相送至方山詩》。
〔註151〕《擬明月何皎皎詩》。
〔註152〕《謙·象》。
〔註153〕《知北遊》。
〔註154〕《唐風·蟋蟀》。
〔註155〕此係自注。「容永」、「孝廉戍邊」，四庫本《曝書亭集》無。

萬象仍光昭。謝靈運詩：「萬象咸光昭。」〔註156〕誰言容輝減，彌覺神理超。謝靈運詩：「道以神理超。」〔註157〕哀笛奮層樓，餘響薄風霄。謝靈運詩：「樵蘇限風霄。」〔註158〕悲哉遠征士，氣輻不得驕。枚乘《七發》：「邪氣襲逆，中若結輻。」沖魄會有宜，謝莊《月賦》：「朒朓警闕，朏魄示沖。」《古詩》：「夫婦會有宜。」〔註159〕盛滿誰能要。伯陽之流沙，《列仙傳》：「老子，姓李，名耳，字伯陽。生於殷時，為周柱下史。後周德衰，乃乘青牛入秦。過關，關令尹喜先見其氣，知有眞人當過。物色而遮〔註160〕之，果得老子。老子亦知其奇，為著書授之。後，喜與老子俱遊流沙之西，莫知所終。」箕子去商郊。《後漢書》：「昔箕子逢衰殷之運，避地朝鮮。」〔註161〕苟懷艱貞節，《易》：「利艱貞，晦而明也，內難而能正其志，箕子以之。」〔註162〕道德豈不劭。《史記·老子傳》：「老子西遊至關，關令尹喜曰：『子將隱矣，彊為我著書。』老子迺著上下篇，言道德之意五千言而去。」〔註163〕申章託微諷，撫景答長謠。

十七夜月

磊磊列宿明，婉婉塞日晚。盍簪數晨夕，吾道豈云遠。飛光上層軒，薄雲冒崇巘。迢迢界斜漢，惻惻引朔管。圓靈乍警闕，謝莊《月賦》：「圓靈水鏡。」素魄已辭滿。清輝寧有渝，潛德期日損。幽人貞素履，《易》：「利幽人之貞。」〔註164〕君子利往蹇。《易》：「蹇，利西南，往得中也。」〔註165〕擇術雖殊塗，心賞得所歁。感目既多顏，懷鄉匪異撰。申旦陳苦言，庶令勞者纂。

甲辰冬月朱十訪我塞上賦對月詩奉答三首　曹溶〔註166〕

昔我登羅浮，靈雲翼飛軒。炎光扇四序，曄曄神芝顏。有美儼相從，盛作遊覽言。芳蘭麗重堭，列植皆翩翩。洗爵命清醑，鱠鯉出丹淵。選

〔註156〕《從遊京口北固應詔詩》。
〔註157〕《從遊京口北固應詔詩》。
〔註158〕《石室山詩》。
〔註159〕《古詩十九首》其八（冉冉孤生竹）。
〔註160〕「遮」，《列仙傳》作「跡」，是。按：此注引自江浩然《曝書亭詩錄》。
〔註161〕卷一百十五《東夷傳·論》。
〔註162〕《明夷·象》。
〔註163〕卷六十三。
〔註164〕《歸妹》九二。
〔註165〕《蹇·象》。
〔註166〕《曝書亭集》作「同里曹溶潔躬」。

日駕輕檝，趺盪珠江前。矢口吐嘉藻，眾賓稱我賢。聿來雁門樓，轉瞬八九年。寒燠既殊軌，苦志何由宣。燦燦金張徒，凌忽若浮煙。賴有同心士，風雨仍勿愆。樂莫故交樂，遂賦明月篇。

月出照城闉，兵甲何洋洋。連山萬餘里，緜亙不可詳。列營慘清角，羽纛隨鳳翔。束芻徵近郊，飛駿蔚千行。獵火耀繁星，毳服御嚴霜。章甫謬司憲，飭躬戒無荒。蓬菅閉重闈，民俗偕吉康。方厓索處優，之子凌大江。弗效兒女仁，忼慨溢中腸。曠觀幽與並，回睇思故鄉。旦夕事遊燕，孤抱成匹雙。何意塵土區，逍遙奉圭璋。

圭璋慎中闕，黽勉循昔經。暫當展清輝，釋憤於邊庭。深雪蔽層阪，修柏含青英。匡世羨高度，緇塵詎能攖。短褐濟三冬，園葵待晨烹。麴房剪茅茨，靜見遊鴻徵。文籍繞四座，持酒忻共傾。開懷玩流景，哀樂全其貞。悠悠道路間，乃得親友生。恒岳有磐石，足以喻精誠。環顧王化周，冀方息交兵。卷組及良時，無為耽令名。

雲〔註167〕中至日

去歲山川縉雲嶺，今年雨雪白登臺。〔註168〕可憐日至長為客，杜甫詩：「年年至日長為客。」〔註169〕何意天涯數舉杯。城晚角聲通雁塞，喬寧《遊雁門山記》：「雁門山在代州北三十五里，志云以雁出其門，故名。一名雁門塞。」岑參詩：「雁塞通鹽澤，龍堆接醋溝。」〔註170〕關寒馬彭廷梅《國朝詩選》作「草」。色上龍堆。宋璟詩：「霞朝看馬色。」〔註171〕《漢書》：「豈為康居、烏孫能踰白龍堆而寇西邊哉？」〔註172〕《注》：「龍堆形如土龍身，無頭有尾，高大者二三丈，卑者丈餘，皆東北向，相似也。在西域中。」故園望斷江村裏，愁說梅花細細開。《嘉興府志》：「梅溪治南四十里，溪邊村落多樹梅，故名。」杜甫《尋花》：「繁枝容易紛紛落，嫩蕊商量細細開。」

〔註167〕「雲」，四庫本《曝書亭集》作「雪」。
〔註168〕國圖藏本眉批：《水經注》：「服虔曰：『白登，臺名也。去平城七里。』如淳曰：『平城傍之高城，若丘陵矣。』今平城東十七里有臺，即白登臺也。臺南對罡阜，即白登山也。」
〔註169〕《冬至》。
〔註170〕《北庭作》。
〔註171〕按：非宋璟詩，出（唐）席豫《蒲津迎駕》。
〔註172〕卷九十四上《匈奴傳上》。

雲中客舍曹武備自津門以筐蟹銀魚見寄賦謝二首

千里三沽使，《長安客話》：「三沽者，丁字沽、西沽、直沽，竝禹跡疏導之處。其曰丁字沽者，以河形三坌，如丁字也，合衛河、白河會於直沽，相縈入海。」傾筐異味傳。霜螯初入手，《晉書‧畢卓傳》：「嘗謂人曰：『得酒滿數百斛船，四時甘味置兩頭，右手持酒杯，左手持蟹螯，拍浮酒船中，便足了一生矣。』」〔註173〕臘月更須憐。重馬愁關吏，杜甫詩：「勞人重馬翠眉鬚。」〔註174〕吳見思《論文》：「驛使奔騰，另副一馬以防倒斃，故云重馬。」香秔憶野田。《唐書‧地理志》：「蘇州吳郡貢大小香秔。」江鄉好風物，罷酒數歸年。

水族殊鄉至，明燈夜不孤。雪花寒意減，玉盌近看無。反厭流匙滑，見前《憶河豚》。宜將剩酒沽。遙憐垂釣客，白首向江湖。

贈周參政名之恒，字月如，臨清人。官江西參政。罷官後移家江浦。

周君北地推風雅，幾載棲遲白門下。四壁蕭然竟罷官，知君亦是悠悠者。嵇康詩：「天下悠悠者，下京〔註175〕趨上京。」匹馬西來訪故人，相逢師友更情親。自言溽暑辭堂邑，《禮》：「土潤溽暑。」〔註176〕《漢書‧地理志》：「臨淮郡。堂邑。」〔註177〕不覺辛盤換早春。春晴風日官齋迥，翰墨於今數公等。畫品真同顧愷工，見卷二《贈高儼》。隸書遠見鍾繇竝。羊欣《筆陣圖》：「鍾繇，字元常。善三色書，最妙者八分書。」《書斷》：「元常隸、行入神，草、八分入妙。」貽我梅邊索句圖，江南春思到平蕪。按：先生有《百字令‧為曹使君題江南春思圖》，似參政所畫也。〔註178〕蒼苔濁酒尋常得，冷蕊疏枝何處無。杜甫詩：「巡簷索共梅花笑，冷蕊疏枝半不禁。」〔註179〕紇干山高凍飛雀，《一統志》：「紇真山在山西大同府城東北五十里。其山冬夏積雪，故諺曰：紇真山頭凍死雀，何不飛去生處樂。亦名紇干山。」健步移來總蕭索。杜甫詩：「安得健步移遠梅，亂插繁花向晴昊。」〔註180〕不見黃鬚細細開，惟愁白雪紛紛落。蘇

〔註173〕卷四十九。按：《世說新語‧任誕》：「畢茂世云：『一手持蟹螯，一手持酒杯，拍浮酒池中，便足了一生。』」

〔註174〕《解悶十二首》其十二。

〔註175〕「下京」，《答二郭詩三首》其一作「不能」。

〔註176〕《禮記‧月令》。

〔註177〕卷二十八上。

〔註178〕國圖藏本眉批：題外揣擬可刪。

〔註179〕《舍弟觀赴藍田取妻子到江陵喜寄三首》其二。

〔註180〕《蘇端薛復筵簡薛華醉歌》。

武城邊送別遲，《廣輿記》：「蘇武城在大同府城西北。」桑乾河上已流澌。見前《上谷道中》。遙將南浦離人曲，迸入西征橫笛詞。憐君此去壺關道，《漢書‧地理志》：上黨郡壺關縣有羊腸阪。〔註181〕《〈後漢‧袁紹傳〉注》：「路州上黨縣有壺口山，因其險而置關。」〔註182〕盍簪到處逢迎好。澤潞三時芳樹多，韓愈《平淮西碑》：「又明年平澤潞。」江風五月歸帆早。滄洲萬里憶田廬，流水柴門今尚虛。卜鄰倘就移家約，來共梅花溪上居。

絕塞

絕塞沖寒起，妖星逼歲除。《劉知柔碑》：「日有晨，歲有除。」孟浩然詩：「青陽逼歲除。」〔註183〕幾時離畢昴，《唐書‧太宗紀》：「貞觀十三年三月乙丑，有星孛於畢昴。」〔註184〕三見改蟾蜍。我友官中禁，《唐書‧李泌傳》：「出入中禁，事四君。」〔註185〕憂時獨上書。謂楊給事雍建時上疏，言彗星見，宜修省。〔註186〕先生《楊公神道碑》：「歲在甲辰冬，有星孛於翼軫，抵降婁。公之同官有言此名含譽星，為今天子受命之祥，非彗也。公上言：『宋咸平初，彗見營室。明成化中，彗掃三臺，出天田，入太微垣。考其時，或下詔求言，或允群臣言修省，故不為災。』天子以公從直建言可嘉，優旨答之，遂赦天下。」〔註187〕由來天道遠，《左傳》：「天道遠，人道邇，非所知也。」〔註188〕垂象果何如。《易》：「天垂象，見吉凶，聖人象之。」〔註189〕

旃蒙大荒落乙巳

長歌行《古今注》：「長歌、短歌，言壽命長短定分不妄求也。」

糾糾葛屨，《詩》。〔註190〕行彼中逵。《詩》：「施于中逵。」〔註191〕豈無

〔註181〕卷二十八上。
〔註182〕卷一百四上。
〔註183〕《歲暮歸南山》。
〔註184〕《舊唐書》卷三《太宗本紀下》、《新唐書》卷二《太宗本紀》。
〔註185〕《新唐書》卷一百三十九。
〔註186〕此係自注。
〔註187〕《曝書亭集》卷七十一《光祿大夫兵部左侍郎楊公神道碑銘》。
〔註188〕昭公十八年。
〔註189〕《繫辭上》。
〔註190〕《魏風‧葛屨》。
〔註191〕《周南‧兔罝》。

轅馬，登高則危。一解。姬姜誨淫，《左傳》：「雖有姬姜，無棄憔悴。」〔註192〕
《易》：「冶容誨淫。」〔註193〕吉士悼之。《詩》：「吉士誘之。」〔註194〕赫赫王
侯，左思詩：「赫赫王侯居。」〔註195〕竊鉤笑之。二解。《莊子》：「彼竊鉤者誅，
竊國者為諸侯。」〔註196〕羔羊之革，《詩》。〔註197〕可以禦冬。《詩》：「亦以御
冬。」〔註198〕狐貉雖溫，君子固窮。三解。誰謂松柏，微霜萎而。誰謂風
雨，雞鳴已而。四解。《詩》：「風雨如晦，雞鳴不已。」〔註199〕芻蕘者謀，先
民所度。《詩》：「先民有言，詢於芻蕘。」〔註200〕志士立言，《左傳》：「穆叔曰：
『太上有立德，其次有立功，其次有立言。』」〔註201〕豈必好爵。五解。《易》：「我
有好爵。」〔註202〕陟彼北山，《詩》。〔註203〕俯視崇丘。千秋萬歲，江淹《恨
賦》句。孰知我憂。六解〔註204〕。

短歌行《樂府題解》：「魏武帝『對酒當歌，人生幾何。』晉陸機『置酒高堂，怨歌
臨觴』，皆言當及時為樂也。」

　　飲酒當醉，拔劍當歌。杜甫《短歌行》：「王郎酒酣拔劍斫地歌莫哀。」人生
相知，樂豈在多。一解。相彼中林，枝葉猗儺。《詩》：「猗儺其枝。」〔註205〕
嚴霜一至，焜黃奈何。二解。《樂府》：「常恐秋節至，焜黃華葉哀。」〔註206〕飄
飄寒風，不知所屆。《詩》。〔註207〕豈曰無衣，《詩》。〔註208〕將子於邁。三
解。鳴鹿在囿，載食其蒿。《詩》：「呦呦鹿鳴，食野之蒿。」〔註209〕男兒墮地，

〔註192〕成公九年。
〔註193〕《繫辭上》。
〔註194〕《召南・野有死麕》。
〔註195〕《詠史詩八首》其四。
〔註196〕《胠篋》。
〔註197〕《召南・羔羊》。
〔註198〕《邶風・谷風》。
〔註199〕《鄭風・風雨》。
〔註200〕《大雅・板》。
〔註201〕襄公二十四年。
〔註202〕《中孚》九二。
〔註203〕《小雅・杕杜》。
〔註204〕「六解」，四庫本《曝書亭集》無。
〔註205〕《檜風・隰有萇楚》。
〔註206〕《長歌行》。
〔註207〕《小雅・小弁》。
〔註208〕《秦風・無衣》。
〔註209〕《小雅・鹿鳴》。

傅玄詩：「男兒墮地稱姝。」〔註210〕惜無錢刀。四解。明星在天，歐陽修《秋聲賦》：「星月皎潔，明河在天。」雨雪在野。我思故人，泣數行下。五解。《戰國策》：「安陵君泣數行下。」今夕不飲，來日大難。《樂府·善哉行》句。今者不樂，《詩》。〔註211〕來朝永歎。六解。

和朱十短歌行　鄭玥〔註212〕

北風烈烈，雨雪載塗。我思禦冬，旨蓄則無。一解。濯濯江湖，曷取其魚。緜緜遠道，曷策其車。二解。僕夫夙駕，攬子之祛。子無先路，俟我城隅。三解。尊有甘酒，不在百觚。俎有嘉肴，不在兩豝。四解。子有苑囿，當推我居。我有錢刀，當念子需。五解。蜉蝣迫暮，傳語蟪蛄。今者不樂，斯焉已夫。六解。

雁門關《一統志》：「雁門關在大同府馬邑，通代州界。」

南□□□〔註213〕作「白」。登雁門道，騁望勾注巓。《元和郡國志》：「勾注山在朔州鄯陽縣東八十里，代州雁門縣西北三〔註214〕十里，一名西陘山。」〔註215〕山岡鬱參錯，石棧紛鉤連。李白《蜀道難》：「天梯石棧相鉤連。」度嶺風漸微，□□□〔註216〕作「生」。入關寒未捐。□□□〔註217〕作「凜然」。層冰如玉龍，萬丈來蜿蜒。飛光一相射，我馬忽不前。抗跡懷古人，千載誠多□□□〔註218〕作「多豪」。賢。郅都守長城，烽火靜居延。《史記·酷吏傳》：「郅都為雁門太守。匈奴素聞郅都節，居邊，為引兵去，竟郅都死不近雁門。」〔註219〕《一統志》：「居延城在甘州東北，漢張掖郡居延縣治此。」劉琨發廣莫，吟嘯扶風篇。〔註220〕劉琨《扶風歌》：「朝發廣莫門，暮宿丹水山。」又：「攬轡命徒侶，吟嘯絕巖

〔註210〕《歷九秋篇》。
〔註211〕《秦風·車鄰》。
〔註212〕《曝書亭集》作「嘉興鄭玥隨始」。
〔註213〕「□□□」，石印本作「一本」。
〔註214〕「三」，石印本誤作「二」。
〔註215〕卷十八。
〔註216〕「□□□」，石印本作「又一本」。
〔註217〕「□□□」，石印本作「一本」。
〔註218〕「□□□」，石印本作「又一本」。
〔註219〕卷一百二十二。
〔註220〕國圖藏本眉批：《晉書·劉琨傳》：「永嘉元年，為并州將軍，領匈奴中郎將。後拜大將軍，都督并、冀、幽三州諸軍事。在晉陽，嘗為胡騎所圍，城中窘

中。」《注》:「扶風,地名。廣莫門,洛陽城門名。」《陝西通志》:「鳳翔府,漢扶風郡。」**偉哉廣與牧,勇略天下傳。**□□□〔註221〕刪此二語。《史記·李廣傳》:「廣嘗為隴西、北地、雁門、代郡、雲中太守,皆以力戰為名。」〔註222〕《廉頗傳》:「李牧者,趙之北邊良將也。嘗居代雁門,備匈奴。厚遇戰士,大破匈奴,十餘歲,匈奴不敢近趙邊城。」〔註223〕**時來英雄奮,事去陵谷遷。**《詩》:「高岸為谷,深谷為陵。」〔註224〕駱賓王詩:「吁嗟陵谷遷。」〔註225〕**數子**□□□〔註226〕作「古人」。**不可期,勞歌為誰宣。嗷嗷中澤鴻,**《詩》〔註227〕:「鴻雁于飛,集于中澤。」又:「鴻雁于飛,哀鳴嗷嗷。」**聆我慷慨言。**曹植《雜詩》句。

觀獵

白狼堆近雪嵯峨,《魏志·田疇傳》:「出盧龍,歷平岡,登白狼堆,去柳城二百餘里。」〔註228〕**風卷黃雲入塞多。盡道打圍春更好,夕陽飛騎兔毛河。**《一統志》:「兔毛河在山西大同府城西北一百二十里。」

晚次崞音郭縣《一統志》:「崞縣在山西太原府代州南六十里。」

百戰樓煩地,《史記·項羽紀》:「項王令壯士出挑戰,漢有善騎射者樓煩,楚挑戰三合,樓煩輒射殺之。」〔註229〕**三春尚朔風。雪飛寒食後,城閉夕陽中。行役身將老,艱難歲不同。**《漢書·賈誼傳》:「月異而歲不同矣。」〔註230〕**流移嗟雁戶,**《皇清詩選》作「婦子」。**生計各西東。**

按:孫鋐《皇清詩選》作朱彝政詩,評曰:「窮邊旅況,對此淒然。」

迫無計,琨乃乘月登樓清嘯,賊聞之,皆淒然長歎。中夜奏胡笳,賊又流涕歔欷,有懷土之意。向曉復吹之,賊並棄圍而走。」
按:「并州將軍」,《晉書》卷六十二原作「并州刺史」。

〔註221〕「□□□」,石印本作「又一本」。
〔註222〕卷一百九。
〔註223〕卷八十一。
〔註224〕《小雅·十月之交》。
〔註225〕《敘寄員半千》。
〔註226〕「□□□」,石印本作「又一本」。
〔註227〕《小雅·鴻雁》。
〔註228〕《三國志》卷十一。
〔註229〕卷七。
〔註230〕卷四十八。

滹沱河《寰宇記》：「滹沱河源出代州繁畤縣東南孤阜山。」《後漢書注》：「在今代州繁畤縣東〔註231〕，流經定州深澤縣東南，即光武所渡處，今俗猶謂之危渡口〔註232〕。」

滹沱河上流漸急，騎馬春冰滑可憐。百尺浮橋空斷板，孤城哀角動荒煙。愁顏送老飢寒日，絕塞因人雨雪邊。轉憶江鄉多樂事，花濃齊放五湖船。

將次山陰墮馬傷足張明府施大**枉顧逆旅餉酒賦謝二首**大同府山陰縣遼河陰，金改山陰。北有桑乾水。

可怪乘船客，今朝墮馬來。半人宣武笑，《襄陽耆舊傳》：「習鑿齒以腳疾廢於家巷，陷於苻堅。堅素聞其名與道安俱，輿而致焉。堅謂權翼曰：『昔晉氏平吳，利在二陸。朕取襄陽，惟得一人半。』翼曰：『誰耶？』堅曰：『安公一人，習鑿齒半人。』」長路步兵哀。地主逢傾蓋，天涯獨愛才。淹留憐逆旅，相餉竹根杯。庾信《謝趙王賜酒詩》：「野爐燃樹葉，山杯捧竹根。」《天中記》：「杜詩：『共醉終同臥竹根。』」《酒譜》云：『蓋以竹根為飲器也。』」段氏《蜀記》：「巴州以竹根為酒注子，為時珍貴。」

果見軒車至，倉皇啟夕扉。亦知寬禮數，強起著裳衣。涕淚餘生在，泥塗萬事非。遽方堅臥轍，《六帖》：「侯霸，臨淮太守。被徵，百姓攀轅臥轍不許去。」猶得藉光輝。

留贈王沙縣泰塤四首文端公家屏孫。〔註233〕大同山陰人。

黃閣先朝重，《漢舊〔註234〕儀》：「丞相聽事閣曰黃閣。」鄭氏注：「三公與天子禮秩相亞，故黃其閣以示謙。」清門絕塞存。杜甫詩：「將軍魏武之子孫，於今為庶為清門。」〔註235〕東山遺別墅，丙舍有諸孫。見卷七《龔尚書輓詩》。吳楚遊能徧，詩書道自尊。憑將飛蓋夕，聯騎問詞源。

墮馬愁方劇，欣逢出戶迎。人扶妨折足，〔註236〕家遠竟全生。翦韭當三月，《郭林宗別傳》：「友來，夜冒雨剪韭作餅。」浮杯及二更。孰知舟楫趣，欵欵話南征。

〔註231〕石印本「東」下有「南」字。
〔註232〕石印本「口」下有「也」字。
〔註233〕此係自注。
〔註234〕「舊」，石印本誤作「書」。
〔註235〕《丹青引贈曹將軍霸》。
〔註236〕國圖藏本眉批：杜甫詩：「此生已愧須人扶。」「折足」見《易》。

先臣典禮日，王鴻緒《朱國祚傳》：「萬曆二〔註237〕十一年，舉進士第一。二十六年，超擢禮部右侍郎。尚書余繼登卒，國祚攝部事。時皇長子儲位未定，冠婚踰期，國祚屢疏諫。攝尚書近二年，爭國本至數十疏，儲位卒定。」相國去官初。《王家屏傳》：「柄國止半載，又強半杜門，不獲展其志，以戇直去國，朝野惜焉。閱八年，儲位始定。」各建留侯策，《史記·留侯世家》：「上欲廢太子，立戚夫人子趙王如意。大臣多諫爭，未能得堅決者也。呂后恐，不知所為。人或謂呂后曰：『留侯善畫計策，上信用之。』」〔註238〕同傳賈傅書。〔註239〕文端公以爭建儲去國。至先文恪掌大宗伯，事章凡三十上，得允。〔註240〕聽歌增忼愾，優孟《忼愾歌》：「廉吏而可為者，當時有清名而不可為者，子孫困窮被褐而負薪。」話舊各欷歔。俯仰悲身世，相看計盡疏。

范甑萊蕪返，《後漢·范丹傳》：「桓帝時為萊蕪長，閭里歌之曰：『甑中生塵范史云，釜中生魚范萊蕪。』」〔註241〕王梟葉縣歸。《後漢書》：「王喬者，河東人也。顯宗世為葉令。喬有神術，每月朔望，常自縣詣臺朝，帝怪其來數而不見車騎，密令人伺望之。言其臨至，輒有雙梟從東南飛來。於是候梟至，舉羅張之，但得一隻鳧焉。」〔註242〕飢寒仍不免，子姓復何依。掛壁躚租詔，〔註243〕張羅欷客扉。《史記·鄭當時傳》：「下邳翟公為廷尉，賓客填門。及廢，門外可設雀羅。」〔註244〕由來被褐士，萬慮與時違。

將之晉陽留別包十二銘《漢書·地理志》：「太原郡。縣：晉陽，故《詩》唐國，晉水所出，東入汾。」〔註245〕包字西存，嘉興人。

客程冰雪阻蕭關，《唐書·地理志》：「大中五年，以蕭關置武州。」《括地志》：「隴山關在原州，即古蕭關。」蕙草芳時各未還。此去尚同千里月，相思知隔幾重山。

〔註237〕萬斯同《明史》卷二百四十《朱國祚傳》、張廷玉《明史》卷二百四十《朱國祚傳》均無「二」。
〔註238〕卷五十五。
〔註239〕國圖藏本眉批：按：賈誼上疏陳政事，中言：「天下之命懸於太子，太子之善在於早諭教與選左右。」
〔註240〕此係自注。
〔註241〕卷一百十一《獨行列傳》。
〔註242〕卷一百十二上《方術列傳上》。
〔註243〕國圖藏本眉批：崔寔《政論》引俚語曰：「州郡記，如霹靂。得詔書，俱掛壁。」
〔註244〕卷一百二十。
〔註245〕卷二十八上。

七馬坊《唐書·百官志》：「自京師西屬隴右，有七馬坊，置隴右三使領之。」〔註246〕

積潦黃蒿外，連岡黑霧中。轉愁人馬滑，真覺道途窮。陶穴遺深井，《言鯖》：「田地有橫土，有立土。西北橫土可以穴居。山西多窯房，即所謂陶復、陶穴也。立土不可穴居。」沙陀沒故宮。《五代·唐莊宗紀》：「其先本號朱邪，蓋出於西突厥，至其後世，別自號曰沙陀，而以朱邪為姓。」〔註247〕離程渺天末，九月斷征鴻。

再度雁門關時聞舍弟彝鑑病卒。〔註248〕按：千里先生卒於是年孟夏午日。

雁門關北雁初飛，萬里征人淚濕衣。回首秋風行已斷，天南消息到應稀。

夢寐

夢寐看兒女，沉吟泣數行。他時嘗獨立，永日見相將。張南史詩：「同人永日見〔註249〕相將。」去動憐渠小，杜甫詩：「世亂憐渠小。」〔註250〕歸應共我長。杜甫詩：「明年共我長。」〔註251〕雲山千萬里，誰道不思鄉。

捕虎詞

黃桑彎弧棘作笯，《爾雅》：「檿桑，山桑。」《注》：「似桑，材中作弓及車轅。」《疏》：「《冬官·考工記》云：『弓人取幹，柘為上，檿桑次之』是也。」村民少長齊捕虎。南山有鹿北有獐，何為駁我檻下羊。青天杲杲白日出，橫行大道終罹殃。君不見靈丘捕虎虎盡死，太原城中狼入市。

按：乙巳十月，懷仁縣獲乳虎一，靈丘縣虎出傷人，副使曹公誠守者索之山中，連殺其二，先生為之賦《捕虎詞》。

晉祠唐太宗碑亭題壁集杜《水經注》：「昔智伯遏晉水以灌晉陽，後人蹟其遺跡，蓄以為沼。沼西際山枕水，有唐叔虞祠。」先生《唐太宗晉祠碑銘跋》：「唐太宗自晉祠興師定天下，貞觀二十一年七月，御製碑文及銘，勒石於叔虞祠東隅。後人覆之以

〔註246〕《新唐書》卷四十八。

〔註247〕《新五代史》卷四。

〔註248〕此係自注。

〔註249〕「見」，《陸勝宅秋雨中探韻》作「自」。

〔註250〕《遣興》。

〔註251〕《又示宗武》。

亭。予嘗五至祠下，輒摩挲是碑，覽古興懷，集少陵野老詩句『文章千古事，社稷一戎衣』書於亭柱，富平李因篤子德見而賞其工，因遺書與予定交。」〔註252〕

步屨深林晚，〔註253〕春池賞不稀。〔註254〕文章千古事，〔註255〕社稷一戎衣。〔註256〕野日荒荒白，〔註257〕悲風稍稍飛。〔註258〕無由覿雄畧，〔註259〕寥落〔註260〕壯心違。

宋烈女行汪琬《宋烈女傳》：「烈女名典姐，家於蔚州之西崖頭。其父有懷，故農夫也。烈女性樸謹，不苟言笑。年十六，許嫁千字村人蘭州廝。蘭氏貧不能聘。康熙四年正月甫聘，而州廝暴死。訃至，烈女方舂穀，遽輟舂慟哭，欲以死殉者屢矣。父母多方譬慰之，意若稍解者。已而，乘其母出，徑裂蘭氏所聘羅數尺，縊死寢戶旁。」〔註261〕

紅羅持作帕，孔平仲詩：「香羅裁作帕。」〔註262〕素練持作巾。何必合衾幬，始為同心人。宋氏有女典，生長蔚州之野、《名勝志》：「蔚州在大同府東南二百五十里。」西崖之山。年紀十五餘，許配千字村。村民蘭州廝，大義結夫婦。忽登泰山籙，《樂府》：「齊度遊四方，各繫太山籙。人間樂未央，忽然歸東獄。」《博物志》：「太山，天帝孫也。主召人魂。東方，萬物始，故知人生命。」人壽不得久。女方曬穀，聞之聲悲哀。長跪告父母，兒當從黃泉下，信誓旦旦不可乖。《詩》：「信誓旦旦，不思其反。」〔註263〕父母向女言：尊章爾未事，《蠒衣生別記》：「顏師古曰：『尊章猶言舅姑也。』然其義亦無所解。」慎勿捐形軀，相保親父子。各各還室中，涕淚終不止。月正三十日，其日二十三。白日從東來，奄忽墮西南。闔門夜無人，女向空庭坐。攬我素練巾，接彼紅羅帕。徘徊寢室旁，自掛中門下。父母啟視，哽咽不得言。

〔註252〕《曝書亭集》卷四十九。
〔註253〕《獨酌》。
〔註254〕《陪王漢州留杜綿州泛房公西湖》。
〔註255〕《偶題》。
〔註256〕《重經昭陵》。
〔註257〕《漫成二首》其一。
〔註258〕《秋笛》。
〔註259〕《故武衛將軍輓歌三首》其三。
〔註260〕「寥落」，《夜》作「白首」。
〔註261〕汪琬《堯峯文鈔》卷三十五。
〔註262〕《子明棋戰兩敗輸張遏墨並蒙見許夏間出篋中所藏以相示詩索所負且堅元約》。
〔註263〕《衛風・氓》。

觀者四方至，歎息日暮還。童童部婁側，《左傳》：「部婁無松栢。」〔註264〕
《注》：「部婁，小阜。松栢，大木。喻小國異於大國。」《唐書·儒學傳》：「郎餘令博
於學，擢進士第，授霍王元軌府參軍事。從父知年，亦為王友。元軌每曰：『郎家二賢
皆入府，不意部婁而松柏為林也。』」〔註265〕乃有松栢林。誰言寸草荄，乃有
松柏心。《禮》：「如松柏之有心也。」〔註266〕

明妃曲

上林消息斷歸鴻，《漢書·蘇武傳》：「常惠教使者，言天子射上林中，得雁，
足有繫帛書，言武等在某澤中。」〔註267〕記抱琵琶出漢宮。〔註268〕《西京雜記》：
「元帝後宮既多，不得常見，乃使畫工圖形，案圖召幸之。時宮人皆略畫工。獨王嬙
不肯，遂不得見。匈奴入朝，求美人為閼氏，於是上按圖，以昭君行。及去，召見，
貌為後宮第一，帝悔之。窮案其事，畫工毛延壽等同日棄市。」〔註269〕石崇《王明
君辭序》：「昔公主嫁烏孫，令琵琶馬上作樂，以慰其道路之思。其送明君，亦必爾也。」
紅頰近來憔悴盡，李白《王昭君》：「昭君拂玉鞍，上馬啼紅頰。」郭元振《王昭
君》：「容顏日憔悴，有甚畫圖時。」白居易《王昭君》：「愁苦辛勤憔悴盡，如今卻似
畫圖中。」〔註270〕春風更遜畫圖中。杜甫《詠懷古蹟》：「畫圖省識春風面。」

柔兆敦牂丙午

臺駘廟《冢廟記》：「臺駘神廟在晉澤南。」

鳳鳥書官後，《左傳》：「我高祖少皥摯之立也，鳳鳥適至，故紀於鳥，為鳥師而
鳥名。」〔註271〕鴻荒障澤年。神功開白壤，《書》：「冀州厥土惟白壤。」〔註272〕

〔註264〕襄公二十四年。
〔註265〕卷一百九十九《儒學列傳中》。
〔註266〕《禮記·禮器》。
〔註267〕卷五十四。
〔註268〕國圖藏本眉批：馬上琵琶本烏孫公主事，後人因石崇《明君詞序》中想當然
之言，遂以為明君實事。又石崇《詞序》「令琵琶馬上作樂」，只言隨從之人，
而後人竟以為明君自抱琵琶。承謬已久，前人曾辨之。此亦襲唐人之悞。
〔註269〕卷二。
〔註270〕國圖藏本眉批：意與郭元振詩同。
〔註271〕昭公十七年。
〔註272〕《禹貢》。

帝系出金天。《左傳》：「昔金天氏有裔子曰昧為、玄冥、師生、允格、臺駘。臺駘能業其官，宣汾洮，障大澤，以處太原。帝用嘉之，封諸汾川，沈、姒、蓐、黃，實守其祀。今晉主汾而滅之矣。繇是觀之，則臺駘汾神也。」〔註273〕**分野捫參次**，李白《蜀道難》：「捫參歷井仰脅息。」**山川奠禹先**。《書》：「禹敷土，隨山刊木，奠高山大川。」〔註274〕**按圖移岸谷，紀遠昧星躔。亂水汾洮別，諸姬沈姒聯。唐風誰始祀**，《左傳》：「遷實沈於大夏，主參，唐人是因。」〔註275〕**魯史至今傳。簫鼓橫流散**，見卷一《捉人行》。**風沙急溜穿。勢曾吞北漢**，《宋史》：「北漢劉繼元，并州太原人。祖崇漢。祖之弟高勳，策為大漢神武皇帝。歷四王，至繼元。太祖親征，遂降。」〔註276〕**潤亦被西邊**。《書》：「東漸於海，西被於流沙。」〔註277〕**璧馬黃河竝**，《史記·河渠書》：「於是天子以用事萬里沙，則還自臨決河，沉白馬、玉璧於河，令群臣從官自將軍以下皆負薪置決河。」〔註278〕**雲旗玉井旋**。《詩》：「維南有箕。」〔註279〕《疏》：「參傍有玉井，則井星在參東，故稱東井。」《宋史·天文志》：「玉井四星在參左足下，主水泉以給庖廚。」〔註280〕**軒裳存想像，憑弔一茫然。**

送趙三湛還永年湛字秋水，又字石鷗，永年人。《一統志》：「永年縣，廣平府附郭。」

離堂卜夜且成歡，《左傳》：「齊侯使敬仲為工正。飲桓公酒，樂公曰：『以火繼之。』辭曰：『臣卜其晝，未卜其夜。不敢。』」〔註281〕**酒盡休歌行路難。四十逢時猶未晚，看君騎馬入長安。**

太原客舍同方三孝廉育盛話舊二首太原，秦晉陽，宋平晉。明洪武初，移縣於故晉陽城。八年，改曰太原。

遠戍崔亭伯，《後漢·崔駰傳》：「字亭伯。時憲為車騎將軍，擅權驕恣。駰為主簿，前後奏記，指切長短。憲不能容，出駰為長岑長。駰不得意，未之官，歸，卒

〔註273〕昭公元年。
〔註274〕《禹貢》。
〔註275〕昭公元年。
〔註276〕《御定佩文韻府》卷七十四之一。
〔註277〕《禹貢》。
〔註278〕卷二十九。
〔註279〕《小雅·大東》。
〔註280〕卷五十一。
〔註281〕莊公二十二年。

於家。」〔註282〕**還家管幼安**。《魏志·管寧傳》:「字幼安,北海朱虛人也。與華歆、邴原相友。聞公孫令行海外,遂至遼東,廬於山谷。文帝即位,浮海還郡。詔以為太中大夫,不受。」〔註283〕**千金裘馬盡,十載道途寒。華髮同雙鬢,悲歌感萬端。平生蕭瑟意,長鋏為誰彈。**

舊業東山下,曾經賭墅過。飄搖秋雨後,零落戰場多。避地從人問,誅茅奈老何。烏衣雙燕子,留恨滿關河。

龔百朋自梗陽以詩見寄漫答二首龔字升璐,武進人。太原府清源縣,隋析晉陽縣地置。東有故塗陽城,南有故梗陽城,東南有汾水,又有清源水流入焉。

傳聞花縣客,不異幔亭居。閩中張君汝瑚令清源,龔子館焉。〔註284〕見卷十七。**旅興吟紅藥,賓筵鱠白魚。**曹溶《寄張夏鍾》:「渴羌當解贈,香鯽芼香羹。」注:「清源多魚,故及之。」**仲宣懷土日**,見卷三《祁理孫席上》。**司馬倦遊初。咫尺橫汾隔,難尋下澤車。**《東觀漢記》:「馬援擊交趾,謂官屬曰:『從弟少游嘗哀我多大志,曰:士生一世,但取衣食足,乘下澤車,御款段馬,為郡吏,守墳墓,可矣。求益盈餘,但自苦耳。』」

道重論交地,書題把臂前。相憐煩縞紵,《左傳》:「季札見子產如舊相識,與之縞帶,子產獻紵衣焉。」〔註285〕**永好有詩篇。**《詩》:「匪報也,永以為好也。」〔註286〕**多難休儒服,他鄉澀酒錢。但期陽**〔註287〕**羨隱,**《東坡別傳》:「公嘗買田陽羨,欲於此間種橘,搆一亭,名曰楚頌。後卒宜興,有東坡書院。有詞云:『買田陽羨吾將老,從來只為溪山好。』」見日話歸田。

七夕立秋王方伯顯祚席上和毛會建王字湛求,號襄璞,曲周人。官山西左布政司。毛字子霞,武進人。先生《清風集序》:「子霞長予更一十七年,自閩粵江楚以達於晉。」

〔註282〕《陳檢討四六》卷四《宋楚鴻文集序》「是則崔駰罕樂,頗多憔悴之言」注。
　　　　按:原見《後漢書》卷八十二。
　　　　另,國圖藏本眉批:《注》:「長岑縣屬樂浪郡,其地在遼東。」
〔註283〕《三國志》卷十一。
〔註284〕此係自注。
〔註285〕襄公二十九年。
〔註286〕《衛風·木瓜》。
〔註287〕四庫本《曝書亭集》脫「陽」字。

　　　　　　　　　　　　　　　　　－271－

暑退林初暝，尊開露漸滋。客中憐夜集，天上果秋期。杜甫詩：「天上秋期近，人間月影清。」〔註288〕片葉辭風下，《淮南子》：「一葉落知天下秋。」〔註289〕長河卷幔垂。莫教涼月盡，同和謝莊詩。

客夜

陽曲城頭烏夜啼，《漢書·地理志》：「太原郡。縣：陽曲。」〔註290〕《注》：「河千里一曲，當其陽，故曰陽曲也。」明燈深巷綠窗低。從教趙女工瑤瑟，《漢書·楊惲傳》：「婦，趙女也，雅善鼓瑟。」〔註291〕不遣愁人醉似泥。李白《襄陽歌》：「笑殺山翁醉似泥。」

聞黃鶴樓成賦寄楚中一二知己

平生未鼓湘江柁，杜甫詩：「南遊早鼓湘江柁。」〔註292〕《水經》：「湘水出零陵陽海山。」萬里投詩黃鶴樓。見卷二《寄查容》。壯觀百年今在眼，異時獨上迴含愁。碧窗下湧樊山月，《水經》：「武昌郡治城南有樊山，即樊山也。」紅葉斜連鄂渚秋。《一統志》：「武昌自楚熊渠封其子為鄂王，始號鄂渚。」《楚辭》：「乘鄂渚而反顧兮。」〔註293〕為報故人多釀酒，飛帆真作漢南遊。

寄酬譚七舍人吉璁陸二舍人弟棻〔註294〕

客久憐書札，鄉遙感歲時。空淹雞鹿塞，《漢書》：「發邊郡士，馬以千數，送單于出朔方雞鹿塞。」〔註295〕遠隔鳳凰池。《晉書·荀勗傳》：「勗自中書監除尚書令，人賀之。勗曰：『奪我鳳凰池，諸君何賀邪？』」〔註296〕《通典》：「中書省地在樞近，多承寵任，是以人固其位，謂之『鳳凰池』。」〔註297〕九月茱萸會，頻

〔註288〕《月》。
〔註289〕《淮南子·說山訓》：「見一葉落而知歲之將暮。」
〔註290〕卷二十八上。
〔註291〕卷六十六。
〔註292〕《憶昔行》。
〔註293〕《九章·涉江》。
〔註294〕按：康熙本《曝書亭集》此首後有《題錢宗伯謙益文集後》〔集杜〕：「海內文章伯，周南太史公。衣裳判白露，門巷落青楓。興與煙霞會，人今出處同。白頭無籍在，愁坐正書空。」
〔註295〕卷九十四下《匈奴傳》。
〔註296〕卷三十九。
〔註297〕卷五十二《職官略第二·中書省第四》。

年雨雪詩。《漢書‧楚元王傳》：「覽《否》、《泰》之卦，觀雨雪之詩。」〔註298〕朝回逢陸弟，為報日相思。

題倦圃圖二十首先生《倦圃圖記》：「倦圃距嘉興府治西南一里，在范蠡湖之濱。宋管內勸農使岳珂倦翁嘗留此著書，所謂金陀坊是已。地故有廢園，戶部侍郎曹先生潔躬治之以為別業，聚文史其中，暇則與賓客浮觴樂飲。其以倦圃名者，蓋取倦翁之字以自寄。予嘗數遊焉，樂之而不能去於懷也。歲癸卯，先生左遷山西按察副使，治大同。踰明年，予謁先生於塞上。時方九月，層冰在川，積雪照耀，岩谷彌望千里，勾萌盡枯，無方寸之木。相與語及倦圃，山泉之深沉，魚鳥之游泳，蔬果花藥之翁鬱，情景歷歷，如目前事，先生抱膝低徊者久之。嗟夫！故鄉之樂，人之夢寐在焉。以予暫遊者，猶不能釋於懷，況先生之寢處笑語其中者〔註299〕哉！先生之門人周君月如工繪事，為先生圖之，為景二十。於是三人各繫以詩，先生覆命予記其事。」〔註300〕

叢筠徑

　　柴門面湖水，深徑聞人語。月出翠煙開，相送乘舟去。

積翠池

　　流水石橋東，修篁蔽空曲。獨吟橋上行，縹緲衣帶綠。

浮嵐

　　宿〔註301〕鷺拳沙石，虛窗啟夕煙。東西望南北，蓮葉總田田。見卷一《採蓮曲》。

范湖草堂

　　松石閉門中，芳菲蕙草叢。春船迴夜月，鰕菜幾時同。

靜春莽

　　晴戶冒晴絲，風花爛紅藥。緬懷風中琴，謝朓詩：「已有池上酌，復此風中琴。」〔註302〕兼此花下酌。

圓谷

　　山牆高下築，中見林扉開。相邀入空谷，偶坐心悠哉。

〔註298〕卷三十六。
〔註299〕「者」，石印本無。
〔註300〕《曝書亭集》卷六十六。
〔註301〕「宿」，四庫本《曝書亭集》作「空」。
〔註302〕《郡內高齋閒望答呂法曹詩》。

芳樹亭

獨石敧長臥，空亭夜不扃。春風平仲色，相見幾回青。左思《吳都賦》：「平仲君遷松梓古度。」《注》：「劉成云：『平仲之木，實白如銀。』」

谿山真意軒

遠樹聞疏鐘，夕陽上喬木。相對忽忘言，賞心在幽獨。

容與橋

清淺水石間，文魚散花嶼。《楚辭》：「乘白黿兮逐文魚。」〔註303〕催客引流觴，山橋更延佇。

漱研泉

主人南粵歸，獨載端溪石。《硯譜》：「世傳端州有溪，因曰端溪。其石為硯至妙，益墨而至潔。」晝日三摩挲，此意人不識。

潛山

積雪開半林，泄雲有膚寸。《公羊傳》：「觸石而出，膚寸而合，不崇朝而遍天下者，唯太山雲也。」〔註304〕何休曰：「膚寸，四指為膚。」〔註305〕會此靜者心，潛藏本無悶。《易》：「遯世無悶。」〔註306〕

錦淙洞

霜林吹石溜，清響徧亭皋。夜半愁風雨，不知山月高。

采山樓

高樓坐銷憂，檇李亭西路。夕照望千家，春浮倚雙樹。

狷谿

我本狂歌子，卻愛狷谿水。滔滔天下人，誰能洗其耳。《莊子》：「許由逃箕山，洗耳於潁水下。」〔註307〕

〔註303〕《九歌·河伯》。

〔註304〕僖公三十一年。

〔註305〕國圖藏本眉批：按：何休注：「側手為膚，案指為寸。」此「四指」云云，未知從何本。

〔註306〕《乾·文言》。

〔註307〕《莊子》無此語。
按：《史記》卷六十一《伯夷列傳》，張守節《史記正義》引皇甫謐《高士傳》云：「許由字武仲。堯聞致天下而讓焉，乃退而遁於中嶽潁水之陽，箕山之下

金陀別館

舊識談經地，岩扉靜不開。秋深叢桂發，金粟禮如來。《五色線》：「《淨名經義鈔》：『梵語維摩詰，此云淨名，般提之子。母名離垢，妻名金機，男名善思，女名月上。過去成佛，號金粟如來。』」《發跡經》：「淨名大士是往古金粟如來。」

聽雨齋 《靜惕堂集》作「聽香齋」。

風吹石蘭花，《楚辭》：「被石蘭兮帶杜衡，折芳馨兮遺所思。」〔註308〕柔荑雨中長。清夢入空山，亂落紅泉響。謝靈運詩：「石磴瀉紅泉。」〔註309〕

橘田

瀟灑衡門下，《詩》：「衡門之下。」〔註310〕陽坡縱所如。杜甫詩：「陽坡可種瓜。」〔註311〕青霜猶未降，先報右軍書。王羲之帖：「奉橘三百，霜未降，不可多得。」

留真館

平生金石心，一室千秋慮。我亦問奇來，《漢書‧揚雄傳‧贊》：「劉芬嘗從雄學作奇字。」〔註312〕韓愈詩：「端來問奇字。」〔註313〕徘徊不能去。《史記‧孔子世家‧贊》：「余低回留之不能去云。」〔註314〕

澄懷閣

欲覽城南勝，宜登池上樓。煙波長在望，不放五湖舟。

隱。堯又召為九州長，由不欲聞之，洗耳於潁水濱。時有巢父牽犢欲飲之，見由洗耳，問其故。對曰：『堯欲召我為九州長，惡聞其聲，是故洗耳。』巢父曰：『子若處高岸深谷，人道不通，誰能見子？子故浮遊，欲聞求其名譽。污吾犢口。』牽犢上流飲之。許由歿，葬此山，亦名許由山。」

又，《文選》卷五十五陸士衡《演連珠五十首》，李善《注》：「皇甫謐《逸士傳》曰：『巢父者，堯時隱人也。及堯讓位乎許由也，由以告巢父焉，巢父責由曰：汝何不隱汝光？何故見若身、揚若名令聞？若汝，非友也。乃擊其膺而下之。由悵然不自得，乃過清冷之水洗其耳。』皇甫謐《高士傳》云：『巢父聞許由之為堯所讓也，以為污，乃臨池水而洗耳。』」

〔註308〕《九歌‧山鬼》。
〔註309〕《入華子岡是麻源第三谷詩》。
〔註310〕《陳風‧衡門》。
〔註311〕《秦州雜詩二十首》其十三。
〔註312〕卷八十七下。
〔註313〕《題張十八所居》。
〔註314〕卷四十七。

春水宅

遠水浮橋直，方塘入戶低。東風楊柳樹，吹綠草堂西。

曝書亭集詩注卷五　　　　　　　　　　　　　　　男　蟠　挍

曝書亭集詩注卷六

嘉興　楊　謙　纂

歙縣　鮑廷博　參

強圉協洽丁未

太原途中聯句四首

涓涓難老泉，《一統志》：「難老、善利二泉在太原縣，各覆以亭，大旱不涸，隆冬不凍。」分流晉祠側。王顯祚。〔註1〕見卷五《晉祠》。中有長生蘋，《酉陽雜俎》：「太原晉祠，冬有水底蘋不死，食之甚美。」韓琦詩：「長生晉水蘋。」〔註2〕冬夏同一色。彝尊。《名勝志》：「晉祠前池島上，水中翠草，冬夏一色，多蘋藻之屬，可擷而茹之。」

三過朝陽洞，一宿羽人居。彝尊。先生《蒙山訪碑題名》：「同里曹公溶以公事留太原，借予櫪馬，俾訪金石刻文字。因出郭，抵晉祠，夕宿朝陽觀。」〔註3〕萬籟夜俱寂，想見天地初。顯祚。《帝系譜》：「天地初起，溟涬鴻濛。」

高歡避暑宮，〔註4〕《北史·齊高歡紀》：「高祖神武皇帝姓高氏，諱歡，字賀六渾，勃海蓨人也。」〔註5〕王庭筠詩：「寒雲直上三千尺，人道高歡避暑宮。」〔註6〕

〔註1〕《曝書亭集》作「曲周王顯祚湛求」。
〔註2〕《長生蘋》。
〔註3〕《曝書亭集》卷六十八。
〔註4〕國圖藏本眉批：《明一統志》：「避暑宮在太原縣東南三十里，北齊神武帝避暑處，俗稱皇家宅。」
〔註5〕卷六《齊本紀上》。
〔註6〕《黃華亭》其四。

聞在龍山下。顯祚。《廣輿記》：「太原縣西縣。甕山一名龍山，晉水所出，下流入汾水。」馬蹄不敢踏，處有香姜瓦。彝尊。《楊升庵集》：「宋洪邁《銅雀瓦硯銘》曰：『元魏之東，狗腳於鄴。籲其瓦存，亦禪千劫。』曹操臺瓦已不可得，宋人所收乃高歡避暑宮冰井臺香姜閣瓦也。洪容齋之銘可證。」〔註7〕

一百二十六，石柱刻作經。彝尊。會須扶風峪，移置水邊亭。顯祚。見卷十一《送周參軍》。

猛虎行

斑斑南山虎，《古詩》：「猛虎斑斑，遊戲山間。」〔註8〕黃金環兩目。《周禮·夏官》：「方相氏掌蒙熊皮，黃金四目。」獐鹿非不甘，妄意食人肉。一解。朝亦伏林間，暮亦伏林間。將軍不敢射，何況惡少年。二解。梁元帝詩：「中有惡年少，技能專自得。」〔註9〕張籍《猛虎行》：「五陵少年不敢射，空來林下看行跡。」〔註10〕東海殺黃公，《西京雜記》：「東海人黃公，少時為術，能制蛇御虎，佩赤金刀。及衰老，飲酒過度。有白虎見於東海，黃公以赤金刀往厭之，術不行，遂為虎所殺。」〔註11〕山魈逐馮婦。牛哀導我前，《淮南子》：「昔公牛哀轉病也，七日化為虎。」〔註12〕左飛踞我後。三解。《水經注》：「龍編縣功曹左飛曾化為虎，數月還作吏。」〔註13〕下士捉虎尾，上士持虎頭。殷芸《小說》：「孔子嘗遊於山，使子路取水，逢虎於水所，與虎戰，攬尾得之，內懷中。取水還，謂孔子曰：『上士殺虎如何？』子曰：『捉虎頭。』又問：『中士殺虎如何？』子曰：『捉虎腰。』又問：『下士殺虎如何？』子曰：『捉虎尾。』子路出尾棄之。」雄豪安可常，寢處託王侯。四解。《左傳》：「譬於禽獸，臣食其肉而寢處其皮矣。」〔註14〕

陳參議上年署中題畫五首陳字祺公，上谷人。時官山西布政司參議、雁平兵備道。

香醪小檻載吳船，《通考》：「《吳船錄》一卷，范成大至能撰。」〔註15〕隔岸

〔註7〕《升菴集》卷六十八《狗腳豬腸》、《丹鉛餘錄》卷三。
〔註8〕《拂舞歌詩三首》其二《獨漉篇》。
〔註9〕按：吳均《古意詩二首》其二：「中有惡少年，伎能專自得。」
〔註10〕《猛虎行》。
〔註11〕卷三。
〔註12〕《俶真訓》。
〔註13〕卷三十七。
〔註14〕襄公二十一年。
〔註15〕卷二百十七。按：早見陳振孫《直齋書錄解題》卷十一。

桃花湧石泉。此樂江鄉常在眼，披圖那不數歸年。

密樹雲根一徑開，水亭風檻足淹洄。最憐略彴前谿好，《廣志》：「獨木之橋曰榷，亦曰彴。」注：「榷，水上橫一木為渡彴。今謂之略彴。」可惜無人載酒來。

岸柳山松壓翠微，笆籬宛轉護柴扉。主人且莫攤書坐，看弄漁舟個個歸。

招提絕頂掩松關，茅屋巖阿竹樹環。恍憶昔遊長至日，滿衣風雪括蒼山。《浙江通志》：「括蒼山在處州縉雲縣。《圖經》：『十八洞天，此為第十。』」

水檻風亭八九椽，杜甫詩：「茅齋八九椽。」〔註16〕叢筠秀木總堪憐。炎天引我江湖興，懊惱黃驄白玉鞭。

按：已上諸作題曹岳畫。

戲效香奩體二十六韻 〔註17〕韓偓有《香奩集》。

淥水橋橫度，見卷十《早秋》。紅樓壁暗罊。軒窗開了鳥，李商隱詩：「鎖門金了鳥。」〔註18〕洞壑隱空嵌。范成大《假山詩》：「或瘦露空嵌。」絕世歌難得，見卷一《閒情》。同生感至誠。《書》：「至誠感神。」〔註19〕裁通心叩叩，繁欽《定情詩》：「何以致叩叩，香囊繫肘後。」愛執手摻摻。《詩》：「摻摻女手。」〔註20〕蚃葉垂么鳳，《玉篇》：「蚃綵，婦人頭花髩飾也。」杜甫《麗人行》：「頭上何所有，翠微蚃葉垂鬢脣。」蘇軾詞：「海山時遣探花叢〔註21〕，倒掛綠毛么鳳。」《霏雪錄》：「李德裕所賦桐花鳳，即東坡所謂『倒掛綠毛么鳳』是也。」釵梁綴小蚛。禾中女子有以織蛤簇蝶綴鬢花者。〔註22〕庾信《鏡賦》：「拭釵梁於粉絮。」陸

〔註16〕《秋日夔府詠懷奉寄鄭監審李賓客之芳一百韻》。

〔註17〕按：劉聲木著《萇楚齋續筆》卷七（第508～509頁）：

朱竹垞太史彝尊《靜志居詩話》，論香奩體詩一段最佳，爰錄之於此，文云：「風懷之作，段柯《古紅樓集》不可得見矣，存者玉谿生最擅場，韓冬郎次之。由其緘情不露，用事豔逸，造語新柔，令讀之者喚奈何，所以擅絕也。後之為豔體者，言之惟恐不盡，詩焉得工。故必琴瑟鍾鼓之樂少，而窈窕反側之情多，然後可以追韓軼李」云云。此千古不易之言也。

〔註18〕《病中聞河東公樂營置酒口占寄上》。

〔註19〕《大禹謨》。

〔註20〕《魏風・葛屨》。

〔註21〕蘇軾《西江月》（玉骨那愁瘴霧）作「海仙時遣探芳叢」。

〔註22〕此係自注。

龜蒙詩：「先春買小蝛。」〔註23〕**緗桃簪後放**，《花譜》：「千葉桃為湘桃。」**碧草鬪來芟**。見卷一《臣里》。**淺黑鴉頭韈**，李白詩：「屐上足如霜，不著鴉頭韈。」〔註24〕**微黃杏子衫**。無名氏《西洲曲》：「單衫杏子紅。」**粉融研麝和，香潤避梅鹹**。元稹詩：「衣漬度梅鹹。」〔註25〕**點筆能成陣**，《法書要錄》：「衛夫人《筆陣圖》六種用筆，結構圓備如篆法，飄颺灑落如章草，兇險可畏如八分，窈窕出入如飛白，耿介特立如鶴頭，鬱拔縱橫如古隸。」**聽詩便發凡**。杜預《左傳序》：「發凡以立例。」**聰明箋樣改**，見卷一《無題》。《資暇錄》：「元和初，薛濤尚松花箋，而好製小詩。惜其幅大，乃命匠狹小為之，蜀中才子以為便。後減諸箋亦如是，特名曰薛濤箋。」**放誕酒籌監**。《西京雜記》：「文君姣好，眉色如望遠山，臉際常若芙蓉，肌膚柔滑如脂。十七〔註26〕而寡，為人放誕風流，故悅長卿之才，而越禮焉。」〔註27〕《詩》：「凡此飲酒，或醉或否。既立之監，或佐之史。」〔註28〕**舊譜修簫史**，《詞譜》：「詞有『祝英臺近』一調，或無『近』字，又名『月底修簫譜』。」「簫史」，見《閒情》。**繁聲擘阮咸**。《事物記原》：「《通典》曰：『阮咸，秦琵琶也。』李氏《資暇錄》曰：『唐中宗朝，有人於古冢獲銅鑄，樂似琵琶而圓，獻於元行沖。元曰：此阮仲容所造。命工以木為之，音韻清朗，頗難名之，權以仲容姓名呼焉。或謂咸豐肥，創此器以移琴聲，四絃十三柱，倚膝撼之，謂之擘，以代撫琴之艱也。』《通典》：『阮咸形似月，聲似琴，亦名月琴。今但呼曰阮。』」**目因留客送，語以解圍儳**。見卷三《祁六坐上》。《禮記》：「無儳言。」〔註29〕**捕雀容貓戲**，《宣和畫譜》：「黃筌有《捕雀貓圖》。」**移花信鳥鴿**。元稹詩：「果重鳥先鴿。」〔註30〕**繡闌鶯睍睕**，《詩》：「睍睕黃鳥。」〔註31〕**坐久燕詀諵**。元稹詩：「雀〔註32〕報語詀諵。」**鈿鏡清於水**，李賀詩：「鈿鏡飛孤鵲。」〔註33〕**妝階白勝瑊**。**住須金作屋**，見《閒情》。**行即錦為帆**。《倦遊錄》：「劉濞白舫百棹，皆錦帆青簾，多載妓女〔註34〕。」

〔註23〕《和襲美江南書情二十韻寄秘閣韋校書貽之商洛宋先輩垂文二同年次韻》。
〔註24〕《越女詞五首》其一。
〔註25〕《酬翰林白學士代書一百韻》。
〔註26〕石印本此下有「歲」字。《西京雜記》原無。
〔註27〕卷二。
〔註28〕《小雅·賓之初筵》。
〔註29〕《禮記·曲禮上》。
〔註30〕《送崔侍御之嶺南二十韻》。
〔註31〕《邶風·凱風》。
〔註32〕「雀」，《送崔侍御之嶺南二十韻》作「鵲」。
〔註33〕《惱公》。
〔註34〕石印本此下有「焉」字。

鬱鬱亭前柳，《古詩》：「青青河畔草，鬱鬱園中柳。」〔註35〕青青牆口杉。《嘉
興府圖記》：「杉青牆在縣北五里。宋嘗置吏。有廨宇及落帆亭。亭北有百步橋。」
回船同別鵠，去馬逐驚颮。《丹鉛錄》：「曹真有駃馬，號驚帆。俗遂制颮字。」
〔註36〕角枕千行淚，《詩》：「角枕粲兮。」〔註37〕蛾眉眾女讒。見後《風懷》。
車輪腸內轉，見卷三《古意》。石闕口中銜。《樂府》：「石闕生口中，銜碑不得語。」
〔註38〕積思凝瓊樹，見卷二《端州述懷》。輕郵達苴函。張希復詩：「金經發苴
函。」〔註39〕犀文搗寒玉，《文房四譜》：「李超造墨，其堅如玉，其紋〔註40〕如
犀。」兔穎齧秋毫。《詩》：「趯趯毚兔。」〔註41〕黃公度詩：「贈君以宣城秋兔之
穎。」〔註42〕陸龜蒙詩：「鷹健想秋毫。」〔註43〕按：司馬相如作賦，把筆齧之似魚。
益智忘留贈，《南方草木狀》：「益智子如筆毫，長七八分，二月花著實，五六月熟，
味辛。出交趾合浦。建安八年，交州刺史張津嘗以益智子粽餉魏武帝。」當歸費遠
緘。《古今注》：「古人相贈以芍藥，相招以文無，文無一名當歸，芍藥一名將離故也。」
神光渚離合，曹植《洛神賦》：「神光離合，乍陰乍陽。」夢雨峽嶃嵓。見卷二《灘
行口號》。虎阜東西寺，楊士奇《虎丘雲巖禪寺記》：「蘇長洲縣之西北不十里，有
山曰虎丘，吳闔閭所葬處，岡阜盤鬱，蓋晉王珣及弟珉之別墅。咸和二年捐為寺，始
東西二寺，唐會昌中合為一。而名雲巖者，則昉於宋大中祥符間。」烏山上下岩。
《蘇州府志》：「鄧尉山西行，歷烏山、觀山、朝山、塢外窰、裏窰、熨斗柄、西磧山、
彈山，過長旂嶺、竺山，至玄墓，出入湖山間，山人以圃為業，尤多梅花，時一望如
雪。」當年並遊地，悔不姓名鐫。

壽陳叟繼新

　　城東小徑舊升堂，五載京華鬢已蒼。誰肯艱難全李燮，《後漢·李燮
傳》：「王成將燮乘江東下，入徐州界內，令變名姓為酒家傭，而成賣卜於市。各為異
人，陰相往來。」〔註44〕未容名姓隱韓康。《後漢·韓康傳》：「字伯休。嘗採藥名

〔註35〕《古詩十九首》其二。
〔註36〕《丹鉛餘錄》卷十五、《升菴集》卷六十二《驚帆》。
〔註37〕《唐風·葛生》。
〔註38〕《讀曲歌八十九首》其二十九。
〔註39〕《遊長安諸寺聯句 道政坊寶應寺僧房聯句》。
〔註40〕「紋」，石印本作「文」。
〔註41〕《小雅·巧言》。
〔註42〕《送弟童士季赴永春》。
〔註43〕《和襲美江南書情二十韻寄秘閣韋校書貽之商洛宋先輩垂文二同年次韻》。
〔註44〕卷九十三。

山，賣於長安市，口不二價。時有女子從康買藥，康守價不移，女子怒曰：『公是韓伯休，那乃不二價乎？』康歎曰：『我本欲避名，今小女子皆知有我，何用藥為！』乃遯入霸陵山中。」〔註45〕**風簾花市春遊健，雲碓青精午飯香**。杜甫詩：「豈無青精飯，使我顏色好。」〔註46〕注：「青精一名南天燭，道家謂之青精飯。」**閭史佳辰須盡醉**，《禮》：「夫告宰名，宰辯告諸男名，書曰：某年某月某日某生。而藏之。宰告閭史，閭史書為二，其一藏諸閭府，其一獻諸州史。州史獻諸州伯，州伯命藏諸州府。」〔註47〕**細論煙水送歸艎**。

瓊華島《戴司成集》：「瓊花島在內苑之北，自山麓之巔一百三十餘步，週二百餘丈，皆壘石而成者。」

艮嶽移花石，島石相傳金人自汴移此。〔註48〕《東都事略·朱勔傳》：「徽宗垂意華石，密取浙中珍異以進。其初才致黃楊三四本，後稍增加，然不過二三貢，貢不過五七品。勔託童貫，始廣供備以媚上，舟艫相繼，號曰花石綱。凡延福宮、艮嶽諸山皆仰之。一時應奉，天下皆不及也。」〔註49〕明宣宗《廣寒殿記》：「永樂中，朕侍皇祖、太宗、文皇帝萬幾之暇，燕遊於此。天顏悅懌，顧茲山而諭朕曰：『此宋之艮嶽也，宋之不振以是。金不戒而徙於茲，元又不戒，而加侈焉。』」**離宮枕玉河**。《燕都遊覽志》：「玉河即西苑所受玉泉，注入西湖，逶迤從御溝流，而東以注於大通河者。」**年年御溝葉**，《唐書紀事》：「盧渥應舉之歲，偶臨御溝，見一絕句，置於巾箱，或呈於同志。及宣宗放宮人，初詔許從百官司吏，獨不許貢舉人。盧後任范陽，日獲其退。宮人睹紅葉，驗其書，無不驚訝。詩曰：『流水何太急，深宮盡日閒。殷勤謝紅葉，好去到人間。』」〔註50〕**相送麴塵波**。白居易詩：「晴沙金屑色，春水麴塵波。」〔註51〕

朱碧山銀槎歌孫少宰席上賦《輟耕錄》：「浙西銀工之精於手藝，表表有聲者，屈指不多數也：朱碧山，嘉興魏塘；謝君餘、君和，平江；唐俊卿，松江。」〔註52〕《居易錄》：「槎杯，元銀工朱碧山所製，有篆二十八字，云：『欲度銀河隔上闌，時人

〔註45〕卷一百十三《逸民列傳》。
〔註46〕《贈李白》。
〔註47〕《禮記·內則》。
〔註48〕此係自注，《曝書亭集》在詩末。
〔註49〕卷一百六。
〔註50〕按：此當據吳士玉《御定駢字類編》卷一百四十一錄，原注出處為《唐詩紀事》，非《唐書紀事》。早見《太平廣記》卷一百九十八，注出《雲溪友議》。
〔註51〕《春江閒步贈張山人》。
〔註52〕卷三十《銀工》。

浪說貫銀灣。如何不覓天孫錦，只帶支機片石還。」朱名華玉，浙之秀水人。杯是故吏部孫侍郎北海承澤家物。」〔註53〕《苑西集》：「杯首有岳壽無疆四字，左朱華玉造，右至正乙酉年。杯底槎杯二字。杯尾詩云云，與《居易錄》同，惟『度』字作『造』字。圖書碧山二字，皆小篆也。」孫名承澤，字耳伯，號北海，晚自〔註54〕稱退翁。益都人。崇禎〔註55〕辛未進士。入國朝，官至吏部左侍郎。按《苑西集》云：「銀槎向為孫少宰所藏，余同年朱竹垞詩紀其事。後歸萊陽宋荔裳觀察，與施愚山、曹顧菴皆有長歌。觀察沒後，不知流傳何所。今年夏四月，忽易錢京師市上。客來告余，余急託友人往貨，乃得之。」又：宋荔裳《古銀槎歌》云：「我有匣中銀鑿落，碧山山人手所作。背鏤至正壬寅字，點畫形模今宛若。」高念東詩云：「至正巧匠朱碧山，屈指康熙三百年。」曹顧菴詩云：「元季巧匠朱碧山，市隱皋橋稱絕藝。」施愚山詩云：「碧山山人真好事，雕鏤苦盡絕營意。摩挲膩滑半無痕，猶存至正壬寅字。」又《居易錄》云：「孫侍郎北海、宋按察荔裳皆藏銀槎一，上有仙人，款曰朱碧山製。」〔註56〕江村混而為一，附辨於此。〔註57〕

　高堂宴客客未醉，主人愛客期開顏。羽觴玉爵詎足算，張衡《西京賦》：「羽觴行而無算。」《禮》：「飲玉爵者弗揮。」〔註58〕勸我鑿落重三鋝。見卷九《兕觥歌》。《爾雅注》：「六兩為鋝。」槎杯老樹幾千歲，霜皮崩剝枝柯刪。陰崖自遭鬼斧劈，積雨暗齧苔紋斑。尋源之使出想像，見卷一《游仙》。高踞兩膝頂禿鬝。韓愈詩：「或赤如禿鬝。」〔註59〕觀其傲岸意獨得，髯髵歸自明河灣。流傳河畔逢織女，所恨尚少雙煙鬟。剟中鄉音響。衡入其腹，《周禮·梓人》：「凡試梓飲器，鄉衡而實不盡，梓師罪之。」《注》：「衡謂麋衡也。」《曲禮》：「執君器齊衡。」《疏》：「麋即眉也。」未解刀削何由彎。《周禮》：「鄭之刀、宋之斤、魯之削、吳粵之劍，遷乎其地，而弗能為良，地氣然也。」韓愈詩：「大招掛壁何由彎。」〔註60〕傳之四座叫奇絕，有如白鳥飛翾翾。《法言》：「朱鳥翾翾，歸其肆矣。」〔註61〕細看欵識刻至正〔註62〕，《漢書·郊祀志》：

〔註53〕卷三十。
〔註54〕「自」，石印本無。
〔註55〕「禎」，底本原作「正」。
〔註56〕卷六。
〔註57〕國圖藏本眉批：按《苑西集》謂至正己酉年製，宋荔裳、施愚山俱作至正壬寅，其為兩物明甚。而秋錦詩又作至元，疑惧。
〔註58〕《禮記·曲禮上》。
〔註59〕《南山詩》。
〔註60〕《雪後寄崔二十六丞公斯立》：「大弨掛壁無由彎。」
〔註61〕《問明篇》。
〔註62〕四庫本《曝書亭集》脫「正」。

「文鏤無款識。」〔註63〕《注》:「款,刻也。識,記也。」《遊宦紀聞》:「款識分二義。款謂陰字,是凹入者,刻畫成之。識謂陽字,是挺出者。」〔註64〕按:至正,元順帝年號。**問誰為此朱碧山。良工名盛心益苦,**杜甫詩:「更覺良工心獨苦。」〔註65〕**顧茲毌乃經營艱。主人博搜金石文,向我更話天曆間。**按:天曆,元文宗年號。**丹丘先生愛奇古,**《甫田集》:「柯敬仲,名九思,號丹丘生,天台人。仕元。文宗時為奎章閣鑒書博士。」**命制芝菌如初攀。當時虞揭相獻**〔註66〕**酢,**《苑西集》:「元時,虞、揭二公各令碧山製槎為壽。」《輟耕錄》:「文宗御奎章日,學士虞集、博士柯九思常侍從以討論法書名畫為事。時授經郎揭傒斯亦在列。」**是物亦得流人寰。自從闖賊躪燕市,大掠金帛仍西還。**《明史‧李自成傳》:「安塞馬賊高迎祥者,自成舅也,自稱闖王。孫傳庭禽迎祥,賊黨乃共推自成為闖王。崇禎〔註67〕十七年四月,自成悉鎔所拷索金及宮中帑藏、器皿,鑄為餅,每餅千金,約數萬餅,騾車載歸西安。挾太子、二王西走。」〔註68〕**紛紛入肆尋鍛冶,**《周禮》:「攻金之工,築氏執下齊,冶氏執上齊,鳧氏為聲,㮚氏為量,段氏為鑄器,桃氏為刃。」**否亦道半委榛菅。聞之不覺三歎息,可憐雙觶今成鰥。吾鄉藝事多絕倫,奇巧不數古輪班。**《孟子注》:「公輸子魯班,魯之巧人也。或以為魯昭公之子。」**張銅黃錫近乃出,**見卷八《權歌》。**未若此老技最嫻。殊方促坐但酩酊,莫遣酒醒懷鄉關。**

和作　　李良年

退翁齋中遺深酌,當筵示我銀鑿落。摩挲坐上一再看,知是吾鄉碧山作。至元月日鐫彎環,古文半蝕青苔斑。槎枒颭颭勢欲動,宛若放舸滄溟間。橫眠有客凌風渡,點綴衣裾逼生趣。玉缸真擬瀉明河,為送張騫月支去。雕鏤無跡把玲瓏,不解杯腹何由空。鸕鷀琥珀皆不數,夜光金屈難為工。主人更勸勿揮手,舊事流傳猶在口。元家學士數臨川,秘閣相將此為壽。引杯謝客客賦詩,文采翩然動僚友。亂離以來嗟失一,往時作雙今不偶。歎息人間四百春,斜陽細雨漉殘巾。梨花絕勝葡萄釀,傲爾乘槎海上人。

〔註63〕卷二十五上。
〔註64〕《御定佩文韻府》卷六十三之七、《御定駢字類編》卷三十四。
〔註65〕《題李尊師松樹障子歌》。
〔註66〕四庫本《曝書亭集》衍「酬」。
〔註67〕「禎」,底本原作「正」。
〔註68〕卷三百九。

食半翅《騰笑集》：同徐四處士善作。**二首**《芹城小志》：「鶍鳩褐色，昌平北山有之。《爾雅·釋鳥》云『鶍鳩，寇雉』是也。今土人呼曰沙雞，亦呼半翅，或曰即突厥雀。」《居易錄》：「予來京師，朱太史竹垞招飲古藤書屋，食半翅，甚美，不知是何鳥。閱《盤山新志》云：『《爾雅》：鶍鳩，冠雉。郭璞《注》：鶍，大如鴿，似雉鼠，腳無後指，岐尾。為鳥憨急，群飛，出北方沙漠。盤山多有之，土人呼為半翅，即沙雞也。』」〔註69〕

　　賦物憐窮鳥，《後漢·趙壹傳》：「竊為《窮鳥賦》一篇。」〔註70〕營飛日幾迴。遠依黃鼠穴，《霏雪錄》：「北方黃鼠穴處，各有配匹。人掘其穴者，見其中作小土窖，若床榻之狀，則牝牡所居之處也。」低搶白龍堆。見卷五《雲中至日》。不用深弓射，《周禮》：「覆之以筋，謂之深弓。」恒愁短翼摧。年年隨凍雀，重馬絼干來。見卷五《贈周參政》。

　　味合添雛筍，張未詩：「藏鞭雛筍纖玉露。」〔註71〕羹宜配凍醪。登盤人未識，入肆價須高。且緩思鴞炙，《莊子》：「見彈而思鴞炙。」〔註72〕全勝食雉膏。《易》：「雉膏不食。」〔註73〕莫愁嘗易盡，讒鼎戒貪饕。《左傳》：「讒鼎之銘曰：『昧旦不顯，後世猶怠。』」〔註74〕又：「縉雲氏有不才子，貪於飲食，天下謂之饕餮。」〔註75〕

食鐵腳二首《畿輔物產志》：「鐵腳，小雀也。烹食之，味極肥美。」《在園雜志》：「天津衛有小鳥，黑爪，故名鐵腳。烹炒為下酒物，味鮮美爽口。其鳥群飛，以網羅之，一網可得若干。」

　　本與黃頭似，群傳鐵腳名。網羅謀盡取，膏火遽先烹。凍免廚人割，貧貪市價輕。物微憐最苦，化蛤也為羹。《禮》：「爵入大水為蛤。」〔註76〕

　　捕自愁雲外，來從凍雪初。體輕鶌鳩並，《爾雅》：「鶌䲰鳩。」《注》：「今呼鶌鳩。」骨脆鷸鴾如。《爾雅》：「鷸鴾，離渠。」陸璣《疏》：「大如鶍雀，頸下

〔註69〕卷十。
〔註70〕卷一百十上《文苑列傳》。
〔註71〕《秋蔬》。
〔註72〕《齊物論》。
〔註73〕《鼎》九三。
〔註74〕昭公三年。
〔註75〕文公十八年。
〔註76〕《禮記·月令》。

黑如連錢。」羹臑嘗兼得，□□□□□〔註77〕《楚辭》：「露雞臑蠵。」〔註78〕《注》：
「有菜曰羹，無菜曰臑。」腰胸法未書。《通志》：「《羹臑法》一卷、《腰胸法》一
卷。」〔註79〕故鄉無爾輩，只鱠玉鱸魚。《大業拾遺記》：「吳郡獻松江鱸鱠，須
八九月霜下之時。鱸魚白如雪，取三尺以下者作之，以香菜花葉相間，和以細鏤金橙
食之，所謂金齏玉鱠，東南之佳味也。」

著雍涒灘戊申

人日同〔註80〕紀處士映鍾陸處士嘉淑周處士容〔註81〕集龔尚書鼎孳齋
中得人字紀字伯紫，一字檗子，號戇叟，上元人。陸字冰修，號辛齋，海寧人。周
字鄮山，鄞縣諸生。有□□□□。〔註82〕龔字孝升，合肥人。崇禎〔註83〕戊辰進士。
國朝官至禮部尚書。諡端毅。有《定山堂集》。

汾東代北三千里，《北史》：「魏桓帝與晉并州刺史司馬騰盟於汾東而還。」
〔註84〕《宋史‧韓琦傳》：「契丹來求代北地。」〔註85〕惆悵花前四度春。江左
文章公等在，《南史‧邱靈鞠傳》：「著《江左文章錄序》，起太興，訖元熙。」〔註86〕
《冊府元龜》：「宋文帝撰《江左文章志》五卷。」〔註87〕燕臺風物客愁新。賤題
薛訪誇車子，時命三歌童行酒。〔註88〕繁欽《與魏文帝牋》：「時都尉薛訪車子年
始十四，能囀喉引聲，與笳同音。」歌許荊卿和酒人。見卷三《雨中陳三島過》。

〔註77〕底本空五格。按：江浩然《曝書亭詩錄》：「《爾雅》：『梟鴞。』《疏》：『其肉甚
美，可為羹臑。』《楚辭》：『露雞臑。』《注》：『有菜曰羹，無菜曰臑。』」楊
《注》所空五格恐即「爾雅梟鴞疏」。
另，石印本此注作「《楚辭》：『陳吳羹些』。又：『露雞臑蠵。』《注》：『有菜曰
羹，無菜曰臑。』」
〔註78〕《招魂》。
〔註79〕卷六十九。
〔註80〕《曝書亭集》此處有「閻孝廉爾梅」。
〔註81〕「容」，底本為空格，據《曝書亭集》補。
〔註82〕按：石印本作「有春酒堂集」。另，《千頃堂書目》卷二十八著錄周容《春酒堂
選稿》，注：「字鄮山。寧波人。」當即此人。
〔註83〕「禎」，底本原作「正」。
〔註84〕卷一《魏本紀第一》。按：早見《魏書》卷一《帝紀第一》。
〔註85〕卷三百十二。
〔註86〕按：早見《南齊書》卷五十二《文學列傳》。
〔註87〕卷六百八。
〔註88〕此係自注。

不是尚書期我數，杜甫詩：「不是尚書期不顧，山陰野雪興難乘。」〔註89〕天涯淒斷此佳辰。

落日

落日銜西嶺，驚沙卷北風。今年春已半，猶有未歸鴻。

題高六柘塘移居圓二首《江南通志》：「柘塘城去淮安府城西南四十里。」

伍員音運。吹簫市，《能改齋漫錄》：「《春秋左氏傳》：『伍奢子員。』陸德明《釋文》：『音雲，平聲。』然唐員半千十世祖凝之，本彭城劉氏，仕宋，後奔元魏，以忠烈自比伍員，因改姓員，《唐書音釋》音王問切。董蘋《音訓》曰：『唐人讀半千姓皆作運，未詳何據。按《前梁〔註90〕錄》有金城員敞，此姓似不始於凝之。』予按：唐張嘉貞薦苗延嗣、呂太一、員嘉靖、崔訓，皆位清要，日與語政事，故當時議曰：『令君四俊，苗呂崔員。』然則以員為運，其來久矣。」「吹簫」，見卷一《放言》。韓信音新。垂釣臺。《漢書·蕭何曹參敘傳》：「猗與元勳，包漢舉信。」〔註91〕《注》：「舉信，舉韓信也。《合韻》：『音新。』」〔註92〕昔賢曾混跡，之子亦多才。落月搖鄉樹，清淮上酒杯。見卷一《閒情》。誅茅三徑在，高詠日悠哉。

草綠連隋苑，《一統志》：「隋苑在揚州府治西北，一名上林。」花飛憶楚州。《唐書·地理志》：「楚州淮陰郡本江都郡之山陽安宜縣地。」人間從散帙，客至許登樓。自卜羅含宅，見卷一《夏日閒居》。頻移范蠡舟。高適詩：「江湖范蠡舟。」〔註93〕看君圖畫意，轉益故鄉愁。補注：《梅聖俞集》：「清淮酒本王九傳法於山陽。」〔註94〕

中秋待月和劉興詩

高館清秋會，愁陰悵望中。當歌延夕漏，謝莊《樂府》：「晨暑促，夕漏延。」卷幔颼天風。玉葉翻雲細，《古今注》：「黃帝與蚩尤戰，常有五色雲氣、

〔註89〕《多病執熱奉懷李尚書》。
〔註90〕「梁」，《能改齋漫錄》卷三《辯誤·員姓之始》作「涼」。
〔註91〕卷三十九。
〔註92〕國圖藏本眉批：此師古注，非劉德也。
〔註93〕《古樂府飛龍曲留上陳左相》。
〔註94〕《宛陵集》卷四十《依韻和正仲寄酒因戲之》詩自注。

金枝玉葉止於帝，上有華葩之象，因而作華蓋。」金波落酒紅。《漢書》：「郊祀歌：『月穆穆兮金波。』」〔註95〕殊方寒思早，甘作鹿皮翁。《列仙傳》：「翁機巧，舉手能為器械。著鹿皮衣，入山居焉。後百餘年，賣藥於市。」

華不注〔註96〕《濟南府志》：「華不注山在在歷城東北十五里。」

仙梵開初地，春秋識舊名。《左傳》：「齊師敗績，逐之，三周華不注。」〔註97〕青蓮齊吐萼，石筍獨抽萌。泉憶邊庭實，《明詩統》：「邊貢，字廷實，號華泉，歷城人。戶部尚書湛甘泉稱其才，詩必似杜，文必如韓，書必如晉。以此收聲於時。又曰華泉子。」居連許殿卿。《明詩統》：「許邦才，字殿卿，歷城人。嘉靖癸卯解元。官永寧知州，遷德、周二府長史。與李與鱗相友善。著《海右倡和集》。」淒涼懷舊意，驅馬入荒城。

自沂水至大峴山作《名勝志》：「沂水縣在莒州西北七十里。」《臨朐縣志》：「大峴山在東南一百里。劉宋武帝伐南燕，度大峴，即此山也。上有穆陵關。」

征衣莫浣淚痕斑，五載辭家尚未還。目送燕鴻南去盡，計程翻度穆陵關。

濰水弔韓淮陰《名勝志》：「《漢書》濰或作淮。《說文》：『濰，水，出琅邪箕山。』亦名濰山。《寰宇記》云：『濰水在當縣南五十里。』」

淮陰師十萬，曾此擊龍且。《史記·淮陰侯傳》：「西〔註98〕楚使龍且將，號稱二十萬，救齊。與信夾濰水陳。韓信乃令人為萬餘囊，滿盛沙，壅水上流，引軍半渡，擊龍且。」廢壘人猶識，囊沙水漸淤。生慚諸將伍，《淮陰侯傳》：「居常鞅鞅，羞與絳、灌等列。信常〔註99〕過樊將軍噲，噲跪拜送迎，言稱臣，曰：『大王乃肯臨臣！』信出門，笑曰：『生乃與噲等為伍！』」史並列侯書。千載烏江廟，君臣反不如。烏江項王廟以范增、龍且配食。〔註100〕見卷三。

〔註95〕卷二十二《禮樂志》。
〔註96〕國圖藏本眉批：《水經注》：「濟水又東北華不注山。」注：「山下有華泉。」
〔註97〕成公二年。
〔註98〕按：《史記》卷九十二《淮陰侯列傳》：「韓信已定臨菑，遂東追廣至高密西。」再接此處所引。故「西」字屬上讀，此不當引。
〔註99〕「常」，《史記》作「嘗」。
〔註100〕此係自注。

寄錢二枋字爾載，號改齋。桐鄉諸生。居梅會里。著《長圃吟稿》、《臆說》諸書。

我登魯連臺，《一統志》：「魯連臺在古聊城中，高七十餘丈。」君入淮陰市。李白詩：「暮入淮陰市。」〔註101〕不知千黃金，《戰國策》：「平原君乃置酒，酒酣，起前，以千金為魯連壽。」《淮陰侯傳》：「信至國，召所從食漂母，賜千金。」〔註102〕何人酬國士。見卷四《送曾司理》。

濟南除夕《一統志》：「漢文帝分置濟南國，景帝改為濟南郡。」

五載論除夕，依然滯異鄉。逃名成白髮，歸計復青陽。《爾雅》：「春為青陽。」櫪馬喧何事，杜甫《杜位宅守歲》：「盍簪喧櫪馬。」燈花喜太忙。杜甫詩：「燈花何太喜。」〔註103〕故園遺弟妹，相憶或停觴。

屠維作噩己酉

鄒縣謁孟子廟二首《名勝志》：「鄒在兗州府城東六十里。孟子廟在縣南門外，林木鬱蒼，望之有泰山巖巖氣象。」先生《鄒縣重修孟子廟碑》：「鄒縣為亞聖故里，廟在縣南門外，由來已久。其初，襃崇之典未及。宋元豐六年，從吏部尚書曾孝寬之請，詔追封鄒國公。政和五年，太常議以弟子十八人配。」〔註104〕

井地連滕壤，詩書近孔門。世儒多橫議，夫子獨知言。楊墨歸斯受，齊梁道自尊。《史記·孟子傳》：「道既通，遊事齊宣王，宣王不能用，適梁。」〔註105〕巖巖留氣象，千載肅心魂。《程子語錄》：「仲尼，天地也。顏子，和風慶雲也。孟子，泰山巖巖之氣象也。」

壞道殘碑臥，祠官異代虔。爵班公一位，里紀母三遷。《列國傳》〔註106〕：「鄒孟軻母，其舍近墓。孟子少好遊，為墓間之事。孟母曰：『此非所以居吾子也。』乃去。舍市旁。其嬉遊乃賈人衒賣之事。又曰：『此非所以居吾子也。』復

〔註101〕《猛虎行》。
〔註102〕卷九十二。
另，國圖藏本眉批：詩意在以金酬國士，而注引韓信賜金漂母事，則與詩相戾矣。應刪。
〔註103〕《獨酌成詩》。
〔註104〕《曝書亭集》卷六十九。
〔註105〕卷七十四。
〔註106〕按：此文見劉向《列女傳》卷一。《列國傳》恐為《列女傳》之誤。

徙，舍學宮之旁。其嬉遊乃設俎豆，揖讓進退。孟母曰：『此可以居吾子矣。』遂居之。」**叢木冬春冷，風燈卒史懸。**《漢書·儒林傳》：「郡國置五經百石卒史。」〔註107〕**空令布衣士，瞻拜獨淒然。**

曲阜晚眺同劉中丞《名勝志》：「曲阜縣在兗州府城東四十里。」

徑轉通油幕，《梁書·宗室傳》：「蕭韶為郢州刺史，庾信途經江夏，韶接信甚薄，坐信青油幕下。」〔註108〕**林深護石苔。夕陽新雨過，春杏舊壇開。**〔註109〕《莊子》：「孔子游乎緇帷之林，休坐乎杏壇之上。弟子讀書，孔子絃歌鼓琴。」〔註110〕**入廟車猶在，**《史記·孔子世家·贊》：「適魯，觀仲尼廟堂車服禮器。」〔註111〕《水經注》：「孔廟有魯人藏孔子乘車一具，即顏路所請者。」**看碑日幾迴。**〔註112〕《名勝志》：「漢魏以來廟列七碑，二碑無字。」**東城寒食近，不上鬭雞臺。**郭緣生《述征詔》〔註113〕曰：「廣陽門北有鬭雞臺。」

和朱十韻　　劉芳躅〔註114〕

孔庭釋菜後，攜客步莓苔。犧象湯孫徹，金絲魯殿開。牲碑工拓就，菁草馬馱回。媿少春秋癖，言旋罷講臺。

地軸《博物志》：「地有四柱，廣十萬里，有三千六百軸，犬牙相制。」

地軸連年震，〔註115〕沂州接莒州。《名勝志》：「沂州在兗州府城東三百六十里。莒州在青州府南三百里。」**春農千里旱，野哭萬家愁。鴻雁驚難定，蛟龍鬭未休。更聞城郭外，蜃氣接層樓。**《史記·天官書》：「海旁蜃氣象樓臺，

〔註107〕卷八十八。

〔註108〕按：實出《南史》卷五十一《梁宗室列傳上》。

〔註109〕國圖藏本眉批：《日知錄》：「《闕里志》：『杏壇在殿前，夫子舊居非也。』今之杏壇乃宋乾興間四十五代孫道輔增修祖廟，移大殿於後，因以講堂舊基甃石為壇，環植以杏，取杏壇之名名之耳。」

〔註110〕《漁父》。

〔註111〕卷四十七。

〔註112〕國圖藏本眉批：莊綽《雞肋編》：「孔子廟中後漢碑三、魏碑三、齊碑一、隋碑二、唐碑十四；林中篆碑一，在伯魚墓前，漫滅不可讀；漢碑九。」

〔註113〕張英《御定淵鑒類函》卷三百四十九作《述征記》。

〔註114〕《曝書亭集》作「宛平劉芳躅增美」。

〔註115〕國圖藏本眉批：《王阮亭年譜》：「康熙七年戊申，山東諸郡縣地震。」木華《海賦》：「地軸挺拔而爭回。」

廣野氣成宮闕。」〔註116〕陳藏器《本草》：「車螯，是大蛤亦名蜃。能吐氣為樓臺，海中春夏間依約島澨，常有此氣。」

飲歷下亭泛舟蓮子湖作二首

《名勝志》：「古歷下亭在大明湖內。《居易錄》：『明湖，一名濯纓，一名蓮子。今俗稱北湖。而子固謂之西湖，以在城中西北隅也。』」〔註117〕先生《題歷下亭》：「康熙庚戌五月既望，泛舟蓮子湖，眺北極臺，時菡萏始舒，熱風未甚，循湖而行，求七橋故址。俄而雨驟至，復乘舟登歷下亭，與客縱飲。既霽，泉泠泠注亭下，有魚自濼泳躍入階除，童子烹以侑酒。蓋客濟南二年矣，乃得一醉茲亭焉。」〔註118〕按：是詩編年在己酉，而題名云「庚戌」。先生於戊戌春至濟南，題名云「蓋客濟南二年矣」。則題名「庚戌」二字疑「己酉」之訛也。

濟水來王屋，《水經》：「濟水出王屋山。」《禹貢》：「底柱析城，至於王屋。」《注》：「山有三重，其狀如屋。」《御覽》引《王君內傳》云：「王屋山在河內沁水縣界，濟水所出。」源泉處處清。《水經注》：「濼水出歷縣故城西南，泉源上水湧若輪。」〔註119〕自從湖口入，不復地中行。柳岸鳴蟬急，《禮》：「蟬始鳴。」〔註120〕荷風浴鳥輕。江南歸思緩，髣髴櫂歌聲。

海右亭仍在，杜甫《陪李北海宴歷下亭》：「海右此亭古，濟南名士多。」城隔路不賒。竹深池館靜，山轉柁樓斜。小隊千行柳，行廚五色瓜。阮籍詩：「昔聞東陵瓜，近在青門外。連畛距阡陌，子母相鉤帶。五色曜朝日，嘉賓四面會。」〔註121〕未愁霑席雨，歸櫂豁晴霞。

長城堡皇姑寺

皇姑，正統間尼。曾入大內諫止土木之行。〔註122〕《耳譚》：「宛平縣西黃村，有敕賜保明寺。寺中尼呂氏，陝人。正統間，駕出關，尼送駕，苦諫不聽。及還轅，復辟，念之，乃建寺賜額，人稱為皇姑寺。」《日下舊聞》：「山東濟南長清縣之長城堡亦有皇姑菴，覽其遺碑，具載呂姑諫阻裕陵北征本末。碑稱姑山東人，與諸書所紀不同，未詳孰是。」〔註123〕

〔註116〕卷二十七。
〔註117〕卷三十三。
〔註118〕《曝書亭集卷六十八》。
〔註119〕國圖藏本眉批：濟水伏流，其溢出為泉者以百十計。此引《水經注》濼水云云，非是。
〔註120〕《禮記‧月令》。
〔註121〕《詠懷》其八。
〔註122〕此係自注。
〔註123〕《欽定日下舊聞考》卷九十七。

十室長城堡，皇姑跡未湮。偶然朝鳳闕，見卷十一《曹先生輓詩》。不惜撼龍鱗。見卷九《兜鍪歌》。北伐回轅後，見卷四《于忠肅祠》。中宮感夢頻。荒祠巫覡在，猶見舞冬春。

度駱馬湖〔註124〕《江南通志》：「淮安府駱馬湖在宿遷縣西北一十里，由溝口入泗。」孫承澤《河紀》：「駱馬湖在宿遷縣西。萬曆中，因磨兒莊水溜時損糧船，因築堤遏山東沂水入駱馬湖，令出清江浦。糧船進董家溝，由此湖入泇河。」

自從前度黃河決，董口填淤駱馬過。按：漕渠至董口出黃河。《漢書·溝洫志》：「填閼之水。」〔註125〕師古曰：「閼與淤同。填閼謂壅泥也。」夫柳至今喧里巷，姜寶《漕河議》：「今欲固湖隄，莫若栽植蘆柳於隄下，柳植隄岸，兩傍隨人田畝為界止，亦隨人自栽自採。」客帆終覺厭風波。東南民力愁先竭，西北源泉棄尚多。安得歲星長守越，《後漢·郎顗傳》：「歲星守心年穀豐。」〔註126〕《左傳》：「越得歲而吳伐之。」〔註127〕年年輓粟上盤渦。《漢書·嚴安傳》：「飛芻輓粟以隨其後。」〔註128〕郭璞《江賦》：「盤渦谷轉。」補注：《山東運河備覽》：「康熙七年，江南董口淤運道，改由駱馬湖。」〔註129〕

淮南感事

城樓高見碧湖懸，淮堰將傾近百年。《江南通志》：「高家堰以捍淮，名曰高加，護運道邑井，宜加高而名之也。在淮安府城西四十里。三國時廣陵太守陳登所築。」比歲凶荒耕未得，向來修築計誰先。預愁四瀆江河合，《爾雅》：「江、

〔註124〕 國圖藏本眉批：按：明萬曆間，總河李化龍開泇河行運，自夏鎮達於直河口。後直河口塞，改行董口。及國朝康熙七年，董口復淤，運道改為駱馬河。詳見《山東運河志》。此詩作於康熙八年，正董河淤塞改由駱馬之時，起二句乃賦實事。注云漕渠至董口出黃河，仍指明季及國初運道而言，非是。按：國朝靳輔《治河方略》云：「駱馬河本□窪田也，因明季黃河漫溢停積而成湖。夏秋水發，不礙行舟。至冬春水涸，其淺處不流束楚。且水面遼闊，縴纜無所施。每重運入口，即役兵夫數萬。於湖中撈濬，而所撈之渠不旋踵而汨沒於風浪之中。年年春鍤，宿邑騷然苦之。查宿邑西北四十里皂河集，其地溝渠斷續，有舊淤河形一道。若挑新濬舊，因而通之，可以上接泇河之尾而下達於」云云。此詩云「東南民力愁先竭，西北源泉棄尚多」，與靳公之論實相脗合。
〔註125〕 卷二十九。
〔註126〕 卷六十下。
〔註127〕 昭公三十二年。
〔註128〕 卷六十四上。
〔註129〕 國圖藏本浮簽：「補注《山東運河備覽》」，初印本無。

淮、河、濟為四瀆。四瀆者，發源注海者也。」**直恐三吳財賦捐**。《指掌圖》:「以蘇、常、湖為三吳。」《圖經》:「漢高祖得天下〔註 130〕，分會稽為吳郡，與吳興、丹陽為三吳。」**開濟何人輸上策，升虛急誦楚宮篇**。《詩》〔註 131〕:「定之方中，作于楚宮。」又:「升彼虛矣。」

秋日登胥山

《括異志》:「嘉興有胥山、鄉山，高一十五丈，周圍二里。舊經云:伍子胥伐越，經營於此。」《嘉興府志》:「胥山在府治東二十五里。」先生《胥山題壁》:「嘉禾四望無山，近府治者，胥山一簣而已。歲在己酉孟冬，偕同里周簣青士、沈傳弓武功汎舟魏塘，聞鐘聲，取徑以入，有僧舍棲石壁下。天將雨，非無膚寸之云焉。《至元嘉禾志》稱一名張山，則胥山之名未必出於古。而山有磨劍石，傳是夫差遺跡。又有石龜，凝望涇水，有赴壑之勢。或見其潛行，命工鑿傷一目，殆村氓傅會，不足信也。宋隆興中，山為李氏所有。既而或請於朝，隸諸郡學。其後鄉人陳氏結書屋於此。今為巨室葬地。所存僧舍，殆即書堂故址爾。二子語予:『山不在高，當以少為貴。吾子行萬里，難得故鄉之山遊焉。是不可不留題也。』因相與聯句，為詩兼書，以示後遊之君子。」〔註 132〕按:先生《沈武功哀辭》云:「歲在己酉冬，予將往濟南，友人沈武功送予落帆亭畔。越二年，歸里，武功偕予登胥山，賦聯句詩。」〔註 133〕與《題壁》所云不符，何與？

秋水日以駛，彝尊。謝靈運詩:「又即秋水駛。」〔註 134〕**輕船泛清澄**。周簣。〔註 135〕**流沿轉紆曲**，沈傳弓。〔註 136〕**櫂急黏菰菱**。彝尊。**仄峰尚阻樹**，簣。**近寺俄飛栱**。傳弓。《韻會》:「栱棱，堂上最高轉角處。」**窅窅梵磬出**，彝尊。**鱗鱗波雲興**。簣。《淮南子》:「水雲魚鱗。」〔註 137〕**流目訝突兀**，傳弓。**賞心闋崚嶒**。彝尊。**舟維臥柳渡**，簣。**道失寒瓜塍**。傳弓。**誰言嶄嶁微**，彝尊。見卷五《宋烈女行》。**曲磴緣百層**。簣。**碣殘蘚欲剝**，傳弓。《嘉興縣志》:「胥山子胥廟左石碑有『石棧自錢塘抵禦兒之胥口』，凡十一字，惜不得其全文。」**祠古藤交緪**。彝尊。**緬懷大夫節**，簣。**千秋痛填膺**。傳弓。江淹《恨賦》:「置酒

〔註 130〕 按:《通典》卷一百八十二《州郡十二》:「秦置會稽郡。項羽初起，殺會稽太守殷通，即此。漢亦為會稽郡。後順帝分置吳郡，晉、宋亦為吳郡，與吳興、丹陽為三吳。」

〔註 131〕 《鄘風‧定之方中》。

〔註 132〕 《曝書亭集》卷六十八。

〔註 133〕 《曝書亭集》卷八十。

〔註 134〕 《初往新安至桐廬口詩》。

〔註 135〕 「簣」，《曝書亭集》作「周簣青士」。

〔註 136〕 《曝書亭集》下有「武功」。

〔註 137〕 《覽冥訓》。

欲飲，悲來填膺。千秋萬歲，為怨難勝。」覆楚豈大義，彝尊。忠孝不兩能。篔。
《史記·伍子胥傳》：「伍子胥，楚人也，名員。父曰伍奢，兄曰伍尚。楚平王有太子，
名曰建，使伍奢為太傅，費無忌為少傅。無忌日夜言太子短於王。王乃召伍奢考問之。
伍奢知無忌讒太子，因曰：『王獨奈何以讒賊小臣疏骨肉之親乎？』王怒，囚〔註138〕
伍奢。無忌言於平王曰：『伍奢有二子，不誅，且為楚憂。可以其父質而召之。』王使
人召二子曰：『來，吾生汝父；不來，今殺奢也。』伍尚欲往，員曰：『楚之召我兄弟，
非欲以生我父也，恐有脫者後生患，故以父為質，詐召二子。二子到，則〔註139〕父
子俱死。何益父之死？往而令讎不得報耳。不如奔他國，借力以雪父之恥。俱滅，無
為也。』伍尚曰：『吾知往終不能全父命。然恨父召我以求生而不往，後不能雪恥，終
為天下笑耳。』謂員：『可去矣！汝能報殺父之讎，我將歸死。』尚既就執。伍胥遂亡。
奔吳。楚昭王使公子囊瓦將兵伐吳。吳使伍員迎擊，大破楚軍。始，伍員與申包胥為
友。員之亡也，謂包胥曰：『我必覆楚。』及吳兵入郢，子胥求昭王。不得，乃掘楚平
王墓，出其屍，鞭之三百，然後已。」飲泣蘆中獻，傳弓。《吳越春秋》：「伍員至
江，有漁父乘船從下方泝水而上。子胥呼之，謂曰：『漁父渡我。』漁父欲渡之。適會
旁有人窺之，因歌曰：『日月昭昭乎浸〔註140〕已馳，與之期兮蘆之漪。』子胥即止蘆
之漪。漁父又歌曰：『日已夕兮予心憂悲，月已馳兮何不渡為，事寖急兮當奈何。』子
胥入船，漁父乃渡之。既渡，漁父視有饑色，謂曰：『子俟我此樹下，為子取餉。』
漁父去後，子胥疑之，乃潛身於條葦之中。有頃，父來，持麥飯、鮑魚羹、盎漿，求
之樹下，不見，因歌而呼之曰：『蘆中人，蘆中人，豈非窮士乎？』子胥乃出。」悲
〔註141〕歌河上朋。彝尊。見卷一《寄家孝廉》。當其恥已雪，篔。屬鏤非所矜。
傳弓。《左傳》：「使賜之屬鏤以死。」慨此空山中，彝尊。遺跡猶可徵。篔。刃
截兩白石，傳弓。指點由孤僧。彝尊。其旁臥石劍，篔。霜色長侵陵。傳弓。
杜甫詩：「侵陵雪色還萱草。」〔註142〕皜如鋪練帶，彝尊。李賀《劍子歌》：「練帶
平鋪吹不起。」〔註143〕互若橫丹秤。篔。按：杜甫《寄劉峽州伯華》詩有「丹砂
冷舊秤」句。《宋韻》俱無此字。唯《集韻》於「稱」字下注：「俗作『秤』，非。」至
王觀國《學林》謂「俗書『秤』字生於草書之作『稱』字者，以草勢禾旁似平字，而

〔註138〕「囚」，底本作「因」，據《史記》改。石印本正作「囚」。
〔註139〕「則」，石印本無。
〔註140〕「浸」，石印本作「侵」。
〔註141〕四庫本《曝書亭集》衍「悲」字。
〔註142〕《臘日》。
〔註143〕《春坊正字劍子歌》。

掉其尾，故訛再作平」。然《小爾雅》云：「斤十為衡，衡半為秤。」故唐人用秤字最多。如杜詩外，又有姚崇《執秤箴》，陸贄狀云「衡者，秤也」，《唐文粹·縣令箴》有「如秤之平」語，則非訛字明矣。若字書秤字俱音去聲、無平聲者，亦由考據稍疏耳。又如常山蛇，傳弓。**首尾相為應**。彝尊。《孫子》：「善用兵者，譬如率然。率然者，常山之蛇也。擊其首則尾至，擊其尾則首至，擊其中則首尾俱至。」〔註144〕**觀其氣怒激**，賀。**毋乃神式憑**。傳弓。**尚想鞭荊屍**，彝尊。**壯士心摧崩**。賀。**至今祠下水**，傳弓。**猶作胥江稱**。彝尊。《嘉興縣志》：「胥江即伍子塘，又名胥口。」**吾徒久於役**，賀。**遠攬岱與恒**。傳弓。《爾雅》：「河南，華。河西，嶽。河東，岱。河北，恒。江南，衡。」**顧茲百里內**，彝尊。**屐齒遊未曾**。賀。**故鄉洵足慕**，傳弓。**高興偶此乘**。彝尊。**寄言同心客**，賀。**暇日期重登**。傳弓。

風懷詩二百韻〔註145〕 《瀛奎律髓·小序》：「晏元獻《類要》有左風懷、右風懷二類。」

樂府傳西曲，佳人自北方。並見卷一《閒情》。**問年愁亥誤**，張雨《乙亥元日試筆》：「問年書亥字。」《家語》：「子夏之晉，過衛，有讀史者曰：『晉師三豕渡河。』子夏曰：『非也，是己亥也。』」按：明崇禎〔註146〕八年，歲次乙亥。**降日叶蛇祥**。《楚辭》：「惟庚寅吾以降。」〔註147〕《詩》：「維虺維蛇，女子之祥。」〔註148〕**巧笑元名壽**，《後漢·梁冀傳》：「妻孫壽色美而善為妖態，作愁眉，啼妝，墮馬髻，折腰步，齲齒笑。」〔註149〕**妍娥合喚嫦**。陳造詩：「會看妍娥前，姹婦付絕倒。」〔註150〕《煙花記》：「陳後主呼張麗華為張嫦娥。」**次三蔣侯妹**，《樂府·清溪小姑曲》注：「小姑，蔣子文之妹也。」楊炯《少姨廟碑》：「蔣侯三妹，清溪之軌跡可尋。」**第一漢宮嬙**。見卷五《明妃曲》。**鐵撥嫻諸調**，《樂府雜錄》：「開元中，賀懷智以石為槽，鵾雞筋作絃，鐵撥彈之。」**雲璈按八琅**。《武帝內傳》：「王母命侍女王子

〔註144〕《九地篇》。
〔註145〕四庫本《曝書亭集》無此篇。
　　　　另，國圖藏本眉批：是詩只宜箋釋故實，其時地略而不論可也。篇中援引處俱刪。
〔註146〕「禎」，底本原作「正」。
〔註147〕《離騷》。
〔註148〕《小雅·斯干》。
〔註149〕卷六十四。
〔註150〕不詳。

登彈八琅之璈。上元夫人彈雲林之璈。」**琴能師賀若**，《續湘山野錄》：「太宗作九弦琴、七絃阮。酷愛宮詞中十小調子，乃隋〔註151〕賀若弼所撰。一曰不博金，二曰不換金〔註152〕，三曰爽泛，四曰越溪吟，五曰越江吟，六曰孤猿吟，七曰清夜吟，八曰葉下聞蟬，九曰三清，外一調最優，古亡其名，琴家祇命曰賀若。」蘇軾詩：「琴裏若能知賀若，詩中定合愛陶潛。」〔註153〕**字解辨凡將**。《漢書·藝文志》：「武帝時，司馬相如作《凡將篇》，無復字。」〔註154〕**弱絮吟偏敏**，見《閒情》。唐彥謙詩：「聯詩徵弱絮。」〔註155〕**蠻箋擘最強**。陸游詩：「笑擘蠻箋落醉題。」〔註156〕**居連朱雀巷**，《建康實錄》：「咸康二年，新立朱雀航，對朱雀門。南渡淮水，亦名朱雀橋。本吳南津大航橋。」**里是碧雞坊**。《益州記》：「成都之坊，百有二十，第四曰碧雞坊。」《嘉禾志》：「碧漪坊在嘉興縣西北〔註157〕，名義舊曰集賢，通天心湖，故改是名。」**偶作新巢燕**，杜甫詩：「頻來語燕定新巢。」〔註158〕**何心敝笱魴**。《詩》：「敝笱在梁，其魚魴鰥。」〔註159〕**連江馳羽檄**，《史記·陳豨傳》：「吾以羽檄徵天下兵。」〔註160〕《蜀志·費禕傳》：「於時羽檄交馳。」〔註161〕《演繁露》：「有急以雞羽插木檄，謂之羽檄。」〔註162〕**盡室隱村艎**。《左傳》：「盡室以行。」〔註163〕按：是年乙酉，避兵五兒子橋。**綰髻辭高閣**，《女紅餘志》：「陳巧笑綰髻，別無首飾。」**推篷倚峭檣。蛾眉新出繭**，《詩》：「螓首蛾眉。」〔註164〕《釋名》：「蛾，蠶蛾也，其眉細而長。」陸龜蒙詩：「雙蛾〔註165〕初出繭，兩鬢正藏鴉。」先生《清平樂》詞：「兩翅蟬雲梳未起，一十二三年紀。」**鶯舌漸抽簧**。李白詩：「煖

〔註151〕石印本下有「時」字。

〔註152〕「金」，《續湘山野錄》作「玉」。

〔註153〕《聽武道士彈賀若》。

〔註154〕卷三十。

〔註155〕《漢代》。

〔註156〕《雨後集湖上》。

〔註157〕石印本下有「隅」字。

〔註158〕《堂成》。

〔註159〕《齊風·敝笱》。

〔註160〕卷九十三。《集解》：「《魏武帝奏事》曰：『今邊有小警，輒露檄插羽，飛羽檄之意也。』」駰案：推其言，則以鳥羽插檄書，謂之羽檄，取其急速若飛鳥也。」

〔註161〕《三國志》卷四十四。

〔註162〕卷十《羽檄》。按：《後漢書》卷一上《光武帝紀上》：「王郎移檄購光武十萬戶。」李賢注：「《魏武奏事》曰：『若有急，即插以雞羽，謂之羽檄。』」

〔註163〕成公二年。

〔註164〕《衛風·碩人》。

〔註165〕「蛾」，《偶作》作「眉」。

入鶯簧舌漸調。」〔註166〕班婕妤《搗素賦》:「趙女抽簧而絕聲。」**慧比馮雙禮**,《西王母傳》:「是時三元夫人馮雙禮〔註167〕、紫陽左仙石路成、太極高仙伯、延蓋公子、西城真人、王方平、太虛真人、南嶽〔註168〕、赤松子、桐柏真人、王子喬等並降。」**嬌同左蕙芳。**左思《嬌女詩》:「其姊字蕙芳,面目燦如畫。」**歡悰翻震盪,密坐益彷徨。**白居易詩:「歡娛〔註169〕促密坐。」曹植《洛神賦》:「於是洛靈感焉,徙倚徬徨。或採明珠,或拾翠羽。」**板屋叢叢樹**,《祖庭事苑》:「梵語云貧婆,此云叢林。譬如大樹叢叢,故僧聚處,名叢林。」**溪田稜稜薑。**杜甫詩:「輅抵公畦稜〔註170〕。」去聲。注:「京師農人指田遠近曰幾稜。」按:《宋韻》無「稜」字,至毛晃始增入,要是方語。今越人亦有稱一稜兩稜者。《史記‧貨殖傳》:「千畦薑韭。」〔註171〕**垂簾遮雁戶,下榻礙蜂房。**杜牧《阿房宮賦》:「蜂房水渦,矗不知其幾千萬落。」**痁鬼同時逐,**《甲乙經》:「痁,瘧疾也。」《左傳》:「晉侯疥,遂痁。」〔註172〕《搜神記》:「昔顓頊氏有三子,死而為疫鬼。一居江水為瘧鬼。」**祅神各自禳。**《舊唐書‧太宗紀》:「私家不得輒立妖神,妄設淫祀。」〔註173〕**亂離無樂土,漂轉又橫塘。**《浙江通志》:「自澉湖轉馬塘廟而上,南至海鹽,謂之橫塘。劉長卿詩『家在橫塘曲』是也。」**皂散千條莢**,《酉陽雜俎》:「皂莢生江南水澤中,高二三丈。」〔註174〕**紅飄一丈薔。**李商隱詩:「一丈紅薔擁翠筠。」〔註175〕**重關於盼盼,**曹植《美女篇》:「高門結重關。」《花南老屋歲鈔》:「元人尚詞曲,青樓得名者,如趙真真、于盼盼、李當當,皆大都妓,餘未能悉數也。」**虛牖李當當。**《輟耕錄》:「李當當者,教坊名妓也,姿藝超出輩流。忽翻然若有所悟,遂著道士服。」〔註176〕**鳳子裙纖褶**,《古今注》:「蛺蝶大者名鳳子。」見卷四《贈沈華》。**鴉頭襪淺幫。**見前《香奩體》。**倦猶停午睡**,先生有《午夢》詞一闋。**暇便踏春陽。**《博

<hr />

〔註166〕按:非李白詩,出歐陽修《奉酬長文舍人出城見示之句》。
〔註167〕按:此處所引又見《太平廣記》卷十二《神仙十二‧大茅君》,注「出《集仙傳》」。「禮」,《太平廣記》作「珠」。
〔註168〕《太平廣記》作「南嶽真人」。
〔註169〕「娛」,《秦中吟十首》其九《歌舞》作「酣」。
〔註170〕「稜」,《秋日夔府詠懷奉寄鄭監審李賓客之芳一百韻》作「棱」。
〔註171〕卷一百二十九。
〔註172〕昭公二十年。
〔註173〕卷二。
〔註174〕《酉陽雜俎》卷十九《廣動植類之四‧草篇》:「鬼皂莢生江南地澤,如皂莢,高一二尺。」
〔註175〕《題二首後重有戲贈任秀才》。
〔註176〕卷十五。

異記》:「邢鳳在長安,見士女千〔註177〕餘人於煙〔註178〕毬下踏歌三日,聲調入雲。歌曰:『長安少女踏春陽,何處春陽不斷腸。舞袖弓鞋〔註179〕渾忘卻,蛾眉空帶九秋霜。』」**雨濕秋韆索**,《古今藝術圖》:「北方寒食節為秋韆戲,以習輕趫後。中國女子學之,乃以綵繩懸木立架,士女坐立其上,謂之鞦韆。」**泥融碌碡場**。范成大詩:「繫牛莫礙門前柳,移繫門西碌碡傍。」〔註180〕**胃絲捎蠛蠓**,《爾雅》:「蠓,蠛蠓。」《疏》:「小蟲似蚋,亂飛者也。一名醯雞。」郭象云:「醯雞者,甕中蠛蠓是也。」**拒斧折螳螂**。〔註181〕《輶軒絕代語》:「兗、豫間謂螳螂為拒斧。」**側徑循莎薦**,劉憲詩:「庭莎作薦舞行出。」〔註182〕**微行避麥麩**。《晉書》:「皇甫謐曰:『況臣糠麩,糅之雕胡。』」〔註183〕注:「麩,麥麩也。」**浣紗宜在石**,見卷三《若耶溪》。**挑菜每登畎**。《說文》:「畎,境也,陌也。趙、魏謂陌為畎。」**蘿蔦情方狎**,《詩》:「蔦與女蘿。」〔註184〕**崔苻勢忽猖**。《靜志居詩話》:「予年十七,避兵練浦。歲己丑,崔苻四起,乃移家梅會里,在大彭、嘉會二都之間,市曰王店。」**探丸搜保社**,見卷三《寇至》。**結侶竄茅篁**。吳萊詩:「南士何處潛茅篁。」〔註185〕**庸改梁鴻賃**,見卷三《還家即事》。**機仍織女襄**。《詩》:「跂彼織女,終日七襄。」〔註186〕**疏櫺安鏡檻**,《老學庵筆記》:「秦太師作相時,第中窗上下及中一二眼作方眼,餘作疏櫺,謂之太師窗。」李商隱詩:「鏡檻芙蓉入,香臺翡翠過。」〔註187〕**斜桷頓書倉**。《說文》:「桷,榱也。椽方曰桷。」《正字通》:「屋角斜柱曰桷。」《拾遺記》:「曹曾積石為倉以藏書,故謂曹氏為書倉。」**路豈三橋阻?**《逸史》:「鄭還古夢乘車過小三橋就婚,後果驗。」**屏還六扇僊**。溫庭筠《懷真珠亭》:「屏倚故窗山六扇。」**弓弓聽點屧**,唐明皇詞:「窄窄弓弓,手中弄初月。」〔註188〕

〔註177〕此引文見《御定駢字類編》卷二十二、《御定佩文韻府》卷二十二之一,「千」作「十」。

〔註178〕「煙」,《御定駢字類編》、《御定佩文韻府》均作「燈」。

〔註179〕「鞋」,《御定駢字類編》、《御定佩文韻府》均作「腰」。

〔註180〕范成大《四時田園雜興六十首》其六:「騎吹東來里巷喧,行春車馬鬧如煙。繫牛莫礙門前路,移繫門西碌碡邊。」

〔註181〕國圖藏本眉批:《爾雅疏》:「螳螂捕蟬而食,有臂若斧,當車不避。」

〔註182〕《奉和幸安樂公主山莊應制》。

〔註183〕卷五十一《皇甫謐傳》。

〔註184〕《小雅·頍弁》。

〔註185〕《題姚文公草書杜少陵詩手軸崔仲德所藏》。

〔註186〕《小雅·大東》。

〔註187〕《鏡檻》。

〔註188〕《詩話總龜》卷三十三:「又作妃子所遺羅襪銘曰:『羅襪羅襪,香塵生不絕。細細圓圓,地下得瓊鉤。窄窄弓弓,手中弄初月。』」

毛震詩：「裙遮點屐聲。」〔註189〕**了了見縫裳**。韓愈詩：「眼中了了見鄉國。」〔註190〕《詩》：「可以縫裳。」〔註191〕**夙擬韓童配**，《紫玉傳》：「吳王夫差女名紫玉，以未得童子韓重而死。後魂歸省母，母抱之，成煙而散。」〔註192〕**新來卓女孀**。見前《香奩體》。《列子》：「京城氏之孀妻。」〔註193〕**縞衣添綽約**，《詩》：「縞衣綦巾。」〔註194〕《莊子》：「綽約若處子。」〔註195〕**星靨婉清揚**。〔註196〕《北戶錄》：「予訪花子事，如面光眉翠，月黃星靨，其來尚矣。」《詩》：「清揚婉兮。」〔註197〕《傳》：「清揚，眉目之間婉〔註198〕然美也。」**芸帙恒留篋**，《邵氏見聞錄》：「古人用以藏書，芸香是也。置書帙中，無蠹。」**蘭膏慣射芒**。《雲笈七籤》：「黃臺紫氣，垂鋒射芒。」**長筵分潑散**，〔註199〕韋應物詩：「田婦有佳

〔註189〕按：非毛震詩，出（唐）毛熙震《南歌子》其一（遠山愁黛碧）。

〔註190〕《憶昨行和張十一》。

〔註191〕《魏風·葛屨》。

〔註192〕《搜神記》卷十六：

> 吳王夫差小女名曰紫玉，年十八，才貌俱美。童子韓重，年十九，有道術，女悅之，私交信問，許為之妻。重學於齊、魯之間，臨去，屬其父母使求婚。王怒，不與。女玉結氣死，葬閶門之外。三年，重歸，詰其父母；父母曰：「王大怒，玉結氣死，已葬矣。」重哭泣哀慟，具牲幣往弔於墓前。玉魂從墓出，見重流涕，謂曰：「昔爾行之後，令二親從王相求，度必克從大願；不圖別後遭命，奈何！」玉乃左顧，宛頸而歌曰：「南山有鳥，北山張羅。鳥既高飛，羅將奈何！意欲從君，讒言孔多。悲結生疾，沒命黃壚。命之不造，冤如之何！羽族之長，名為鳳凰。一日失雄，三年感傷。雖有眾鳥，不為匹雙。故見鄙姿，逢君輝光。身遠心近，何當暫忘。」歌畢，歔欷流涕，要重還家。重曰：「死生異路，懼有尤愆，不敢承命。」玉曰：「死生異路，吾亦知之。然今一別，永無後期。子將畏我為鬼而禍子乎？欲誠所奉，寧不相信。」重感其言，送之還家。玉與之飲讌，留三日三夜，盡夫婦之禮。臨出，取徑寸明珠以送重曰：「既毀其名，又絕其願，復何言哉！時節自愛。若至吾家，致敬大王。」重既出，遂詣王自說其事。王大怒曰：「吾女既死，而重造訛言，以玷穢亡靈，此不過發冢取物，託以鬼神。」趣收重。重走脫，至玉墓所，訴之。玉曰：「無憂。今歸白王。」王妝梳，忽見玉，驚愕悲喜，問曰：「爾緣何生？」玉跪而言曰：「昔諸生韓重來求玉，大王不許，玉名毀，義絕，自致身亡。重從遠還，聞玉已死，故齎牲幣，詣冢弔唁。感其篤，終輒與相見，因以珠遺之，不為發冢。願勿推治。」夫人聞之，出而抱之。玉如煙然。

〔註193〕《湯問第五》。

〔註194〕《鄭風·出其東門》。

〔註195〕《逍遙遊》。

〔註196〕國圖藏本眉批：《酉陽雜俎》：「夫人裝如月形，名黃星靨。」

〔註197〕《鄭風·野有蔓草》。

〔註198〕「婉」，石印本作「宛」。

〔註199〕國圖藏本眉批：淮人歲暮家人宴集曰潑散。《稗史彙編》。

獻，潑散新歲除。」〔註200〕**復帳捉迷藏**。《鄴中記》：「石虎冬月用明光錦，以白
縑為裏，名複帳。」《致虛雜俎》：「明皇與玉真恒於皎月之下，以錦帕裹目，在方丈之
間，互相捉戲，謂之捉迷藏。」**奩貯芙蓉粉**，見卷一《無題》。**萁煎豆蔻湯**。曹
植《七步詩》：「煮豆燃豆萁，豆在釜中泣。本是同根生，相煎何太急。」《飛燕外傳》：
「婕妤浴豆蔻湯。」**洧盤潛浴宓**，《楚辭》：「朝濯髮於洧盤兮，看宓妃之所在。」
〔註201〕**鄰壁暗窺匡**。《漢書》：「匡衡家貧，每鑿鄰壁，映燈光讀書。」〔註202〕**苑
里艱由鹿**，呂溫《由鹿賦》：「予南出襄樊之間，遇野人繫鹿而至者。問之，答曰：
『此為由鹿，由此鹿以誘致群鹿也。』」**藩邊喻觸羊**。《易》：「羝羊觸藩。」〔註203〕
末因通叩叩，見前《香奩體》。**祇自覺倀倀**。《禮》：「譬猶瞽者之無相與，倀倀乎
其何之？」〔註204〕**孟里經三徙**，見前《謁孟子廟》。《列女傳》：「孟軻之母，三徙
其居。」**樊樓又一廂**。劉子翬詩：「夜深燈火上樊樓。」〔註205〕《史記索隱》：「正
寢之東西室，皆號曰廂，言似箱篋之形。」〔註206〕**漸於牙尺近**，盧延詩：「細想儀
形執牙尺。」〔註207〕**莫避灶甌煬**。《莊子逸篇》：「仲尼讀《春秋》，老聃踞竈甌而
聽。」〔註208〕又：「煬者避竈。」〔註209〕**題筆銀鉤在**，見卷三《萬歲通天帖》。
當窗繡袂颺。**有時還邂逅，何苦太周防？**杜牧《簾》詩：「連帳解周防。」**令
節矜元夕，珍亭溢看場**。宋徽宗《宮詞》：「文鴛雙砌接珍亭。」常非月《詠談容
娘》詩：「人壓看場圓。」**鬧蛾爭入市**，《金門事節》：「上元戲為撲燈蛾，亦名鬧蛾
兒。」《惜香樂府》：「去年元夜正錢唐，看天家燈火。鬧蛾兒轉處，熙熙笑語，百萬紅
妝女。」**響屧獨循廊**。《智積記》：「硯石山在吳縣西，闔閭置宮苑、琴臺、響屧廊、
館娃宮。」《姑蘇志》：「響屧廊在靈巖山，相傳吳王建廊而虛其下，令西施與宮人步屧
繞之則響，故名。今靈巖寺圓照塔前小斜廊即其址。」**桭觸釵先溜**，謝惠連《祭古

〔註200〕 韋應物《至西峰蘭若受田婦餉》：「田婦有嘉獻，潑撒新歲餘。」
〔註201〕 按：《離騷》：「吾令豐隆乘雲兮，求宓妃之所在。……夕歸次於窮石兮，朝濯
　　　　　髮乎洧盤。」
〔註202〕 按：《漢書》卷八十一《匡衡傳》無此記載。事見《西京雜記》卷二，曰：「匡
　　　　　衡字稚圭，勤學而無燭。鄰舍有燭而不逮，衡乃穿壁引其光，以書映光而讀
　　　　　之。」
〔註203〕 《大壯》上六。
〔註204〕 《禮記·仲尼燕居》。
〔註205〕 《汴京紀事二十首》其十七。
〔註206〕 《史記》卷九十六《張丞相列傳》「東廂」。
〔註207〕 按：非盧延詩，出（唐）裴說《聞砧》（一作《寄邊衣》）。
〔註208〕 《藝文類聚》卷八十。
〔註209〕 《白孔六帖》卷十一。

篆文》：「以物根撥之。」陸龜蒙《蠹記》〔註210〕：「或根觸之，奮角而怒。」**簷昏燭未戕。徑思乘窘步**，《楚辭》：「夫惟捷徑以窘步。」〔註211〕**梯已上初柂**。《大智度論》：「譬如緣梯，從一初柂而上。」**莫綰同心結**，庾信詩：「與君愊結同心縷。」〔註212〕**停斟冰**去聲。**齒漿**。包佶詩：「曉漱瓊漿冰齒寒。」〔註213〕**月難中夜墮**，見《閒情》。**羅枉北山張**。《彤管集》：「韓憑為宋康王舍人。妻何氏美，王欲之。捕舍人，作青陵之臺。何氏作《烏鵲歌》以見志，歌曰：『南山有鳥，北山張羅。鳥自高飛，羅當奈何。』」**冰下人能語**，《晉書·藝術傳》：「令狐策夢立冰上，與冰下人語。索紞曰：『冰上為陽，冰下為陰，陰陽事也。士如歸，妻迨冰未泮，昏姻事也。君在冰上，與冰下人語，為陽語陰，媒介事也。君當為人作媒。』」〔註214〕**雲中雀待翔**。見卷一《雀飛多》。**青綾催製被**，《漢書》：「尚書入直，供青綾被。」〔註215〕**黃竹喚成箱**。見卷四《西湖竹枝詞》。**玉詫何年種**，《搜神記》：「羊雍伯性篤孝，居無終山。有人以石子一斗與之使種，云：『有石處當生玉，並得好婦。』後果得白璧五雙，以聘徐氏女。」**珠看滿斛量**。見《閒情》。**綵幡搖婀娜**，方岳詩：「初信春〔註216〕風入綵幡。」《詩》：「婀娜其枝。」〔註217〕**漆管韻清鏘**。王僧孺《中寺碑》：「日流閃爍，風度清鏘。」**白鵠來簫史**，見《閒情》。**斑騅駕陸郎**。《樂府·明下童曲》：「陳孔驕赭白，陸郎乘斑騅。」**徒然隨畫艦**，按：先生於癸巳年有《嫁女詞》、《七夕詠牛女》、《南湖即事》等作。**不分上華堂。紫葛牽駝架**，周昂詩：「野葛〔註218〕捎駝架。」**青泥濕馬枊**。《東觀漢紀》：「鄧訓遷烏桓校尉，黎陽敵人步推鹿車，載青泥一襆遺訓。」《蜀志》：「縣〔註219〕主簿解綬縛督郵馬枊。」〔註220〕**枇杷攢瑣**

〔註210〕 陸龜蒙《甫里集》卷十九《雜著》題作「蠹化」。

〔註211〕 《離騷》。

〔註212〕 按：此非庾信詩，出元·陳基《織錦篇》。

〔註213〕 《宿廬山贈白鶴觀劉尊師》。

〔註214〕 卷九十五。

〔註215〕 《欽定古今圖書集成·經濟彙編·食貨典卷三百十七》：「《漢官·典職儀》：『尚書郎入直，官供青綾被。』」陳元龍《格致鏡原》卷五十四：「《漢官·典職》：『漢尚書郎入直，供青綾被，或錦被。』」

〔註216〕 「春」，《立春》作「東」。一作曹勛詩。
七言律詩　初信東風入綵幡，

〔註217〕 《檜風·隰有萇楚》，「婀娜」作「猗儺」，義同。

〔註218〕 「葛」，《翠屏口七首》其四作「蔓」。

〔註219〕 「縣」，石印本無。

〔註220〕 見（元）黃公紹《古今韻會舉要》卷八、卷二十三，（清）毛奇齡《古今通韻》卷五。按：《三國志》卷三十二《蜀書二·先主傳》：「督郵以公事到縣，先主求謁，不通，直入縛督郵，杖二百，解綬繫其頸著馬枊，棄官亡命。」

瑣，胡曾《贈薛濤》：「萬里橋邊女校書，枇杷花下閉門居。」**櫸柳蔭牂牂**。杜甫詩：
「櫸柳枝枝弱，枇杷樹樹香。」〔註221〕《詩》：「其葉牂牂。」〔註222〕**金屋深如此**，
見《閒情》。**璿宮思未央**。元萬頃詩：「璿宮早結褵。」〔註223〕**朝霞凝遠岫**，王
樞詩：「玉貌映朝霞。」〔註224〕謝朓詩：「窗中列遠岫。」〔註225〕**春渚得歸艎**。
《南史·謝朓傳》：「惟待清江可望，候歸艎於春渚。」〔註226〕**古渡迎桃葉**，見《閒
情》。**長堤送窅娘**。《道山新聞》：「李後主宮嬪窅娘纖而善舞。後主作金蓮，高六尺，
蓮中作品色瑞雪，令窅娘以帛繞腳，令纖小，屈上作新月狀，素襪舞雲中迴旋，有凌
雲之態。唐鎬詩曰：『蓮中花更好，雲裏月常新。』因窅娘作也。」白居易詩：「眉月
晚生神女浦，臉波春傍窅〔註227〕娘堤。」**翠微晴歷歷**，《爾雅》：「山未及上曰翠
微。」**綠漲遠汪汪**。浩虛舟《盆池賦》：「岸灔灔以初平，水汪汪而羅漲。」**日影中
峰塔**，〔註228〕**潮音大士洋**。《一統志》：「浦陀落迦山，在定海縣東海中，約一潮
可到。梵語浦陀洛迦，唐言白華也。一名梅岑山，或云梅福煉丹於此。有善才巖、潮
音洞，乃觀音大士化現之地。」按：《效香奩》詩云〔註229〕：「虎阜東西寺，烏山上
下岩。當年並遊地，悔不姓名劖」，則中峰塔、大士洋必指吳門。又按：甲午春有《舟
經橫塘》、《鄧尉山》諸詩，在《文類》中。〔註230〕**尋幽雖約伴，過涉乃須印**。
《易》：「過涉滅頂。」〔註231〕《詩》：「印須我友。」〔註232〕**澹墨衫何薄，輕紈
扇屢障**。見卷四《贈沈華》。**心憐明豔絕**，徐疑〔註233〕詩：「花到薔薇明豔絕。」
目奈冶遊狂。《子夜歌》：「冶遊步春露。」**纜解青絲絆**，漢鼓吹曲：「桂樹為君船，
青絲為君絆。」〔註234〕**茵鋪白篾簟**。《方言》：「篾，竹皮也。江淮陳楚之間謂之
篾。簟，竹席。南楚之外謂之簟。」**回波吟栲栳**，《本事詩》：「唐中宗畏韋后，有

〔註221〕《田舍》。
〔註222〕《陳風·東門之楊》。
〔註223〕《奉和太子納妃太平公主出降》。
〔註224〕《徐尚書座賦得阿憐詩》。
〔註225〕《郡內高齋閒望答呂法曹詩》。
〔註226〕卷十九。按：早見《南齊書》卷四十七《謝朓傳》。
〔註227〕「窅」，白居易《天津橋》作「窈」。
〔註228〕國圖藏本眉批：中峰寺已見卷一《尋讀徹上人不遇》詩注。
〔註229〕「云」，石印本無。
〔註230〕按：底本下空十二格。石印本同，注「以下原缺」。
〔註231〕《大過》上六。
〔註232〕《邶風·匏有苦葉》。
〔註233〕「疑」當作「凝」。
〔註234〕《上陵》。

優人唱曰：『迴波爾是栲栳，怕婦也是大好。』」**鳴艣入菰蔣**。《爾雅翼》：「菰蔣，草也。江南人呼為茭草。其苗有花梗者謂之菰蔣。」〔註235〕**茶牙段段搨**。見卷十一。**甘蔗翻舊譜**，梁簡文帝《七勵》：「澄瓊漿之素色，雜金筍之甘葅。」**活火試頭綱**。《全唐詩話》：「李約性嗜茶，能自煎，曰：『茶須緩火炙，活火煎。』」《宣和北苑貢茶錄》：「歲分十餘綱，惟白茶與勝雪自驚蟄前興役，浹日乃成，飛騎疾馳，不出中春，已至京師，號為頭綱。」**榿易傾鸚鵡**，章孝標詩：「畫榿倒懸鸚鵡觜，花衫對舞鳳凰文。」〔註236〕**裘捫典鷫鸘**。《西京雜記》：「司馬相如初與卓文君還成都，居貧，愁懣，以所著鷫鸘裘就市人陽昌貰酒，與文君為歡。既而，文君抱頸而泣。」〔註237〕楊巨源詩：「裘鮮照鸘驢。」〔註238〕**曉醒消芳蔗**，《漢書·禮樂志》：「泰尊柘漿析朝醒。」〔註239〕《糖霜譜》：「芳蔗一名蠟蔗，即荻蔗。」**寒具析餦餭**。《續晉陽秋》：「桓玄好蓄書畫，客至常〔註240〕觀之。客食寒具，油污其畫。後遂不復設寒具。」宋玉《招魂》：「粔籹蜜餌，有餦餭些。」《爾雅翼》：「擣黍以為餳，謂之餦餭。」**已共吳船憑，兼邀漢佩纕。瘦應憐骨出，嫌勿避形相**。並見《閒情》。**樓下兜衾臥，闌邊拭淚妝**。《風俗通》：「啼妝者，薄拭目下，若啼處。」**便思蛩負蟨**，《說苑》：「北方有獸，其名曰蟨。甚矣，其愛蛩！蛩，巨虛也。蛩蛩巨虛，見人將來，必負蟨以走。」〔註241〕**竊擬鳳求凰**。司馬相如《琴歌》：「鳳兮鳳兮歸故鄉，遨遊四海求其凰。」**兩美誠難合**，見《閒情》。**單情不可詳**。包明月《前溪歌》：「單情何時雙。」《詩》：「不可詳也。」〔註242〕**計程沖瘴癘**，按：先生於丙申年遊嶺南。**回首限城隍**。《易》：「城復於隍。」〔註243〕**紅豆憑誰寄？瑤華黯自傷。家**

〔註235〕《溪上露坐》。

〔註236〕《少年行》。

〔註237〕卷二。

〔註238〕《上劉侍中》。

〔註239〕卷二十二。

〔註240〕「常」，《御定佩文韻府》卷六十六之五作「嘗」。

〔註241〕《呂氏春秋》卷十五《慎大覽·不廣》：「北方有獸，名曰蹶，鼠前而兔後，趨則跲，走則顛，常為蛩蛩距虛取甘草以與之。蹶有患害也，蛩蛩距虛必負而走。」

《淮南子·道應訓》：「北方有獸，其名曰蹶，鼠前而菟後，趨則頓，走則顛，常為蛩蛩駏驉取甘草以與之。蹶有患害，蛩蛩駏驉必負而走。」

韓嬰《韓詩外傳》卷五：「西方有獸名曰蟨，前足鼠，後足兔，得甘草必銜以遺蛩蛩距虛。其性非能蛩蛩距虛，將為假之故也。」

〔註242〕《鄘風·牆有茨》。

〔註243〕《泰》上六。

人卜歸妹，《易》有《家人》卦、《歸妹》卦。**行子夢高唐**。見卷二《灘行口號》。**杜宇催歸數**，見卷三《雄州歌》。**鵁尼送喜忙**。《彥周詩話》：「藏經呼喜鵲為鵁尼。」薛能《白野鵲》：「不愁雲路填河遠，為對天顏送喜忙。」**同移三畝宅，並載五湖航**。先生《馮孺人行述》：「予授徒不給，遂南渡嶺。越二載歸，則孺人徙西河村舍。是冬，復還梅里。」〔註244〕按：先生有十一月八日《鵲橋仙》詞。**院落虹簹月**，劉孝威詩：「虹簹掛珠箔。」**階流兔杵霜**。周昂詩：「兔杵正分明。」〔註245〕**池清凋菡萏**，《爾雅》：「荷，芙蕖，其花菡萏。」**垣古繚篔簹**。左思《吳都賦》：「其竹則篔簹箖箊。」**乍執摻摻手，彌迴寸寸腸**。司馬遷《報任少卿書》：「是以腸一日而九迴。」公乘憶詩〔註246〕：「斷盡相思寸寸腸。」**背人來冉冉**，蔡邕《青衣賦》：「修長冉冉，碩人其頎。」**喚坐走伴伴**。韓偓詩：「伴伴攏鬢偷回面。」〔註247〕**齧臂盟言覆**，《左傳》：「公築臺臨黨氏，見孟任，從之，閟，而以夫人言許之，割臂盟公，生子般焉。」〔註248〕柳宗元《河間傳》：「持淫夫大泣，齧臂相與盟，而後就車。」**搖情漏刻長**。張若虛詩：「落月搖情滿鄉樹。」〔註249〕晉陸倕〔註250〕有《刻漏銘》。**已教除寶鈿，親為解明璫**。裴思謙詩：「銀釭斜背解明璫。」〔註251〕**領愛蝤蠐滑**，《詩》：「領如蝤蠐。」〔註252〕《傳》：「領，頸也。蝤蠐，蠍蟲也。」《爾雅疏》：「關東謂之蝤蠐，以白而長，故詩人以比婦人之頸。」**肌嫌蜥蜴妨**。《爾雅》：「蜥蜴，守宮也。」術家云：「取蜥蜴以丹砂食之，滿七斤，擣治萬杵，以點女人體，終身不滅。若有房室之事，即脫，故謂之守宮。」**梅陰雖結子**，杜牧詩：「綠葉成陰子滿枝。」**瓜字尚含瓤**。《談苑》：「呂仙翁有詩與張泊，言『功名當在破瓜時』。俗以破瓜為二八字。」傅休奕《瓜賦》：「多瓤少瓣。」**捉搦非無曲**，樂府有《捉搦行》。**溫柔信有鄉**。《飛燕外傳》：「後進合德，帝大悅，以輔屬體，無所不靡，謂為溫柔鄉。曰：『吾老是鄉矣，不能效武皇帝求白雲鄉也。』」**真成驚蛺蝶**，《北齊‧魏收傳》：「收昔在洛京，輕薄尤甚，人號云『魏

〔註244〕《曝書亭集》卷八十。
〔註245〕《對月》。
〔註246〕按：《全唐詩》卷六百錄公乘憶詩四首。此句出劉兼《秋夕書懷呈戎州郎中》其二，見《全唐詩》卷七百六十六。
〔註247〕《厭花落》。
〔註248〕莊公三十二年。
〔註249〕《春江花月夜》。
〔註250〕「倕」，石印本誤作「睡」。
〔註251〕《及第後宿平康里》。
〔註252〕《衛風‧碩人》。

收驚蛺蝶』。」〔註253〕甘作野鴛鴦。杜甫詩:「使君自有婦,莫作〔註254〕野鴛
鴦。」暫別猶凝睇,白居易《長恨歌》:「含情凝涕謝君王,一別音容兩渺茫。」
兼句遂病尫。《禮》:「吾欲暴尫而奚若。」〔註255〕《左傳注》:「尫者,瘠病之人。」
〔註256〕歷頭逢臘盡,野外祝年穰。《詩》:「豐年穰穰。」〔註257〕忽枉椒花
頌,《晉書·列女傳》:「劉臻妻陳氏嘗正旦獻《椒花頌》。」〔註258〕來浮柏子觴。
《風土記》:「元日飲□桃湯、柏葉酒。」〔註259〕亮因微觸會,肯負好時光?爐
亟薰梟藻,《采蘭雜志》:「馮小憐有足爐曰辟邪,手爐曰梟藻。」卮須引鶴吭。
《說略》:「周益公有鶴飛盞,注酒則鶴飛,乾則滅。」鮑照《鶴賦》:「引圓吭之纖婉。」
象梳收髢墮,高允《羅敷行》:「頭作墮馬髻,倒枕象牙梳。」《詩》:「不屑髢也。」
〔註260〕《箋》:「髢,髮也。」《疏》:「髢,益髮也。言人髮少,聚他人髮益之。」犀
角鎮心怔。《淮南子》:「犀角駭狐。」〔註261〕李賀詩:「犀株防膽怯。」〔註262〕
《南史》:「鄭灼苦心熱,以瓜鎮心。」〔註263〕滅焰餘殘熖,更衣掛短桁。《樂
府·東門行》:「還視桁上無懸衣。」簪挑金了鳥,見前《香奩體》。先生《滿庭芳》
詞:「金簪拔,暗除了鳥,不用繞唐梯。」臼轉木蒼根。《漢書·五行志》:「木門倉
琅根,謂宮門銅鍰。」師古曰:「門之鋪首及銅鍰也。銅色青,故曰倉琅。鋪者〔註264〕
銜環,故謂之根。」按:「蒼根」二字疑誤。或因前已叶「琅」字,故易「琅」為「根」
耶?抑別有所本耶?納履氎觥底,《風俗通》:「織毛褥謂之氎觥。」搴幬籭敹旁。
《楚辭》:「搴余幬而請御兮。」〔註265〕《丹鉛錄》:「唐李郢詩:『薄雪輕翁紫燕釵,
釵垂籭敹抱香懷。一聲歌罷劉郎醉,脫去明金壓繡鞋。』籭敹,下垂之貌。又作麗蒙。

〔註253〕卷三七。
〔註254〕「作」,《數陪李梓州泛江有女樂在諸舫戲為豔曲二首贈李》其二作「學」。
〔註255〕《禮記·檀弓下》。
〔註256〕僖公二十一年。
〔註257〕《商頌·烈祖》。
〔註258〕卷九十六。
〔註259〕吳淑《事類賦》卷四:「《風土記》曰:『元日長幼悉正衣冠,以次拜賀,進椒
　　　　酒,飲桃湯及柏葉酒。』」
〔註260〕《鄘風·君子偕老》。
〔註261〕又見(宋)潘自牧《記纂淵海》卷九十八、《廣博物志》卷四十六、《御定佩
　　　　文韻府》卷八之三、《欽定古今圖書集成·博物彙編·禽蟲典卷六十九》等,
　　　　注出處為「《淮南畢萬術》」。
〔註262〕《惱公》。
〔註263〕卷七十一《儒林列傳》。
〔註264〕「者」,《漢書》卷二十七上作「首」。
〔註265〕《神女賦》。

李賀《春坊正字劍子歌》:『揠絲團金懸罜罘』,其義一也。」〔註266〕綺衾容並覆,謝莊《雪賦》:「援綺衾兮坐芳褥。」皓腕或先攘。曹植《洛神賦》:「攘皓腕於神滸兮。」暮暮山行雨,見《灘行口號》。朝朝日照梁。宋玉《神女賦》:「耀乎若白日初出照屋樑。」何遜詩:「霧夕蓮出水,霞朝日照梁。」〔註267〕含嬌由半醉,沈休之詩:「命笑無人笑,含嬌何處嬌。」〔註268〕盧思道詩:「半醉臉逾紅。」〔註269〕喚起或三商。韓愈詩:「喚起窗全曙。」〔註270〕《儀禮·士昏禮》,《注》:「日入三商為昏。」《疏》:「商謂商量,是漏刻之名。」連理緣枝葉,見《閒情》。於飛任頡頏。《詩》:「燕燕于飛,頡之頏之。」〔註271〕燒燈看傀儡,《事物考》:「傀儡子,唐戲之首舞也。」出隊舞跳踉。《晉書·諸葛長民傳》:「常一月中,輒十數夜眠中驚起跳踉。」〔註272〕但致千金笑,鮑照《白紵歌》:「千金顧笑買芳年。」何妨百戲償。《鹽鐵論》言漢代百戲,有唐梯、追人、奇蟲、胡姐。唐梯謂之倒擲,以梯置足掌上,一人上梯,從梯蹬中轉身蜿蜒,猶今戲家之翻空梯也。〔註273〕偶然閒院落,隨意發縑緗。竹葉符教佩,《嶺南雜記》:「羅浮有竹葉符,片片有篆文,可以辟書中蠹。」留藤醬與嘗。《南方草木狀》:「梹榔以扶留藤、石〔註274〕賣灰合食之。」《本草》:「枸醬以黃瓜蔓生苗為浮留藤,實以桑椹,皮白肉黑,食之下氣消穀。」硯明鴝鵒眼,見卷七《龍尾硯歌》。香爇鷓鴣肪。《虞衡志》:「鷓鴣香色褐黑而有白點,氣尤清婉,似蓮花。」陸游詩:「槱几硯涵鴝鵒眼,古盦香斳鷓鴣斑。」〔註275〕日以婆拖永,《書》:「日永星火。」〔註276〕《樂府·讀曲歌》:「婆拖何處歸。」時乘嬿婉良。蘇武詩:「燕婉及良時。」〔註277〕本來通碧漢,原不限紅牆。李商隱詩:「本來銀漢是紅牆。」〔註278〕天定從人慾,李商隱詩:

〔註266〕《丹鉛餘錄》卷十一、《升菴集》卷六十《箆簸》。
〔註267〕《看伏郎新婚詩》。
〔註268〕《藝林伐山》十七引。
〔註269〕《後園宴詩》。
〔註270〕《遊城南十六首》其八《贈同遊》。
〔註271〕《邶風·燕燕》。
〔註272〕卷八十五。
〔註273〕按:此注文字見陳元龍《格致鏡原》卷四十九《日用器物類·梯》。「之」,《格致鏡原》作「人」,是。
〔註274〕「石」,《南方草木狀》作「古」。
〔註275〕按:出陸游《齋中雜題四首》其三。另,陸游《無客》:「硯涵鴝鵒眼,香斳鷓鴣斑。」
〔註276〕《堯典》。
〔註277〕《李陵錄別詩二十一首》其五(結髮為夫妻)。
〔註278〕《代應》。

「人慾天從竟不疑。」〔註279〕**兵傳迫海疆**。按：順治十六年六月，海寇犯江寧。**為園依錦里**，見卷三《大閱圖》。**相宅夾清漳**。《南史·劉繪傳》：「永明末，都下人士盛為文章談義，皆湊竟陵西邸。繪為後進領袖。時張融言辭辯捷，周顒彌為清綺，而繪音採不贍〔註280〕，而〔註281〕雅有風則。時人為之語曰：『三人共宅夾清漳，張南周北劉中央。』**奪織機中素**，《古詩》：「新人工織縑，故人工織素。」〔註282〕**看春石上梁**。《後漢·五行志》：「桓帝初，京師童謠：『石上慊慊春黃粱。』」〔註283〕**茗鑪寒說餅**，皮日休詩：「茗鑪盡日燒松子。」〔註284〕吳筠《餅說》：「燮燮曉風，凄凄夜冷。臣當此景，惟能說餅。」**芋火夜然糠**。蘇軾詩：「芋火照〔註285〕嬾殘。」《南史·顧懽傳》：「夕則然松節讀書，或然糠自照。」〔註286〕**唐突邀行酒**，《世說》：「刻畫無鹽，唐突西子。」〔註287〕《漢書》：「朱虛侯曰：『臣將種也，請以軍法行酒。』」〔註288〕**勾留信裹糧**。**比肩吳下陸**，見《閒情》。**偷嫁汝南王**。庾信句。〔註289〕**畫舫連晨夕，歌臺雜雨暘**。**旋娟能妙舞**，《拾遺記》：「廣延國獻善舞者二人，一名旋娟，一名提謨，並玉質凝膚，體輕氣馥。」**謇姐本名倡**。繁欽《與魏文帝箋》：「左騏史妠，謇姐名倡。」〔註290〕**記曲由來擅**，《樂錄》：「唐妓張紅紅歌丐於市，韋青納為姬，敬宗召入後宮，號記曲娘子。」**催歸且未遑**。**風占花信改**，見卷十二《紫藤花》。**暑待露華瀼**。《詩》：「零露瀼瀼。」〔註291〕**蓄意教丸藥**，《杜蘭香傳》：「蘭香降張碩家。碩問禱祀何如，香曰：『消摩自可愈疾。淫祀何

〔註279〕《人慾》。

〔註280〕「不贍」，《南史》卷三十九作「贍麗」。
按：《南齊書》卷四十八《劉繪傳》：「永明末，京邑人士盛為文章談義，皆湊竟陵王西邸。繪為後進領袖，機悟多能。時張融、周顒並有言工，融音旨緩韻，顒辭致綺捷，繪之言吐，又頓挫有風氣。時人為之語曰：『劉繪貼宅，別開一門。』言在二家之中也。」

〔註281〕「而」，石印本作「麗」。

〔註282〕《古詩五首》其一（上山採蘼蕪）。

〔註283〕卷二十三。

〔註284〕《夏景沖澹偶然作二首》其一。

〔註285〕「照」，蘇軾《次韻毛瀅法曹感雨》作「對」。

〔註286〕卷七十五《隱逸列傳上》。

〔註287〕《輕詆》。

〔註288〕卷三十八《高五王傳》。按：早見《史記》卷五十二《齊悼惠王世家》。

〔註289〕《結客少年場行》。

〔註290〕國圖藏本眉批：「能識以來，耳目所見，未之聞也。」注：「史妠、謇姐，蓋亦當時之樂人。」不可刪。刪之不明。

〔註291〕《鄭風·野有蔓草》。

益！』蘭香以丸藥為消摩。」〔註292〕**含辛為吮瘡**。《拾遺記》：「孫和月下舞水晶如意，誤傷鄧夫人頰，和自舐其瘡。」**賦情憐宋玉**，李商隱詩：「料得也應憐宋玉。」〔註293〕**經義問毛萇**。見卷二十《齋中讀書》。**芍藥將離草**，見前《香奩體》。**蘼蕪贈遠香**。見卷一《古興》。**潮平江截葦，亭古岸多樟**。《臨安志》：「樟亭驛，晏殊《輿地志》云：『在錢塘縣舊治之南五里。』今為浙江亭。」按：庚子九月晦日，有杭州酒樓題名。**鏡水明於鏡**，見卷二《鑑湖》。**湘湖曲似湘**。見卷三《贈蔡五十一》。**加餐稠疊語，濃墨十三行**。見卷三《得內人信》。先生有《好事近》詞。**約指連環脫**，見卷三《古意》。《戰國策》：「秦昭王遺齊君王後玉連環。」**茸縣袙復裝**。王筠詩：「袙復兩邊作八襭。」〔註294〕《注》：「袙復即裹肚。」按：庚子冬有《古意二首》。**急如蟲近火**，《韻瑞》：「蠱化飛蟲，似蝶而小。又一種拂燈火，曰飛蛾。」**躁甚蟹將糠**。《齊書·周顒傳》：「何子季亦斷食肉，猶食白魚、魠脯、糖蟹。顒曰：『魠之就脯，驟於屈伸。蟹之將糖，躁擾彌甚。』」〔註295〕**理棹回青翰**，見卷三《山陰道歌》。**驂駒驟玉瓖**。《新序》：「未有咫角驂駒而能服遠致重者也。」〔註296〕班固《西京賦》〔註297〕：「鉤膺玉瓖。」**寧期共命鳥**，〔註298〕《翻譯名義集》：「《寶藏經》：『雪山有鳥，一身兩頭，名曰共命。』」**遘化逆毛鶬**。《韓詩外傳》：「孔子曰：『鶬也。嘗聞湖上公歌〔註299〕云：鶬兮鴰兮，逆毛衰分〔註300〕，一身九尾長兮。』」〔註301〕**寄恨遺卷髮**，《詩》：「卷髮如蠆。」〔註302〕先生《換巢鸞鳳詞》：「背人一縷香雲擗。」**題緘屬小臧**。永頤詩：「小臧別我去。」〔註303〕**憤奚殊蔡**

〔註292〕《曝書亭集》卷九十《笛漁小稿》卷七《七月十四夜立秋二首》之二：「未得消摩力。」自注：「杜蘭香謂丸藥為消摩。」

〔註293〕《席上作》。

〔註294〕《行路難》。

〔註295〕見《南齊書》卷四十一《周顒傳》，又見《南史》卷三十《何胤傳》，「魠」均作「魿」。

〔註296〕見《新序》卷五《雜事第五》。「服遠致重」不通，《新序》作「服重致遠」。

〔註297〕按：實出《東京賦》。

〔註298〕國圖藏本眉批：識神名異同共報命，故曰共命。杜詩：「連花交響共命鳥。」按：原脫「花」字，據杜甫《嶽麓山道林二寺行》補。

〔註299〕「湖上公歌」，《廣博物志》、《天中記》作「河上人歌」，《御定淵鑒類函》、《御定佩文韻府》作「河上之歌」。

〔註300〕「分」，《廣博物志》、《天中記》、《御定淵鑒類函》、《御定佩文韻府》均作「兮」。

〔註301〕《廣博物志》卷四十、《天中記》卷五十九作「《韓詩》」，《御定淵鑒類函》卷四百二十八、《御定佩文韻府》卷八之二作「《沖波傳》曰」。

〔註302〕《小雅·都人士》。

〔註303〕《將別舊山寄伯弓》。

琰，《後漢‧列女傳》：「陳留董祀妻者，同郡蔡邕之女也，名琰，字文姬。適河東衛仲道。夫亡無子，歸寧於家。興平中，沒於南匈奴左賢王，生二子。曹操乃遣使者以金璧贖之，而重嫁與祀。後感傷亂離，追懷悲憤，作詩二章。」〔註304〕**嫁悔**原集作「悔嫁」。**失王昌。**〔註305〕《襄陽耆舊傳》：「王昌，字公伯，為東平相、散騎常侍。早卒。婦，任城王曹子文女也。」崔顥詩：「十五嫁王昌。」〔註306〕**作事逢張角，**見《閒情》。**無成種董蓈。**《說文》：「禾粟之米生而不成者謂之董蓈。」**流年憎祿命，**禰衡《鸚鵡賦》：「嗟祿命之衰薄。」**美疢中膀胱。**《左傳》：「美疢不如惡名。」〔註307〕《周禮疏》：「膀胱為精液之府。」**手自調羹臛，**見前《食鐵腳》。**衣還借褊襠。**《宋書‧五行志》：「晉元康末，出兩襠加乎脛之上。」〔註308〕《唐書‧車服志》：「兩襠之制，一當胸，一當背。」〔註309〕**口脂勻面罷，**《月令廣義》：「明皇時有牡丹名楊家紅，蓋貴妃勻面而口脂在手，偶印於花上，詔於仙春館栽之。來歲花開，上有脂印紅跡，帝名為一撚紅。」〔註310〕**眉語背人剛。**劉孝威詩：「窗疏眉語度。」〔註311〕**力弱橫陳易，**見《閒情》。**行遲小膽忙。**韋莊詩：「小膽空房怯。」〔註312〕《說文》：「怅，怯也。」**留仙裙盡皺，**《飛燕外傳》：「漢武帝〔註313〕遊太液池，飛燕歌歸風送遠之曲。酒酣風起，後揚袂曰：『仙乎仙乎，去故而就新。』帝令左右持其裙。風止，裙為之皺。他日宮娥或攀裙為縐，號留仙裙。」**墮馬鬢交纕。**見前。**不寐扉重辟，巡簷戶暗搪。風微翻蝙蝠，**《爾雅》：「蝙蝠，服翼。」《注》：

〔註304〕卷一百十四。
〔註305〕國圖藏本眉批：《潛邱劄記》引虞山錢氏云：「樂府：『恨不早嫁東家王。』唐人詩：『十五嫁王昌』、『王昌且在牆東住。』當另一王昌，風流美人也，必非《襄陽耆舊傳》之王昌」云云。此引《耆舊傳》，非是樂府句，宜引入。
〔註306〕《王家少婦》。
〔註307〕襄公二十三年。
〔註308〕卷三十。
〔註309〕《新唐書》卷二十四。
〔註310〕見《御定佩文韻府》卷七十六之一。按：劉斧《青瑣高議》前集卷六《驪山記》：
帝又好花木，詔近郡送花赴驪宮。當時有獻牡丹者，謂之楊家紅，乃衛尉卿楊勉家花也。其花微紅，上甚愛之，命高力士將花上貴妃。貴妃方對妝，妃用手拈花，時勻面手脂在上，遂印於花上。帝見之，問其故，妃以狀對。詔其花栽於先春館。來歲花開，花上復有指紅跡。帝賞花驚歎，神異其事，開宴召貴妃，乃名其花為一撚紅。
〔註311〕按：溫庭筠句，見《類說》卷四九《漢上題襟》。
〔註312〕按：非韋莊詩，出（唐）常理《古離別》。
〔註313〕按：「武帝」乃「成帝」之誤。

「齊人呼為蟪蛄，或謂之仙鼠。」**爥至歇蛁蟧**。陶宗儀詩：「秋至響蛁蟧。」〔註314〕
霧漸迷三里，見《閒情》。**星仍隔五潢**。《史記·天官書》：「西宮咸池，曰天五
潢。五潢，五帝車舍。」〔註315〕**輕帆先下霅**，《寰宇記》：「苕水出浮玉山。霅水
一名霅川，霅然有聲，故名。」**岐路誤投杭**。**九日登高閣，崇朝舍上庠**。《禮》：
「書在上庠。」〔註316〕**者回成逼側，此去太愴惶**。**亂水逾浮玉**，《山海經》：
「浮玉之山，北望具區。」楊慎《補注》：浮玉即金山。唐改浮玉為金山。劉會孟曰：
浮玉之山有二，在歸安者為小浮玉，在孝豐者為大浮玉。《經》云北望具區，則山在
具區南，非金山矣。〔註317〕**連峰度括蒼**。見前《陳參議署中題畫》。**惡溪憎詘
屈**，見卷四《惡溪》。**盤嶼苦低昂**。《浙江通志》：「樂清盤嶼山濱於海，上有淡泉
可飲。今磐石衛在焉。」**地軸何能縮**，《神仙傳》：「費長房有神術，能縮地脈，十
〔註318〕里宛在目前，放之復舒如舊。」**天台詎易望**。見卷四《金華道上》。**重過
花貼勝**，胡儼詩：「勝裏金花剪綵新。」〔註319〕**相見紡停軒**。渠王切。《廣韻》：
「軒，紡車。」**射雉須登隴**，《左傳》：「賈大夫惡，娶妻而美，三年不言不笑。御
以如皋，射雉獲之，其妻始笑而言。」**求魚別有杭**。《方言》：「蜀人以木偃魚曰杭。」
笆籬六根近，馮衍《顯志賦》：「揵六枳而為籬兮，築蕙若而為室。」**練浦一舟
蕩**。《浙江通志》：「練浦在嘉興府城東南，相傳吳王練兵於此。」**烏臼遮村屋**，
見《閒情》。**青蘋冒野湟**。**洛靈潛拾翠**，見前。**蠶妾未登桑**。《左傳》：「將行，
謀於桑下。蠶妾在其上，以告姜氏。」〔註320〕**驟喜佳期定，寧愁下女儻**。《楚

〔註314〕《秋懷次戴景仁韻》。
〔註315〕卷二十七。
〔註316〕《禮記·文王世子》。
　　　　另，此下底本有劃削之痕跡，國圖藏八冊本為空白，國圖藏六冊本亦為空白，
　　　　有補鈔文字，曰：「按：先生外舅馮君於順治辛丑遷歸安教諭。壬寅九月，先
　　　　生至歸安。則所謂上庠者，指歸安學署也。」
〔註317〕按：注以此為楊慎《補注》，實非。此注似引自吳任臣《山海經廣注》卷一，
　　　　曰：
　　　　任臣案：楊慎《補注》曰：「浮玉即金山也。唐明皇改浮玉為金山。」前人詩：
　　　　「天將白玉浮諸水，帝以黃金姓此山。」又劉會孟曰：「浮玉之山有二，在歸
　　　　安者為小浮玉，在孝豐者為大浮玉，苕水出其陰。」然《經》云「北望具區」，
　　　　則山在具區南，非金山，明矣。
〔註318〕「十」，《神仙傳》卷五作「千」。
〔註319〕見（明）胡儼《人日從駕幸南郊梁贊善以詩束寄因和之》。石印本正作「儼」。
　　　　按：杜甫《人日二首》其二：「勝裏金花巧耐寒。」
〔註320〕僖公二十三年。

辭》：「相下女之可詒。」〔註321〕**繁英經夜合**，《群芳譜》：「斯遊國有淫樹，晝開夜合，名曰夜合，亦云有情樹。若各自種則無花。」**珍木入宵炕**，《爾雅》：「守宮槐葉，晝聶宵炕。」〔註322〕《注》：「炕，張也。」**啟牖冰紗綠，開奩粉拂黃**。《子夜歌》：「頭亂不敢理，粉拂生黃衣。」**話纔分款曲**，《後漢·光武紀》：「劉文叔少時謹信，不與人款曲。」〔註323〕**見乃道勝常**。《老學庵筆記》：「王廣津《宮詞》：『新睡起來思舊夢，見人忘卻道勝常。』勝常猶今女人言萬福也。」**即事憐聰慧，那教別憪憦。揭來要漢艾**，庾肩吾詩：「漢艾臨波出。」〔註324〕**塊獨泛沙棠**。《拾遺記》：「漢成帝與趙飛燕戲太液池，沙棠為舟。」**送遠歌三疊**，王維《送別》：「勸君更盡一杯酒，西出陽關無故人。」注：「陽關在長安西，後人因此有《陽關三疊曲》。」**銷魂賦一章**。江淹《別賦》：「黯然銷魂者，惟別而已矣。」**兜鞋投暗室**，《疑雨集》：「兜鞋意緒無人見。」〔註325〕《留素堂集》：「孀婦再嫁，不憑媒妁，投鞋報帕為訂。」先生《南歌子》詞：「為郎留一盼，強兜鞋。」**卷箔指昏亢**。《禮》：「仲夏之月，昏亢中。」〔註326〕**命續同功縷**，見《閒情》。《風俗通》：「五月五日以五綵絲繫臂，名續命縷。」先生有五月六日《采桑子》詞。**杯餘九節菖**。《荊楚歲時記》：「五月五日以菖蒲，或鏤〔註327〕或屑，以泛酒。」《南方草木狀》：「番禺東有澗，澗中生菖蒲，一寸九節。」**截筒包益智**，方岳詩：「揀得琅玕截作筒。」〔註328〕益智，見《香奩體》。**消食餉檳榔**。《南史·劉穆之傳》：「穆之少貧，往妻兄江氏乞食。食畢，求檳榔，江氏兄弟戲之曰：『檳榔消食，君何須此？』後穆之為丹陽令，以銀盤貯檳榔一斛餉江氏。」〔註329〕**膠合黏鸞鳥**，《格物論》：「鸞血作膠，可續琴瑟弓弩之

〔註321〕《離騷》。

〔註322〕此係自注。

〔註323〕卷一下。

〔註324〕《曲水聯句詩》。

〔註325〕（明）王彥泓《客舍讀諷賦為馮友作》。

〔註326〕《禮記·月令》。

〔註327〕「鏤」，石印本作「縷」。

〔註328〕按：非方岳詩，出白居易《與微之唱和來去常以竹筒貯詩陳協律美而成篇因以此答》。

〔註329〕《南史》卷十五《劉穆之傳》：
穆之少時，家貧誕節，嗜酒食，不修拘檢。好往妻兄家乞食，多見辱，不以為恥。其妻江嗣女，甚明識，每禁不令往江氏。後有慶會，屬令勿來。穆之猶往，食畢，求檳榔。江氏兄弟戲之曰：「檳榔消食，君乃常饑，何忽須此？」妻復截髮市肴饌，為其兄弟以餉穆之，自此不對穆之梳沐。及穆之為丹陽尹，將召妻兄弟，妻泣而稽顙以致謝。穆之曰：「本不匿怨，無所致憂。」及至醉，穆之及令廚人以金柈貯檳榔一斛以進之。

弦。」**丸堅抱蛣蜣**。《莊子》:「蛣蜣之智,在於轉丸。」〔註330〕**歡難今夜足,憂且暫時忘。本擬成翁嫗**,《捉搦曲》:「天生男女共一處,願得兩個成翁嫗。」**無端失比伉**。張衡賦:「儔何與於比伉。」〔註331〕**睫邊惟有淚**,《新論》:「雍門周以琴見孟嘗君,曰:『臣竊悲千秋萬歲後,墳墓上荊棘,狐兔穴其中。樵兒牧豎,躑躅而歌其上。』孟嘗君承睫涕出,淚下沾襟。」**心上豈無盇**。《左傳》:「士刲羊,亦無盇也。」〔註332〕《注》:「盇,血也。」〔註333〕**鍼管徐抽線**,《禮》:「右佩箴、管、線、纊。」〔註334〕韓偓詩:「調琴抽線露尖斜。」〔註335〕**蘭灰淺湅帩**。《考工記·帩氏》:「湅帛以欄為灰。」**毫尖渲畫筆,肘後付香囊**。見前《香奩體》。**訣絕分溝水**,卓文君《白頭吟》:「故來相訣絕。」又:「溝水東西流。」**纏綿解佩璜**。《詩注》:「雜佩者,珩璜之屬。」**但思篙櫓折**,《那呵灘》:「願得篙櫓折,交郎到頭還。」**莫繫驪驄韁。帷帳辭秦**〔註336〕淑,徐淑《答夫秦嘉書》:「未奉光儀,則寶釵不列也;未侍帷帳,則芳香不發也。」**音塵感謝莊**。見卷五《雲州對月》。**豈無同宿雁,終類失群麞**。蘇軾詩:「市人拍手笑,狀如失林麞。」〔註337〕**衛顯頻開匲**,《集韻》:「顯與鬒同。」《詩·衛風》:「鬒髮如雲。」〔註338〕**秦衣忍用樣**。《樂府解題》:「《秦王卷衣曲》,言咸陽春景及宮闕之美,秦王卷衣以贈所歡也。」《方言》:「懸蠶柱,自關而東〔註339〕謂之槌,齊謂之樣。」**炕蒸鄉夢短**,北方煖床曰炕。**雪卷朔風雱**。《詩》:「北風其涼,雨雪其雱。」〔註340〕**絕塞緣蠮螉**,《晉書·慕容皝載記》:「皝率騎二萬出蠮螉塞,長驅至於薊城。」〔註341〕**叢祠弔好蚊**。先生《好蚊廟碑》:「好蚊廟去汾州府治一十五里。歲丙午八月,予謁神之宇。」〔註342〕**刀環歸未得**,見卷二《岳忠武王墓》。**軌革兆難彰**。《搜神記》:「西川〔註343〕費孝先善軌革,世皆

〔註330〕《齊物論》「庸詎知吾所謂知之非不知邪」郭象《注》。

〔註331〕《思玄賦》。

〔註332〕僖公十五年。

〔註333〕僖公十五年。

〔註334〕《禮記·內則》。

〔註335〕《詠手》。

〔註336〕「秦」,石印本作「徐」。

〔註337〕《湖上夜歸》。

〔註338〕按:非《衛風》,出《鄘風·君子偕老》。

〔註339〕「東」,《方言》作「西」。

〔註340〕《邶風·北風》。

〔註341〕卷一百九。

〔註342〕《曝書亭集》卷六十九。

〔註343〕「川」,石印本作「山」。

知名。」〔註344〕**客乍來金鳳**，按：後唐明宗金鳳井在應州，時先生客大同，有《應州木塔記》〔註345〕。**書猶報白狼**。見卷五《觀獵》。沈佺期詩：「白狼河北音書斷。」〔註346〕按：丁未春，先生有《效香奩體》詩。**百憂成結轖**，枚乘《七發》：「情若結轖。」**一病在膏肓**。《左傳》：「晉景公疾，求醫於秦。夢二豎子，曰：『彼良醫也。懼傷我，焉逃之？』其一曰：『居膏之下，肓之上，奈我何！』」〔註347〕**峽裏瑤姬遠**，《襄陽耆舊傳》：「赤帝女曰姚姬，死葬巫山之陽。」**風前少女殃**。《魏志·管輅傳》：「樹上已有少女微風。」〔註348〕**款冬殊紫蔓**，《本草》：「枇杷一名款冬。」**厄閏等黃楊**。《埤雅》：「黃楊木性堅致難長，一歲長一寸，閏年倒長一寸。」蘇軾詩：「只有黃楊厄閏年。」〔註349〕按：康熙六年丁未閏四月。**定苦遭謠諑**，《楚辭》：「眾女嫉余之蛾眉兮，謠諑謂余以善淫。」〔註350〕**憑誰解迭邅**。張衡《思玄〔註351〕賦》：「藐以迭邅。」**樸先為檀斫**，《爾雅》：「魄，榽橀。」《疏》：「魄，大木細葉，似檀。今江東多有之。齊人諺曰：『上山斫檀，榽橀先殫。』」〔註352〕**李果代桃僵**。《樂府》：「蟲來齧桃根，李樹代桃僵。」**口似銜碑闕**，見前《香奩體》。**腸同割劍鋩**。柳宗元詩：「海上尖峰似劍鋩，秋來處處斷愁腸。」〔註353〕**返魂無術士**，《漢書·李夫人傳》：「夫人早卒，帝思念不已。方士齊少翁言能致其神，乃夜張燈，盛設帷帳，陳酒肉，而令上居他帳，遙望好女如李夫人之狀。」〔註354〕**團土少媧皇**。《風俗通》：「俗說天地開闢，未有人民，女媧團黃土作人。」**剪紙招南國**，

〔註344〕（清）平步青《霞外攟屑·釋諺·圓光古名軌革亦名卦影》：「據諸書所言，是今之圓光，古名軌革，宋名卦影。」
又，（宋）鄭樵《通志》卷六十八《五行類第八》：
《軌革入式例》一卷　《軌革歌象》一卷　《周易軌革指迷》《照膽訣》一卷〔蒲乾虔瓘撰〕　《軌革六候詩》一卷　《軌革源命歌》一卷　《軌革易贊》一卷　《周易軌限算》一卷　《軌革心》　《鑒內觀》六卷　《軌革時影》一卷　《軌限立成曆》一卷　《軌革金庭玉鑒經》一卷　《曆數緯文軌算》三卷　右易軌革〔一十二部一十九卷〕
〔註345〕見《曝書亭集》卷六十七。
〔註346〕《獨不見》。
〔註347〕成公十年。
〔註348〕《三國志》卷二十九。
〔註349〕《監洞霄宮俞康直郎中所居四詠》其一《退圃》。
〔註350〕《離騷》。
〔註351〕「玄」，底本作「元」。
〔註352〕按：此係郭璞注。
〔註353〕唐·柳宗元《與浩初上人同看山寄京華親故》：「海畔尖山似劍鋩，秋來處處割愁腸。」
〔註354〕卷九十七上《外戚列傳上》。

杜甫詩：「剪紙招我魂。」〔註355〕鮑照賦：「東都豔姬，南國佳人。」〔註356〕**輸錢
葬北邙**。見卷一《北邙山行》。**春秋鶗蟀換**，徐陵文：「春鶗始囀，秋蟀載吟。」
〔註357〕**來往鳶鳩搶**。見卷十六《題畫鳩》。**油壁香車路**，見卷四《西湖竹枝詞》。
紅心宿草岡。《異夢錄》：「王炎元和初，夢入侍吳王。久，聞宮中出輦，鳴笳，吹
簫，擊鼓，言葬西施。王悲悼不止，立詔詞客作輓歌。炎應教，詩曰：『西望吳王國，
云書鳳字牌。連江起珠帳，擇地葬金釵。滿路紅心草，三層碧玉階。春風何處所，悽
恨不勝懷。』進，王甚嘉之。及寤，能記其事。王本太原人也。」蘇軾詩：「哀哉魏城
君，宿草荒新墓。」〔註358〕謂公配王夫人也。**崔徽風貌在**，《元稹集》：「崔徽，河
中妓也。與裴敬中相從累月。敬中歸，情懷抑怨，乃寫其真，奉書託白知退寄敬中，
曰：『為妾謂敬中，崔徽一旦不及卷中人，且為郎死矣。』」〔註359〕**蘇小墓門荒**。
見卷八《櫂歌》。**側想營齋奠**，元稹《遣悲懷》詩：「今日俸錢過十萬，與君營奠復
營齋。」**無聊檢笥筐**。**方花餘莞蕘**，見卷三《還家即事》。**文瓦失香薑**。宋徽
宗詩：「文瓦雕甍殿殿寬。」〔註360〕見前《太原道中》。**扇憾芳姿遣**，《樂錄》：「晉
中書令王珉捉白團扇與嫂婢謝芳姿有愛，情好甚篤。嫂捶撻婢過苦，王東亭聞而止之。
芳姿素善歌，嫂令歌一曲，當赦之。應聲歌曰：『白團扇，辛苦互流連，是郎眼所見。』
珉聞，更問之：『汝歌何道？』芳姿即改云：『白團扇，憔悴非昔容，羞與郎相見。』」
環悲奈女亡。《奈女耆域因緣經》：「萍沙王從伏竇中入，登樓就之。明晨當去，奈
女曰：『若其有子，當何所與？』王則脫手金鐶之印，以付奈女。」**玉簫迷處所**，
《雲溪友議》：「韋皋少游江夏，與青衣玉簫有情，約後七年再會，留玉指環。八年不
至，玉簫絕食而殞。後十年，皋鎮蜀，得一歌姬，亦以玉簫為名。觀之，真如玉簫。
中指有肉隱出，如玉環也。」**錦瑟最淒涼**。李商隱詩：「錦瑟無端五十弦。」〔註361〕
《誠齋雜記》：「錦瑟，令狐楚家青衣也。」**束竹攢心曲**，李賀《惱公》：「腸攢非束
竹。」**棲塵眯眼眶**。《呂子》：「棲一塵於睫，則大如車輪。」〔註362〕《莊子》：「簁

〔註355〕《彭衙行》。
〔註356〕《蕪城賦》。
〔註357〕《司空徐州刺史侯安都德政碑》：「春鶗始囀，必具籠筐；秋蟀載吟，竟鳴機
杼。」
〔註358〕《伯父〈送先人下第歸蜀〉詩云：「人稀野店休安枕，路入靈關穩跨驢。」安
節將去，為誦此句，因以為韻，作小詩十四首送之》其八。
〔註359〕按：非《元稹集》，出張君房《麗情集》。
〔註360〕《宮詞》其十。
〔註361〕《錦瑟》。
〔註362〕按：非《呂子》之說。（宋）楊萬里《誠齋集》卷九十三《庸言六》：「楊子曰：

糠眯目。」〔註363〕歐陽修《憎蒼蠅賦》:「或集眉端,或沿眼眶。」**轉添詞悵悵,莫制淚浪浪**。曹植《洛神賦》:「淚流襟之浪浪。」**幔卷紬空疊**,柳永《幔卷紬》:「紅茵翠被。當時事〔註364〕、一一堪垂淚。怎生得依前,似恁偎香倚暖,抱著日高猶睡。」**鈴淋雨正鉠**。《太真外傳》:「上至斜谷口,屬霖雨彌旬,於棧道中聞鈴聲,隔山相應。上既悼念貴妃,作《雨霖鈴曲》以寄恨焉。」《廣韻》:「鉠,鈴聲。」**情深繁主簿**,見《閒情》。**癡絕顧長康**。見卷二《贈高儼》。**永逝文悽戾**,潘岳有《哀永逝文》。**冥通事渺茫**。陶弘〔註365〕景有《周氏冥通記》。**感甄遺故物**,《魏記》:「魏東阿王黃初中入朝,帝示植甄后玉鏤金帶枕,植見之,不覺泣。時已為郭后讒死,帝意亦尋悟,仍以枕賚植。植還,度轘轅少許,時將息洛水上。思甄后,忽見女來,自云:『我本託心君王,其心不遂。此枕是在我家時,從嫁前與五官中郎將,今與君王。』遂用薦枕席,懽情交集。『豈常辭能具為?郭后以糠塞口,令被髮,羞將此形貌重覩君王爾。』言訖,遂不復見所在,遣人獻珠於王,王答以玉珮,悲喜不能自勝,遂作《感甄賦》。後明帝見之,改為《洛神賦》。」**怕見合歡床**。關盼盼詩:「樓上殘燈伴曉霜,獨眠人起合歡床。」〔註366〕

上章閹茂庚戌

寄懷李因篤字子德,號天生,陝西富平籍,山西洪洞人。布衣。舉宏博,授檢討。

　　雁門北上忽西還,見卷五《雁門關》。**未得相逢一解顏。傳道全家依渭曲**,《三輔黃圖》:「渭水出隴西首陽縣,鳥鼠同穴。山東北至華入河。」**幾時匹馬出潼關**。《壅錄》:「潼關在華州華陰縣東北三十九里。關西一里有潼水,因以為名。」**樽前舊事憑誰說,篋裏新詩待爾刪。三載齊東留滯日,愁看李白讀書山**。杜甫詩:「匡山讀書處,頭白好歸來。」〔註367〕杜田《補遺》:「白之先客居蜀之彰明,太白生焉,讀書於大匡山。」〔註368〕朱鶴齡《注》:「太白集中多匡廬詩。白為永王

樓一塵於睫,則其大如車輪。置車輪於百步之外,則其小如一塵。」
〔註363〕《天運》。
〔註364〕「事」,底本、石印本無,據柳永《慢卷紬》補。
〔註365〕「弘」,底本、石印本作「宏」。
〔註366〕《燕子樓三首》其一。
〔註367〕《不見》。
〔註368〕(宋)洪邁《容齋隨筆》卷二十五《匡山讀書》:
　　杜子美贈李太白詩「匡山讀書處,頭白好歸來」,說者以為即廬山也。吳曾《能改齋漫錄》內《辨誤》一卷,正辨是事,引杜田《杜詩補遺》云:「范傳正《李

璘迫致，時正在廬山。此詩『匡山讀書處，頭白好歸來』，蓋深惜其放逐之久，望其歸尋舊隱也。杜田云云，事容有之，但此詩則斷指潯陽之匡廬，不當引彭明〔註369〕為證也。」按：濟南府治西北一十里有小山，亦名匡山。《府志》云「唐李白讀書於此」，是詩話語本此。〔註370〕

送謝爆入燕

　　記昔別君時，太原風雨梁公祠。潘耒《重建狄梁公祠記》：「公太原人，太原故有公祠。」五年不一見顏色，揭來濟上樽重持。勞人相顧徒草草，《詩》：「勞人草草。」〔註371〕白髮青燈且傾倒。歷下亭前柳滿汀，塵沙又走長安道。人生聚散絕可憐，吾將歸種梅溪田。夏蓋山南湖水北，扁舟期我知何年。

同紀處士映鍾杜太史鎮譚舍人兄吉璁集孫侍郎承澤研山齋四首_{杜字子}靜，直隸南宮人。順治戊戌進士，官翰林。

　　勝序愁初豁，高齋近許過。圖書留客少，花藥閉門多。興每耽丘壑，衣從掛薜蘿。千秋論述作，《禮》：「作者之謂聖，述者之謂明。」〔註372〕出處本同科。

　　啟事東曹後，見卷十《送杜少宰》。《續漢書·百官志》：「東西曹掾比四百石。」

白新墓碑》云：『白本宗室子，厥先避仇客蜀，居蜀之彰明，太白生焉。彰明，綿州之屬邑，有大小康山，白讀書於大康山。』有讀書堂尚存。其宅在清廉鄉，後廢為僧房，稱隴西院，蓋以太白得名。院有太白像。」吳君以是證杜句，知康山在蜀，非廬山也。

〔註369〕按：朱鶴齡《杜工部詩集輯注》卷八《不見》注（河北大學出版社 2009 年版，第 323 頁），「杜田云云」後原有「本出楊天惠《彰明逸事》之說」一句。另，錢謙益《錢注杜詩》卷十二《不見》「匡山」注（上海古籍出版社 2009 年版，第 417 頁）：「《唐詩紀事》載楊天惠《彰明逸事》云：元符二年，補令於此，聞李白本邑人，微時慕小吏，棄去，隱居大匡山。今猶有讀書臺。吳曾《能改齋漫錄》、歐陽忞《輿地廣記》皆本天惠之說。按：太白居廬山，見於詩文，不一而足。曾鞏詩序云：永王璘節度東南，白時臥廬山，璘迫致之。公憐其因此得罪，故云『匡山讀書處，頭白好歸來』。《彰明逸事》所載，乃委巷傳聞之語。近時楊慎輩力引為蜀中故事，殊不足信。」

〔註370〕國圖藏本眉批：阮雲留滯齊東，則李白讀書山自指濟南之匡山。注專引府志可也，何必從川杜注，復從而正之乎！

〔註371〕《小雅·巷伯》。

〔註372〕《禮記·樂記》。

名山歲月深。論交半縫掖，《後漢·王符傳》：「皇甫規解官歸安定，鄉人有以貨得雁門太守者，書刺謁規，規臥不起。頃〔註373〕白王符在門，衣不及帶，屣履出迎。時人語曰：『徒見二千石，不如一縫掖。』」〔註374〕真樂在抽簪。見卷七《題退谷》。遽有忘年約，《類書》：「張鎰有重名，陸贄年十八，往見，語三日，奇之，請為忘年之交。」〔註375〕虛陪作者林。寥寥知己語，《後漢·朱暉傳》：「初，暉同縣張堪素有名稱，乃把暉臂曰：『欲以妻子託朱生。』堪卒，妻子貧困，乃自往候視，厚賑贍之。暉少子頡怪而問之，暉曰：『堪嘗有知己之言，吾以信於心也。』」〔註376〕一一感人心。

野趣行無次，林棲坐不辭。書看金薤出，韓愈詩：「金薤垂琳琅。」〔註377〕杯喜竹根持。戶牖分今古，朋遊隔歲時。齊東回首望，最憶虎頭癡。謂顧子炎武也。〔註378〕

改席塵逾遠，看花徑轉幽。猶存漢金石，不廢晉陽秋。《晉書·孫盛傳》：「盛篤學不倦，自少至老，手不釋卷。著《晉陽秋》，詞直而理正，咸稱良史焉。」〔註379〕《中興書目》：「《晉陽秋》本二十二卷，今止存宣帝一卷、懷帝下一卷、唐人所書康帝一卷，餘亡。盛不名春秋，而曰陽秋者，避鄭太后名也。」客已呼沉醉，誰當續後遊。六街分手緩，歸騎夕陽流。

九日集刺梅園松下送譚七舍人之官延安四十韻徐乾學《高太常神道碑》：「京師城南隅，民家有刺梅園，士大夫休沐餘暇，往往攜壺楹班，坐古松樹下，觴詠間作，以為樂。時有譚舍人吉璁佐郡延安，將行，同官祖道者盛集。君與今檢討朱君彝尊、徵士李君良年三人皆以布衣參其間。酒半，相與為聯句之作，諸公無不斂手推服。詩成，命善畫者圖焉。」

〔註373〕石印本「頃」上有「有」字。
〔註374〕卷七十九。
〔註375〕《古今圖書集成·明倫彙編·交誼典·交誼總部雜錄》：
　　　　《續問奇類》：「漢鄭當時年少，其所交者，皆大父行。晉王戎少阮籍二十歲，而籍與友善。唐張鎰有重名，陸贄年十八，往見，奇之，請為忘年友。孟郊性介少合，韓退之一見為忘年之交。此忘年交所由名也。」
〔註376〕卷七十三。
〔註377〕《調張籍》。
〔註378〕此係自注。
〔註379〕卷八十二。

秋氣〔註380〕薄林木，程可則〔註381〕。蕭條鴻雁天。他鄉仍令節，彝尊。高會敞離筵。客盡東南美，〔註382〕高層雲〔註383〕。王勃《滕王閣序》：「賓主盡東南之美。」情因去住懸。黃花分漢苑。申樅〔註384〕。字菽斾，長洲人。陸景初詩：「登高識漢苑。」〔註385〕綠酒自吳船。繫馬斜陽裏，李良年〔註386〕。班荊古樹前。《左傳》：「伍舉與聲子相善，遇於鄭郊，班荊相與食。」〔註387〕枝撐寒雪厚，沈胤範〔註388〕。榦走老龍纏。空翠垂垂落，汪懋麟〔註389〕。層陰的的圓。旅懷長戀此，譚吉璁〔註390〕。幽興豈徒然。歲月風塵換，可則。川塗夢寐牽。相逢曾幾日，彝尊。回首憶當年。慷慨荊軻築，層雲。見卷三《過陳三島》。飛揚祖逖鞭。《晉書·劉琨傳》：「琨少負志氣，有縱橫之才。與祖逖為友。逖被用，與親故書曰：『吾枕戈待旦，常恐祖生先吾著鞭。』」〔註391〕一官乘絕障，樅。雙闕動行舟。曹植《銅雀臺賦》：「建高門之嵯峨兮，浮雙闕乎太清。」江總詩：「行舟方境逝，去棹艤江干。」〔註392〕入雒名元重，良年。臧榮緒《晉書》：「機少襲領父兵為牙門將軍年，二十而吳滅，退臨舊里，與弟雲勤學。積十一年，與弟雲入洛。」臨關汝最賢。《史記·滑稽傳》：「子產治鄭，民不能欺；子賤治單父，民不忍欺；西門豹治鄴，民不敢欺。三子之才能誰最賢哉？辨治者當能別之。」〔註393〕蒲桃隨馬至，胤範。《博物志》：「張騫使西域，還，得胡桃。」鸚鵡得人憐。杜甫《鸚鵡》：「世人憐復損，何用羽毛奇。」地險榆為塞，懋麟。見卷四《送曹侍郎》。原荒鹵作田。《晉書·苻堅載記》：「堅鑿山起堤，通渠引瀆，以溉岡鹵之田。及春而成，百姓賴其利。」〔註394〕由來秦上郡，吉璁。《漢書·地理志》：「上郡，秦置。

〔註380〕「氣」，康熙本《曝書亭集》同，四庫本《曝書亭集》作「風」。
〔註381〕《曝書亭集》作「南海程可則周量」。
〔註382〕國圖藏本眉批：《梁書·劉孺傳》：「張率東南美，劉孺雒陽才。」
〔註383〕《曝書亭集》作「華亭高層雲二鮑」。
〔註384〕《曝書亭集》作「長洲申樅菽斾」。
〔註385〕《奉和九日幸臨渭亭登高應制得臣字》。
〔註386〕《曝書亭集》作「嘉興李良年武曹」。
〔註387〕襄公二十六年。
〔註388〕《曝書亭集》作「山陰沈胤範康臣」。
〔註389〕《曝書亭集》作「江都汪懋麟季角」。
〔註390〕《曝書亭集》作「嘉興譚吉璁舟石」。
〔註391〕卷六十二。
〔註392〕《贈賀左丞蕭舍人詩》。
〔註393〕卷一百二十六。
〔註394〕《御定佩文韻府》卷十六之三。原見《晉書》卷一百十三。

高帝元年更為翟國，十〔註395〕月復故。」**遠接漢居延**。《漢書・武帝紀》：「將軍去病、公孫敖出北地二千餘里，過居延。」〔註396〕《地理志》：張掖郡有居延縣。**百戰山河舊**，可則。**單車騎吹闐**。**自應思魏尚**，彝尊。見《送曹侍郎》。**那復羨張騫**。見卷一《游仙》。**美政知無敵**，層雲。**雄文孰與傳？龍山爭繢緒**，樣。見卷二《九日》。**鳳閣尚留連**。《唐書・王徽傳》：「曾祖擇、從兄弟皆擢進士第。至鳳閣舍人者三，號『鳳閣王氏』。」〔註397〕**勝事歸圖畫**，良年。**長歌當管絃**。江淹魂已黯，胤範。**顧愷技誰先**。見卷三《贈高儼》。**銀燭燒林黑**，懋麟。**金盤泹露鮮**。錢惟演詩：「玉液初頒酒，金盤屢擊鮮。」〔註398〕**霜螯充海族**，吉璁。**香橘摘江煙**。**麴米封鱗細**，可則。杜甫詩：「聞道長安麴米春。」〔註399〕**茱房壓鬢偏**。《風土記》：「九月九日，折茱萸房以插頭，言辟除惡氣而御初寒。」**幾忘身是客**，彝尊。**恰笑口流涎**。**俊味還稠疊**，層雲。杜甫《王十五前閣會》：「病身虛俊味，何幸飫兒童。」《藝苑雌黃》：「杜詩『俊味』亦有來處。《本草・葫》注云：『此物煮為羹臛，極俊美。』」**深杯莫棄捐**。**劇談逾袞袞**，樣。**屢舞各仙仙**。《詩》：「屢舞傞傞。」〔註400〕**聚散時難定**，良年。**交親志肯遷**。**彈冠新得路**，胤範。見卷三《大閱圖》。**簪筆舊隨肩**。《南史・劉杳傳》：「周舍問杳：『尚書著紫荷囊，相傳云挈囊，竟何所出？』杳曰：『張安世持橐簪筆。韋昭、張晏注並曰：橐，囊也。簪筆以待顧問。』」〔註401〕**作吏今行矣**。懋麟。嵇康《絕交書》：「一行作吏，此事便廢。」**專城敢任焉**。《樂府》：「四十專城居。」〔註402〕**瘡痍何術起**，吉璁。《後漢・王朗傳》：「元元瘡痍，已過半矣。」〔註403〕**井邑幾家全**。《周禮》：「九夫

〔註395〕「十」，《漢書》卷二十八上作「七」。
〔註396〕卷六。按：「嘗深入匈奴二千餘里，過居延。」
〔註397〕《新唐書》卷一百八十五。
〔註398〕《上巳玉津園賜宴》。
〔註399〕《撥悶》。
〔註400〕《小雅・賓之初筵》。
〔註401〕卷四十九。
〔註402〕《陌上桑》。
〔註403〕卷四十二。

為井，四井為邑。」**不問金如粟**，可則。〔註404〕**寧論酒是泉**。〔註405〕《漢書‧武帝紀》：「昆邪王並其眾，合四萬餘人來降，置五屬國以處之，以其地為武威、酒泉郡。」〔註406〕《地理志》：「酒泉郡，武帝太初元年開。」〔註407〕《注》：「城下有金泉，味如酒。」**徵書黃霸續**，彝尊。《漢書‧循吏傳》：「下詔稱揚曰：『潁川太守霸，宣布詔令，百姓鄉化。』後數月，徵霸為太子太傅，遷御史大夫。」〔註408〕**擁傳馬卿旋**。《漢書‧司馬相如傳》：「乃拜相如為中郎將，建〔註409〕往使。馳四乘之傳，因巴蜀吏幣物以賂西南夷。至蜀，太守以下郊迎，縣令負弩矢先驅，蜀人以為寵。」〔註410〕**但遣心期在**，層雲。**無愁後會悆**。**河流千尺練**，稜。**月掛九秋弦**。**坐久頻催漏**，良年。**衣輕更著緜**。**祇緣詩錄別**，胤範。**遂使夜忘眠**。**長短青門柳**，懋麟。《三輔黃圖》：「長安城東出南頭第一門，曰霸城門，或曰青門。」岑參詩：「青門柳枝正堪折。」〔註411〕**崢嶸華嶽蓮**。《西嶽記》：「華山上有蓮花、明星、玉女三峰。」《華山記》：「山頂有池，生千葉蓮花。」**來朝一揮手**，吉璁。**惆悵隔幽燕**。可則。《史記‧燕世家》：「周武王之滅紂，封召公於北燕。」〔註412〕《索隱》：「在今幽州薊縣故城是也。」補注：《後漢‧張奐傳》：「使金如粟，不以入懷。」〔註413〕

題譚漢畫山水送七舍人兄三首字天水，廣東人。

舍人佐郡出京華，《通典》：「郡之佐吏，秦、漢有丞、尉。丞以佐守，尉典武職。」〔註414〕**馬後圖書載五車**。**欲上恒山最高頂**，《周禮》：「正北曰并州，其

〔註404〕 底本闕注，「可則」下共有十空格。石印本不空。

　　　　 另，國圖藏本浮簽：「不問金如粟」注，可則下有「見卷五金陀別館」七字，見初印本。

　　　　 另，國圖藏本眉批：《後漢書‧張奐傳》：「遷安定屬國都尉。羌豪帥感奐恩德，上馬二十四。先零又遺金鐻八枚。奐曰：『使馬如羊，不以入廄。使金如粟，不以入懷。』悉以金、馬還之。」

〔註405〕 國圖藏本眉批：《拾遺記》：「羌人姚馥嗜酒，武帝擢為朝歌宰。辭曰：『請辭朝歌紂之縣，長充養馬之役。時賜美酒，以樂餘年。』即邊酒泉太守。」有酒也故使老羌不復呼渴

〔註406〕 卷六。

〔註407〕 卷二十八上。

〔註408〕 卷八十九。

〔註409〕 《史記》、《漢書》卷六十九「建」下有「節」。

〔註410〕 早見《史記》卷一百一十七《司馬相如列傳》。

〔註411〕 《青門歌送東臺張判官》。

〔註412〕 卷三十四。

〔註413〕 卷九十五。

〔註414〕 卷三十三。

山鎮曰恒山。」**自馴白鹿飯松花**。謝承《後漢書》：「鄭弘〔註415〕為臨淮太守，行春，兩白鹿隨車挾轂而行。」

大漠霜流磧草枯，郫筒蘆酒急須沽。〔註416〕《成都記》：「成都府西五十里，因〔註417〕水標名曰郫縣。以竹筒盛美酒，號曰郫筒。」**雲中西去黃河曲**，見卷四《送曹侍郎》。**未必山川似畫圖**。

桑乾九月未成橋，見卷五《上谷道中》。**想像關榆葉盡凋**。見《送曹侍郎》。**曾向雁門三度宿**，見卷五《雁門關》。**人家歷歷在山椒**。

壽徐侍讀元文字公肅，號立齋，崑山人。順治己亥狀元，官至大學士。有《得樹園詩》。

紫籞雲霄迥，彝尊。顧璘《宮中詞》：「霜鷹騰紫籞，天馬躍朱閒。」**金門雨露偏**。**群公爭獻納**，李良年。班固《西都賦序》：「朝夕論思，日月獻納。」**之子信才賢**。**甲第烏衣盛**，彝尊。《漢書》：「高帝詔：列侯食邑者，皆賜大第室。吏〔註418〕二千石，受小第室。」《注》：「有甲乙次第，故曰第。」**家聲鳳沼沿**。**堂看遺笏在**，良年。《唐書》：「文宗問魏徵五世孫謩：『卿家書詔頗有存否？』對曰：『惟有故笏在。』」〔註419〕**經憶過庭傳**。**儒雅矜當代**，彝尊。**飛騰數妙年**。**九重書第一**，良年。《漢書·公孫弘〔註420〕傳》：「時對者百餘人，太常奏弘第居下。策奏，天子擢弘對為第一。」〔註421〕**三策對無前**。**饌出仙廚美**，彝尊。**袍分獸錦鮮**。《金坡遺事》：「學士舊規：十月賜錦長襖。宋初，賜翠毛錦。太宗改賜黃盤鵰錦。」**上陽芸是閣**，良年。《翰林盛事》：「開元中，拜張說等十八人為學士，於東都上陽宮含象亭圖形，寫

〔註415〕「弘」，底本、石印本作「宏」，據《北堂書鈔》卷五十、《藝文類聚》卷四十六改。

〔註416〕國圖藏本眉批：杜詩：「蘆酒還多醉。」

〔註417〕此處底本空一格。所引《成都記》，見（宋）葉庭珪《海錄碎事》卷六、（明）陳耀文《天中記》卷四十四，均無他字。然此句石印本作「因地有郫水，標名曰郫縣」。

〔註418〕「吏」，底本作「更」，據《漢書》卷一上改。

〔註419〕見《御定淵鑑類函》卷二百四十五。按：《新唐書》卷九十七《魏徵傳》：「徵五世孫謩。……俄為起居舍人，帝問：『卿家書詔頗有存者乎？』謩對：『惟故笏在。』」

〔註420〕「弘」，底本作「宏」。下同。

〔註421〕卷五十八。按：《史記》卷一百一十二《平津侯主父列傳》：「太常令所徵儒士各對策，百餘人，弘第居下。策奏，天子擢弘對為第一。」

御讚述之。」李嶠《自敘表》:「參名芸閣,假跡蓬山。」**中禁木為天**。見卷五《絕塞》。
《六典》:「內諸司舍,惟祕閣最宏壯高敞,相傳謂之木天。」**苑柳晴相映**,彝尊。**宮
鶯歲屢遷**。杜甫詩:「宮鶯罷囀春。」〔註422〕《盧照鄰集》:「谷變鶯遷。」〔註423〕
星軺馳漢節,良年。張謂詩:「星軺計日赴岷峨,雲樹連天阻笑歌。」〔註424〕**驛路
入秦川**。見卷一《哭王翃》。**得士皆殊絕**,彝尊。**難兄**〔註425〕**更接聯**。侍讀兄
乾學,字原一,號健庵。康熙庚戌探花,官至刑部尚書。《世說》:「元方難為兄,季方
難為弟。」〔註426〕**遙聞臚唱日**,良年。《史記·叔孫通傳》:「大行設九賓,臚句傳。」
蘇林曰:「上傳告下為臚,下告上為句。」〔註427〕**正值使車旋**。《周禮·夏官》:「馭
夫掌馭貳車,從車,使車。」《後漢·輿服志》有大使車、小使車、諸使車。**兩到須回
轍**,彝尊。《梁書·到溉傳》:「溉少孤貧,與弟洽俱聰敏有才學,時比之二陸,故世祖
贈詩曰:『魏世重雙丁,晉朝稱二陸。何如今兩到,復似凌寒竹。』」〔註428〕**雙丁足
比肩**。《魏志》:「丁儀、丁廙俱有文才,人稱雙丁。」〔註429〕**把文同謝舅**,謂顧子
也。良年。〔註430〕李商隱詩:「何甥謝舅當世才。」〔註431〕**染翰失張顛**。見卷十二
《王翬畫》。**賓至交珠履**,彝尊。**朝回並玉鞭**。**連枝真不易**,良年。**初度乃居
先**。**南斗神仙籙**,彝尊。《星經》:「斗六星狀如北斗。南二星魁,天梁也。中央二星,
天相也。北二星,天府建〔註432〕也,亦為壽命之期。星貴盛明。」**西清侍從員**。《上
林賦》:「青龍蚴蟉於東廂,象輿婉 於西清。」**黑頭誰得似**,良年。《晉書·王導傳》:

〔註422〕《奉送嚴公入朝十韻》。
〔註423〕《悲今日》。
〔註424〕《別韋郎中》。
〔註425〕國圖藏本眉批:「難兄」下原注「編修乾學」四字。
〔註426〕《德行》。
〔註427〕按:此乃引《漢書》。
《史記》卷九十九《叔孫通傳》:「大行設九賓,臚傳。」《索隱》:「《漢書》
云『設九賓,臚句傳』。蘇林云:『上傳語告下為臚,下傳語告上為句。』」
《漢書》卷四十三《叔孫通傳》:「大行設九賓,臚句傳。」顏師古《注》:「蘇
林曰:『上傳語告下為臚,下告上為句也。』」
〔註428〕卷四十。
〔註429〕見《御定淵鑒類函》卷二百四十九。按:《三國志》未見此語。
〔註430〕《曝書亭集》作「良年。謂顧子炎武」。
另,國圖藏本眉批:原注「謂顧子炎武」。原注既不可刪,又豈可改?
〔註431〕《偶成轉韻七十二句贈四同舍》。
〔註432〕《隋書》卷二十:「北二星杓,天府庭也。」《晉書》卷十一:「北二星,天府
庭也。」

「王珣為桓溫敬重，嘗曰：『王掾當作黑頭公。』」〔註 433〕**青眼獨依然。歷下尋山屐**。彝尊。〔註 434〕**江干載酒船。因人塹入洛**，良年。**結客重投燕。不謂迎縫掖**，彝尊。**翻教起晝眠。茱萸猶結佩**，良年。**醽醁此開筵**。《晉起居注》：「穆帝升平二年正月朔會朝，是日賜眾官醽醁酒。」**琖進崑山玉**，梅聖俞《崑山詩》注：「華亭谷東一里有崑山，陸機祖葬此而生機、雲，人以崑山出玉，以擬其美焉。」**花明秘省甎**。彝尊。《通考》：「漢延熙〔註 435〕時始置祕書監，掌典古今圖籍。梁稱省。唐改蘭臺、麟閣，後復舊。宋初為寄祿官。元豐後，以崇文院為秘書省。」《唐書》：「北廳前街有花磚道，冬日以日影及五磚為入直之候。」〔註 436〕**豳歌應可續**，良年。**比調有新篇**。彝尊。

酬潘耒字次耕，號稼堂。吳江人。舉鴻博，官簡討。著《遂初堂集》。

燕京秋九月，雨雪紛湝湝。王應麟《詩考》：「《風雨》篇，《說文》作『風雨湝湝』。」**初晴出戶去，延望西山崖**。《紀纂淵海》：「西山在府西三十里，為太行山之首。」〔註 437〕**薄衣先苦寒，炙背返荊柴**。嵇康《與山濤書》：「野人有快炙背而美芹子者。」**晚聞僮僕語，有客叩吾齋。新詩題紈扇，留贈出中懷。臨風百過誦，音響一何佳。泠泠朱絃瑟**，見卷四《夜過曹侍郎》。**調必宮商諧**。《晉書・樂志》：「荀勗作新律笛十二枚，以調律呂，自謂宮商克諧。」〔註 438〕**壯哉四方志**，杜甫詩：「丈夫四方志。」〔註 439〕**獨櫂浮江淮。傷禽戢羽翼，嗚鹿求其儕。河東衛先生**，簡討既齊。〔註 440〕**埽室道南街。希音辨元始，**

〔註 433〕卷六十五。

〔註 434〕四庫本《曝書亭集》脫「西清侍從員。黑頭誰得似，〔良年。〕青眼獨依然。歷下尋山屐。〔彝尊〕」。

〔註 435〕《文獻通考》卷五十六：「桓帝延熹二年始置秘書監一人，掌典圖書古今文字，考合同異，屬太常。」延熹為漢桓帝年號。

〔註 436〕見《御定淵鑑類函》卷七十二。按：《唐書》無此語。《雍錄》：「學士院北廳前有花磚道，冬中，日及五磚，為入直之候。李程性懶，好晚入，常過八磚乃至。眾呼為八磚學士。」又，《御定駢字類編》卷一百三、卷二百二兩載：「《翰林志》：『北廳前堦有花磚道，冬中日及五磚為入直之候。李程性懶，好晚入，恒過八磚乃至，眾呼為八磚學士。』」

〔註 437〕卷二十二。

〔註 438〕卷二十二。

〔註 439〕《前出塞九首》其九。按：《左傳・僖公二十三年》：「謂公子曰：『子有四方之志，其聞之者，吾殺之矣。』」

〔註 440〕此係自注。其中，「既齊」，《曝書亭集》作「阮齋」。

《隋書·曆律志》：「陰陽迭用，剛柔相摩。四象既陳，八卦成列。此乃造文之元始，創歷之厥初者歟？」〔註441〕**望古窮津涯。同聲一相應**，《易》：「同聲相應。」**眾說誠可排。爾雅及三倉**，《北史·江式傳》：「式篆體尤工。表：求撰集古來文字，以許慎《說文》為主，及孔氏《尚書》、《五經音注》、《籀篇》、《爾雅》、《三倉》，有六書之誼者，以類編聯，文無複重，統為一部。」〔註442〕《隋書·經籍志》：「《三倉》三卷，郭璞注。秦相李斯作《倉頡篇》，漢揚雄作《訓纂篇》，後漢賈魴作《滂喜篇》，故曰《三倉》。」〔註443〕**豪髮未嘗乖。伊余去鄉國，萬里蔽青鞋。媿乏洛生詠**，見卷三《別杜濬》。**徒觀泰山柴。**《書》：「至於岱宗，柴。」〔註444〕**戛玉聞琳琅，披雲豁塵霾。**《世說》：「衛伯玉為尚書令，見樂廣與中朝名士談論，奇之。命子弟造之曰：『此人中之水鏡也，見之若披雲霧，覩青天。』」〔註445〕**譬彼同岑草，所惜在根荄。**《漢書》：「郊祀歌：『青陽開動，根荄以遂。』」〔註446〕**願貞歲寒期，簦笠行相偕。**〔註447〕《急就篇》：「竹器：簦、笠、篝、籧篨。」注：「簦、笠皆所以禦雨也。大而有把手執以行謂之簦，小而無把者戴以行謂之笠。『虞卿躡屩擔簦』即謂此也。」

贈朱十　　潘耒〔註448〕

天台拔群峰，東壁輝列宿。南州盛衣冠，之子為領袖。傑然雲霄姿，大廈資結構。匏瓜悲天懸，井渫惻寒甃。間為蘇門嘯，善作伶倫奏。大雅還初元，風騷獨馳驟。峨峨春明門，英賢畢來輳。高齋掃晴雪，玉山驚邂逅。聞遊泰岱還，應宿天門岫。日輪湧扶桑，幾時割昏晝。僕本同岑人，折麻欣有舊。才非士龍奇，齒是公明幼。偶然弔燕昭，金臺暫停留。方辦五嶽裝，青精煮糧糗。何日相提攜，蓮峰掇三秀。

〔註441〕卷十七。
〔註442〕卷三十四。按：早見《魏書》卷九十一《藝術列傳》。
〔註443〕《御定佩文韻府》卷二十二之八。按：《隋書》卷三十二《經籍志一》作「三蒼」。
〔註444〕《舜典》。
〔註445〕《御定佩文韻府》卷六十六之六。按：《世說新語》未見。
〔註446〕卷二十二。
〔註447〕國圖藏本眉批：《風土記》：「越俗性率樸，初與人交，有禮，祝曰：卿乘車，我戴笠。他日相逢下車揖。君擔簦，我跨馬，他日相逢為君下。」
〔註448〕《曝書亭集》作「吳江潘耒次耕」。

壽申檢討涵盼字叔隨，廣平人。有《定舫詩草》。

東山零雨別，〔註449〕不見忽三年。再作京華客，重逢獻壽筵。歲星方朔並，郭憲《東方朔傳》：「朔未死時，謂同舍郎曰：『天下無能知朔，知朔者惟大王公耳。』朔死後，武帝得此語，即召大王公問之曰：『爾知東方朔乎。』對曰：『不知。』『公何所能？』曰：『頗善星曆。』帝問諸星皆具在否。曰：『諸星俱在，獨不見歲星十八年，今復見耳。』帝仰天歎曰：『東方朔生在朕傍十八年，而不知是歲星哉！』」午夜望舒圓。《淮南子》：「月御曰望舒，亦曰纖阿。」滿把黃花酒，幽歌九月篇。

慈仁寺夜歸同李十九良年對雪兼有結鄰之約《排悶錄》：「慈仁寺本為周太后弟吉祥建。在故報國寺山門之東南，都人至今目為報恩〔註450〕寺。然實非報國寺舊址也。」

暝色辭沙界，蓬門更埽除。數錢燈下酒，《後漢·五行志》：「桓帝初，童謠：『車班班，入河間，河間奼女工數錢。』」〔註451〕入饌雪前魚。遠作比隣約，相連水竹居。杜甫詩：「懶性從來水竹居。」〔註452〕扁舟當此夜，來往意如何。

孫少宰蟄室觀吳季子劍四十韻先生《周延陵季子劍銘跋》：「康熙九年冬十有二月，偕嘉興李良年、吳江潘耒、上海蔡湘過退谷孫先生蟄室，出延陵季子佩劍相示。以周尺度之，長三尺，臘廣二寸有半，重九鋝，上士之制也。臘有銘篆，文字不可辨。合之韋續五十六體書，無一似。其曰季子劍者，先生審定之辭云爾。先生命四人聯句

〔註449〕按：卷四《湖上逢楊二給事雍建》：「零雨三年別。」《舟行酬王明府世顯》：「東山零雨已三年。」

〔註450〕上言「報國寺」，故「恩」恐係「國」之誤。
另，《元明事類鈔》卷十九：
《排悶錄》：「慈仁寺本為周太后弟吉祥建，而寺碑只云為太后祝釐，蓋諱其事，至歸熙甫作記始詳言之。寺建於報國寺之東南，都人至今目為報國寺。」
（清）于敏中《欽定日下舊聞考》卷五十九：
補，慈仁寺本為周太后弟吉祥建，而寺有成化二年御製碑，止云為太后祝釐，不及吉祥，蓋當時尚諱言其事。唐應德詩云：「同行更說前朝事，繡蟒銀魚有故僧。」至歸熙甫作記，始詳言之。寺建於故報國寺山門之東南，都人至今目為報國寺，然實非報國舊址也。 《排悶錄》。

〔註451〕卷二十三。

〔註452〕《奉酬嚴公寄題野亭之作》。

詠之，詩成，摹銘文於前，俾書聯句於後，裝界為冊，藏之硯山書屋。」〔註453〕按王漁洋《池北偶談》云：「孫北海家藏三劍。其一銅劍，長尺餘，有鳥篆十字，云『吳季子之子保之永用劍』，篆甚奇古。」又，《雙劍行》自注云：「其一有銘，云『吳季子之子永寶用劍』，凡九字。」〔註454〕宋西陂《筠廊偶筆》：「孫北海家藏小劍，一上刻『延陵季子之子劍』，以黃金嵌之。」李秋錦《玉劍》詩自注云：「又銅劍一，有文，曰『吳季子永保用之劍』，似掛墓者。向藏歸德袁氏，今亦歸少宰。」諸說不一。要之，先生所謂「臘有銘篆，文字不可辨」為得其實耳。

　　窮冬蟄室寒，重局晝飛雪。李良年。〔註455〕**役車雖已休，客子遠相挈。**彝尊。**蕭然主人意，示我太古鐵。**潘耒。〔註456〕**黯淡四座光，糢糊百夫血。**蔡湘。〔註457〕杜甫詩：「子璋髑髏血糢糊。」〔註458〕**精氣所結聚，入手詎敢褻。**良年。**摩挲讀遺銘，千春字不涅。**彝尊。**始知延陵佩，曾掛徐君碣。**耒。《史記·吳世家》：「季子聘魯，過徐，徐君好季札劍。季札心知之。為使上國，未獻。及使還至徐，徐君已死，解劍繫徐君冢樹而去。」〔註459〕劉向《新序》：「徐人歌延陵季子兮不忘故，脫千金之劍兮帶丘墓。」〔註460〕**金碧爭毫芒，雨風助鳴咽。**湘。**歲久蠟就頹，中作黍米缺。**良年。《吳越春秋》：「魯使季孫聘於吳，闔閭以莫邪獻之，季孫拔劍之，鍔中缺者大如黍米。」**段冶難為良，**見前《銀槎歌》。**青白氣先竭。**彝尊。《考工記》：「凡鑄金之狀，金與錫黑濁之氣竭，黃白次之；黃白之氣竭，青白次之；青白之氣竭，青氣次之。然後可鑄也。」**首廣信參分，**《考工記》：「桃氏為劍，臘廣二寸有半寸，兩從半之，以其臘廣為之莖圍，長倍之。中其莖，設其後。參分其臘廣，去一以為首廣，而圍之。身長五其莖長，重九鋝，謂之上制，上士服之；身長四其莖長，重七鋝，謂之中制，中士服之；身長三其莖長，重五鋝，謂之下制，下士服之。」《注》：「臘謂兩刃，莖謂劍夾。人所握鐔以上也。」《疏》：「兩刃者，兩面各有刃也。」「設，大也。謂從中以卻稍大之。後大則於把易制也。」**身重裁七鋝。**耒。**丸丸初莖長，衍衍漸後設。**湘。**制類銅虎符，**《史

〔註453〕《曝書亭集》卷四十六。

〔註454〕《精華錄》卷二《雙劍行孫退谷侍郎席上作》。

〔註455〕《曝書亭集》作「嘉興李良年武曾」。

〔註456〕《曝書亭集》作「吳江潘耒次耕」。

〔註457〕《曝書亭集》作「上海蔡湘竹濤」。

〔註458〕《戲作花卿歌》。

〔註459〕卷三十一。

〔註460〕《節士第七》。

記‧文帝紀》：「初與群〔註461〕國守相為銅虎符、竹使符。」**質並蒼水玞**。良年。《禮》：「大夫佩水蒼玉。」〔註462〕**其文雜蟲魚**，《書苑菁華》：「蟲書，魯秋胡婦浣蠶所作，亦曰雕蟲篆。」又：「周法魚書，因素鱗躍舟所作。」**其體蔓瓜瓞**。彝尊。**蜿蜒蛟螭纏，錯落星宿列**。耒。**當其鑄始成，見者皆骨裂**。湘。**洪鐘無聲拂**，《說苑》：「西閭過曰：『獨不聞干將莫邪，拂鍾不錚，試物不知。』」陳琳《答東阿王〔註463〕牋》：「秉青萍干將之器，拂鐘無聲〔註464〕。」**堅玉應手切**。〔註465〕良年。《列子》：「周穆王征西戎，西戎獻昆吾之劍，赤刀〔註466〕，切玉如切泥。」**拭用華土良**，〔註467〕見卷十二《竹爐聯句》。**淬以江水洌**。彝尊。《浦元別傳》〔註468〕：「君性多奇思，於斜谷為諸葛亮鑄刀三千口。刀成，自言漢水鈍弱，不任淬用；蜀江爽烈，是謂大金之元精。命人於成都取江水淬刀。以竹筒納鐵珠滿中，舉刀斷之，應手虛落。」**一充君子服**，《禮》：「國家未道，則不充其服焉。」〔註469〕**遂使雌雄別**。耒。《列〔註470〕士傳》：「楚王命莫邪鑄雙劍，止以雌進。聞劍悲鳴。或曰：『劍有雌雄，憶其雄，故鳴。』王怒，殺莫邪。」**神靈相護持，鬼物盡躄蠮**。湘。《玉篇》：「躄蠮，旋行貌。」**試宜借諸離**，《戰國策》：「專諸之刺王僚也，彗星貫日。要離之刺慶忌也，蒼鷹〔註471〕擊於殿上。」〔註472〕**相必經歐薛**。良年。《越絕書》：「客有能相劍者薛燭，越王召而問之曰：『吾以寶劍，請以示之。』王使取純鉤，薛燭曰〔註473〕揚，其華淬如芙蓉始出。觀其鈲，爛如列星之行。觀其光，渾渾如水之溢

〔註461〕「群」，《史記》卷十《孝文本紀》作「郡」。按：此注引自江浩然《曝書亭詩錄》。

〔註462〕《禮記‧玉藻》。

〔註463〕「王」，石印本無。

〔註464〕「拂鐘無聲」，石印本作「拂鐘則無聲音也」。

〔註465〕國圖藏本眉批：《拾遺記》：「越王八劍，其八曰真剛，切玉斷金，如削土木。」

〔註466〕「刀」，《湯問篇》作「刃」。

〔註467〕國圖藏本眉批：《晉書‧傳》：「張華以華陰土一斤致溪之以拭劍，倍加精明。」

〔註468〕《御定佩文韻府》卷十九之一作《浦元別傳》。《北堂書鈔》卷一百二十三、《藝文類聚》卷六十、《太平御覽》卷三百四十五、《御定淵鑒類函》卷二百二十五均無「別」字。

〔註469〕《禮記‧玉藻》。

〔註470〕按：此注引自江浩然《曝書亭詩錄》。「列」，《曝書亭詩錄》作「烈」。

〔註471〕「鷹」，底本、石印本作「蠅」，據《戰國策》改。

〔註472〕節略有誤。《戰國策‧魏四》：「夫專諸之刺王僚也，彗星襲月；聶政之刺韓傀也，白虹貫日。要離之刺慶忌也，倉鷹擊於殿上。」按：此注引自江浩然《曝書亭詩錄》。

〔註473〕按：此處疑有誤。《越絕書》卷十一《外傳記寶劍》：「王取純鉤，薛燭聞之，

於塘。觀其斷，岩岩如瑣石。觀其才，煥煥如冰釋。『此所謂純鉤耶？』王曰：『是也。客有直之者，有市之鄉二、駿馬千匹、千戶之都二，可乎？』薛燭曰：『不可。當造此劍之時，赤堇之山破而出錫，若耶之溪涸而出銅，雨師掃灑，雷公擊橐，蛟蚖捧爐，天帝裝炭，太乙下觀，天精下之。歐冶乃因天之精神，悉其伎巧，造為大刑三、小刑二，一曰湛盧，二曰純鉤，三曰勝邪，四曰魚腸，五曰巨闕。吳王闔閭得其勝邪、魚腸、湛盧。闔閭無道，子女死，殺生以送之，湛盧之劍去之如水。行秦過楚，楚王臥而寤，得吳王湛盧之劍。今赤堇之山已合，若耶溪深而不測，群神不下，歐冶既死。雖復傾城量金，珠玉竭河，猶不能得此一物。有市之鄉二、駿馬千匹、千戶之都二，何足言哉？』**適楚羞湛盧，制越定姑蔑。**彝尊。《衢州志》：「春秋為越西鄙姑蔑地，秦曰太末，唐曰衢州。」**神物不虛歸，**杜甫詩：「神物有所歸。」〔註474〕**抗首想前哲。**朱。**紛紜春秋季，推刃相篡竊。**湘。《公羊傳》：「父受誅，子復讎，推刃之道也。」〔註475〕《注》：「一往一來曰推刃。」**何為藐千乘，脫屣意不屑。**良年。**遠繼讓王風，**見卷二十《泰伯廟》。**近慕子臧節。**彝尊。《吳越春秋》：「諸樊元年，已除喪，讓季札。謝曰：『昔曹公卒，庶存適亡，諸侯與曹人不義而立於國。子臧歸，曹公懼將立子臧，子臧去之，以成曹之道。札雖不才，願附子臧之義。』吳人固立季札，札不受而耕於野，吳人捨之。」**投分寄縞帶，達音在樂闋。**朱。《左傳》：「吳公子札來聘，請觀於周樂。」〔註476〕《禮》：「有司告以樂闋。」〔註477〕**寸心義所要，存沒傷中訣。**湘。**留贈物則微，高誼泉壤徹。**良年。**古樹風蕭蕭，下為狐兔穴。**彝尊。**何期陵谷變，土花未雲齧。**朱。**依然出人間，百代共傳閱。**湘。**題字勘孔碑，**《南畿志》：「季札墓在申港。孔子表其墓曰：『嗚呼！有吳延陵季子之墓。』謂之十字碑。唐殷仲容摹本，宋郡守朱顏石刻。」**裝炭談越絕。**良年。**接末驚窮猿，**《越絕書》：「范蠡謂越王曰：『臣聞越有處女，出於南林，國人稱善，願王請之。』越王乃使使聘之，問以擊劍之術。處女將北見於王，道逢一翁，自稱曰袁公，問於處女：『吾聞子善劍，願一見之。』女曰：『妾不敢有所隱，惟公試之。』於是袁公即杖箖箊竹，竹枝上頡橋末，墮地，女即接末。袁公則飛上樹，變為白猿。」**干霄飲雌蜺。**彝尊。《南史‧王筠傳》：「沈約制《郊居賦》，構

忽如敗。有頃，懼如悟，下階而深惟，簡衣而坐望之。手振拂揚，其華捽如
芙蓉始出。」按：此注引自江浩然《曝書亭詩錄》。

〔註474〕《幽人》。
〔註475〕定公四年。
〔註476〕襄公二十九年。
〔註477〕《禮記‧文王世子》。

思積時，猶未都畢。示筠草，筠讀至『雌霓連蜷』，約撫掌欣抃曰：『僕嘗恐人呼為霓。』」〔註478〕**雄思崆峒倚**，杜甫詩：「防身一長劍，將欲倚崆峒。」〔註479〕**利想犀兕截**。朱。王褒《聖主得賢臣頌》：「巧冶鑄干將之樸，水斷蛟龍，陸剸犀革。」**是物洵希有**，見卷一《五遊篇》。**寧許膜眼別**。湘。《涅槃經》：「有盲人詣良醫，即以金錍刮其眼膜。」**博物頼張華**，見《竹爐聯句》。《隋書·經籍志》：「《博物志》十卷，張華撰。」〔註480〕**造書辨臣頡**。良年。鄭愔詩：「造書臣頡往，觀跡帝羲來。」〔註481〕**豈為馮生彈**，見卷一《送袁駿》。**聊效莊叟映**。彝尊。《莊子》：「吹劍首者，映而已矣。」〔註482〕**感我壯士懷，慷慨中腸熱**。朱。**持之祓不祥，可以當桃茢**〔註483〕。湘。《禮》：「君臨臣喪，以巫祝桃茢執戈，惡之也。」〔註484〕韓愈《諫佛骨表》：「古者諸侯行弔於其國，先以桃茢祓除不祥。」

雪窗

寒威凌夾窗，夜色不可撿。彝尊。**初疑弦月駐，載驚鄰燭燄**。蔡湘。**漏鼓凍欲沉，荒雞號已漸**。彝尊。《管輅別傳》：「雞一二更鳴者為荒雞。」**攬衣訝手皸**，《漢書·趙充國傳》：「將軍士寒，手皸瘃。」〔註485〕**出戶怯風颭**。湘。**朔氣何稜稜**，白居易詩：「水風霜氣夜稜稜。」〔註486〕**同雲猶淰淰**。彝尊。《詩》：「上天同雲。」〔註487〕唐杜甫詩：「山雲淰淰寒。」〔註488〕**饑鷹距未擊**，《說文》：「距，雞距也。雞鬥則用距。」**啁雀羽齊斂**。湘。**老樹壓更高，遙岑明復睒**。彝尊。《太玄〔註489〕經》：「明復睒天，中獨爛也。」**灑墾遏冰泉，浮空露仄厂**。湘。《說文》：「厂，山石之厓巖，人可居。象形。」《龍龕手鑑》：「厂，魚檢反。因巖為屋也。」**僧閒梵未放**，杜甫詩：「梵放時出寺。」〔註490〕**磴滑樵**

〔註478〕卷二十二。又見《梁書》卷三十三。
〔註479〕《投贈哥舒開府二十韻》。
〔註480〕卷三十四。
〔註481〕《奉和幸三會寺應制》。
〔註482〕《則陽》。
　　　　另，國圖藏本眉批：當作先生名。
〔註483〕「茢」，四庫本《曝書亭集》作「列」。
〔註484〕《禮記·檀弓下》。
〔註485〕卷六十九。
〔註486〕《浦中夜泊》。
〔註487〕《小雅·信南山》。
〔註488〕《放船》。
〔註489〕「玄」，底本、石印本作「元」。
〔註490〕《大雲寺贊公房四首》其三。

愈險。彝尊。悅若玉井峰，蓮花冠郊陝。湘。韓愈詩：「太華峰頭玉井蓮，花開十丈藕如船。」〔註491〕薛稷詩：「驅車越陝郊。」〔註492〕中田從射兔，北園宜載獫。彝尊。《詩》〔註493〕：「遊於北園。」又：「載獫歇驕。」《爾雅注》：「狗子未生豽〔註494〕毛者，長喙獫，短喙猲獢〔註495〕。」銼〔註496〕冷生濕煙，草枯覆叢薪。湘。近須爐火圍，遠愛酒旗閃。彝尊。就市沽芳馨，傳杯瀉瀲灩。湘。元叔囊垂空，見卷一《漫感》。平仲豆猶掩。彝尊。《禮》：「晏平仲祀其先人，豚肩不掩豆。」〔註497〕旅思話歸吳，見卷三《食鮞魚》。扁舟懷入剡。湘。見卷二《下扶嘯臺》。束薪硯初炙，《〈魏志·倉慈傳〉注》：「《魏略》曰：『顏斐為京兆太守，課民當輸租時，車牛各因便致薪兩束，為冬寒冰炙筆硯。』」〔註498〕棐几翰斯染。彝尊。《晉書·王羲之傳》：「嘗詣門生家，見棐几滑淨，因書之，真草相半。後為其父誤刮去，門生驚懊累日。」〔註499〕謝惠連詩：「朋來當染翰。」〔註500〕形兼洛陽臥，見卷一《送袁駿》。跡異昌黎貶。湘。韓愈《左遷至藍關示姪孫湘》：「夕貶潮陽路八千。」撒鹽擬詎工，授簡賦何諂。彝尊。謝惠連《雪賦》：「王乃歌北風於衛詩，詠南山於周雅。授簡於司馬大夫，曰：『抽子秘思，騁子研辭，侔色揣稱，為寡人賦之。』」〔註501〕郢曲有和歌，見卷三《題東書草堂》。殊鄉聊自慊。湘。

雪中過程五倉部同李十九蔡大賦二首程名可則，小字佛壯，字周量，號石腥，又號湟溱。南海人。順治辛卯中式。壬辰會元，科場議爭，指謫周量，乃被黜用。閣試擢中書舍人。歷仕職方郎。

長安風雪後，歌舞閉門重。客子誰能記，倉曹獨許逢。《後漢·百官志》：「倉曹主倉穀事。」〔註502〕《唐書·百官志》：「倉曹司倉參軍事，掌租調、公

〔註491〕《古意》。
〔註492〕《秋日還京陝西十里作》。
〔註493〕《秦風·駟驖》。
〔註494〕「豽」，石印本作「豻」。
〔註495〕石印本下有「也」。
〔註496〕「銼」，四庫本《曝書亭集》作「挫」。
〔註497〕《禮記·禮器》、《禮記·雜記下》。
〔註498〕卷十六。
〔註499〕卷八十。
〔註500〕按：此兩注引自江浩然《曝書亭詩錄》。謝惠連，《曝書亭詩錄》作「阮籍」，誤。「朋來當染翰」實出謝惠連《秋懷詩》，楊注正之。
〔註501〕石印本無此注。
〔註502〕卷三十四。

廨、庖廚、倉庫、市肆。」〔註503〕**窗寒留炙硯，日暝坐聞鐘。更約尋香閣，西山對曉峰。**

令子趨庭早，深杯勸客揮。愛看如意舞，見卷五《高博士》。**判倒接羅歸。**見卷一《夏日閒居》。**易酒行無算，吳鹽撒漸稀。**李白詩：「吳鹽如花皎白雪。」〔註504〕**憑將紅燭淚，試作鳳凰飛。**《南齊‧王僧虔傳》：「年數歲，獨正坐採蠟燭珠為鳳凰。」〔註505〕

壽何侍御元英字薐音。順治乙未進士，授行人。庚子典試粵西，遷督捕。窩逃令嚴，全活甚眾。陞戶部監督。坐糧廳釐剔漕弊，選授御史。諫獵撤藩諸疏，一時推為敢言。

東閣寒梅放，杜甫詩：「東閣官梅動詩興，還如何遜在揚州。」〔註506〕**西山霽色澄。騷人日初度，朋酒歲相仍。**《詩》：「朋酒斯饗。」〔註507〕《傳》：「兩尊曰朋。」**頌魯期難老，**《詩‧魯頌》：「永錫難老。」〔註508〕**歌豳信有徵。名先柱下史，**《史記‧老子傳》：「周官〔註509〕藏室之史也。」《注》〔註510〕：「老子為柱下史，即藏室之柱下，因以為官名。」**官亞殿中丞。**《漢書‧百官表》：「御史大夫有兩丞，一曰中丞，在殿中蘭臺，掌圖籍，外督部刺史，內領侍御史，受公卿奏事。」〔註511〕**禮自猶龍擅，**《史記‧老子傳》：「孔子適周，問禮於老子。去，謂弟子曰：『吾今日見老子，其猶龍耶！』」〔註512〕**謠聽避馬曾。**《後漢‧桓典傳》：「典拜侍御史。是時宦官秉權，典執政無所迴避。〔註513〕常乘驄馬，京師為之語曰：『行行且止，避驄馬御史。』」〔註514〕**城南瞻斗極，**《後漢‧趙壹傳》：「收之於斗極，還之

〔註503〕卷四十九上。
〔註504〕《梁園吟》。
〔註505〕卷三十三。
〔註506〕《和裴迪登蜀州東亭送客逢早梅相憶見寄》。
〔註507〕《豳風‧七月》。
〔註508〕《魯頌‧泮水》。
〔註509〕「官」，《史記》卷六十三作「守」。
〔註510〕此係《索隱》。
〔註511〕卷十九上。
〔註512〕卷六十三。
〔註513〕石印本此處有「出門」。
〔註514〕卷六十七。

於司命。」〔註515〕薊北凜霜棱。林逋詩:「老持臺憲減霜棱。」〔註516〕敢諫虞
箴在,《左傳》:「魏莊子謂晉侯曰:『昔辛甲之為太史,命百官箴王之闕,於虞人之箴
曰。』」〔註517〕籌時國寶增。《國語》:「圉閏國之寶,六而已。」文宜躅瑣細,
弊力埽榛芀。水旱謀誠切,徵輸法可承。廟廊需至理,駔儈必深懲。《漢
書・貨殖傳》:「子貸金錢千貫,節駔儈。」師古曰:「儈者,合會二家交易者也;駔者,
其有率也。」〔註518〕疇昔雙龍闕,透迤四牡乘。《詩》:「四牡騑騑,周道倭遲。」
〔註519〕桂林銜羽節,《漢書・地理志》:「鬱林郡。縣:桂林。」王維詩:「翠鳳翊
文螭,羽節朝玉帝。」〔註520〕勾漏問丹秤。《安南志》:「勾漏山在石室縣。相傳古
勾漏縣在其下,晉葛洪欲鍊丹,為勾漏令。」嶺外收區冊,韓愈《送區冊序》:「有
區生者,誓言相好,自南海挐舟而來。」舟中慕李膺。《後漢・郭太傳》:「林宗唯與
李膺同舟而濟,眾賓望之,以為神仙焉。」〔註521〕含香持國計,《漢官儀》:「桓帝
時,侍中刁存年老口臭,上出雞香與含之。後尚書郎含雞舌香者始於此。」「國計」,
見卷四。聚米佐軍興。《後漢・馬援傳》:「援說光武破隗囂,於帝前聚米為山谷,
指畫形勢。」〔註522〕《周禮・地官・旅師》:「平頒其興積。」《注》:「興積,所興之
積。縣官徵聚物曰興,今云軍興是也。」允矣資喉舌,《後漢・李固傳》:「陛下之有
尚書,猶天之有北斗也。斗為天喉舌,尚書亦為陛下喉舌。」〔註523〕良哉寄股肱。
《書》:「元首明哉!股肱良哉!」〔註524〕人倫誰比似,意氣益飛騰。八顧三
君並,《後漢・黨錮傳》〔註525〕:「竇武、劉淑、陳蕃為三君。」又:「郭林宗、宗
慈、巴肅、夏馥、范滂、尹勳、蔡衍、羊陟為八顧。」千金一諾憑。《史記・季布
傳》:「曹丘揖季布曰:『楚人諺曰:得黃金百斤,不如得季布一諾。』」〔註526〕聯詩
過沈范,《梁書・何遜傳》:「范雲見其對策,大相稱賞,結忘年交好。沈約亦愛其文,

〔註515〕卷一百十下《文苑列傳下》。
〔註516〕《集賢李建中工部嘗以七言長韻見寄感存懷沒因用追和》。
〔註517〕襄公四年。
〔註518〕卷九十一。
〔註519〕《小雅・四牡》。
〔註520〕《金屑泉》。
〔註521〕卷九十八。
〔註522〕卷五十四。
〔註523〕卷九十三。
〔註524〕《益稷》。
〔註525〕卷九十七。
〔註526〕卷一百。

嘗曰：『每讀卿詩，一日三復，猶不能已。』」〔註527〕杜甫詩：「沈范早知何水部。」〔註528〕**愛客邁春陵**。班固《西都賦》：「節慕原嘗，名亞春陵。」《注》：「春申君，楚人也，名歇，姓黃氏。考烈王以歇為相，封春申君，客三千餘人。魏公子無忌者，魏安釐王弟也。安釐王封公子為信陵君，致食客三千。」**勝日交珠履**，見卷一《渡黃浦》。**高齋冒紫藤**。按：侍御時寓古藤書屋。**對門深徑轉，開閣小山層。畫得滄洲趣**，《能改齋漫錄》：「謝玄〔註529〕暉《之宣城出新林浦向板橋詩》云：『既歡懷祿情，復協滄洲趣。』李善《注》：『楊雄《覈靈殿賦》〔註530〕云：世有黃公者，起於滄洲，怡神養性，與道浮遊。』方悟杜子美《劉少府山水障歌》『聞君掃卻赤縣圖，乘興遣畫滄洲趣』。」**書傳草聖能**。《國史補》：「長沙僧懷素好草書，自言得草聖三昧。」〔註531〕**連蜷師衛藠，妙麗奪曹蠅**。見卷二《贈王山人》。李商隱詩：「曹蠅拂綺窗。」〔註532〕**簽帙縱橫列，爐煙遠近蒸。庭閒看玉樹，道重比朱繩**。鮑照《白頭吟》：「直如朱絲繩。」**謬喜枌榆託，相親色笑恒。一行來獻芹，萬里此籯縢**。《戰國策》：「嬴縢履蹻，負書擔囊。」**月尚今年滿，觴同舊里稱。頌椒春序近，懷核舞筵登**。《禮》：「賜果於君前，其有核者懷其核。」〔註533〕**青眼人人識**，《晉書·阮籍傳》：「能為青白眼。嵇康齎酒挾琴造焉，籍大悅，乃見青眼。」〔註534〕**朱顏歲歲凝。不辭五雲裏，長對九枝燈**。李商隱詩：「如何一柱觀，不礙九枝燈。」〔註535〕

按：《文類》此詩係先生與諸九鼎、譚瑄、沈皞日、吳浩、沈岸登諸公聯句，想出自先生一手，故集中不列諸公名姓耳。

〔註527〕卷四十九。

〔註528〕《解悶十二首》其四。

〔註529〕「玄」，底本、石印本作「元」。

〔註530〕《文選》卷二十七、《能改齋漫錄》卷七《事實·滄洲趣》均作「覈靈賦」。《揚子雲集》有《覈靈賦》。

〔註531〕卷中。

〔註532〕《蠅蝶雞麝鸞鳳等成篇》。

〔註533〕《禮記·曲禮》。

〔註534〕卷四十九。按：《世說新語·簡傲第二十四》，劉孝標《注》：
《晉百官名》曰：「嵇喜字公穆，歷揚州刺史，康兄也。阮籍遭喪，往弔之。籍能為青白眼，見凡俗之士，以白眼對之。及喜往，籍不哭，見其白眼，喜不懌而退。康聞之，乃齎酒挾琴而造之，遂相與善。」

〔註535〕《楚宮》。

曝書亭集詩注卷六　　　　　　　　　　　　　　　　　男　蟠　校

曝書亭集詩注卷七

嘉興　楊　謙　纂

嘉興　曹秉鈞　參

重光大淵獻辛亥

立春日同李十九飲孫少宰蟄室有懷曹侍郎在里

七度辛盤會，見卷四《永嘉除日》。他鄉歲歲殊。未知《文類》作「如」。
〔註1〕今夕讌，得與故人俱。舞鶴喧庭榭，飛花灑畫圖。因懷鉏菜叟，萬
里隔春蕪。

西山 見卷六《酬潘耒》 書所見

斜陽猶未鎖松筠，杜甫詩：「何為西莊王給事，柴門空閉鎖松筠。」〔註2〕雪
後風清石路塵。莫笑遊人《文類》作「春遊」。今歲早，馬頭山店已燒春。
《文類》作「藤蕪已有上山人」。《國史補》：「酒有滎陽之土窟春，富平之石凍春，劍
南之燒春。」〔註3〕

〔註1〕國圖藏本眉批：應從《文類》作「如」。原集作「知」，訛，不必兩存。
〔註2〕《崔氏東山草堂》。
〔註3〕卷下。

又，國圖藏本眉批：以燒春為酒名，則「已」字不穩。應待攷。
富孫按：唐人名酒多以春。杜詩：「聞送雲安麴米春。」韓詩：「且勤買□拋青
春。」劉夢得：「鸚鵡杯中若下春。」白詩注云：「杭州釀酒趁梨花時熟，號為
梨花春。」裴鉶《傳奇》有松醪春之類。則燒春二字不必定拈作酒名也。
按：韓詩「買」字下空一格。原出韓愈《感春四首》其四，作「且可勤買拋青
春」。據「富孫按」，疑批語為李富孫所為。

—335—

同作　　上海蔡湘竹濤

　　中官墳墓碧雲齊，樵客東風飲恨啼。故向黃茅遺爨火，亂山燒過夕陽西。

臥佛寺《帝京景物略》：「臥佛寺，唐名兜率，後名昭孝，名洪慶，今曰永安。以後殿香木佛、又後銅佛俱臥，遂目臥佛云。」

　　路入晴雲北，山敧臥佛前。津梁疲已甚，《世說》：「庾公見臥佛，曰：『此子疲於津梁。』」〔註4〕陳萬言《臥佛寺》詩：「覽眺吾將倦，津梁子亦疲。」土木意能傳。《世說》：「劉伶身長六尺，悠悠忽忽，土木形骸。」〔註5〕夜續林中磬，春流枕外泉。〔註6〕長安車馬客，輸爾只高眠。

題退谷《問山集》：「臥佛寺旁即北海先生退谷。」〔註7〕李良年《退谷題名記》：「同遊四人：秀水朱彝尊、嘉興李良年、吳江潘耒、上海蔡湘。遊之日四，自人日己未迄於壬戌。所歷之地十有三，為山五，壽安、香山、翠微、祕魔、玉泉；為寺八，臥佛、永安、洪光、碧雲、廣德、嘉禧、鮑家、然飯。以退谷宿，以退谷導。余輩遊者，退谷主僧也。是遊也，得古今詩四十有六、賦一、記一、銘一、題名二。遊既畢，諸子感良會之不常，顧瞻山間，憮然而歎。於是良午為記，而彝尊書於亭左，以詔後之遊者。時康熙辛亥正月。」王士禎〔註8〕《退谷見朱錫鬯李武曾潘次畊蔡竹濤題名》詩：「故人消息比何如，萬里江湖歲又除。山寺到來先一笑，春風石壁見君書。」

　　退翁愛退谷，未老先抽簪。鍾會《遺榮賦》：「散髮抽簪，永絕一丘。」王崇簡《孫公行狀》：「年甫六十，藉重聽乞身，營退谷以見志。」行藥亂峰路，〔註9〕《北史·邢巒傳》：「孝文行藥至司空府南。」築亭雙樹林。李良年《退谷題秋月上入房》詩注：「孫侍郎自築退翁亭於此。」《涅槃經》：「世尊在雙樹間演法。」《春明夢餘錄》：「臥佛寺，在唐為兜率寺。殿前娑羅樹來自西域，相傳建寺時所植，今

〔註4〕《言語第二十一》。
〔註5〕《容止第十四》。
〔註6〕國圖藏本眉批：《珂雪齋集》：「臥佛寺於深山絕澗中乃得，寺以寧波為門，西有泉注於池。」《長安客話》：「臥佛寺亦以泉勝，石盤下有小竇出泉，淙淙琤琤，下擊石底，聽之泠然。」
〔註7〕見王士禎《晚入退谷卻寄孫北海先生》惠棟注。(《漁洋精華錄集釋》卷四，686頁)
〔註8〕「禎」，底本作「正」。
〔註9〕國圖藏本眉批：宋鮑昭有《行藥至城東橋》詩。

大三圍矣。」〔註 10〕閒中春酒楹，靜裏山泉音。滿目市朝貴，何人期此心。

來青軒《帝京景物略》：「香山寺，殿五重，崇廣略等。斜廊平櫺，翼以軒閣。世宗幸寺，曰：『西山一帶，香山獨有翠色。』神宗題軒曰來青。」〔註 11〕

天書稠疊此山亭，《燕都遊覽志》：「來青軒郁秀清雅，望都亭四扁皆御書。」往事猶傳翠輦經。莫倚危欄頻北望，十三陵樹幾曾青。〔註 12〕

鮑家寺白松歌《長安可遊記》：「循香山之左，歷滕公寺至鮑家寺，寺有古松十株，陰覆石墀，濃翠可愛。」〔註 13〕

鮑家寺中九白松，扶踈宛似桂之樹。曹植詩：「桂之樹，桂生一何佳麗〔註 14〕。」密葉陰連古殿寒，霜皮晝偃盤根互。我來繫馬風泠然，劉琨詩：「繫馬長松下。」〔註 15〕入門四顧喜欲顛。巢彀迴見鸛鶴坐，榦老不數蛟龍纏。長廊飯僧僧未至，孟浩然詩：「長廊飯僧畢。」〔註 16〕松子松花飄滿地。高適詩：「松花松子常滿地。」〔註 17〕半嶺平銜夕照曛，雙林遠勝春浮翠。《傳大士傳》：「大士捨宅於松下建寺，因雙樹名雙林。」《水經注》：「波羅奈國有恆水東南流，佛轉法輪處在國北二十里，樹名春浮，維摩所處也。」其餘四株皆可娛，《珂

〔註 10〕《欽定日下舊聞考》卷一百一、《欽定古今圖書集成·方輿彙編·職方典卷四十七》。

〔註 11〕見《欽定古今圖書集成·方輿彙編·職方典卷四十七》、《欽定日下舊聞考》卷八十七、吳長元《宸垣識略》卷十五《郊坰四》。
按：《帝京景物略》卷六《西山上·香山寺》：
京師天下之觀，香山寺當其首遊也。……殿五重，崇廣略等，而高下致殊，山高下也。斜廊平簷，雨雨翼垂左之，而閣而軒，至乎軒，山意盡收，如臂右舒，曲抱過左。軒盡而望，望林摶摶，望塔芊芊，望剎脊脊。青望麥朝，黃望稻晚，矗望潦夏，綠望柳春。望九門雙闕，如日月暈，如日月光。世宗幸寺，曰：「西山一帶，香山獨有翠色。」神宗題軒曰來青。

〔註 12〕國圖藏本眉批：按：明十三陵，成祖曰長陵、仁宗曰獻陵、宣宗曰景陵、英宗曰裕陵、憲宗曰茂陵、孝宗曰泰陵、武宗曰康陵、世宗曰永陵、穆宗曰昭陵、神宗曰定陵、光宗曰慶陵、熹宗曰德陵、懷宗曰思陵。

〔註 13〕《欽定古今圖書集成·方輿彙編·職方典卷四十七》。

〔註 14〕「佳麗」，曹植《桂之樹行》作「麗佳」，與下「流芳布天涯」合韻。按：江浩然《曝書亭詩錄》亦作「麗佳」。

〔註 15〕《扶風歌》。

〔註 16〕《疾愈過龍泉寺精舍呈易業二公》。

〔註 17〕《賦得還山吟送沈四山人》。

雪齋集》：「鮑家寺，兩披石樓屹立，青槐百株，交蔽修衢。殿植果松四株，枝葉婆娑，覆陰無隙地。」〔註18〕**矯矯離立空牆隅。**杜甫《草堂四松》詩：「離立如人長。」〔註19〕**枝柯雖殊無異色，知是歲寒霜雪俱。山僧怪我摩挲久，茗盌簾前一招手。此樹今來二百年，問餘歲月能知否。**

同作　　蔡湘

岩下石門苔蘚重，早春已發花茸茸。晚風吹墮一黃鶴，棲在月明何處松。

玉泉山下別瞻公《水品》：「玉泉山在西山大功德寺西數百步。」〔註20〕《長安客話》：「玉泉山以泉名，泉出石罅，瀦而為池，廣三丈許。池東跨小石橋，水經橋下，東流入西湖。」〔註21〕

石橋風泠泠，夕曛斷崖口。回指翠微深，《長安客話》：「平坡山亦名翠微山。」〔註22〕山僧此分手。

贈歌者陳憐二首《文類》作「高舍人席上贈伎」。查慎行《范性華屬題陳憐小影》詩：「小像沉香手自薰，前期如夢卻疑真。五湖忍負閒風月，為少扁舟共載人。」

樂府新傳夜度娘，〔註23〕《樂錄》：「《夜度娘》，倚歌也。」吳衫白紵越羅裳。愁看玉面燈前出，見卷一《採蓮曲》。笑問銀鉤若個藏。《辛氏三秦記》：「鉤弋夫人手卷而有國色，世人藏鉤之戲法此也。」〔註24〕岑參詩：「醉坐藏鉤紅燭前，不知鉤在若個邊。」〔註25〕

千鍾已分醉如泥，授色留賓曲轉低。想像天河猶未落，長鳴不聽汝

〔註18〕見《欽定古今圖書集成・方輿彙編・職方典卷四十七》、《欽定日下舊聞考》卷一百二十八七。按：原出袁中道《西山十記・記九》。

〔註19〕《四松》。

〔註20〕見《欽定古今圖書集成・方輿彙編・職方典卷四十七》、《欽定日下舊聞考》卷八十五。

〔註21〕見《欽定古今圖書集成・方輿彙編・坤輿典卷三十七》、《欽定古今圖書集成・方輿彙編・職方典卷四十七》、《欽定日下舊聞考》卷八十五。

〔註22〕見《欽定日下舊聞考》卷一百〇三。

〔註23〕國圖藏本眉批：倚歌辭云：「夜來冒霜雪，晨去履風波。雖得敘微語，奈儂身苦何。」

〔註24〕《太平御覽》卷十七：「《辛氏三秦記》曰：『昭帝母鉤弋夫人手卷而國色，帝披之即時，伸人學藏鉤亦法此。』」按：此注引自江浩然《曝書亭詩錄》。

〔註25〕岑參《燉煌太守後庭歌》。

南雞。《漢舊儀》：「汝南出長鳴雞。」徐陵詩：「惟憎無賴汝南雞，天河未落猶爭啼。」〔註26〕

贈冒嘉穗二首字穀梁，如皋人。有《寒碧堂集》。《文類》三首，其三云：「捧檄高堂老，還家令弟貧。流年芳草夢，心事綵衣春。客已嗟垂橐，人猶望指囷。登樓千里目，凝想竹西頻。」

我昔齊東住，君來歷下游。見卷六《飲歷下亭》。客亭無奈別，樽酒未言愁。暑雨城西寺，高林棗外樓。醉歌今始得，同調日相求。

盡說移居好，投詩給事莊。見前《西山》。松筠深不見，丘壑興何長。夜燭攤書坐，春醪並馬嘗。追隨吾更數，知愛接輿狂。

何侍御元英招同高上舍層雲士奇繆處士永謀趙舍人隨鄭舍人宣飲刺梅園松下四首《通考》：「神宗熙寧四年釐太學生為三等：初入學為外舍，外舍升內舍，內捨升上舍。」〔註27〕層雲字二鮑，華亭人。康熙丙辰進士。官至太常卿。士奇字淡人，平湖人。由內閣中書官至詹事府。隨字雷聞，嘉興人。康熙丁未進士。官福建提學。宣字巨辰，海鹽人。康熙甲辰進士。殿試二甲第一，改授內閣中書。

禁煙高詠遍龍潭，《愚山集》：「京師三黑龍潭：一在城西畫眉山，一在房山縣，一在南城黑窰廠，皆禱雨之地也。」〔註28〕未得同遊祇自慚。小檻春風攜最好，又騎驄馬到城南。見卷六《壽何侍御》。

客來隨意但圍棋，細草空園席屢移。憶過松陰三度醉，未知此會恰花時。

吾家池上雙槐好，此樹連蜷想像間。最喜諸公盡吳語，《世說》：「劉真長見王丞相。出，人問云：『何云？』答曰：『未見他異，惟聞作吳語耳。』」〔註29〕一時把酒話鄉關。

離筵九日記曾開，送客西征上郡隈。正向樽前論往事，不知天外一書來。庚戌九日集此送譚七郡丞兄，是日適得榆林來剳。〔註30〕

〔註26〕徐陵《烏棲曲二首》其二。

〔註27〕《文獻通考》卷四十二《學校考三‧太學》。

〔註28〕見《欽定古今圖書集成‧方輿彙編‧職方典卷四十》、《欽定日下舊聞考》卷六十一。

〔註29〕《排調第二十五》。

〔註30〕此係自注。

周郡丞令樹遷太原守詩以送之兼懷傅處士山潘耒《周君墓誌》：「諱令樹，字計百，河南延津人。弱冠工文章，有盛名。順治乙未第進士，除漳〔註31〕州推官，居數年，被劾落職。事白復官，遷大同同知。舉卓異，進太原知府。」《池北偶談》：「太原傅山，字青主，一字公之它。隱居著書。工分隸，善醫。年八十，徵至都，堅臥城西古寺中，辭歸。」〔註32〕

五馬西歸日，潘子真詩話：「禮：天子六馬，左右驂；三公九卿駟馬，左驂。漢制：九卿，則二千石，以右驂，太守駟馬而已。其加秩中一〔註33〕千石，乃右驂。故以五馬為太守美稱。」〔註34〕**銅符領晉陽**。《史記》：「漢文帝制，郡守置銅虎符、竹使符。」〔註35〕**川臨漯涫近**，《水經注》：「桑乾泉即漯涫水也。其水潛承太原汾陽縣北燕京山之大池。」〔註36〕**山轉崛嵂長**。〔註37〕《名勝志》：「崛嵂寺在陽曲城西北四十里北蘭村。晉王李克用與子存勖題名刻石存。宋治平元年賜今額。」**童子爭驂篠**，《後漢·郭伋傳》：「兒童騎竹馬迎拜。」〔註38〕《朝野僉載》：「唐徐彥伯為文多求新奇，以竹馬為驂篠。」**邦人尚詠棠**。《詩》：「蔽芾甘棠，勿剪勿伐，召伯所茇。」**憑君尋傅叟，暇即過松莊**。潘耒《雙塔寺雅集詩序》：「出太原郡城東南，行可七八里，有寺曰永祚，雙塔巍然，捎雲礙日，見之四十里外，浮浮若旌幢焉。其下為松莊，傅隱君青主所居也。太守延津計百周君，歲之初吉，率子若聳，屏騶從，挈壹觴，躬造於廬。」

〔註31〕「漳」，石印本、潘耒《遂初堂集》卷十九《太原太守周君墓誌銘》作「贛」。

〔註32〕見王士禛《傅青主徵君寫荷花見寄奉答兼懷戴楓仲》金榮注。(《漁洋精華錄集釋》卷九，1443頁) 按：《池北偶談》卷八《傅山父子》：
傅山字青主，一字公之他，太原人。……醫術入神，有司以醫見則見，不然，不見也。康熙己未，徵聘至京師，以老病辭，與范陽杜越君異俱授中書舍人歸山。工分隸及金石篆刻，畫入逸品。

〔註33〕「一」，《翰苑新書》、《天中記》、《御定佩文韻府》作「二」。

〔註34〕見《翰苑新書》卷五十二、《天中記》卷三十四、《御定佩文韻府》卷五十一之一。

〔註35〕卷六《孫少宰蟄室觀吳季子劍四十韻》「製類銅虎符」引此，文字不同，可參。另，國圖藏本眉批：依《史記》原文改正。

〔註36〕見《欽定古今圖書集成·方輿彙編·職方典卷十二》、《御定駢字類編》卷三十六、《欽定日下舊聞考》卷九十二。

〔註37〕國圖藏本眉批：先生《崛嵂寺題名》：「寺在太原府治西三十里亂山中。丁未二月望，王公子千之期予偕遊。千之問崛嵂字義，予謂其初必無偏疑村夫子強加之。」此誤寫，應在前頁。
闆林按：此誤批於下頁，故云「應在前頁」。

〔註38〕見《御定佩文韻府》卷二十六之七。按：原出《後漢書》卷三十一，曰：「有童兒數百，各騎竹馬，道次迎拜。」

將出都門曹舍人貞吉黃舍人仍緒沈舍人胤范喬舍人萊曹舍人禾汪舍人戀麟招同高上舍層雲李秀才良年賦詩贈行口占留別貞吉字升六，號實菴。安邱人。康熙甲辰進士。仍緒字繼五。長洲人。胤范字康臣，山陰人。萊字子靜，號石林。寶應人。禾字峨眉，號頌嘉。江陰人。戀麟子季用，號蛟門。江都人。

鳳池才子各翩翩，見卷五《寄酬譚七》。攜客城南釀酒錢。滿眼鶯花無奈別，河梁愁思復今年。

送朱十之揚州　曹貞吉

風颺幾尺青簾子，雨濕一枝紅杏花。共向樂遊原上望，鈿車流水日初斜。

又　汪戀麟

今年二月已春分，白袷單衣暖氣熏。欲唱渭城誰進酒，綠楊城外見紅裙。

揚州勝事滿林皋，此去猶能賞碧桃。無數畫簾鉤落日，一湖春水漾輕篙。

又　李良年

東風無賴帝城天，前度還家值禁煙。置酒忽從高處飲，楊花燕子又今年。

燕草如茵送馬蹄，朔雲南下驛樓低。紅橋白舫青青柳，值得詞人愛竹西。

和程邃〔註39〕**龍尾硯歌為方侍御亨咸作即送其入粵**硯有「辛卯米芾」四字印，舊藏黃公道周家。〔註40〕程字穆倩，號垢區，歙縣人。〔註41〕方字偶吉，號邵春。桐城人。順治丁亥進士。

龍眠柱史饒硯癖，《江南通志》：「龍眠山在安慶府桐城縣西北五〔註42〕里。」「柱史」，見卷六《壽何侍御》。篋藏龍尾開深窟。《江南通志》：「龍尾山在徽州婺源縣東一百里，石可作硯。」《洞天清錄》：「歙溪龍尾舊坑色淡青黑，湛如秋水，並無紋。以水濕之，微似紫。乾則否。細潤如玉，發墨如汎油，並無聲，久用不退。或有隱隱白紋，成山水星斗雲月異象，水濕則見，乾則否。此是卵石，故難得。大者極不過四五寸，多作月硯，就其材也。或有純黑如角者，東坡最貴重。不減端溪、下岩。南唐時方開龍尾舊坑，今已無之。新坑麁燥，有大盈三尺者。」雀臺古瓦詎比數，《硯譜》：「銅雀臺在臨漳，曹操所築。上有樓，鑄大銅雀，高一丈五尺，置之樓顛。後土人掘地得瓦，作硯，貯水數日不滲。」石末未許青州誇。《六一居士集》：「濰

〔註39〕「邃」，底本作空格，據《曝書亭集》補。

〔註40〕此係自注。

〔註41〕底本下有九空格，其中一格是與「方字偶吉」之間隔，其餘空格不詳。石印本亦空數格。

〔註42〕「五」，《江南通志》卷十五《輿地志·山川五·安徽·安慶府》作「十」。按：此注引自江浩然《曝書亭詩錄》。

州、青州石末研，皆瓦硯也，甚善。發墨非石硯之比。然稍粗者損筆鋒。石末本用濰州石，前世已記之，故唐人惟稱濰州。今二州所作皆佳，而青州尤擅名於天下矣。」〔註43〕**黝如純漆久欲脫，**《爾雅》：「黑謂之黝。」魏文帝《與鍾大理書》：「竊見玉書，稱美玉白若截肪，黑譬純漆。」〔註44〕**粹若水玉堅新剗。中央私印尚可識，流傳乃自元章家。**《宋史·米芾傳》：「米芾，字元章。」**騷人生年記辛卯，**米芾《畫史》：「余家最上品書畫，用玉印六枚：『辛卯米芾』、『米芾之印』、『米芾氏印』、『米芾印』、『米芾元章印』、『米芾氏』，已上六枚白字，有此印者皆絕品。」〔註45〕**初度肇錫名何嘉。**《楚辭》：「皇覽揆余於初度兮，肇錫余以嘉名。」〔註46〕**十秭**〔註47〕**彙開見八八，**《說文》：「米，粟實也。象禾實之形。」《注》：「穬，顆粒也。十其秭彙，開而米見也。八八，米形也。」**兩已相背無觚邪。**《尚書傳》：「黻為兩己相背。」《疏》：「謂刺繡為己字，兩己字相背也。」《周禮注》：「正之使不觚邪離絕。」《疏》：「觚者，兩頭寬中狹。邪者，謂一頭寬一頭狹。」**當其片石始入手，重之豈易黃金車。**《吳志·孫權傳》：「童謠曰：『黃金車，斑斕耳。』」**雲峰模糊潑急雨，雪繭夭矯騰修蛇。東都淪後內庫發，**《宋史·地理志》：「東京，汴之開封也。梁為東都，後唐罷，晉復為東京，宋因周之舊為都。」〔註48〕**重寶盡**〔註49〕**失同紛麻。赤瑚玉英半缺折，**《楚辭》：「採鍾山之玉英。」〔註50〕**物理所貴韜其華。流傳迄今六百載，山骨完好無纖瑕。黃公昔年在漳浦，以此注易緯蒼牙。**《明史·黃道周傳》：「道周，字幼平，漳浦人。精天文曆數、《皇極》諸書。所著《易象正》、《三易洞璣》，學者窮年不能通其說，而道周用以推驗治亂。」〔註51〕《乾鑿度》：「蒼牙靈，昌有成，孔演明經。」注：「蒼牙，庖氏，作《易》。」**嗚呼聚**

〔註43〕見歐陽修《歐陽文忠公集》外集卷第二十二《硯譜》。

〔註44〕見《御定佩文韻府》卷十四之四、卷二十二之九、卷九十三之六、卷九十三之七，《御定駢字類編》卷六十七、卷二百八。

〔註45〕按：剪裁有誤。米芾《畫史》：「余家最上品書畫，用姓名字印，『審定真蹟』字印、『神品』字印、『平生真賞』印、『米芾祕篋』印、『寶晉書』印、『米姓翰墨』印、『鑒定法書之印』、『米姓秘玩之印』。玉印六枚：『辛卯米芾』、『米芾之印』、『米芾氏印』、『米芾印』、『米芾元章印』、『米芾氏』，已上六枚白字，有此印者皆絕品。」按：此注引自江浩然《曝書亭詩錄》。

〔註46〕《離騷》。

〔註47〕「秭」，《曝書亭集》作「秄」。

〔註48〕卷八十五。

〔註49〕「盡」，《曝書亭集》作「散」。

〔註50〕（漢）莊忌《哀時命》。

〔註51〕《明史》卷二百五十五。

散勢所必，精靈呵護靡幽遐。**房融有硯譯梵字**，《南海古蹟記》：「南越王弟建德故宅，在西城內。吳虞翻移交州時，有園池。唐六祖慧能剃髮受戒，寺有壇，壇有菩提樹。房相國融譚《楞嚴經》，有筆授軒大硯，融自刻『大唐神龍改元七月七日天竺僧般刺密諦自廣譯經出』。此硯堅潤可愛。」〔註52〕**遺跡尚爾矜僧伽**。《翻譯名義》：「『僧伽，梁雲小師子。』又：『秦言眾多、比丘、一處、和合，是名僧伽。』」〔註53〕**平公巨璞本光滑，少陵野老猶諮嗟**。杜甫詩：「平公今詩伯，秀髮我所羨。奉使三峽中，長嘯得石硯。巨璞禹鑿餘，異狀君獨見。其滑乃波濤，其光或雷電。」〔註54〕又：「少陵野老吞聲哭。」〔註55〕**況茲貞質世鮮兩，宜為有識群高奢**。司馬相如《子虛賦》：「盛推雲夢，以為高奢。」**前歸大滌後庬谷**，《黃石齋行狀》：「至武林，諸生徒為築大滌山書院待公。山，故宋洞霄宮遺址〔註56〕。」**顛人地下應唅呀**。《世說補》：「蘇長公在維揚，一日設宴，客皆一時名士。米元章亦在坐。酒半，元章忽起立，自贊曰：『世人皆以芾為顛，願質之子瞻。』公笑答曰：『吾從眾。』」〔註57〕**黃海布衣嗜奇最**，《九域志》：「新安黃山有雲如海，稱黃海，一稱雲海。」**吟成古調颴淫哇**。《晉書·潘尼傳》：「抑淫哇，屏鄭衛。」〔註58〕**盤空硬語難驟讀**，韓愈詩：「橫空盤硬語。」〔註59〕**詩膽直欲凌劉叉**。劉叉詩：「詩膽大於天。」〔註60〕**謂余吾歌子當和，答云四座且莫譁。我昔南遊度大庾**，見卷二。**羚羊峽口戈船劃**。見卷二。**手披煙液入岩穴**，《楚辭》：「窺煙液之所積。」〔註61〕**硠磳磈硊圍周遮**。《楚辭》：「嶔崟碕礒兮，硠磳磈硊。」〔註62〕劉禹錫詩：「山圍故國周遭在。」〔註63〕**石紋蘊秀各異狀，就中最美數**

〔註52〕見（元）陶宗儀《說郛》卷六十七上。
〔註53〕見《御定佩文韻府》卷二十之六。又，此兩則分見《天中記》卷六十、卷三十五。
〔註54〕《石研詩》。
〔註55〕《哀江頭》。
〔註56〕石印本此下有「也」。
〔註57〕見《欽定古今圖書集成·明倫彙編·交誼典卷一百》。按：原出（明）何良俊《語林》卷二十七《排調第二十七》。
〔註58〕按：《文選》卷五十三嵇康《養生論》：「目惑玄黃，耳務淫哇。」李善《注》：「《法言》曰：『哇則鄭。』李軌曰：『哇，邪也。』」
〔註59〕《薦士》。
〔註60〕《自問》。
〔註61〕《九章》其九《悲回風》。
〔註62〕（漢）淮南小山《招隱士》。
〔註63〕《金陵五題》其一《石頭城》。

青花。有時精氣凝在〔註64〕眼，碧者鸚鵒黃者鴉。火輪奔處界微白，宛似蕉葉抽春芽。其餘瑣細盡當辨，黃龍翠羽兼丹砂。先生《說硯》：「端州於今為肇慶府，山石多可製硯，惟〔註65〕水岩最上。《水經》：『鬱溪東至高要縣為大水。』蓋蒼梧至是五百里，有羚羊峽以束之，峽勢將盡，其左折而北趨，有峰曰朝天岩，端溪之水出其陰。溪長一里許，廣不盈丈。自水口北行三十步，有穴。凡取石，由穴而入。中漸廣，分三塗，穿洞半里，抵岩壁。岩高三尺。石分三品。上岩者，質純而豔，微紫；中岩潤者，質〔註66〕而凝，色漸青；下岩者，質〔註67〕淡而細，色近白。有眼，沉水觀之，若有蘋藻浮動其中者，是曰青花。試以墨，若熬釜塗蠟者然，斯為美矣。其餘〔註68〕紋不同。紫氣奔而迴礴，謂之火捺。聚而為輪，謂之金錢。紫氣既竭，白氣次之，謂之蕉葉白。凝綠，若灑汁，謂之翡翠。白凝於綠，纖而長者，謂之玉帶。黃氣亙其上，若虹，謂之黃龍；若縷，謂之金線。點墨瘢相比，謂之雀斑。丹若粟者，謂之硃砂斑。剝蝕如蟲齧，謂之蟲蛀。旁色赭者，謂之鱔血邊。其為眼不同，有鸚鵒眼，有鴉眼，有象眼。黃謂之鴉，碧謂之鸚鵒。」〔註69〕**爭如此石鐵色古，稜角漸去成碨磊。**郭璞《江賦》：「玄〔註70〕蠣磈磳而碨磊。」**柱史聞之忽狂叫，便欲五嶺探雲霞。**《廣州記》：「五嶺：大庾、始安、臨賀、桂陽、揭陽。」〔註71〕**隋隄三月送君去，**《開河記》：「煬帝自板渚引河築街道，植以柳，名隋隄。」**柳絲藤蔓何甦垡。黯然銷**〔註72〕**魂萬里別，**見卷六《風懷》。**長言不覺肆滂葩。**韓愈詩：「狂詞肆滂葩。」〔註73〕

賦得官柳送人自濟入燕

官路垂楊柳，春風處處青。遙憐煙雨色，何限短長亭。見卷一《送林佳璣》。送子燕臺去，見卷六《人日》。還從歷下經。見卷六《飲歷下亭》。七橋

〔註64〕「在」，《曝書亭集》、石印本作「作」。
〔註65〕「惟」，石印本無。
〔註66〕「者質」，石印本無。
〔註67〕「者質」，石印本無。
〔註68〕「余」，石印本無。
〔註69〕《曝書亭集》卷六十。
〔註70〕「玄」，底本作「元」。
〔註71〕《欽定古今圖書集成‧方輿彙編‧山川典卷一百五十二》：「裴淵《廣州記》謂大庾、始安、臨賀、桂陽、揭陽為五嶺。」
〔註72〕「銷」，《曝書亭集》作「消」。
〔註73〕《送無本師歸范陽》。

明月夜，《齊乘》：「環明湖有七橋：曰芙蓉，曰水西，曰湖西，曰北渚〔註74〕之類是也。」曾鞏詩：「從此七橋風與月，夢魂長到木蘭舟。」〔註75〕**繫纜有荷汀。**

紅橋《揚州府志》：「在北門外，朱闌跨岸，綠楊映隩，為勝遊之地。」吳綺《揚州鼓吹詞序》：「在城西北二里。崇禎〔註76〕間，形家設以鎖水口者，朱闌數丈，遠通兩岸。」

春蕪小雨滿城隈，茅屋疎籬兩岸開。行到紅橋轉深曲，綠楊如薺酒船來。寶鞏詩：「綠楊如薺繞江流。」〔註77〕

題何氏書樓

屢醉齊東酒，曾開薊北書。林泉尋舊好，瀟灑勝吾廬。簾額仍通燕，堂坳亦有魚。《莊子》：「覆杯水於坳堂之上，則芥為之舟。」**蘭成擅詞賦，**陸龜蒙《小名錄》：「庾信字蘭成。幼而俊邁，有天竺僧呼信為蘭成，因以為小字。」**宜作小園居。**庾信有《小園賦》。

旱

水潦江淮久，今年復旱荒。翻風無石燕，《水經注》：「石燕山，其石或大或小。及其雷風，則石燕群飛。」**蔽野有飛蝗。桎梏懲屠釣，榰巢迫死亡。虛煩乘傳使，曾發海陵倉。**〔註78〕《漢書‧枚乘傳》：「水行滿河，不如海陵之倉。」〔註79〕《揚州府志》：「泰州東海為海陵倉，元符始為海陵縣。」

送越孝廉闓入楚兼作廬山之遊本姓江，字辰六。新安人。康熙癸卯舉人。

蕪城相見惜蹉跎，見卷五《送孫處士》。**又送雲帆楚澤過。**司馬相如《子虛傳〔註80〕》：「楚有七澤。」許棠詩：「天臨楚澤遙。」〔註81〕**九疊屏風何處好，**

〔註74〕「渚」，（元）于欽《齊乘》卷五《亭館下‧百花橋》作「池」。
〔註75〕《離齊州後五首》其四。
〔註76〕「禎」，底本、石印本作「正」。
〔註77〕《登玉鉤亭奉獻淮南李相公》。
〔註78〕國圖藏本眉批：《揚州府志》：「泰州舊有泰倉，一名海陵倉，吳王濞所建。」左思《吳都賦》「觀海陵之倉，則紅粟流衍」是已。
截去二句，則不知水行滿河為何物上。
〔註79〕卷五十一。
〔註80〕「傳」當作「賦」。
〔註81〕《登凌歊臺》。

《一統志》：「屏風疊在廬山，自五老峰而下，九疊如屏。」李白詩：「廬山秀出南斗旁，屏風九疊雲錦張。」〔註82〕**三湘芳草至今多**。《寰宇記》：「湘潭、湘鄉、湘源，是為三湘。」**尋山應得逢匡俗**，見卷二《舟中望廬山》。**作賦還看壓景瑳**。《荊楚故事》：「楚襄王與唐勒、景差、宋玉遊雲陽之臺，王令各賦大言，又賦小言。唐勒、景差未如宋玉，於是賜以雲夢之田。」**準擬歸來秋月滿，樽前同聽大堤歌**。見卷三《寄查容》。補注：《漢書・古今人表》：「景瑳。」〔註83〕師古曰：「即景差也。」

逢周侍郎亮工二首字元亮，號櫟園。河南祥符籍。江西金溪人。崇禎〔註84〕庚辰進士。國朝官至刑部侍郎。有《賴古堂集》。

　　悵別西湖曲，重逢又十年。艱難增旅話，傾倒共詩篇。春遠仍題扇，見卷二《贈別王山人》。**江寒未放船。甘棠留召伯**，見前《周郡丞》。**聽取舊歌絃**。侍郎曾觀察揚州。〔註85〕

　　阿戎頻問訊，公子在潯。〔註86〕見卷五《高博士》。**燕晉兩鄉俱。道已甘三黜，家從泛五湖**。見卷四《謁劉文成祠》。**登臨山屐在，存沒酒人殊**。感王猷定、胡介諸舊遊也。〔註87〕**白髮明燈裏，飛揚不可無**。

酬彭師度三首字古晉，號省廬，華亭人。蔣景祁《迦陵先生外傳》：「吳梅村先生有江左三鳳凰之目，先生其一也。其二謂吳江吳漢槎、雲間彭古晉。」

　　燕郊春雨灑塵輕，我唱驪駒子送行。回憶酒人天外隔，不知舟楫下蕪城。

　　艾家橋北論交日，《松江府志》：「城南艾家橋，宋咸淳中建。」又：「占星堂在艾家橋東，唐宗伯文獻之居。」按：先生係宗伯外孫〔註88〕。**回首星霜十九年。祇向天涯相送老，新詩讀罷一凄然**。

　　竹西酒市接平山，《名勝志》：「《寶祐志》：『竹西亭在禪智寺前官河北岸，取杜牧詩語也。』杜牧《題禪智寺》：『誰知竹西路，歌吹是揚州。』」《方輿勝覽》：

〔註82〕《廬山謠寄盧侍御虛舟》。
〔註83〕卷二十。
〔註84〕「禎」，底本、石印本作「正」。
〔註85〕此係自注。
〔註86〕此係自注。
〔註87〕此係自注。
〔註88〕石印本此處有「也」。

「平山堂在揚州城西北，大明寺側。慶曆八年二月，歐陽公來牧是邦。為堂於大明寺庭之坤隅，江南諸山拱列簷下，若可拔取，因目之曰平山堂。」燈下妖姬十八鬟。李賀詩：「十八鬟多無氣力。」〔註89〕留取霜紈調錦瑟，紅橋一曲送君還。

送柯大崇樸還里兼寄周質字寓匏。嘉善人。副榜。官中書。康熙己未舉宏博。

渡淮三月滯江都，送爾歸尋舊酒徒。十幅蒲帆鄉樹杪，周權詩：「東風十幅蒲帆飽。」〔註90〕夜船聽雨到南湖。

送葉上舍舒崇之睢陽〔註91〕字元禮。平湖籍，吳江人。康熙乙卯舉人。《廣輿記》：「歸德府，漢曰睢陽。」

昔遊同鼓山陰櫂，我年方壯君尚少。紅妝隔座送藏鬮，李商隱詩：「隔座送鬮〔註92〕春酒暖。」君醉宵眠我狂叫。江湖轉眼遽離群，東尋百越西三雲。幾回落拓來燕市，秋草金臺共夕曛。《寰宇記》：「金臺在易州易縣東南三十里，燕昭王所造，置千金於上，以招賢士。又有西金臺，俗呼此為東金臺。又有小金臺，在縣東南十五里，即郭隗臺也。」按：京師八景，一曰金臺夕照。君今三十猶貧賤，吳楚山川遠遊遍。天涯聚散二十年，鄉里何曾一相見。酒人燕市愛君詩，置酒邀君必我期。城東城西夜漏午，呼童襆〔註93〕被恒相隨。《六帖》：「晉魏舒襆被而出。」〔註94〕謂當同醉椒花酒，《荊楚歲時記》：「正月一日，長幼以次拜賀，進椒酒。」夜雨新年剪新韭。見卷五《贈王沙縣》。豈意驪駒忽在門，贈行不待春楊柳。黃塵千里盧溝橋，《一統志》：「盧溝橋在順天府西南三十五里，跨盧溝河，為京師八景之一，曰盧溝曉月。」朔雲慘淡風蕭條。短衣匹馬睢陽去，杜甫詩：「短衣匹馬隨李廣。」〔註95〕正值梁園雨雪飄。見卷一《送十一叔》。平臺滿目皆狐兔，《漢書·文三王傳》：「梁孝王築東苑，方三百

〔註89〕《美人梳頭歌》。
〔註90〕（元）周權《晚棹》。按：（宋）梅堯臣《使風》：「十幅蒲帆彎若弓。」（宋）俞德鄰《過高郵新開湖》：「十幅蒲帆風力飽。」
〔註91〕國圖藏本眉批：前後皆客淮揚時作。此首在燕京送行，應移在《將出都門留別》詩之前為是。
〔註92〕「鬮」，李商隱《無題》作「鈎」。按：李商隱《擬意》：「楚妃交薦枕，漢後共藏鬮。」又按：此注引自江浩然《曝書亭詩錄》，亦作「鬮」。
〔註93〕「童襆」，《曝書亭集》作「僮襆」。
〔註94〕按：《晉書》卷四十一《魏舒傳》：「襆被而出。」
〔註95〕《曲江五句》其三。

餘里，大治宮室，為複道，自宮連屬於平臺三十餘里。」《注》：「平臺在大梁東北，離宮所在也。」〔註96〕**對雪相如可重賦。**見卷六《雪窗》。**若見當壚勸酒人，**曹唐詩：「不見當時勸酒人。」〔註97〕**也應憶我長安路。**按：是詩當在《將出都門留別》之前，原集誤編。

譚孝廉十一兄瑄歸自楚粵訪予維揚〔註98〕喜成三首兼懷郡丞七兄吉璁在榆林 瑄字左羽，嘉興人。康熙己酉舉人。官給事中。

鄉園十載隔，相對總殊方。髮短愁先鑷，何遜詩：「欲鑷星星髮。」〔註99〕**杯深喜益狂。寒梅探庾嶺，**見卷二。**秋草下潯陽。**《楚辭》：「望涔陽兮極浦。」〔註100〕**未暇歸三徑，明燈話射堂。**〔註101〕《越絕書》：「射的山西有石室，壁方二丈，謂之射堂。」〔註102〕

柳岸舟同泛，蕪城草乍班。望衡曾九面，《一統志》：「衡山在衡州府衡山

〔註96〕見《漢書》卷四十七。《注》乃顏師古引「如淳曰」。按：《漢書》之內容早見《史記》卷五十八《梁孝王世家》，「如淳曰」早見《史記集解》。

〔註97〕《劉阮再到天台不復見仙子》。

〔註98〕「揚」，石印本作「陽」。

〔註99〕《與崔錄事別兼敘攜手詩》。

〔註100〕《九歌》其三《湘君》。

〔註101〕國圖藏本眉批：「射堂」二字疑空用。注引射的山之石室，似與此詩無涉。《周書・若千惠傳》：「太祖嘗造射堂新城，與諸將宴射，徙堂于惠宅。」

〔註102〕《御定淵鑑類函》卷二十九：

《越絕書》曰：「雞山豕山，句踐以畜雞豕，將伐吳，以食死士。」

增 又曰：「赤堇之山，破而出錫，亦名錫浦。舊圖經云：即歐冶子為越王鑄劍之所，一名鑄浦山。」

又曰：「龜山，句踐所起臺也。東為司馬門，因以灼龜，又仰望天氣，睹天怪也。臺高四十六丈，週五百三十步。」

原 孔曄《會稽記》曰：「永興縣東北九十里有餘山。傳曰是塗山。按《越書》：『禹娶於塗山。』塗山去山陰五十里。檢其里數，是其處也。」

又曰：「縣東南十八里有射的山，遠望如射侯，謂之射的。射的之西有石室，壁方二丈，謂之射堂。」

按：實出《會稽記》。楊注誤讀《御定淵鑑類函》，而標出處為《越絕書》。

另，《藝文類聚》卷八《山部下》：

《越絕書》曰：「雞山豕山者，句踐以畜雞豕，將伐吳，以食死士。」

孔曄《會稽記》：「永興縣東北九十里，有餘山，傳曰：是塗山，案《越書》：『禹娶於塗山。』塗山去山陰五十里，撿其里數，似其處也。」

又：「縣東南十八里，有射的山，遠望的的如射侯，謂之射的。射的之西，有石室，壁方二丈，謂之射堂。」

縣西三十里。」《水經注》:「衡山東南二面臨映湘川,自長沙至此,江湘七百里,中有九背,故漁者歌曰:『帆隨湘轉,望衡九面。』」夢雨得雙鬟。見卷二《灘行口號》。車騎將休汝,見卷三《還家即事》。榆林欲度關。雕蟲何足尚,見卷一《放言》。辛苦羨名山。

十月邊城路,曾傳上郡鴻。見卷六《九日集刺梅園》。弟兄三歲別,夢寐幾人同。望遠平山隔,見前《酬彭師度》。懷歸舊業空。回思童稚日,誰料各西東。

雪霽同周儀部襄緒對酒康山二首《唐書‧百官志》:「武德三年,改儀曹郎曰禮部郎中。」〔註103〕周字還梅,山陰人。官禮部儀制、清吏司郎中。吳綺《揚州鼓吹詞序》:「康山在郡城徐寧門內,相傳為開河時積土所成。明康狀元海以救李夢陽罷官,隱居於此,佯狂玩世,終日對客彈琵琶痛飲而已。因以此得名。」

一簣城隅出,千家雪後勻。江湖談往事,絲竹老斯人。謂對山也。〔註104〕《明詩綜》:「康海字德涵,武功人。」《靜志居詩話》:「德涵坐援獻吉,遂掛清議。歸田之後,耽心詞曲。其小令云:『真個是不精不細醜行藏,怪不得沒頭沒腦受災殃。從今後,花底朝朝醉,人間事事忘。剛方磊落了膺和滂,荒唐周旋了籍與康。』論者原其心而悲之。沒後,家無長物,腰鼓多至三百副。」不厭尋幽晚,惟應對酒頻。寒梅意蕭瑟,想見武功春。《漢書‧地理志》,右扶風有武功縣。

樽前橫蜀嶺,《江南通志》:「蜀岡山在揚州府城西,相傳地脈通蜀,上有蜀井,一名蜀岡。」焉下起吳歌。繫馬從星使,《後漢書‧李郃傳》:「和帝即位,分遣使者,皆微服單行,各至州縣觀采風謠。使者二人當到益部投郃侯舍,時夏夕,露坐。郃因仰觀問曰:『二君發京師時,寧知朝廷遣二使耶?』二人默然,驚相視曰:『不聞也。』問:『何以知之?』郃指星示云:『有二使星向益州分野,故知之耳。』」〔註105〕憑軒覽漕河。《揚州府志》:「運河在府城東南,即古邗溝,一名漕河,一名官河。」雪深花尚發,風急雁翻多。有約江春到,行廚次第過。

〔註103〕《新唐書》卷四十六《百官志一》。
〔註104〕此係自注。
〔註105〕《後漢書》卷一百十二上。

玄〔註106〕黓困敦壬子

題竹垞壁《梅里志》：「竹垞在里南荷花池上，朱太史築，因以自號。孫承澤書額，曹嶽作圖。」

買斷竹垞將四載，王建詩：「買斷竹溪無別主。」〔註107〕園林新筍未經嘗。今來散帙時初夏，忽見抽梢〔註108〕喜欲狂。背《篋衍集》作「北」。市有人酤濁酒，南鄰許我借匡牀。江村臥穩真堪樂，愁《篋衍集》作「休」。說燕雲射獵場。

雨度仙霞嶺三首《名勝志》：「江山縣縣界之極南者曰仙霞嶺，高三百六十級，凡二十八曲，長二十里。宋史浩帥閩，始募人甃以石路。」

縹緲江郎石，《名勝志》：「江郎石在江山縣南五十里，高六百尋，一名金純，一名須郎。」《通典》：「須郎山發地如筍，有三峰。」昔江姓三兄弟登其巔，因化為石。〔註109〕朝來竟不分。客愁偏暑雨，祠古但寒雲。小市兵戈盡，飛泉下上聞。泥塗雖自苦，暫喜遠人群。

岸缺人猶度，橋廻徑轉偏。古苔緣樹上，密竹聚峰圓。白袷晴還濕，青韉暮屢穿。笑看茅屋近，編筏渡溪煙。

仙霞高不極，半嶺一雲平。倚杖驚吾老，攀崖羨客行。經心蒼蘚滑，照眼白花明。回首楓林暮，先秋葉自鳴。

題福州林秀才竹亭《名勝志》：「福州府本漢侯官縣地。晉太康三年，以侯官為晉安郡。陳永定元年，置閩州。唐開元十三年，改為福州。」

〔註106〕「玄」，底本、石印本作「元」。
〔註107〕《題金家竹溪》。
〔註108〕「梢」，四庫本《曝書亭集》作「稍」。
〔註109〕《欽定古今圖書集成·方輿彙編·山川典卷一百三十·江郎山部匯考》：
按杜佑《通典》：「須郎山發地如筍，有三峰。」昔姓江三兄弟登其巔，因化為石。
（下略）
杜佑《通典》云：「須郎山發地如筍，有三峰。」《太平寰宇記》：「江郎山有五色石，日照炫耀。」但《文思博要》云：「江氏兄弟三人登山巔，化為石。」此為未可據也。
檢《通典》卷一百八十二，載：「須江。江郎山發地如筍，有三峰。」

道南移宅後，〔註110〕《吳志・周瑜傳》：「孫策與瑜同年，相友善，瑜推道南大宅以舍策。」〔註111〕蕭瑟草堂貲。杜甫詩：「為嗔王錄事，不寄草堂貲。」〔註112〕尚有孤亭在，堪歌伐木詩。張九齡詩：「忽枉兼金訊，長懷伐木詩。」〔註113〕翠兼梧下竹，黃坼圃中葵。最愛涼風滿，無煩羽扇持。

泰安道中曉霧《名勝志》：「泰安州在濟南府城南一百八十里。」

苦霧滴成雨，平林翳作峰。不知巖際寺，恰送馬頭鍾。汶水已爭渡，《名勝志》：「泰山之旁有仙臺嶺，汶水發源於此，西南流與徂徠山下小汶水合。」泰山猶未逢。《明史稿》：「泰安州北有泰山，即岱宗也，亦曰東嶽。」忽驚初日躍，遠近碧芙蓉。《世說》：「顏延之問鮑昭己與靈運詩優劣，答云：『謝五言如初日芙蓉，天然可愛。』」〔註114〕《杜陽雜編》：「元載芸輝堂前池中有碧芙蓉、香潔菡萏，異於常者。」〔註115〕

重陽前一日沈暐日鮑夑生載酒柯氏園亭同諸子分賦兼感舊遊成十二韻沈字融谷，平湖人。貢生。宰來賓天河，歷辰州郡丞。有《楚遊草》、《燕遊草》。鮑字子韶，徽州人。有《江上吟》。

水竹通三徑，星霜隔幾年。悲歌同調續，秋色異鄉先。葉落交簷樹，雲寒欲雨天。解鞍嘶騎擁，載酒麴車連。杜甫詩：「道逢麴車口流涎。」〔註116〕席向西南上，《禮》：「席南向北向，以西方為上；東向西向，以南方為上。」〔註117〕杯行少長前。從容寬禮數，杜甫詩：「自識將軍禮數寬。」〔註118〕傾倒迭詩篇。楚舞何相似，秦風亦有焉。吟看吳會竝，見卷二《太廟峽》。交取性情便。二子真同好，相期幸未愆。《詩》：「匪我愆期。」〔註119〕臨池良不厭，

〔註110〕 國圖藏本眉批：「道南」當用阮氏事，看下句自明。

〔註111〕 《三國志》卷五十四《吳書九》。

〔註112〕 《王錄事許脩草堂貲不到聊小詰》。

〔註113〕 《酬王六寒朝見詒》。

〔註114〕 何良俊《語林》卷八《文學第四》。按：原出《南史》卷三十四《顏延之傳》。

〔註115〕 國圖藏本眉批：謂山巒為青芙蓉本屬習見。注引《世說》，與意無涉。《杜陽雜編》一條更風馬牛矣。

〔註116〕 《飲中八仙歌》。

〔註117〕 《禮記・曲禮上》。

〔註118〕 《嚴公仲夏枉駕草堂兼攜酒饌》。

〔註119〕 《衛風・氓》。

舍坐屢交〔註120〕遷。《詩》：「舍其坐遷，屢舞僛僛。」〔註121〕**破帽垂垂落**，見卷二《九日》。**疎簾處處懸。籬花平綴錦，沙雁小如拳**。杜甫詩：「為寄小如拳。」〔註122〕**薄暝爭投轄**，見卷一《八月十五》。**提壺更數錢**。見卷六《慈仁寺》。**風燈升降影**，見卷二《篷軒》。**茅屋去來煙。衰借囊萸早**，見卷六《九日》。**宵因說餅延**。見卷六《風懷》。**塵埃驚老大，身世益迍邅。尚憶班荊地，曾開送別筵。舊遊惟沈**岸登。〔註123〕**鄭**，培。沈字覃九，號南淳，平湖人。詩詞書畫皆雋妙。有《黑蝶詞》。鄭字文溪，海鹽人。太學生。**遠夢各山川。榆塞橫汾曲**，譚七郡丞兄吉璁、潘二耒。〔註124〕「榆塞」，見卷四《送曹侍郎》。「橫汾」，見卷五《臺駘廟》。**蠶叢桂竹偏**。高層雲、李良年。〔註125〕揚雄《蜀王本紀》：「蜀王之先名蠶叢。」《零陵記》：「桂竹之野。」《楊升庵集》：「桂竹後稱貴竹，今貴州貴陽府〔註126〕。」〔註127〕**中郎遺爨笛**，蔡湘。〔註128〕見卷二《舟中望柯山》。**歎逝轉淒然**。陸機有《歎逝賦》。先生《朱人遠西山詩序》：「去年遊是山，題名於壁。既而余客揚州，武曾入黔，竹濤遊晉。未幾，竹濤客死交城。」〔註129〕

柯將軍園亭即席分韻送柯三維楨還嘉善李良年《燕臺錄別詩序》：「嘉善柯子翰周從河南至京師，省其尊人給諫公。將歸里門，戚友之在客者皆來相會，率賦詩。〔註130〕既成，集為一卷，而余序之。」按：湯駉詩題上有「庚戌十月」四字，疑此詩誤編在壬子也。〔註131〕

〔註120〕「交」，《曝書亭集》作「教」。
〔註121〕《小雅·賓之初筵》。
〔註122〕《從人覓小胡孫許寄》。
〔註123〕此係自注。
〔註124〕此係自注。
〔註125〕此係自注。
〔註126〕「貴陽府」，底本作空格，據石印本補。
〔註127〕《御定康熙字典》卷二十二《未集上·竹部·竹》：「《零陵記》：『桂竹之野。』《楊慎集》：『桂竹後稱貴竹，今貴州。』」
　　　　按：楊慎《升菴集》卷七十八《桂竹》：「《零陵記》云：『桂竹之野產桂竹，來風防露，上合下疎，每日一出，羅紈金翠。』按其地，今之貴州也。初名桂竹之野，《竹譜》作箟竹，後訛為貴竹，今又訛竹為州云。」
〔註128〕此係自注。
〔註129〕《曝書亭集》卷三十八。
〔註130〕「皆來相會，率賦詩」，《秋錦山房集》卷十四《燕臺錄別詩序》作「皆來會，相率賦詩」。（上海古籍出版社 2011 年版，第 442 頁）
〔註131〕國圖藏本眉批：《燕臺錄別詩冊》曾於武林家海柱宗伯處見之。同賦者：蔡湘、
　　　　李良年、譚漢、高朗、吳浩、胡鍾鼎、湯駉、沈修峴、沈岸登、潘耒、鄭培、

匹馬嵩陽返，《河南通志》：「河南府登封縣，隋曰嵩陽。嵩山在縣北。」**曾探玉女崖**。葉封《嵩山志》：「玉女峰峰北石形如女。」**征衣猶雨雪，歸櫂復江淮。客有悲歌獨，文傳別賦皆。葛疆池上月**，見卷一《贈諸葛丈》。**後夜不勝懷**。

送計孝廉東還吳江字甫草，號改庭〔註 132〕，吳江人。順治丁酉舉人。有《中州集》。

三年歸計總蹉跎，日見輕舟下潞河。《寰宇記》：「潞河一名沽河，一名鮑邱水。北自檀州、密雲縣界流入。」〔註 133〕《魏氏土地記》：「潞縣城西三十里有潞河，源出北山，南流。」謂此水也。〔註 134〕**君去登高誰對酒，空憐秋色異鄉多**。袁凱詩：「異鄉秋色不勝多。」〔註 135〕

送陳釴之青浦字雲銘，嘉善人。《一統志》：「青浦縣即青龍鎮，隆慶六年建縣。」

憶同九日登高讌，益信陳琳最善文。見卷三《寇至》。**易水自來長送客**，《史記》：燕太子丹使荊軻刺秦王，「至易水之上，既祖，取道，高漸離擊筑，荊軻和而歌，為變徵之聲。」〔註 136〕**詞人且免學從軍**。王粲《從軍詩》：「從軍有苦樂，但問所從誰。」**帆飛薛澱連鄉樹**，《至元嘉禾志》：「薛澱湖在松江府西北七十二里。」〔註 137〕**鶴下華亭劃海雲**。見卷一《渡黃浦》。**吾老思歸猶未得，天涯歲月總離群**。

柯維楨、譚吉璁及先生十四人，詩各五言律二首。秋錦為之序。此存前一首也。

秋錦序末已標明康熙十月，何必以湯駉詩題為證。

開林按：《鶴徵錄》卷三（《四庫未收書輯刊》2 輯 23 冊，第 598～599 頁）：「柯維楨，字翰周，一字緘三，浙江嘉善人。崇樸弟。康熙乙卯舉人。著有《紀遊草》、《澄煙閣詩》。

（李）遇孫按：翰周少時從河南至京師省給諫公，將歸里門，戚友之在客者皆相會賦詩，既成集，為一卷，名《燕臺錄別詩》。晚尤嗜吟詠，自號小丹邱，有《小丹邱客譚》一書。」

先徵士公《燕臺錄別詩敘》云：」（下略）【節自李良年文，載《秋錦山房集》卷十四。】

〔註 132〕「庭」當作「亭」。

〔註 133〕卷六十九。

〔註 134〕自「魏氏土地記」至此，見《欽定古今圖書集成・方輿彙編・職方典卷十三順・天府部匯考六・潞水》。

〔註 135〕《淮西夜坐》。

〔註 136〕《史記》卷八十六《刺客列傳》。

〔註 137〕（元）徐碩《至元嘉禾志》卷四《山阜・松江府》。

送汪戶部琬宋犖《汪鈍翁傳》:「字苕文,自號鈍翁。晚居堯峰。順治乙未成進士。除戶部主事,遷員外,改刑部,遷郎中。謫北城兵司馬指揮,再遷戶部主事。詔舉鴻博,署名甲等,改翰林院編修,入史館僅六十日。」〔註138〕《一統志》:「長洲縣,蘇州府附郭。」

殊方動惜故人違,聽唱驪歌淚暗揮。白下乍傳星使返,「白下」,見卷三。「星使」,見前《雪霽》。江東忽見步兵歸。見卷三《食鱭魚》。苕華徑曲藏書屋,汪琬《苕華書屋記》:「地廣袤不越數弓,庭前後雜華藥三株、老梅各二本。前庭又有石植立,陵苕始華,其蔓循外垣而下,羅絡石之四周,蓋與梅皆數十年物也。余頗樂之,乃顏之曰苕華書屋。」〔註139〕蓮葉舟輕上釣磯。郭受詩:「蓮葉舟輕自學操。」〔註140〕劉長卿詩:「白鳥銜魚上釣磯。」〔註141〕不獨文章今日少,誰能未老念荷衣。《楚辭》:「製芰荷以為衣兮。」〔註142〕

送陳叟南歸

軍都關口朔雲凝,《唐書·地里志》:「幽州昌平縣西北三十五里有納款關,即居庸故關,亦謂之軍都關,古夏陽川也。」〔註143〕羨爾臨行匹馬登。歸向高陽逢舊侶,見卷一《夏日閒居》。銜杯試話十三陵。

〔註138〕 見王士禎《五君詠·汪戶部苕文》金榮注。(《漁洋精華錄集釋》卷六,第1076頁)按:

宋犖《汪鈍翁傳》

汪琬,字苕文,長洲人,少孤自奮,讀書五行俱下,舉順治十二年進士,觀政通政司。假歸,銳意為古文詞,以起衰自命。尋授戶部主事,分司大通橋,進員外郎,改刑部遷郎中。河南民張潮兒以報母仇,殺其族兄三春。巡撫御史論潮死,琬為復仇論,引律文「罪止杖」為據以奏,銷案。降北城兵馬司指揮,兵馬司秩卑職冗,左官者多偃蹇不屑意。琬剛直不撓,理冤誣、決疑獄、懲奸豪,任滿去,民炷香攜酒,送者塞道。復為戶部主事,榷江寧西新倉,以病假歸,結廬堯峰山,益閉戶著書。

家居九年,以博學宏詞召試授編修,與修《明史》。在史館六十日,撰史稿百七十篇,即杜門稱疾。逾年,仍告歸。歸十年而卒,年六十七。

〔註139〕 (清)汪琬《堯峰文鈔》卷二十二。

〔註140〕 (唐)郭受《寄杜員外》。

〔註141〕 《青溪口送人歸岳州》。

〔註142〕 《離騷》。

〔註143〕 《新唐書》卷三十九。

昭陽赤奮若癸丑

人日《文類》有「重」字。**謁景皇陵**〔註144〕《長安客話》：「景皇帝陵在金山日〔註145〕，距西山不十里。陵前坎窞，樹多白楊及檞。」〔註146〕

　　重湖裂帛已流澌，《帝京景物略》：「玉泉山根碎石泉湧，出山不數武，裂帛湖也。泉逬湖底，狀如裂帛，渙然合於湖。湖方數丈，水澄以鮮，漾沙金色。」〔註147〕**岸柳三眠又一時。**《三輔故事》：「漢苑中柳狀如人形，曰人柳，一日三眠三起。」〔註148〕**尚有寢園開夕照，每逢人日撫殘碑。**《嘉靖祀典》：「上諭尚書夏言：『景皇帝陵碑偏置門左，非宜。建亭於陵門之外、大門之內，庶稱尊崇。』於是言請作亭蓋，覆報可。」〔註149〕按：先生於辛亥人日曾謁景皇〔註150〕陵。**童童獨樹棲禽少，冉冉長途下馬誰。**〔註151〕《國史補》：「董仲舒墓門，人過皆下馬，故謂之下馬陵。」**回首昌平山近遠，裕陵松柏總淒其。**〔註152〕見卷五《土木堡》。

同劉侍郎芳躅入大房山時劉編修芳喆養痾山中八首
《畿輔通志》：「大房山在順天府房山縣西十五里，雄峻秀古，為幽燕奧室。」〔註153〕先生《房山北砦題

〔註144〕國圖藏本眉批：景皇陵乃景泰陵寢也。據李因篤《芹城小志》云：「英宗復辟，景皇帝遂葬西山之麓。」蔣一葵《長安客話》：「景皇帝陵在金山口，距西山不十里。陵前坎窞，樹多白楊及檞。」亦誤為宣宗之景陵。而引《昌平山水記》云云，大謬。
　　　　景皇陵不宜稱景陵，恐與宣宗陵相混也。
　　　　開林按：底本注引《長安客話》，石印本注引《昌平山水記》，此批於二者均有評論，似初刻本引此二書，而底本及國圖藏本、石印本各取其一。
〔註145〕「日」，《欽定古今圖書集成》、《欽定日下舊聞考》作「口」。
〔註146〕見《欽定古今圖書集成·方輿彙編·職方典卷四十八》、《欽定日下舊聞考》卷一百。
　　　　另，石印本注與此不同，曰：「《昌平山水記》：『景陵在天壽山東峰之下，距長陵東北少一里半。』」
〔註147〕見《欽定日下舊聞考》卷八十五。
〔註148〕見《御定佩文韻府》卷十六之四、卷五十五之三。
〔註149〕見《欽定日下舊聞考》卷一百。
〔註150〕「皇」，石印本無。
〔註151〕國圖藏本眉批：按：天壽山長陵大紅門外有下馬碑二。
〔註152〕國圖藏本眉批：實錄：天順八年六月裕陵成，栽培松樹二千六百八十四株。《昌平山水記》：「裕陵樹存一百七十株。」
〔註153〕見《欽定古今圖書集成·方輿彙編·山川典卷十一》。

名》：「同遊者，宛平二劉先生芳躅增美、芳喆宣人、涿州馮源漳子湛，華亭錢柏齡介維。」〔註154〕

群峰廻合靜飛塵，野杏山桃各自春。不共南陽劉子驥，陶潛《桃花源記》：「南陽劉子驥，高尚士也。聞之，欣然規往。」花源一望已迷津。

丹梯直上與天連，鐵鎖垂垂百尺懸。安得山中十日雨，石門一道迸飛泉。〔註155〕《長安可遊記》：「由頭門〔註156〕村登山數里，至潘闌廟，三里上天橋。從石門進，二里至孟家衚衕，民皆市石炭為生；三里至流水壺泉寺〔註157〕，石罅分流灌園。扳磴三里至官廳，路凡十七〔註158〕折，至風口岩，兩山踞立如門，有菴房數間。」〔註159〕

帝城回望隔峰霞，蘭若松門自歲華。《釋氏要覽》：「梵言阿蘭若，唐言無諍，一云閒靜處。」〔註160〕剩有紅羅宮監在，《宋史‧樂志》：「女弟子隊，六曰採蓮隊，衣紅羅生色綽子繫暈裙，戴雲鬟髻，乘彩船，執蓮花。」〔註161〕香臺猶禮九蓮花。《玉堂薈記》：「九蓮菩薩者，孝定皇后夢中授經者也。覺而一字不遺，因錄入大藏中。旋作慈壽寺，其後建九蓮閣。內塑菩薩像，跨一鳳而九首。寺僧相傳菩薩為孝定〔註162〕前身也。」〔註163〕

上方層閣少經過，《畿輔通志》：「上方山在房山西南。」猶有樵人樹杪歌。試乞山僧老藤杖，天風扶上摘星陀。《長安客話》：「望海峯左有大小摘星陀，極高。」〔註164〕

〔註154〕《曝書亭集》卷六十八。
〔註155〕國圖藏本眉批：曹學佺《遊房山記略》：「亂山巉岩，兩壁相距，中開一線，鳥道盤旋五里至石梯。梯即巨石鑿為坎，僅容半趾，高數百磴。左右兩鐵絙，長百尺，山巔下垂，陟者緣之，手足分任其力。」
〔註156〕「頭門」，《欽定古今圖書集成》、《欽定日下舊聞考》作「門頭」。
〔註157〕「寺」，《欽定古今圖書集成》、《欽定日下舊聞考》作「自」。
〔註158〕「七」，《欽定日下舊聞考》作「八」。
〔註159〕見《欽定古今圖書集成‧方輿彙編‧職方典》卷十二、卷四十八、《欽定日下舊聞考》卷一百六。
〔註160〕見《御定佩文韻府》卷五十一之三。
〔註161〕見《御定分類字錦》卷十九。按：原出《宋史》卷一百四十二《樂志十七》。
〔註162〕石印本下有「皇后」。
〔註163〕見《欽定古今圖書集成‧方輿彙編‧職方典卷四十七》、《欽定日下舊聞考》卷九十七。
〔註164〕見《欽定日下舊聞考》卷一百三十。

解道劉伶善閉關，顏延之詩：「劉伶善閉關。」〔註165〕田衣竹杖此躋攀。長安車馬紛無數，誰肯高居六聘山。《遼史》：「涿州永太軍有大房山、六聘山。」〔註166〕

春風依舊野棠紅，麥飯僧廚餉客同。不用三車頻問法，《法華經》：「長者以牛車、羊車、鹿車立門外，引諸子出離火宅。」〔註167〕白頭試話玉熙宮。《金鰲退食筆記》：「玉熙宮在西安里門街北、金鰲玉蝀橋之西。明愍帝每宴玉熙宮，作過錦水嬉之戲。一日宴次，報至汴梁失守，親藩被害，遂大慟而罷，自是不復幸玉熙宮矣。」〔註168〕

定公八十猨猱捷，峻嶺何曾策杖遊。邀我遠登龍虎峪，《涿州志》：「龍含峪在房山縣西。」〔註169〕《昌平山水記》〔註170〕：「西山口西四里有虎谷山。」翠岩天半結飛樓。杜甫詩：「翠深開斷壁，紅遠結飛樓。」〔註171〕

羊何此日和歌成，見卷四《夜過曹侍郎》。夢草池塘句更清。見卷四《春草池》。刻取谿亭雙櫟樹，千春長識謝公名。《水經注》：「若耶溪水上承嶕峴麻溪，溪之下孤潭周數畝，甚清深。有孤石臨潭，垂崖俯視，猿狖驚心。寒木被潭，森沉駭觀。上有一櫟樹，謝靈運與從弟惠連常遊之，作聯句，題刻樹側。」

過何侍御丹臺書屋二首

一飯長安地，《後漢·李固傳》：「竊感古人一飯之報。」〔註172〕先生許數來。窗虛同畫舫，徑盡出丹臺。《列仙傳》：「紫陽真人周季道遇羨門子，乞長生訣。羨門子曰：『名在丹臺石室之中，何憂不仙？』」風幔宜斜卷，庭花獨早開。但令施枕簟，日日此銜杯。

宛在山茨下，層陰冪小亭。花移大房茜，〔註173〕《《史記·貨殖傳》注》：

〔註165〕《五君詠五首》其三《劉參軍》。
〔註166〕見《欽定日下舊聞考》卷一百三十一。
〔註167〕見《御定佩文韻府》卷一百之四。
〔註168〕見《欽定古今圖書集成·經濟彙編·考工典卷五十一》。又見《欽定日下舊聞考》卷四十一，另多數語。按：原出《金鰲退食筆記》卷下。
〔註169〕見《欽定日下舊聞考》卷一百三十二。
〔註170〕原為五空格，據《日下舊聞考》卷一百三十四補。
〔註171〕《曉望白帝城鹽山》。
〔註172〕卷六十三。
〔註173〕國圖藏本眉批：按：房山牡丹著名。「花移」句即指此。「茜」者，蓋言其色，觀對句自明。注作定字解，非是。

「茜一名紅藍，其花染繪赤黃也。」〔註174〕**石帖太湖青。**〔註175〕《唐書·白居易傳》：「蘇州得太湖石五、折腰菱，俱置於里第池上。」〔註176〕《方輿勝覽》：「黿山在洞庭西，出青石，可以壓砌綠池。」〔註177〕**筆斷何妨續，琴歌亦可聽。閒來須賭墅**，見卷四《山陰苦雨》。**一為寫黃庭。**李白詩：「山陰道士如相見，應寫黃庭換白鵝。」〔註178〕

送喬舍人萊還寶應潘耒《喬君墓誌》：「父可聘，明末掌河南道御史，廉直著聲，為清流標鵠。生五子，君其叔也。癸卯舉於鄉，丁未成進士，除內閣中書舍人。以御史公年高，請假歸養。尋丁堅。服闋，補官。戊午，詔舉博學鴻儒。君被薦，試列高等，授翰林編修，纂修《明史》。」〔註179〕先生《喬御史讀書札記序》：「公築室柘溪之陽，田衣山屐，不入城府。年八十，有雙鶴降於庭東南，隱居之彥咸賦詩記其事。叔子中書舍人曰萊，字子靜，與彝尊定交京師，世好彌篤。歲在癸丑，中書君以省公歸，彝尊送之宣武門右。」〔註180〕《一統志》：「寶應縣在揚州府高郵州一百二十里。」

今秋甲子雨不絕，《朝野僉載》：「春雨甲子，赤地千里。夏雨甲子，乘船入市。秋雨甲子，禾頭生耳。冬雨甲子，牛羊凍死。〔註181〕」**小池殘暑風淒淒。**沈佺期

〔註174〕見《欽定古今圖書集成·博物彙編·草木典卷一百五十八》，稱「注：徐廣曰」。
　　　　按：原出《史記》卷一百二十九《貨殖列傳》，《集解》引「徐廣曰」。
〔註175〕國圖藏本眉批：《吳郡志》：「石出洞庭西山，以生水中者為貴。波濤沖激，皆成嵌空。自唐以來貴之。白居易品牛僧孺家諸石，以太湖石為甲。」
〔註176〕見《天中記》卷八、《御定佩文韻府》卷一百之一、《御定淵鑒類函》卷二十六，稱「《舊唐書》」。
　　　　《舊唐書》卷一百六十六《白居易傳》：「罷蘇州刺史時，得太湖石五、白蓮、折腰菱、青板舫以歸。」
〔註177〕《方輿勝覽》卷二。
〔註178〕《送賀賓客歸越》。
〔註179〕按：可引《曝書亭集》卷七十三《翰林院侍讀喬君墓表》，曰：「君中康熙二年鄉試，六年，賜進士出身，除內閣中書舍人。十一年，充順天鄉試同考官，關節不到，以父老請歸終養。尋丁憂，居喪盡禮。服除，補原官。十七年，有詔舉博學宏詞備顧問，君被薦。明年，召試體仁閣下，賦詩居一等，改授翰林院編修，纂修《明史》。」另，潘耒《遂初堂文集》卷十九有《翰林侍讀喬君墓誌銘》。
〔註180〕《曝書亭集》卷三十六。
〔註181〕見《古今合璧事類備要》卷二、《御定佩文韻府》卷三十七之一。按：《朝野僉載》卷一作「冬雨甲子，鵲巢下地，其年大水。」《白孔六帖》卷二、《天中記》卷三、《御定騈字類編》卷一百二十六作「冬雨甲子，牛羊凍死，鵲巢下地，其年大水」。又按：此注引自江浩然《曝書亭詩錄》。

詩:「小池殘暑退。」〔註182〕**棧車難行瘦馬滑**,《周禮》:「士乘棧車。」**終朝兀坐愁雲低。有客上書臨欲去,折簡招我斜街西。**《魏志‧王淩傳》:「卿以折簡召我,何敢不至?」〔註183〕**房山香醪貯一石**,《一統志》:「房山縣在順天府涿州城西北。」杜甫詩:「香醪懶再酤。」〔註184〕**浮以斛**其膠切,音求。**角暹羅犀。**《穀梁傳》:「郊牛日展斛角。」〔註185〕《一統志》:「暹羅國在占城極南,出犀。」**定州瓷盌白如雪**,《一統志》:「定州在真定府東北。」《格古要論》:「白〔註186〕定器,土脈細,色白而滋潤者貴。外有淚痕者是真。劃花者最佳,素者亦好,繡花者次之。」〔註187〕**津門紫蠏團霜臍。**見卷五《雲中客舍》。蘇軾詩:「團臍紫蟹脂填腹。」〔註188〕黃庭堅詩:「想見霜臍當大嚼。」〔註189〕**坐中曹舍人禾。**〔註190〕**汪舍人懋麟。**〔註191〕**意氣古,杜詩韓筆名相躋。**杜牧詩:「杜詩韓筆愁來讀。」〔註192〕**草堂圖畫凡幾幅,酒酣竝起爭留題。龍竿寺旁射陂曲**,《揚州府志》:「龍竿院在寶應縣射陽鎮。唐大曆間建,初名文殊院,因有竹成龍形,遂易名。或作龍竿寺。」又:「射陽湖在寶應縣東六十里。《漢書》:『廣陵王胥有罪,其相勝之奏奪其射陽陂』,即此也。」〔註193〕**中分一水名柘溪。**《揚州府志》:「柘溪草堂在寶應縣治東,明侍御喬可聘築,晚年更治陶園課子。」**君家嚴君**〔註194〕**此遊息,翠煙繚繞含晴霓。**宋之問詩:「丹壑飲晴霓。」〔註195〕**王官穀深城府隔**,《一統志》:「王官穀在平陽府臨晉縣東南七十里。」《唐書‧司空圖傳》:「圖居中條山王官穀,

---

〔註182〕《酬蘇員外味道夏晚寓直省中見贈》。
〔註183〕《三國志》卷二十八。
〔註184〕《陪李金吾花下飲》。
〔註185〕成公七年。
〔註186〕「白」,《格古要論》、《御定佩文韻府》作「古」。
〔註187〕見(明)曹昭《格古要論》卷下《古定器》、《御定佩文韻府》卷十七之五。
〔註188〕《揚州以土物寄少游》。按:一說為秦觀詩,題《寄蓴薑法魚糟蟹》(寄子瞻)。
〔註189〕《又借前韻見意》。
〔註190〕此係自注。
〔註191〕此係自注。
〔註192〕《讀韓杜集》,「筆」作「集」。按:宋人詩中多用「杜詩韓筆」。如鄭剛中《寺前書院中寄季平》「杜詩韓筆少人倫」、喻良能《何司業和屋字詩見詒次韻奉酬》「杜詩韓筆端能續」等。
〔註193〕《太平寰宇記》卷一百二十四:「射陽湖在縣東南八十里。《漢書》:『廣陵王胥有罪,其相勝之奏奪王射陂』,即此也。」
〔註194〕國圖藏本眉批:「嚴君」下有原注:「侍御可聘。」
〔註195〕《發端州初入西江》。

遂隱不出，名亭曰休休，作文以見志。」〔註196〕**武陵花發時人迷。只今八十尚健飯，過橋不用扶青藜。郵籤此去秋未晚，籬邊圓菊黃花齊。連江峭帆檻外落，一雙老鶴階前棲。衡門啟後綵衣入，**《高士傳》：「老萊子孝養二親，行年七十，作嬰兒戲，著五色斑斕之衣舞。」杜甫詩：「更覺綵衣春。」〔註197〕**定使眼膜開金箆。**見卷六《孫少宰蟄室》。**桓山四鳥雖折翼，**時舍人有兄喪。〔註198〕見卷五《傷歌行》。**循陔庶免心酸嘶。**見卷三《還家即事》。陸厥詩：「酸嘶度揚越。」〔註199〕**兼珍之膳娛永日，**見《還家即事》。**靜觀節物移暄姜。**《水經注》：「嚴晨蕭月，燕麥暄姜。」〔註200〕**嗟予**〔註201〕**旅食尚淹滯，懷鄉未得瞻秦稽。**顏延年詩：「曷月瞻秦稽。」〔註202〕**送君沉唫數長路，寸心千里隨輪蹄。維揚稉稻美自昔，**《江南通志》：「揚州府，明永樂中曰維揚府。」**邐來厥土仍塗泥。**《書》：「淮海惟揚州，厥土惟塗泥。」〔註203〕**灣頭清水聞更決，**《一統志》：「茱萸灣在揚州府城東北九里。」《揚州府志》：「茱萸灣一名灣口，今名灣頭。」《江南通志》：「清水湖在寶應縣南。」**上流未築歸仁隄。**《江南通志》：「歸仁隄在桃宿境內，黃河南岸。」潘集馴《河議辨惑》：「歸仁隄所以捍禦黃水、睢水、湖水，使之不得南射。」**千村廬舍總昏墊，可知雁戶猶悲啼。**《唐書》編氓有雁戶，言如雁去來無恒也。〔註204〕**漕船萬斛挽不上，荒岡斷岸何由梯。太倉紅粟漸已貴，**《漢書·食貨志》：「太倉之粟，陳陳相因，紅腐而不可食。」〔註205〕**曷歸長水親鉏犁。**《嘉興府志》：「長水在治南三里，自由拳至硤石，互五十餘里。」王粲詩：「相

〔註196〕《御定淵鑑類函》卷二百八十九。按：原出《新唐書》卷一百九十四《卓行傳》。

〔註197〕《奉賀陽城郡王太夫人恩命加鄧國太夫人》。

〔註198〕此係自注。

〔註199〕出（南齊）釋寶月《行路難》，非陸厥詩。又，李白《幽歌行上新平長史兄粲》：「哀鴻酸嘶暮聲急」；杜甫《無家別》：「終身兩酸嘶」；孟郊《寒溪》其三：「默念心酸嘶。」

〔註200〕《沁水》。

〔註201〕「予」，《曝書亭集》作「余」。

〔註202〕《和謝監靈運詩》。

〔註203〕《禹貢》。

〔註204〕楊慎《升菴集》卷七十二《雁戶》、《丹鉛餘錄》卷六《雁戶》、《譚苑醍醐》卷八《雁戶》：「《唐書》編氓有雁戶，謂流民也」。

〔註205〕《漢書》卷二十四上《食貨志》：「太倉之粟陳陳相因，充溢露積於外，腐敗不可食。」又，卷六十四下《賈捐之傳》：「太倉之粟紅腐而不可食。」按：《史記》卷三十《平準書》：「太倉之粟陳陳相因，充溢露積於外，至腐敗不可食。」又按：此注引自江浩然《曝書亭詩錄》。

隨把鉏犁。」〔註206〕**期君歲暮白田上**，《揚州府志》：「白田渡在寶應縣南門渡口港西。」潘耒《縱棹園記》：「侍讀喬君石林歸白田，得隙地於城之東北隅，治以為園。」**班草城南手重攜**。《後漢·陳留父老傳》：「道逢友人，共班草而言。」〔註207〕

和韻送徐編修乾學還崑山《一統志》：「崑山縣在蘇州府城東七十里。」

潞河臨發動晨颼，惜別重歌折柳辭。前席定來宣室召，《史記·賈誼傳》：「賈生徵見。上方坐宣室，因感鬼神事，而問鬼神之本。誼具道所以然之故。至夜半，文帝前席。既罷，曰：『吾久不見賈生，自以為過之，今不及也。』」蹇驢仍借杜陵騎。杜甫詩：「東家蹇驢許借我，泥滑不敢騎朝天。」〔註208〕秋深準續登高約，月出應懷對酒時。賓從玉山知不少，《元詩選》：「顧瑛，一名阿瑛，別名德輝，字仲瑛，崑山人。世居界溪之上。卜築玉山草堂，園池亭榭、餚館聲伎之盛，甲於天下。四方名士常主其家，日夜置酒賦詩。一時風流文雅，著稱江東。自稱金粟道人。」〔註209〕相思定寄草堂詩。高適詩：「人日題詩寄草堂，遙憐故人思故鄉。」〔註210〕

藍秀才見示劉松年風雪運糧圖藍名深，字謝青，錢塘人。善畫。《圖繪寶鑒》：「松年，錢塘人。紹興中待詔。工人物山水，神氣精妙。寧宗朝進耕織圖，稱旨，賜金帶，院中人絕品也。」

潞河十月櫓聲絕，連檣如薺啼饑烏。杜甫詩：「饑烏似欲向人啼。」〔註211〕層簹炙背苦岑寂，有客示我運糧圖。遙峰隱隱露積雪，村原高下紛盤紆。千年老樹風怒黑，寒葉盡脫無纖枯。人家左右僅茅屋，傍有水碓臨山廚。《通俗文》：「水碓曰轓車。」注：「今俗依水涯，壅上流，設水車，轉輪與碓身交激，使自舂。即其遺制。」〔註212〕秕穗既揚〔註213〕力輸稅，安有甔石存桑樞。《漢書·揚雄傳》：「家產不過十金，乏無甔石之儲，晏如也。」〔註214〕《莊

〔註206〕《從軍詩五首》其一。
〔註207〕《後漢書》卷一百十三《逸民列傳》。
〔註208〕《偪仄行贈畢曜》。
〔註209〕《元詩選初集》卷六十四。
〔註210〕《人日寄杜二拾遺》。
〔註211〕《野望》。
〔註212〕《御定康熙字典》卷二十一《碓》。
〔註213〕「揚」，四庫本《曝書亭集》作「傷」。
〔註214〕卷八十七《揚雄傳上》。

子》：「原憲蓬戶不完，桑以為樞，甕以為牖。」〔註215〕**大車檻檻四黃犢**，《詩》：「大車檻檻。」〔註216〕**疾馳下阪尋修塗。嗟爾農人歲已暮，婦子不得相歡愉。披圖怳見南渡日，北征甲士連戈殳。**《詩疏》：「戈殳俱是短兵，相類者也。」〔註217〕**當年諸將猶四出**，見卷二《岳忠武王墓》。**轉粟未乏軍中需。**《十六國春秋》：「課農桑以供軍需，帥國人以習戰射。」〔註218〕**同仇大義動畎畝**，《詩》：「與子同仇。」〔註219〕**輸將豈畏胥吏呼。**《漢書・鼂錯傳》：「屯戍之事益省，輸將之費益寡。」〔註220〕**始知繪事非漫與，堪與無逸豳風俱。**《唐書・崔祐甫傳》：「宋璟嘗手寫《尚書・無逸》，為圖以獻，勸帝出入觀省。」〔註221〕《宋史》：「真宗朝學士孫奭進《無逸圖》。」《宣德實錄》：「七年七月，上燕間閱內庫書畫，得元趙孟頫所繪《豳風圖》，而賦長詩一章。」**古來工執藝事諫**，《書》：「工執藝事以諫。」〔註222〕**斯人畫院良所無。嗚呼！斯人畫院良所無，不見宋之君臣定和議**，見卷十六《經龍洲道人墓》。**笙歌晨夕遊西湖。**《史斷》：「西湖自紹興建都，君相競嬉。」

席上贈陸生三首

　　江東陸弟擅風流，負笈今為萬里遊。《《後漢・李固傳》注》：「負笈追師。」〔註223〕**畫取燕台山近遠，黃雲白雪一時愁。**

　　芳筵鮭菜故鄉同，刻燭藏鉤漏未終。《梁書・王僧孺傳》：「嘗夜集學士，刻燭為詩，四韻者則刻一寸，以此為常〔註224〕。蕭之〔註225〕琰曰：『頓燒一寸燭，而成四韻詩，何難之有？』乃共打銅缽立韻，響滅則成詩。」〔註226〕**閉戶須為十日飲**，見卷八《王尚書》。**銜杯最愛百分空。**杜牧詩：「觥船一棹百分空。」〔註227〕

〔註215〕 見《御定佩文韻府》卷七之四、《御定駢字類編》卷一百九十四。按：原出《莊子・讓王第二十八》。

〔註216〕 《王風・大車》。

〔註217〕 《毛詩注疏》卷十四《曹風・候人》。

〔註218〕 《十六國春秋》卷八十八《南涼錄一・禿髮利鹿孤》。

〔註219〕 《秦風・無衣》。

〔註220〕 卷四十九。

〔註221〕 卷一百四十二。

〔註222〕 《胤征》。

〔註223〕 卷九十三。

〔註224〕 「常」，《南史》作「率」。

〔註225〕 「之」，《南史》作「文」，是。

〔註226〕 見《南史》卷五十九《王僧孺傳》，非《梁書》。

〔註227〕 《題禪院》。

風雪寒凝老樹枝，蟹螯深夜且同持。前身定是周邦彥，《宋史·文苑傳》：「周邦彥，字美成。好音樂，能自度曲，製樂府長短句，詞韻清蔚，行於世。」〔註228〕醉裏能歌片玉詞。周邦彥著《片玉詞》三卷。

夢硯歌為汪舍人懋麟作先生《十二硯齋記》：「中書舍人汪君〔註229〕季用僦宅宣武門之右，窮巷蕭然，饘粥不繼。君久病臥，夢入廣庭，得石硯一十二枚，寤而作歌，其友和之，君因名其齋。」

我怪汪舍人，臥屙嬾朝參。王羲之帖：「吾怪足下朝參少晚。」杜甫詩：「頗怪朝參懶。」〔註230〕眼前富貴非所好，惟於載籍偏沉酣。無錢可糴太倉米，杜甫詩：「日糴太倉五升米。」〔註231〕僮僕入市心懷慚。舍人舒膝方晝寢，杜甫詩：「吾兄睡穩方舒膝。」〔註232〕如蟲食蓼翻知甘。《爾雅翼》：「《楚辭》曰『蓼蟲不知徙乎葵菜』，言蓼辛葵甘，各安其故，不知遷也。」〔註233〕忽然夢入無人區，廣庭巨室何歟歟。張衡《西京賦》：「大廈歟歟。」中羅石硯十有二，一一就視煙雲含。鼉磯苦堅龍尾滑，《歐陽修集》：「登州鼉磯島中，距蓬萊百餘里，波濤深處有石之可硯者，金星雪浪，頗為世重。」〔註234〕「龍尾」，見前《和程邃》。洮河水玉徒籃毿。見卷五《華嚴山》。《集韻》：「籃毿，區薄也。」詎若羚羊峽中質，青花白葉波渟〔註235〕涵。見前《和程邃》。良璞得一亦已足，十二盡取毋乃貪。覺來伏枕賦長句，中心惆悵真難堪。為語舍人且莫貪，高要〔註236〕峽路吾能諳。昔年著屐入巖穴，親斲山骨施斧〔註237〕鑱。韓愈詩：「巧匠斲山骨。」〔註238〕黃金盡散〔註239〕要不惜，一百八石巖前擔。自從輕舟發大庾，篷窗一日摩挲三。《樂府》：「一日三摩挲，劇於

〔註228〕卷四百四十四。
〔註229〕「中書舍人汪君」，石印本作「中書汪舍人懋麟」。
〔註230〕《重過何氏五首》其四。
〔註231〕《醉時歌》。
〔註232〕《狂歌行贈四兄》。
〔註233〕見《御定佩文韻府》卷四十七之三。按：原出（宋）羅願《爾雅翼》卷七《蓼》。
〔註234〕不詳。按：（清）孫承澤《硯山齋雜記》卷三：
　　　　《稗海》曰：「鼉幾石，出登州鼉幾島中。島距蓬萊百餘里，有石之可硯者，金星雪浪，頗為世重，故取之者不憚於沒溺焉。此又硯石之別種也。」
〔註235〕「渟」，四庫本《曝書亭集》作「亭」。
〔註236〕「要」，四庫本《曝書亭集》脫。
〔註237〕「斧」，石印本作「釜。」
〔註238〕《石鼎聯句》。
〔註239〕「盡散」，石印本作「散盡」。

十五女。」〔註240〕**榜人潛窺竊其九**，《周書》：「命榜人。」**余歸見者爭來撟。
眼看美好盡已去，何況夢寐侈空譚。舍人翻然釋惆悵，留余濁酒開新罎。
紞如漏鼓猶未起**，《晉書·良吏傳》：「鄧攸去郡，百姓數千人留牽攸船，不得進。
攸乃小停，夜中發去。吳人歌之曰：『紞如打五鼓，雞鳴天欲曙。鄧侯挽不來，謝令推
不去。』」〔註241〕**起時月落天西南**。

龔〔註242〕尚書挽詩八首

　　坤維初震後，元老忽淪亡。九日，地震。越三日，公沒。**已定春帆計，**
〔註243〕**翻教夜壑藏。**《莊子》：「夫藏舟於壑，藏山於澤，謂之固矣。然而夜半有力
者負之而走，昧者不知。」〔註244〕**把杯人未散，戀闕意堪傷。盛德今徂謝，
悲看大鳥翔。**《後漢·楊震傳》：「震改葬華陰潼亭，先葬十餘日，有大鳥高丈餘，
集震喪前，俯仰悲鳴，淚下沾地，葬畢乃飛去。」〔註245〕

　　西掖存封事，《漢官儀》：「左右曹受尚書事，前世文士以中書在右，因謂中書為
右曹，又稱西掖。」《唐書·百官志》：「左補闕六人，左拾遺六人，掌供奉諷諫，大事
廷議，小則上封事。」〔註246〕**南天返使車。**《漢書·蕭育傳》：「育為南郡太守。上
以育耆舊名臣，乃以三公使車載育入殿中受策。」〔註247〕按：尚書曾齎詔入廣。**位仍
三獨坐，**《後漢·宣秉傳》：「光武特詔御史中丞與司隸校尉、尚書令會同並專席而坐，
故京師號曰三獨坐。」〔註248〕**職半六尚書。**薛能詩：「舊將已為三僕射，病身猶是
六尚書。」〔註249〕**典禮真無忝，論文盡不如。最憐群弟子，入揖共欷歔。**

　　九日龍潭讌，招尋自此休。公每歲九日讌客賦詩於黑龍潭。〔註250〕**遲歸
因酒債，垂死及山遊。**九月七日，公扶病遊萬壽寺。〔註251〕**別袂何曾把，**時

〔註240〕《琅琊王歌辭》其一。
〔註241〕見《御定佩文韻府》卷六之四。按：原出《晉書》卷九十《良吏傳》。
〔註242〕「龔」，四庫本《曝書亭集》作「王」。
〔註243〕國圖藏本眉批：按：公曾建春帆齋於邸第，以明歸志。
〔註244〕《莊子·大宗師第六》。
〔註245〕《欽定古今圖書集成·明倫彙編·官常典卷一百八十六》。
〔註246〕《新唐書》卷四十七《百官志二》。
〔註247〕卷七十八。
〔註248〕卷五十七。
〔註249〕《闕題》：「舊將已成三僕射，老身猶是六尚書。」。
〔註250〕此係自注。
〔註251〕此係自注。

余赴通州。〔註252〕詩篇總未酬。重來清淚迸，風急總帷秋。

京華留滯久，恒苦出無車。見卷一《送袁駿》。記憶惟公切，過從聽我疎。頓忘何日別，急簡舊時書。剩有雷塘句，《寰宇記》：「雷塘在江都縣北〔註253〕十里，煬帝葬於其地。」臨岐襖飲初。辛亥上巳，余從京師至揚州，公〔註254〕以詩贈行。〔註255〕

墨自臨池妙，《法書要錄》：「張芝善草書，臨池學書，池水盡黑。」詩先過嶺工。《呂氏童蒙訓》：「少游過嶺後，詩嚴重高古，自成一家，與舊作不同。」〔註256〕按：尚書有《過嶺集》。換鵝何太苦，見卷三《送錢六》。杜甫詩：「草書何太苦，詩興不無神。」〔註257〕刻燭未教終。匹練題長遍，聯篇思轉雄。要知作者意，肯與古人同。

別有新詞麗，按：尚書有《白門柳》、《綺懺》、《香嚴閣》〔註258〕等詞。樽前賦物華。歌翻舊桃葉，見卷一《閒情》。笛按小梅花。郭茂倩《樂府》：「《梅花落》，本笛中曲也。」按：唐大角曲亦有大梅花、小梅花等曲。檀板柳三變，《吹劍續錄》：「東坡在玉堂日，有幕士善歌。因問：『我詞比柳耆卿何如？』對曰：『柳郎中詞，只好十七八女孩兒，按執紅牙拍板，歌楊柳岸曉風殘月。學士詞，須關西大漢，執鐵綽板，唱大江東去。』公為之絕倒。」陳氏《書錄》：「柳三變耆卿，景祐元年進士，官至屯田員外郎。初磨勘及格，昭陵以其浮薄，罷之。乃更名永。有《樂章集》九卷。」金荃溫八叉。《唐書·藝文志》：「溫庭筠《握蘭集》三卷。又《金荃集》十卷。」《北夢瑣言》：「溫庭筠才思艷麗，工為小賦。每入試，押官韻作賦，凡八叉手而八韻成，時人號為溫八叉。」〔註259〕江南腸斷句，黃庭堅詩：「解作江南腸斷句，只今惟有賀方回。」〔註260〕回首向誰誇。公最賞余阻風湖口詞。〔註261〕

〔註252〕此係自注。

〔註253〕「北」，《太平寰宇記》卷一百二十三《淮南道一·揚州》作「東北」。

〔註254〕石印本此處有「曾」。按：《曝書亭集》無。

〔註255〕此係自注。

〔註256〕見《欽定古今圖書集成·理學彙編·經籍典卷四百八十三》。

〔註257〕《寄張十二山人彪三十韻》。

〔註258〕「閣」當作「齋」。《龔鼎孳全集》有《香嚴齋存稿》。

〔註259〕見《御定佩文韻府》卷七十二之一。按：《北夢瑣言》卷四《溫李齊名》：「溫庭雲，字飛卿，或云作筠字，舊名岐。與李商隱齊名，時號曰溫李。才思艷麗，工於小賦。每入試，押官韻作賦，凡八叉手而八韻成，多為鄰鋪假手，號曰救數人也。」

〔註260〕《寄賀方回》。

〔註261〕此係自注。

含玉遺孤在，《周禮》：「太宰：大喪，贊贈玉含玉。」《貴耳集》：「章聖講《周禮》，至《典瑞》，有『珨玉』，問何義。講官答曰：『欲使骨不朽爾。』」〔註262〕招魂上客存。天邊丁令鶴，見卷二《偕謝晉》。夢裏謝公墩。李白詩：「冶城訪古蹟，猶有謝公墩。」〔註263〕陸游《入蜀記》：「半山寺後有謝安墩。」笳吹將歸路，田廬何處村。《漢書‧疏廣傳》：「廣子孫竊謂其昆弟老人勸說君買田宅，廣曰：『吾豈不念子孫哉？顧自有舊田廬，令子孫勤力其中，足以供衣食。』」〔註264〕應同鍾太傅，《魏志‧鍾繇傳》：「字元常，魏太傅，封定陵侯。」〔註265〕丙舍寄諸孫。鍾繇帖：「墓田丙舍，欲使一孫於城西，一孫於都尉府，此繇家嫡正之良者也。」

已輟青門餞，唐明皇詩：「獨有青門餞，群僚悵別深。」〔註266〕空憐白馬留。九京應萬里，《禮》：「是全要領以從先大夫於九京也。」〔註267〕百口但孤舟。《後漢‧趙岐傳》：「我北海孫賓石，闔門百口，勢能相濟。」〔註268〕逝矣名須易，《禮》：「公叔文子卒，其子戍請諡於君，曰：『日月有時，將葬矣，請所以易其名者。』」〔註269〕傷哉涕莫收。寄聲縫掖賤，見卷六《同紀處士》。休作帝京遊。

送龔孝廉宜生掌教涿州《一統志》：「涿州在順天府西南一百四十里。」

圖經雄涿鹿，《寰宇記》：「涿州，古涿鹿之地，星分尾宿十六度。《史記》：『黃帝與蚩尤戰於涿鹿之野』，即此地。」〔註270〕璧沼亞橋門。《唐書‧歸崇敬傳》：「崇敬建議：古天子學曰辟雍，在《禮》為澤宮，前世或曰璧池，或曰璧沼，亦言學省。隋大業中，更名國子監。」〔註271〕《後漢‧儒林傳》：「帝正坐自講，諸儒執經問難於前，冠帶縉紳之人，圜橋門而觀聽者蓋億萬計。」〔註272〕錦裏仙人水，《列仙傳》：「琴高者，趙人，以鼓琴為宋康王舍人，行涓彭之術，浮遊冀州涿郡間。二百餘

〔註262〕見《御定佩文韻府》卷九十一之一。按：原出（宋）張端義《貴耳集》卷上。
〔註263〕《登金陵冶城西北謝安墩》。
〔註264〕見《御定佩文韻府》卷六之四。按：原出《漢書》卷七十一。
〔註265〕見《御定佩文韻府》卷二十六之九。
〔註266〕《送賀知章歸四明》。
〔註267〕《檀弓下》。
〔註268〕卷九十四。
〔註269〕《檀弓下》。
〔註270〕見《欽定日下舊聞考》卷一百二十七。
〔註271〕見《御定佩文韻府》卷四十七之三。
〔註272〕卷一百九上。

年後，辭入涿水中，取龍子。與弟子期之曰：『皆潔齋候於水旁。』設祠屋，果乘赤鯉來坐祠中。」**樓桑帝子村**。《燕山叢錄》：「漢昭烈宅在涿州樓桑村。昭烈在民間，所居有桑，層蔭如樓，因曰樓桑。」〔註273〕**詩傳頤盡解**，《漢書·匡衡傳》：「諸儒語曰：『無說《詩》，匡鼎來；匡說《詩》，解人頤。』」〔註274〕**官冷道彌尊**。杜甫詩：「廣文先生官獨冷。」〔註275〕**不遠房山麓，相期泛竹根**。見卷五《將次山陰》。

九言題田員外雯秋泛圖〔註276〕《文章緣起》：「九言詩，魏高貴鄉〔註277〕公所作。」田字綸霞，德州人。順治辛丑進士。〔註278〕官至戶部侍郎。著《山薑詩選》。

田郎與我相識今十年，新詩日下萬舌爭流傳。杜甫詩：「新詩海內流傳徧。」〔註279〕**黃塵撲面三伏火雲熱**，《陰陽書》：「從夏至後第三庚為初伏，四庚為中伏，立秋後初庚為終伏，故謂之三伏。」〔註280〕**每誦子作令我心爽然。開軒示我秋泛圖五丈，鴨頭畫出宛似吳中船**。《吳志》：「太傅諸葛恪製為鴨頭船。」〔註281〕**大通橋北官舍最湫隘**，《畿輔通志》：「大通橋，一在東便門外，為盤察漕米分司；一在東安縣。」《左傳》：「景公欲更晏子之宅，曰：『子之宅近市，湫隘囂塵，不可以居。』」〔註282〕**箕筥斗斛囊橐群喧闐。他人對此束縛不得去，田郎掉頭一笑浮輕漣**。郭璞《江賦》：「或頺彩輕漣。」〔註283〕**疎花蒙籠兩岸渡頭發，蹇驢蹴躓百丈風中牽**。見卷一《捉人行》。**五里十里長亭短亭出**，見卷

〔註273〕見《欽定古今圖書集成·方輿彙編·職方典卷五十一》、《博物彙編·草木典卷二百四十八》、《經濟彙編·考工典卷一百三十一》、《欽定日下舊聞考》卷一百二十八。
〔註274〕卷八十一。
〔註275〕《醉時歌》。
〔註276〕國圖藏本眉批：《山薑年譜》：甲寅十月，陞戶部雲南司員外郎。丙辰，奉差監督大通橋漕運事務。九月報竣，作五言詩一篇，勒石官廨，招集同人泛舟通濟河，繪圖題七言歌行一篇，知者甚眾。
　　　按：時作於丙辰。編於癸丑，誤。
〔註277〕「鄉」，石印本誤作「卿。」
〔註278〕按：江浩然《曝書亭詩錄》稱「康熙甲辰進士」，是。田雯生平事蹟見《清史稿》卷四八四、《國朝先正事略》卷三七及自著《蒙齋自編年譜》。
〔註279〕按：非杜甫詩。(唐)郭受《寄杜員外》：「新詩海內流傳久，舊德朝中屬望勞。」杜甫有《酬郭十五判官》詩。
〔註280〕《欽定古今圖書集成·曆象彙編·歲功典卷五十六》。
〔註281〕見《御定淵鑑類函》卷三百八十六。
〔註282〕昭公三年。
〔註283〕《文選》卷十二。

一《送林佳璣》。千絲萬絲楊枝柳枝眠。當其快意何啻天上坐，杜甫詩：「春水船如天上坐。」〔註284〕酒杯入手興至吟尤顛。慶豐牐口自有此渠水，《水部備考》：「慶豐閘在都城東王家莊至大通橋八里。至元二十九年建，有上下二木閘，名籍東。至順元年，易以石，改名慶豐。嘉靖七年，並二閘為一。」〔註285〕未知經過誰子曾洄沿。倉曹題柱名姓不可數，見卷六《雪中過程五》。似子飛揚跌宕真無前。《漢書·揚雄傳》：「雄為人跌宕。」〔註286〕長安酒人一時賦長句，我亦對客點筆銀光牋。《丹陽記》：「江寧縣有紙官署，齊高帝造紙所也。嘗造凝光紙，賜王僧虔，一云銀光牋。」〔註287〕篷窗寂寞不妨添畫我，從子日日高詠秋水篇。《莊子》有《秋水篇》。

寄懸公〔註288〕名行筏，字懸崖，嘉興梅里人。古南牧雲弟子。住西溪精舍。

竹外繩橋渡口鐘，別來消息五春冬。南湖虛有煮茶約，《嘉興縣志》：「蘇軾與文長老三過嘉禾，每於鴛湖汲水煮茶，後人建亭湖心以識之。」下若幾曾歸榷逢。見卷四《對酒》。李良年《懸崖禪師行狀》：「壬午七月，寧和尚入滅。師依龕歸天童，持心喪畢，適武康報恩寺。」〔註289〕去雁書成難問訊，愁猿路險怯過從。衰年願得精廬近，須卜橫山第一峰。見卷二《橫山蛟潭》。

曝書亭集詩注卷七　　　　　　　　　　　　　　　　　男　蟠　挍

〔註284〕《小寒食舟中作》。

〔註285〕見《欽定日下舊聞考》卷八十九。

〔註286〕《漢書》無此語。按：《文選》卷十六江淹《恨賦》：「脫略公卿，跌宕文史。」《注》：「揚雄《自敘》曰：『雄為人跌宕。』」檢《御定康熙字典》卷二十五《蕩》：「又《前漢·揚雄傳》：『雄為人簡易佚蕩。』」恐為楊氏所據。

〔註287〕見（宋）吳淑《事類賦》卷十五。又見《御定佩文韻府》、《御定駢字類編》、《御定淵鑑類函》。

〔註288〕國圖藏本眉批：《寄懸公》一疑誤編於此。蓋前後諸詩皆客潞河時作，而云「下若幾曾歸榷逢」，語氣不合。又，是年先生祇四十五歲，亦不得遽謂衰年也。按：秋錦《懸崖行狀》謂其適武康在壬午持心喪之後，則此詩當在癸未、甲申間矣。

〔註289〕《秋錦山房集》卷二十。（上海古籍出版社2011年版，第519頁）

曝書亭集詩注卷八

嘉興　楊　謙　纂
浦江　戴殿海　參

闕逢攝提格甲寅

春雪二首

臘去初無雪，春來盡日飄。披離侵柳陌，取次及花朝。入夜飛何急，因風卷未消。攜錢思縱飲，不用酒旗招。

客久催蒼鬢，師行冷鐵衣。《詩話》：「慶曆中，西師未解。晏元獻為樞密使。會大雪，置酒西園。歐陽永叔賦詩云：『須憐鐵甲冷徹骨，四十餘萬屯邊兵。』」〔註1〕《木蘭詞》：「朔氣傳金柝，寒光照鐵衣。」漸看回雁近，只共早梅飛。關塞愁無極，鄉園信轉稀。空憐兒女在，遙計放船歸。

送龔大之淮陽《文類》二首，其二云：「十年仙尉市門棲，匹馬齊東路不迷。莫戀鄉園下吳會，盤山春晚共攀躋。」

潞河遲日送征驂，禁雪初晴柳尚含。一路青山到淮浦，照人明月已江南。

汪舍人懋麟以丁娘子布見贈賦寄《松江府志》：「木棉布，古名吉貝。《續志》云：『出沙岡車墩間，幅闊三尺餘，緊細若紬。其後織者競利，狹幅促度，復殊於前。今所在有之。東門外雙廟橋有丁氏者，彈木棉極純熟，花皆飛起，收以織布，尤為精軟，號丁娘子布。』」

〔註1〕實出（宋）魏泰《東軒筆錄》卷十一。

丁娘子，爾何人，織成細布光如銀。舍人笥中剛一疋，贈我為衣禦冬日。感君戀戀情莫踰，《史記·范雎傳》：「綈袍戀戀，有故人之意。」〔註2〕重之不異貂襜褕。張衡《四愁詩》：「美人贈我貂襜褕。」攜歸量幅二尺闊，未數星紃與荃葛。《漢書·江都〔註3〕易王傳》：「荃葛珠璣。」《注》：「荃，細布也。今南方筩布之屬皆為荃也。葛即今之葛布也。」〔註4〕曬卻渾如飛瀑懸，看來只訝神雲活。為想鳴梭傍碧窗，摻摻女手定無雙。浣時應值溮〔註5〕裙水，《北史·竇泰傳》：「渡河溮裙。」王初詩：「猶濺仙媛溮裙水，幾見星妃度襪塵。」〔註6〕漂處除非濯錦江。見卷三《大閱圖》。《成都古今記》：「濯錦江自州西北分派，東流至州北街，過入文富坊，東流至膠坊尾，又向南流於興聖觀，直東南至大慈寺前，有錦江橋是也。」〔註7〕長安城中盛衣馬，此物沉思六街寡。裁〔註8〕作輕衫春更宜，期君再醉天壇下。《春明夢餘錄》：「天壇在正陽門之左，永樂十八年建，繚以垣牆，周回九里三十步。初，遵洪武合祀天地之制，稱為天地壇。後既分祀，乃專稱天壇。」〔註9〕天壇三月踏青時，李綽《歲時記》：「上巳賜宴曲

〔註2〕卷七十九。

〔註3〕石印本無「江都」。

〔註4〕卷五十三。按：顏師古《注》：「蘇林曰：『荃音詮，細布屬也。』服虔曰：『音蓀，細葛也。』臣瓚曰：『荃，香草也。』師古曰：服、瓚二說皆非也。許慎云：『荃，細布也』，字本作絟，音千全反，又音千劣反，蓋今南方筩布之屬皆為荃也。葛即今之葛布也。」

〔註5〕「溮」，四庫本《曝書亭集》作「澠」。

〔註6〕楊慎《升菴集》卷六十《仙媼》、《丹鉛餘錄》卷三：「北齊竇泰其母夢風雷暴起，電光奪目，駭窹而驚汗，遂有娠。朞而不產，大懼。有巫媼曰：『渡河溮裙，產子必易。』從之，生泰。宋胡宿《銀河》詩：『猶餘仙媼溮裙水，幾見星妃度韉塵』，用此事也。」

王士禛《分甘餘話》卷二：「北齊竇泰母期而不產，有媼教之曰：『渡河溮裙，生子必易。』從之，生泰。胡文恭宿詩：『猶餘仙媼溮裙水，幾見星妃度襪塵。』」按：「猶殘仙媛溮裙水，幾見星妃度襪塵」，出王初《銀河》。楊慎、王士禛誤作胡宿詩。

另，（宋）姚寬《西溪叢語》卷下：「李義山《柳枝詩序》有『溮裙水上』之語。《北史》：『竇泰母夢風雷，有娠，期而不產，甚懼。有巫者曰：度河溮裙，產子必易。便向水所。忽見一人云當生貴子，可徙而南。母從之，俄而生泰。及長，為御史中尉。』〔別見《荊楚歲時記》。〕」

〔註7〕見（宋）王十朋《東坡詩集注》卷二《韓大祝送遊太山》「聞道逢春思濯錦」注。

〔註8〕「裁」，四庫本《曝書亭集》作「剪」。

〔註9〕見《欽定古今圖書集成·經濟彙編·禮儀典卷一百六十》、《欽定日下舊聞考》卷五十七。

江，都人於江頭禊飲，踐踏青草，曰踏青。」**領邊短鬢風吹絲。試尋油壁香車路**，見卷四《西湖竹枝》。**追逐紅褌錦髻兒**。《南史・周弘正傳》：「藏法師於開善寺講說，門徒數百。弘正年少，未知名，著紅褌，錦絞髻，踞門而聽。既而乘間進難，舉坐盡傾。」〔註10〕

寄高層雲

萬里歸舟興有餘，按：謏苑時自蜀歸松江。**蜀薑召客鱠鱸魚**。《後漢・方術傳》：「左慈，字元放，廬江人也。嘗在司空曹操坐。操從容顧眾賓曰：『今日高會，珍羞略備，所少吳松江鱸魚耳。』元放因求銅盤貯水，以竹竿餌釣於盤中。須臾，引一鱸魚出。操曰：『既已得魚，恨無蜀中生薑耳。』放曰：『亦可得也。』語頃，即得薑還。」〔註11〕**酒邊可憶朱齡石**，《南史・朱齡石傳》：「字伯兒，沛郡沛人也。」〔註12〕**深夜明燈勘羽書**。《南史・劉穆之傳》：「穆之與朱齡石並便尺牘，嘗於武帝坐與齡石並答書，自旦至日中，穆之得百函，齡石得八十函。」〔註13〕

王尚書崇簡招同錢澄之毛會建陸元輔陳祚明嚴繩孫計東讌集豐臺藥圃四首

王字敬哉，宛平人。崇禎〔註14〕癸未進士。國朝官至禮部尚書。諡文貞。有《青箱堂集》。錢字飲光，桐城人。□□□□〔註15〕陸字翼王，嘉定人。戊午舉宏博，以不入格罷。陳字嗣倩，一字允倩，仁和人。有《稽留山人集》、《采菽堂詩選》。嚴字蓀友，無錫人。戊午舉宏博，授檢討。官至中允。有《秋水集》。

上苑尋幽少，東山載酒行。見卷二《偕謝晉》。**發函初病起，出郭始心清。一老風流獨，群賢少長並**。王羲之《蘭亭序》：「群賢畢至，少長咸集。」**甘從布衣飲**，《史記・范睢傳》：「秦昭王為書遺平原君曰：『寡人聞君之高義，願與君為布衣之友，君幸過寡人，願與君為十日之飲。』」〔註16〕**真得古人情**。

水淺孤村外，亭開萬柳中。流觴過上巳，《晉書・束皙傳》：「武帝嘗問摯虞三日曲水之義。皙進曰：『虞小生，不足以知此。臣請言之。昔周公成洛邑，因流水

〔註10〕 卷三十四。兩「弘正」，底本、石印本作「宏正」。
〔註11〕 卷八十二下。
〔註12〕 卷十六。
〔註13〕 卷十五。
〔註14〕 「禎」，底本作「正」。
〔註15〕 按：下空五格，其中一格為與「陸字翼王」之間隔，石印本作「有《田間集》」。
〔註16〕 卷七十九。

以汎酒,故逸詩云羽觴隨波。』」〔註17〕卷幔已南風。旅話江湖別,幽期出處同。接羅操共倒,舉手對山公。見卷一《夏日閒居》。

山田圍輞水,《舊唐書・王維傳》:「得宋之問藍田別業,在輞川口,水周於舍下。」〔註18〕左右出豐臺。《析津日記》:「京師豐臺,芍藥連畦接畛,倚擔市者日萬餘莖。」〔註19〕《日下舊聞》:「按:豐臺疑即拜郊臺,因門曰豐宜,故目為豐臺。」〔註20〕是日孤亭坐,繁花四面開。蟻浮傾更滿,張衡《南都賦》:「醪敷徑寸,浮蟻若萍。」蝶舞去翻來。即事多高詠,天涯不易哉。

麗草攢緗蕊,鮑昭《芙蓉賦》:「紛緗蕊而不傾。」晴風卷絳雲。《賓退錄》:「長樂敖器之詩評曰:陶彭澤如絳雲在霄,舒卷自如。」〔註21〕井華宜近汲,杜甫詩:「兒童汲井華。」〔註22〕衣桁忽斜曛。興自抽簪髮,人因賭墅分。見卷四《山陰苦雨》。重過知不厭,歸騎且紛紛。

送鄭培南還

長安似爾客最久,自別舊鄉今八年。五里亭邊傾薊酒,見卷一《送林佳璣》。一帆風末掛吳船。承顏正好趨庭日,生計須謀負郭田。見卷三《贈張五》。莫以故人歸未遂,卜居不與竹垞連。

鴛鴦湖櫂歌一百首有序〔註23〕

〔註17〕卷五十一。

〔註18〕見《天中記》卷十五、《欽定古今圖書集成・博物彙編・藝術典卷七百六十九》。按:《舊唐書》卷一百九十下《文苑列傳下》:「晚年長齋,不衣文采。得宋之問藍田別墅,在輞口;輞水周於舍下」

〔註19〕《畿輔通志》卷五十六。《欽定日下舊聞考》卷九十、卷一百四十九亦引,文字略異。

〔註20〕卷九十。

〔註21〕卷二。

〔註22〕《大雲寺贊公房四首》其四,「兒童」作「童兒」。

〔註23〕按:劉聲木著《萇楚齋隨筆》卷七(中華書2013年版,第203～204頁):秀水朱竹垞太史彝尊,撰《鴛鴦湖櫂歌》一百首,一時人爭傳誦。不知明陶南村□□宗儀《南村集》中,已有《滄浪櫂歌》一卷,合詩詞而錄之,非僅詩章,為例小異。同時其表兄嘉興譚吉璁撰《和鴛鴦湖櫂歌》八十八首,為一卷,《續鴛鴦湖櫂歌》三十首,為一卷,其族孫麟應梧巢撰《續鴛鴦湖櫂歌》一百首,為一卷,《檇李叢書》本。嗣後海鹽陸以誠復次韻一百首,為一卷;海鹽張燕昌亦撰一百首,為一卷。乾隆乙未九月,陸以誠編輯太史、譚、張與己作,合刊寫字本。以太史高才博學論之,其全集誠非譚、張諸家所能幾及,若僅以櫂

李符序：「嘉禾名郡，更自吳年；長水舊鄉，書從《越絕》。句踐稱師之地，祖龍游幸之山。枕滄海之煙雲，鹽田相望；視震澤為襟帶，城郭依然。不少登臨，夙稱形勝。若乃情深去國，言採先民，翻阿子之新聲，續月波之高詠，則有我鄉才子，相國曾孫，散詞賦於江關，揮酒錢於市肆。五湖春水，未返邱為；一片橫山，長懷顧況。陽雁且驚朔雪，越禽終戀南枝。於是墨弄麋丸，香焚鵲腦。流脂河畔，託為榜人之歌；學繡村邊，擬以吳趨之調。撥鐙而開硯匣，纔染烏絲；畫壁而飲旗亭，早聞翠袖。錦鱗潞縣，傳樂部之新篇；白馬榆中，報郡丞之和曲。門才王謝，群從交推；風貌阮何，一雙並秀。雖書生草檄，兼佳什於據鞍；司馬抽毫，得清吟於拄笏。遭逢各異，隱顯難齊。然或憶太傅之墓田，誰親耒耜；念司卿之池館，空鎖松筠。兩姓昏姻，昔連甲第；殊方伯仲，共葊枌榆。鍾儀仍操土風，張翰豈忘鄉味？又況展武之雲霞在眼，魏塘之花鳥關情。射襄以南，御兒以北，東窮鸚鵡之水，西極梧桐之鄉，世遠事湮，星移物換。重尋往蹟，爰考舊聞。摭金陀之膡編，演樂郊之私語。以及魯君《括異》，干氏《搜神》，靡不綴入縹囊，傳諸藤角。陳都官所莫賦，毛澤民所未經。採紅豆於秋風，儷幽蘭於芳樹。遂使秦箏燕築，皆為白紵之聲；水驛星郵，盡按玉龍之譜。符浪遊京闕，馳想故園。草堂則瀼接東西，丘壑則迥分上下。記連船於曩昔，喜躡屩之後先。柳岸沖沙，纔脫征衫於舍館；春流擊汰，回思晚飯於柁樓。調雖喻夫水仙，曲難諧乎郢客。遂令劉、白，方駕竹枝之詞；遠遜崔、裴，遍和輞川之句。」

甲寅歲暮，旅食潞河，言歸未遂。爰憶土風，成絕句百首，語無詮次，以其多言舟楫之事，題曰《鴛鴦湖櫂歌》，聊比《竹枝》、《浪淘沙》之調，冀同里諸君子見而和之云爾。

蟹舍漁村兩岸平，菱花十里櫂歌聲。農家放鶴洲前水，見卷一《春晚

歌言之，與諸家亦互有短長。何也？此種詩體近竹枝詞，天機人巧，缺一不可，初不在乎深思大力也。踵其作者，楊掄撰《芙蓉湖櫂歌》一百首，為一卷，陳祖昭《西湖櫂歌》一卷、《鑒湖櫂歌》一卷，鍾鼎撰《荻塘櫂歌》一卷，均有刊本行世。其他續有作者，則未之見也。

另，道光十五年（1835）閏六月烏程張鑒作《范白舫潯溪紀事詩序》云：「昔竹垞在潞河憶故鄉土風，成《鴛鴦湖櫂歌》百首，人但驚其博洽，不知其初亦欲撰《禾錄》而未果，余猶及見其手校《嘉興府志》，丹黃爛然，以不復得張元成書為憾，則讀白舫是詩，當無以異也。」（《汪曰楨《南潯鎮志》卷三十一，清同治二年刻本。開林按：此轉自崔曉新《朱彝尊著述補正九則》，《嘉興學院學報》2022 年第 1 期）

過放鶴洲》。〔註 24〕**夜半真如墙火明。**宋朱希真避地嘉禾。放鶴洲,其園亭遺址也。余伯貴陽守治別業於上,真如墙峙其西。「真如墙」,見卷四。

和韻〔註 25〕

斗門水勢到今平,兩岸條桑鳩婦聲。嶺峭春風騸腹滿,微茫煙樹露金明。〔註 26〕

沙頭宿鷺傍船棲,杜甫《漫成》詩:「沙頭宿鷺聯拳靜。」**柳外驚烏隔岸啼。為愛秋來好明**《文類》作「湖上」。**月,湖東**一作「橋」。**不住住湖西。**

和韻

秋來蜜橘自塘棲,露冷微霜烏夜啼。擔至南亭香未改,勝傳柑子風樓西。〔註 27〕

春城處處起吳歌,《晉書·樂志》:「吳歌雜曲,並出江南。」〔註 28〕《菽園雜記》:「吳中鄉村唱山歌,大率多道男女情致而已。」〔註 29〕《水冬日記》:「吳人耕作,或舟行之勞,多謳歌以自遣,名唱山歌。」〔註 30〕**夾岸疎簾影翠娥**〔註 31〕。楊巨源詩:「翠娥紅粉敞雲屏。」〔註 32〕**一葉舟穿粧閣底,傾脂河畔落花多。**傾脂河在楞嚴寺東,人家多跨水為閣。〔註 33〕《檇李詩繫》:「傾脂河,相傳西施傾脂水於此。」

和韻

漁歌聽罷聽山歌,且有當頭照桂娥。影入碧漪坊下水,月光多與水光多。

〔註 24〕國圖藏本眉批:自注必當標出。如此首放鶴洲已注見卷一矣,而下文又注「宋朱希真」云云,反似贅詞。若標明自注二字,便了然矣。

〔註 25〕乾隆刊本《鴛鴦湖棹歌》錄譚吉璁和韻八十八首。有序:

予自弱歲從戎,甌海閩山梯涉殆遍,今又往來燕秦間,且以轉餉入褒斜谷,幾死者數矣。稍稍息肩榆林,適逢寇至,嬰城固守,自知必無生理。賴援師圍解,庶幾可告無罪以去。此蓴鱸之思腸一日而九回也。表弟朱錫鬯以《鴛鴦湖棹歌》簡寄,依韻和之,即鄙俚者亦不加類取,其不失吳音已耳。嗟乎!人窮則返本,蓋吾二人出處不同,而所遇之窮大都相類,況粉榆之社入之夢寐者與!若以為莊舄之越吟也,則吾豈敢。

另,國圖藏本眉批:當時和韻不止舟石錄之。既不能盡錄,則莫若原集不載亦不必多贅矣。或存或不存,悉照原集為是。

〔註 26〕譚吉璁有注:「以下事見原倡者,概不復注。」

〔註 27〕譚注:「杭州塘棲與石門接壤,產蜜橘,粗皮而小,無核,味最甘。」

〔註 28〕卷二十三。

〔註 29〕卷一。

〔註 30〕卷五。

〔註 31〕「娥」,《曝書亭集》作「蛾」。

〔註 32〕《觀妓人入道二首》其一。

〔註 33〕此係自注。

寶帶河連錦帶斜，《鄒衡府志》：「寶帶河在府治西二百步，歲久阻塞，今廢。錦帶河在府西子城下，南通瑞虹，北連州後。二橋以其環抱府治故名。」**精嚴寺古黯金沙**。吳永芳《府志》：「精嚴講寺，府治北一百八十步。東晉選部尚書徐熙，一名恬，因宅中井夜發光，請舍為寺，賜名靈光。吳越時，改名靈龜。晉天福復名靈光。宋祥符中，賜額精嚴。」《阿彌陀經》：「極樂國土有七寶蓮池，池底純以金沙布地。」**牆陰一逕遊人少，開遍年年梓樹花**。寶帶、錦帶俱水名。精嚴寺多梓樹。〔註34〕

和韻

三逕西鄰楊柳斜，經年塞上鎮風沙。不聞竹里提壺鳥，惟見牆陰苜蓿花。〔註35〕

西堰里接韭谿流，西堰里載干寶《搜神記〔註36〕》，在嘉興縣治西，韭谿之水經其下。〔註37〕**一簣缾山古木秋**。〔註38〕《名勝志》：「缾山在秀水，高三丈。相傳宋時酒務在此，其罌缶所棄，積久成山。」趙瀛《府志》：「缾山在府治後。」**慣是爭枝鳥未宿，夜深啼上**〔註39〕**月波樓**。月波，秀州酒名，載張能臣《天下名酒記》。樓係令狐挺所建，宋人集題詠詩詞甚多。〔註40〕《嘉禾志》：「月波樓在郡西北二里城上，下瞰金魚池。宋元祐甲午，知州令狐挺立。又一甲午，知州毛滂修。」

和韻〔註41〕

蘇小墳前水北流，苔花梧葉滿園秋。月華不與高城隔，飛上星湖第一樓。

橋李亭荒蔓草存，橋李亭址在金銘寺北。〔註42〕見卷四《夜過倦圃》。**金陀坊冷寺鐘昏**。宋岳珂為勸農使，居金陀坊，著《金陀粹編》。〔註43〕《鴛水鄉音》：

〔註34〕 此係自注。「寶帶、錦帶俱水名」，底本、石印本無，據《曝書亭集》補。
〔註35〕 譚注：「舍西有楊柳巷。」
〔註36〕 「記」，四庫本《曝書亭集》無。
〔註37〕 此係自注，《曝書亭集》原在詩末。
〔註38〕 《曝書亭集》有自注：「缾山，宋時酒務。」原在詩末。
　　　　另，國圖藏本眉批：自注不宜刪。
〔註39〕 「上」，四庫本《曝書亭集》作「破」。
〔註40〕 此係自注。
〔註41〕 《曝書亭集》原錄此詩，署「嘉興譚吉璁舟石」。另，譚注：「嘉興縣學，舊為興聖寺，中有星湖第一樓。」
〔註42〕 此係自注，《曝書亭集》原在詩末。
　　　　另，國圖藏本眉批：自注不宜刪。
〔註43〕 此係自注，《曝書亭集》原在詩末。

「金陀坊在南門內。」湖天夜上高樓望，月出東南白苧村。寺南有樓，名湖天海月。〔註44〕《吳志》：「白苧堰在嘉興縣東南三里。」

和韻〔註45〕

胥江不遠小山存，猶有遺祠翠木昏。掛席西風乘興去，白蓮秋水夕陽村。

百尺紅樓四面窗，石楔一道鎖晴江。自從湖有鴛鴦目，水鳥飛來定自雙。

和韻

水市花船一樣窗，龍淵學繡一條江。憑誰移個龍淵堝，學繡村邊也作雙。

倅廨偏宜置酒過，亭前花月至今多。陸游《入蜀日記》：「倅廨花月亭有小碑，乃張先『雲破月來花弄影』樂章，云：『得句於此亭也。』」〔註46〕吳《志》：「宋州倅東廳在郡治東，內有花月亭，宋倅張子野創。」**不知三影吟成後，**《古今詩話》：「張子野曰：『雲破月來花弄影；嬌柔懶起，簾厭卷花影；柳徑無人，墮〔註47〕風絮無影；此余平生所得意也。』遂名張三影。」**可載兜娘此地歌。**《侯鯖錄》：「張子野云：『往歲吳興守滕子京席上見小伎兜娘，子京賞其佳色。十年再見於京口，絕非曩時之容態。』」〔註48〕

女牆官柳遍啼鴉，小閣臨風卷幔斜。笑指孩兒橋下水，孩兒橋在天寧寺東，石闌盡刻作孩兒。載魯應龍《括異志》。〔註49〕《括異志》：「嘉禾北門有孩兒

〔註44〕 此係自注。
〔註45〕 《曝書亭集》原錄此詩，署「譚吉　」。另，譚注：「胥江在胥山下。」
〔註46〕 此係自注，《曝書亭集》原在詩末。
〔註47〕 「墮」，石印本作「隨」。
〔註48〕 卷二。按：《曝書亭集》原注：「張子野云：『往歲吳興守滕子京席上見小伎兜娘，後十年再見於京口。』」
　　　　另，國圖藏本眉批：既不可刪，亦不可增。
　　　　原集自注截此二句，極明淨。此必全載，便成贅語。
〔註49〕 此係自注，《曝書亭集》原在詩末。「載魯應龍《括異志》」，底本、石印本無，據《曝書亭集》補。
　　　　另，國圖藏本眉批：集中原注應標明自注二字，方有眉目。《櫂歌百首》自注尤多。有原注撮其大要，楊注復為引申者。若不標清，看去反似復出。又如《女牆官柳》一首，自注孩兒橋一條本有「見魯應龍《括異志》的」七字，自宜全載原文，下接《括異志》云云，以引申之。今將自注內七字刪去，而另載《括異志》於下，似以原注攘為己有矣。又《橋燕》一首有自注云：「《樂府‧阿子歌》注：嘉興人養鴨兒作此歌。」今盡刪去，而云「見卷一《語溪道中》」，尤謬。凡注書體例，有前後同一事，或前已注明，後不必覆載，則

橋，橋闌四角皆石刻孩兒，因名之。歲時既久，遂出為怪。或夜出，叩近人門戶求食。或於月夜遊戲於市，人多見之。一夕，有膽勇者至，夜密伺，果見二三石孩兒，徐徐自橋而下，遂大呼有鬼，以刀逐至其處，斫去其頭，怪遂絕。」〔註50〕**雨晴漂出滿城花。**李商隱詩：「日暮水漂花出城。」〔註51〕

和韻

光祿墓門啼蚤鴉，一灣水轉石橋斜。誰道犀牛能望月，遙憐穗子尚開花。〔註52〕

檣燕檣烏繞楫師，無名氏《直沽櫂歌》：「檣燕檣烏立又飛。」〔註53〕左思《吳都賦》：「篙工楫師，選自閩禺。」**樹頭樹底挽船絲。**王建詩：「樹頭樹底覓殘紅。」〔註54〕**村邊處處圍桑葉，水上家家養鴨兒。**見卷一《語溪道中》。李璋《橫港雜興詩》：「林間處處呼鳩婦，水面家家養鴨兒。」〔註55〕

和韻

蕩槳繰車載女師，繰絲繰得合羅絲。最憐箔上同功繭，看作飛蛾逐對兒。〔註56〕

桃花新水湧吳艎，《水衡記》：「桃花水，二月三月水名。」周邦彥《汴都賦》：「越舲吳艎。」**十五漁娃櫓自操。網得錢塘一雙鯉，不知魚腹有瓜刀。**錢塘杜子恭就人借瓜刀，其主求之，曰：「當即相還耳。」既而刀主行〔註57〕至嘉興，有魚躍入船中，破〔註58〕魚腹，得瓜刀。見《搜神後記》。〔註59〕

和韻

漁子經年弄小艎，浮家絕勝女娟操。拋將網去頭如鴨，收得魚來尾似刀。〔註60〕

云已見某卷某詩。若係作者自注，斷無有因己別見輒自刪去之理。百首中類此者不少。

〔註50〕見《欽定古今圖書集成·博物彙編·神異典卷三百十九》、《經濟彙編·考工典卷三十四》。

〔註51〕《吳宮》。

〔註52〕譚注：「先光祿公墓在城東北隅，形家名為『犀牛望月』。南有穗子樹，傳自西竺來者。」

〔註53〕見《明詩綜》卷九十六。

〔註54〕《宮詞一百首》其九十。

〔註55〕《曝書亭集》自注：「《樂府·阿子歌》注『嘉興人養鴨兒，作此歌。』」

〔註56〕譚注：「二蠶並作一繭，名曰同功繭。」

〔註57〕「行」，四庫本《曝書亭集》作「衍」，誤。

〔註58〕「破」，底本無，據《曝書亭集》補。按：此注引自江浩然《曝書亭詩錄》，亦有「破」。

〔註59〕此係自注。

〔註60〕譚注：「鴨頭船，見《三國志》。刀鱭，亦作鰤，春初肥美可食。」

穆湖《吳志》作「湖南」。蓮葉小於錢，《方輿紀要》：「穆溪在嘉興府東北四里。」張籍詩：「蓮葉出水大如錢。」〔註61〕臥柳雖多不礙船。兩岸新苗纔過雨，夕陽溝水響豀田。

和韻〔註62〕

春來河蜆不論錢，竹扇茶爐載滿船。沽得梅花三白酒，輕衫醉臥紫荷田。

金衣楚雀白鶄雞，《天寶遺事》：「明皇每於禁苑中，見黃鶯，常呼之為金衣公子。」《爾雅》：「鵹黃，楚雀。」《注》：「即倉庚也。」《廣韻》：「吳人呼水雞為鶄渠。」楊升庵外集：「鶄，庸渠，水鳥也。吳楚名為鶄雞。」不住裴公島上啼。見卷一《過放鶴洲》。白馬未嘶雲屋外，紅船先度板橋西。〔註63〕

和韻

官家不數放金雞，仗爾煏雞石上啼。一自少連司憲後，誰平冤獄浙江西。〔註64〕

原作其十三〔註65〕

楊柳灣頭遍綠楊，少年射鴨竹弓張。翻身欲彈雲中鶴，驚起慈鴉噪滿倉。

和韻

活來不謝寶慶楊，殺來不怨秦州張。惟願太平坊下住，時時行樂寶花倉。〔註66〕

隄外湖光隄內池，露荷珠綴夜涼時。毛滂在秀州賦月波樓中秋詞，云：「露荷珠綴，照見鴛鴦睡。」〔註67〕阿誰月底修簫譜，〔註68〕見卷六《香奩體》。更按東堂舊日詞。東堂，滂集名也。〔註69〕

和韻

隱真古院一清池，雲影松聲禮磬時。鶴羽歸來人不識，玉簫閒按步虛詞。〔註70〕

〔註61〕《春別曲》。

〔註62〕《曝書亭集》原錄此詩，署「譚吉璁」。另，譚注：「紫荷花草生田中，花開如茵，可坐臥，遊人藉此泥飲。」

〔註63〕《曝書亭集》自注：「裴島即放鶴洲，相傳裴休別業。」
另，國圖藏本眉批：自注不宜刪。

〔註64〕譚注：「雞鳴石在嘉興縣東，相傳有人被刺死石旁，冤其婦。婦臨刑，以牲醴祭之。盤中雞忽啼，哄傳一城，冤婦得釋。《宋史》：『段少連為兩浙轉運副史，秀州獄空。』」

〔註65〕國圖藏本眉批：原作手定，刪去不必載。

〔註66〕譚注：「首二句張士誠時謠也。太平坊在北關外。寶花倉在府治西。」

〔註67〕此係自注，《曝書亭集》原在詩末。

〔註68〕《曝書亭集》自注：「月底修簫譜，樂府調名。」原在詩末。

〔註69〕此係自注。

〔註70〕譚注：「隱真院在城東南，昔有方士於此修煉化去。中有一池，生魚多異色。」

鴨餛飩小漉微鹽，方回題竹杖詩：「跳上岸頭須記取，秀州門外鴨餛飩。」
〔註71〕按：見《癸辛雜識》。又《聽航船歌》：「爭似梢工留口喫，秀州城外鴨餛飩。」
〔註72〕何《志》：「喜蛋，浙東用火哺鴨，其未成者，嘉興用香鹽炮之，為春月佳味。」
雪後壚頭酒價廉。吳師道詩：「黃菊開時酒價廉。」〔註73〕聽說河魨新入市，
蔞蒿荻筍急須拈。《藝苑雌黃》：「張文潛《明道雜志》云：『河魨，水族之奇味。世
傳以為有毒，能殺人。余守丹陽及宣城，見土人戶戶食之，其烹煮但用蔞蒿、荻芽、
菘菜三物。而未見死者。』」蘇軾詩：「蔞蒿滿地蘆芽短，正是河魨欲上時。」〔註74〕

和韻

花篙遊艇販私鹽，不怕諸司怕范廉。看取跳魚並子蟹，星星盡被鵲弓拈。〔註75〕

城北城南盡水鄉，紅薇迳〔註76〕外是回塘。按：《嘉禾百詠·會景亭詩》
有《紅薇迳》、《芙蓉塘》。千家曉閣紗窗拓，二月東風蕙草香。

和韻〔註77〕

江村復禮舊名鄉，竹作笆籬石作塘。到處十家三酒店，春波繫纜岸花香。

西水驛前津鼓聲，〔註78〕《秀水縣志》：「西水驛屬府，在通越門外，縣西三
里。」原田角角野雞鳴。李廓《雞鳴曲》：「膠膠角角雞初鳴。」《漢書·郊祀志》：
「野雞夜鳴。」《注》：「野雞，雉也。呂后名雉，改曰野雞。」薹心菜甲桃花里，
桃花里人多種菜為業。〔註79〕吳《志》：「油菜冬種春生，其蕊始發，摘食之，名薹心
菜。」未到天明櫂入城。

和韻〔註80〕

楝子花疎過雨聲，紮山看火樹頭鳴。鄰船兩槳買桑葉，南抵餘城北渚城。

〔註71〕此係自注，《曝書亭集》原在詩末。
〔註72〕《聽航船歌十首》其八。
〔註73〕《客杭九日別柳道傳黃晉卿出飲江頭陳氏樓客雜甚》。
〔註74〕《惠崇春江晚景二首》其一。
〔註75〕譚注：「樂城范廉卿至正中為蘆漵巡檢，善騎射，雖海濱跳魚子蟹之細捷，矢
　　　　之百不失一。禾中販私鹽，善弄竹籬，名花籬。」
〔註76〕「迳」，《曝書亭集》作「徑」。
〔註77〕《曝書亭集》原錄此詩，署「譚吉璁」。另，譚注：「《唐書》：『徐岱，嘉興人。
　　　　大曆中為校書郎，觀察使李棲筠署所居為復禮鄉。』十家三酒店，禾中諺也。」
〔註78〕《曝書亭集》自注：「西水驛在城西。」原在詩末。
〔註79〕此係自注，《曝書亭集》原在詩末。
〔註80〕《曝書亭集》原錄此詩，署「譚吉璁」。另，譚注：「紮山、看火，俱鳥名，鳴
　　　　則桑葉貴。余城在半邏南。」

姑惡飛鳴觸曉煙，姑惡，鳥名。蠶月最多。〔註81〕蘇軾《五禽言》：「姑惡姑惡，姑不惡，妾命薄。」注：「姑惡，水鳥也。俗云婦以姑虐死，故其聲云。」紅蠶四月已三眠。《禮疏》：「蠶三俯三起，二十七日而老，謂之紅蠶。」秦觀《蠶書》：「蠶生明日，或桑或柘葉。晝夜五食九日，不食一日一夜，謂之初眠。又七日，再眠如初。又七日，三眠如再。又七日，謂之大眠。」〔註82〕白花滿把蒸成露，野薔薇開白花，田家籬落間處處有之。蒸成香露，可以澤髮。〔註83〕紫萁盈筐不取錢。

和韻

高城殘角起寒煙，懶上瓯山博醉眠。已見鮑郎增稅務，更誰奏減月椿錢。〔註84〕

村中桑斧響初停，溪上叢麻色漸青。〔註85〕柳琰《府志》：「麻溪在縣西三十里，水通太湖。」郡閣南風颺幾日，荷花開滿鏡香亭。〔註86〕《嘉禾志》：「鏡香亭在慈恩寺南二十步，今為營。」

徐園青李核何纖，徐園李核小如豆，絲懸其中。〔註87〕未比僧廬味更甜。聽說西施曾一掐，至今顆顆爪痕添。僧廬謂淨相寺，產橋李，每顆有西施爪痕。〔註88〕張堯同《淨相佳李》：「地重因名果，如分沆瀣漿。」〔註89〕

原作其二十

超山楊梅似蜜甜，徐園青李核何纖。攜來取酒但轟飲，一醉渾忘夏日炎。

和韻

夜色千家盡黑甜，夢羊人起兔華纖。火光直射杉青堰，舊事人猶說建炎。〔註90〕

藉䄎橋上水松牌，《雲仙雜記》：「李白遊報〔註91〕恩寺，僧用水松牌乞詩。」

〔註81〕此係自注，《曝書亭集》原在詩末。
〔註82〕《淮海後集》卷六《蠶書‧時食》。
〔註83〕此係自注，《曝書亭集》原在詩末。
〔註84〕譚注：「《宋史》：『謝諤為按察御史，奏減秀州月椿錢。嘉定間，置鮑郎鹽務。』」
〔註85〕《曝書亭集》自注：「府城西北有麻溪。」原在詩末。
　　　　另，國圖藏本眉批：刪原注，增楊注，不妥。
〔註86〕《曝書亭集》自注：「鏡香亭在慈恩寺南。今廢。」原在詩末。
〔註87〕此係自注，《曝書亭集》原在詩末。
〔註88〕此係自注。
〔註89〕（宋）張堯同《嘉禾百詠》其九十九。
〔註90〕譚注：「南宋運河二十一堰，杉青居其一，置監官一人。秀王子稱夫人張夢人遺一羊，已而有娠，以建炎元年十月生孝宗於丞廳，時杉青闡官虞候張浩夜見赤光燭天。」
〔註91〕「報」，《雲仙雜記》卷二作「慈」。

白石登登雁齒階。庾信《溫湯碑》：「秦皇餘石，仍為雁齒之階。」曾記小時明月夜，踏歌連臂竹鄰街。竹鄰里，元陳秀民所居。藉袈橋在其東北。〔註92〕《漢官故事》：「十月五日，上靈女廟，連臂踏歌。」《靜志居詩話》：「『狸狸斑斑，跳過南山。南山北斗，獵回界口。界口北面，二十弓箭。』此余童稚日偕閭巷小兒聯臂蹋足而歌者，不詳何義，亦未有驗。」

　　和韻

　　水次嬉遊上木牌，聞郎跼蹐向金階。只知令史銅龍署，不道先生用里街。〔註93〕

　　穀水由來出小〔註94〕**湖**，《水經注》引《吳記》：「穀水出吳小湖，逕由拳縣。」〔註95〕柳《志》：「穀水在縣南四十五里。舊經云：古戰場夾谷口，秦長水縣治所在。《吳記》：谷中有故由拳縣，即柴闢亭。」**渚城壁塞總春蕪。戰場吳楚看猶在**，渚城在今城北十五里。《水經注》又〔註96〕云：「浙江又東逕柴闢南，舊吳楚戰地，備候於此，故謂之辟塞。」〔註97〕**折戟沙中定有無**。杜牧詩：「折戟沉沙鐵未消，自將磨洗認前朝。」〔註98〕

　　和韻

　　檇李亭南范蠡湖，野桃花落點春蕪。湖中種得楊池藕，得似西施臂也無。〔註99〕

　　穀水考〔註100〕附　　嘉興楊為裘東亭

　　穀水之名，有云在餘杭者，此舊說也；有云海鹽縣東北二百里有長谷，陸遜、陸凱居此；又云嘉興縣東二十五里有長谷亭，入華亭縣，此《吳地記》說也。攷舊經云：古戰場夾谷口，秦長水縣治。夾谷即今硤石也。硤石本一山，始皇以山出王氣，鑿分為兩，水流其中。今兩山夾峙，東曰沈山，西曰紫薇山，皆古檇李地也。又，嘉興縣東五十步有曰天星湖者，舊志云：即秦皇發囚所掘，自硤石鑿其山，迤六十里至此，瀦其水以禳天子氣者。《水經》云：「穀水出吳小湖，逕由拳縣故城下。」由拳，秦時長水縣也。始皇時淪沒為谷，因目長水城水曰穀水也。由此觀之，以穀水在餘杭者非

〔註92〕此係自注。
〔註93〕譚注：「禾中水次多編木為牌，浮於河中。」
〔註94〕「小」，四庫本《曝書亭集》作「水」。
〔註95〕此係自注，《曝書亭集》原在詩末。
〔註96〕「又」，底本、石印本無，據《曝書亭集》補。
〔註97〕此係自注，《曝書亭集》原在詩末。
〔註98〕《赤壁》。
〔註99〕譚注：「西施臂，西湖藕名。」
〔註100〕國圖藏本眉批：此篇須節錄。

矣。嘗讀梁元帝《玄〔註101〕覽賦》云：「時渡谷口之陽，尚想嘉禾之方」，則穀水非為吾禾之水哉！但彼云「長谷亭入華亭縣」者，亦自有說。按：宋《方輿勝覽》云：「吳大帝建安中封陸遜為華亭侯，即以所居為封，故亦名華亭谷。」又，《宋志》云：「當湖北有華亭湖，東北接松江。」然則曰長谷、曰華亭谷、曰華亭湖，一水異名。其謂谷也、湖也，自硤石襟帶吾禾以至於泖之通言也。其謂亭也，則止嘉興縣東二十五里者是也。總之，自源而言曰上谷，即今硤石山之上谷湖，又曰星湖，穀水所出在此；自流而言曰長谷，自上谷至由拳縣，匯諸水始大，曰谷口。又東南逕鹽官縣故城，出為澉浦，以通巨海，皆穀水之支派也。今長水城之蹟雖湮沒不可考，然謂穀水在餘杭者固非，即謂入華亭縣者亦非。謹據諸說而溯其源流，則硤石之上谷湖具在，為穀水之發源，豈不彰明較著哉！

金魚院外即通津，《輿地紀勝》：「金魚院在嘉興縣西北。」〔註102〕**轉粟千艘壓水濱。**《鴛水鄉音》：「糧艘多泊北門城外。」**年少女牆隨意望，縫衣恰對柁樓人。**

懷家亭館相家湖，吳《志》：「相湖，治東北九里。昔有相姓，居湖之濱，故名相家湖。」〔註103〕**雪艇風闌近已蕪。**〔註104〕《明詩綜》：「懷悅，字用和，嘉興人。《詩話》：其居在相湖之南，曰柳莊，亦曰柳溪，故自號柳溪小隱，又號相湖漁隱。別有東莊，曰釣魚所，曰觀蓮亭，曰清風榻，曰白雪窩，曰載春舫，曰耕雲堂，曰栽桑圃，曰採菱灘。邱大祐賦八景詩贈焉。又有北花園，姚廷輔有《懷氏北花園宴集》詩。復有水亭，名雪艇，大祐詩『醉倚闌干俯春水』是也。」**猶有白蘋香十里，生來黃蜆蛤蜊麄。**湖中產蜆甚肥。〔註105〕

《文類》其二十四

歌臺矗處酒旗招，五里螺潭入望遙。安得張涇洄上下，一時都起跨塘橋。

學繡女兒行水潯，城西學繡里，俗傳西子入吳，刺繡於此。〔註106〕**遙看三**

〔註101〕「玄」，底本、石印本作「元」。《玄覽賦》見《文苑英華》卷一百二十六。
〔註102〕此係自注，《曝書亭集》原在詩末。
　　　　另，國圖藏本眉批：原注。
〔註103〕此語又見《明一統志》卷三十九。
〔註104〕《曝書亭集》自注：「懷悅居相湖南闢柳莊，有水亭，名雪艇。」原在詩末。
　　　　另，國圖藏本眉批：應先存原注，再引《明詩綜》。
〔註105〕此係自注。
〔註106〕此係自注，《曝書亭集》原在詩末。

墙小如鍼。三墙，龍淵寺前墙也。〔註107〕《括異志》：「景德禪院在城西門外，有白龍潭在寺前。以白龍穴於此，居人作三墙鎮之。」竝頭菡萏雙飛翼，記取挑絲色淺深。

和韻

阿儂愛泊相湖潯，相湖銀魚二寸鍼。吳鹽蜀薑為郎煮，不怕回船到夜深。

〔註108〕

梅花小閣兩重階，屈戌屏風六扇排。梁簡文帝詩：「織成屏風金屈戌。」〔註109〕陶宗儀《輟耕錄》：「人家窗戶設鉸具，或鐵或銅，名曰環鈕，即古金鋪遺意，北方謂之屈戌。」〔註110〕**不及張銅爐在地，**里有張鳴岐，製銅為薰爐，聞於時。〔註111〕**三冬長煖牡丹鞾。**盧肇詩：「神女初離碧玉階，彤雲猶擁牡丹鞾。」〔註112〕

和韻

閒看飛燕掠花階，更聽蜂衙向蚤排。忽憶南湖開芍藥，買舟重試踏青鞾。

鶴湖東去水茫茫，一面風涇接魏塘。鶴湖在魏塘。清風涇即白牛涇。〔註113〕柳《志》：「鶴湖，舊志所載在嘉善縣西北三十里。今訪之里人，云：初有岳、郞二大姓居之，遂名岳郞，歲久訛為鶴湖，實無湖也。」吳《志》：「清風涇在嘉善縣東二十四里，魏塘在嘉興縣東十里，達嘉善運道。」**看取松江布帆至，**《一統志》：「白牛塘在松江府城西五十里。風涇地接嘉興。」**鱸魚切玉勸郎嘗。**《吳郡志》：「天下鱸皆兩腮，惟松江之鱸四腮。」杜甫詩：「白魚如切玉。」〔註114〕

和韻

通陵何處水蒼茫，辛苦陂戍起馬塘。秦駐山頭秦帝駐，鱭魚纖蛤可曾嘗。

〔註115〕

〔註107〕 此係自注，《曝書亭集》原在詩末。

〔註108〕 譚注：「城北相家蕩產銀魚。」

〔註109〕 《烏棲曲四首》其四，「戌」作「膝」。按：此注錄自江浩然《曝書亭書錄》。

〔註110〕 卷七《屈戌》。

〔註111〕 此係自注，《曝書亭集》原在詩末。

〔註112〕 非盧肇詩，出（唐）范元凱《章仇公席上詠真珠姬》。

〔註113〕 此係自注，《曝書亭集》原在詩末。

〔註114〕 《峽隘》。

〔註115〕 譚注：「《越絕書》：『秦始皇發卒數萬造通陵，南可通陵道到由拳塞，同起馬塘湛以為陂。』秦駐山在海鹽。」

　　蓮花細步散香塵，見卷一《閒情》。**金粟山門禮佛頻**。金粟寺在海鹽西南。〔註116〕趙《志》：「廣惠院亦名禪悅院，即金粟寺，在澉浦城中。」**一種少年齊目斷，不知誰是比肩人**。〔註117〕見《閒情》。

　　和韻

　　吳疆漠漠起黃塵，君子鉤師爭戰頻。檇李當時西屬越，六千曾有錦衣人。

　　織成錦衾碧間紅，里出善錦。〔註118〕**繚以吳綿四五通**。白居易詩：「吳綿軟於雲。」〔註119〕《古詩》：「著我繡裌裙，事事四五通。」〔註120〕**錦上鴛鴦三十六**，見卷一《採蓮曲》。**雙棲夜夜水紋中**。李商隱《促漏》詩：「兩兩鴛鴦護水紋。」

　　和韻〔註121〕

　　巷西古壙畫闌紅，閣老廳門一逕通。猶記北樓驂篠地，薔薇一丈曉庭中。

　　天寧佛閣早春開，天寧寺在秀水縣治東北，後有嚴助墓。〔註122〕**鳥語風鈴次第催。怪道回船濕羅襪，嚴將軍墓踏青來**。吳《志》：「漢將軍嚴助葬在天寧寺毘盧閣後。」《漢書》：「嚴助，會稽吳人。嚴夫子子也。」「踏青」，見前《丁娘子布》。

　　和韻

　　海口鮮船夜夜開，河豚已過石頭催。前溪載得南潯酒，涇瀆無徵任往來。〔註123〕

　　又〔註124〕　　　　陳忱

　　東林禪宇白蓮開，魚版纔停午復催。坐久雙溪明夕照，布帆一半鵶湖來。

〔註116〕此係自注，《曝書亭集》原在詩末。
〔註117〕《曝書亭集》自注：「林坤《誠齋雜記》：『海鹽陸東美妻有容止，夫婦相重，寸步不離，時號比肩人。孫權封其里。』」
　　　　另，國圖藏本眉批：應先存原注，再注「見《閒情》。禪悅寺非即金粟寺，注誤。」
〔註118〕此係自注，《曝書亭集》原在詩末。
〔註119〕《新制布裘》。
〔註120〕《孔雀東南飛》。
〔註121〕《曝書亭集》原錄此詩，署「譚吉璁」。另，譚注：「閣老廳，指舅家也。」
〔註122〕此係自注，《曝書亭集》原在詩末。
〔註123〕譚注：「《宋史》：『葛宮知秀州，吏為關涇瀆上以徵往來，官命毀之。』石頭即石首，見《臨海異物志》。」
〔註124〕《曝書亭集》原錄此詩，題「和韻」，署「秀水陳忱用亶」。

長水風荷葉葉香，長水，秦時所鑿。〔註 125〕見卷七《送喬舍人》。**斜塘慣宿野鴛鴦**。〔註 126〕吳《志》:「平川在嘉善縣北二十四里，一名西塘，又名斜塘。」楊維楨詩:「船頭不宿野鴛鴦。」〔註 127〕**郎舟愛向斜塘去，妾意終憐長水長**。

和韻

小武當山紅袖香，折枝花繡間黃鴦。熨成百二羅裙褶，鴉韈深遮窣地長。〔註 128〕

踠地垂楊絮未飄，蘭舟上巳祓除遙。《周禮》:「女巫掌歲時祓除，釁浴。」《注》:「如今三月三日上巳，往水上之類。」**射襄城北南風起**，城北王江涇有射襄橋，俗謁為壽香橋，即射襄城故址。〔註 129〕見卷三《梅市》。**直到吳江第四橋**。《嘉興縣志》:「受聞湖、爛〔註 130〕溪諸水匯於王江涇，由平望入吳江界。」姜夔《過吳江》詞:「第四橋邊，擬共天隨住。」〔註 131〕

和韻

市舶風檣五兩飄，桑東太僕墓非遙。黃腸華表千年石，常映雙溪百尺橋。〔註 132〕

宣公橋南畫鼓撾，《嘉禾志》:「宣公橋，嘉興縣東一里。」**酒船風幔拄鴉叉**。**碧山銀盌勸郎醉**，見卷六《朱碧山銀槎歌》。**櫂入南湖秋月斜**。〔註 133〕見卷一《樹萱篇》。

和韻

險竿欲上鼓先撾，跳罷雙丸採索叉。連舫齊來菩薩廟，看場未散日先斜。〔註 134〕

木樨〔註 135〕**花落搗成泥**，《全芳備祖》:「梫木，桂樹也，一名木樨。」**霜後新橙配作虀**〔註 136〕。**猶恐夜深妨酒渴，教添玉乳御兒梨**。御兒玉乳梨，見

〔註 125〕此係自注，《曝書亭集》原在詩末。
〔註 126〕《曝書亭集》自注:「斜塘，地名。」原在詩末。
〔註 127〕《西湖竹枝歌》其二。
〔註 128〕譚注:「城北十五里有真武廟，號小武當。」
〔註 129〕此係自注，《曝書亭集》原在詩末。
〔註 130〕「爛」，江浩然《曝書亭詩錄》作「瀾」。
〔註 131〕《點絳唇・丁未冬過吳松作》。
〔註 132〕譚注:「先太僕公墓在雙溪橋南。」
〔註 133〕《曝書亭集》詩末原有自注:「陸宣公橋在城東。朱碧山，元時嘉禾銀工。宋聞人滋《南湖草堂記》:『檇李，澤國也，東南皆陂湖，而南湖尤大。』」另，國圖藏本眉批:應存原注，再注「見卷一」。
〔註 134〕譚注:「徐堰王祠，俗名徐菩薩廟。」
〔註 135〕「樨」，四庫本《曝書亭集》作「犀」。
〔註 136〕「虀」，《曝書亭集》作「齏」。

《漢書注》。〔註137〕《本草》：「梨，一名玉乳。」《侯鯖錄》：「語兒梨，果實之珍，因其地名。」《前漢·列傳》：「表終古封語兒侯。」〔註138〕補注：蘇軾《十拍手》詞：「金虀新搗橙香。」

畫眉墨是沈珪丸，沈珪，禾人。善製墨。諺云：「沈珪對膠，十年如石。」載何薳《春渚紀聞》。〔註139〕按：《春渚紀聞》：「故其墨銘曰：『沈珪對膠，十年如石。一點如漆者，此最佳者也。』」〔註140〕自注「諺云」，恐誤。《北戶錄》：「前朝有呼墨為丸。梁科律：御墨一量十二丸。」〔註141〕**水滴蟾蜍硯未乾。**《西京雜記》：「廣川王去疾，國內冢〔註142〕藏一皆發掘。晉靈公冢唯玉蟾蜍一枚，大如拳，腹空容五合水，光潤如新，王取以為書滴。」〔註143〕**休恨圖經山色少，**郡城四望無山。宋鄭毅夫《月波樓》詩「野色更無山隔斷」是也。〔註144〕**與郎終日遠峰看。**見卷六《香奩體》。

和韻〔註145〕

碧瓦珠光火一丸，綠楊絲掛綵幡幹。泥孩縱說鄜〔註146〕延好，不及曹王廟上看。

三姑廟南豆葉黃，三姑事見《括異志》。今長水有廟，馬王塘在其北。〔註147〕《括異志》：「華亭縣北七十里有澱湖山，上有三姑廟，每歲湖中群蛟競鬥，水為沸騰，獨不入廟中。神極靈異。向年有漁舟艤湖口，忽見一婦人附舟，云：『欲到澱山寺。』及抵岸，婦人直入寺去，舟中止遺一履。漁人執此履以往索渡錢，寺僧甚訝之，曰：『此必三姑顯靈。』因相隨至殿中，果見左足無履，坐傍百錢在焉，遂授漁人而去。」〔註148〕《名勝志》：「相傳為秦人邢氏之女，孟曰降聖，仲曰月華，季曰雲鶴，能役鬼工，以治湖洳。」**馬王塘北稻花香。**《嘉禾志》：「馬王堰在縣南七里，廣四丈，

〔註137〕此係自注。
〔註138〕卷九十五《西南夷兩粵朝鮮傳》。
〔註139〕此係自注，《曝書亭集》原在詩末。
〔註140〕《春渚紀聞》卷八《漆煙對膠》。
〔註141〕卷二《米餅》，「梁科律」以下為注。
〔註142〕「冢」，石印本誤作「家」。
〔註143〕卷六。
〔註144〕此係自注，《曝書亭集》原在詩末。
〔註145〕《曝書亭集》原錄此詩，署「譚吉璁」。另，譚注：「鄜州田圯作泥孩兒一對，至值十縑。見陸游《老學庵筆記》。曹王廟，武惠王彬祠。」
〔註146〕「鄜」，四庫本《曝書亭集》作「鄜」。
〔註147〕此係自注，《曝書亭集》原在詩末。
〔註148〕見《欽定古今圖書集成·博物彙編》神異典卷四十八、卷五十四。

高二丈五尺，長七十步。考證：舊經云：『秦始皇三十七年，東巡至此，改長水鄉為由拳鄉，遏水為堰，以厭水市之謠。其隄既立，斬馬祭之而去。』」秋衣薄處宜思妾，春酒熟時須餉郎。按：詞曲名有「豆葉黃，稻花香」，禾中諺語也。

和韻

淨相寺門夕照黃，菱花苕葉石橋香。青李懸仁小如粟，錯疑鑽核自王郎。〔註149〕

小婦春風樓下眠，〔註150〕《嘉禾志》：「春風樓在崇德縣東南三十步。考證：宋知縣奚士達以觀風亭改建。歷五十餘年，樑柱朽腐欲壓，知縣黃元直重修。」〔註151〕與論家計最堪憐。《樂府》：「小時憐母大憐壻，何不早嫁論家計。」〔註152〕勸移百福坊南住，錢塘應才為嘉興學正，婢曰陸小蓮，百福坊人。〔註153〕按：見《輟耕錄》。〔註154〕多買千金圩上田。貝瓊元末避地千金圩。〔註155〕《嘉興縣志》：「千金圩在縣西南嘉會都。」

小舫中流播燕梢，燕梢，小船名。〔註156〕一螺青水練塘坳。長水東有練浦。一螺，青浦水名。〔註157〕吳《志》：「練浦一名練塘。」馮伯初詩：「貞姑遺廟練塘坳。」《詩話》：「在練浦塘一螺青東南。」〔註158〕隨郎盡日鹽官去，《一統志》：「杭州府海寧縣，吳王濞於此立鹽官，三國吳因置鹽官縣。嘉興府海鹽縣，陳省入鹽官縣。」莫漫將儂半邏拋。劉長卿詩：「半邏鶯滿樹。」〔註159〕今譌為「半路」。見卷三。

和韻

同心梔子結花梢，比目文魚共水坳。莫學趙郎貪尚主，秦簫聲斷鳳樓拋。〔註160〕

〔註149〕譚注：「淨相寺產檇李。」「苕葉石橋」，譚詩作「杏葉石榴」。

〔註150〕《曝書亭集》有自注：「石門有春風樓。」原在詩末。
　　　　另，國圖藏本眉批：春風樓原注缺。

〔註151〕（元）徐碩《至元嘉禾志》卷九《樓閣》。

〔註152〕（隋）無名氏《捉搦歌》其四。

〔註153〕此係自注，《曝書亭集》原在詩末。

〔註154〕《輟耕錄》卷十一《夢》：「陸小蓮者，嘉興百福坊人，而應才之婢也。」

〔註155〕此係自注。

〔註156〕此係自注，《曝書亭集》原在詩末。

〔註157〕此係自注，《曝書亭集》原在詩末。

〔註158〕《明詩綜》卷十四「馮伯初」。

〔註159〕《送子婿崔真甫李穆往揚州四首》其二。

〔註160〕譚注：「《南史》：『趙倩尚宋文帝第四女海鹽公主，常因言戲以手擊之。事聞，帝怒，離婚。』」

鎗去聲。〔註161〕金硯匣衍波牋，斜塘楊匯髹工鎗金鎗銀法，以黑漆為地，鋑刻山水樹石花竹翎毛亭臺屋宇人物，調雌黃韶粉，以金銀箔傅之。見陶宗儀《輟耕錄》。〔註162〕《直方詩話》：「韋貫夢至宮中，有婦人授以牋，曰：『此〔註163〕衍波牋，煩賦宮中曉寒歌。』」〔註164〕日坐春風小吳《志》作「百福坊南繡」。閣前。鏤管簪花書小字，《南史·紀少瑜傳》：「嘗夢陸倕以一束青鏤〔註165〕管筆投之。」〔註166〕王彥泓詩：「含毫愛學簪花格。」〔註167〕李商隱詩：「勸君書小字。」〔註168〕把郎詩學魯嘗編。杜詩編年自禾人魯嘗始。〔註169〕《嘉禾志》：「魯嘗，字季卿，號冷齋。高宗紹興五年登進士第，仕至太府卿。有《注杜詩》十八卷。」〔註170〕《樂郊私語》：「《杜少陵集》自《遊龍門》至《過洞庭》，詩目次第為此州先正魯嘗季卿編定。」〔註171〕

和韻

迦文鏤印竹光牋，不讓生天靈運前。蕭寺楞嚴開貝葉，書籤原是定林編。〔註172〕

雨近黃梅動浹旬，《風土記》：「夏至前雨為黃梅雨。」〔註173〕舟回顧渚鬥茶新。《湖州府志》：「顧渚在長興縣，其地產茶。」《茶錄》：「建安鬥茶，以水痕先者為負，耐久者為勝。故較勝負之說，相去一水兩水。」問郎紫筍誰家焙，《唐書·地里〔註174〕志》：「吳興郡土貢：紫筍茶。」〔註175〕《國史補》：「湖州有顧渚之紫筍。」〔註176〕《茶經》：「焙：鑿地深二尺，闊二尺五寸，長一丈。上作短牆，高二尺，泥之。棚：一曰棧，以木構於焙上，編木兩層，高一丈，以焙茶也。茶之半乾升

〔註161〕此係自注，《曝書亭集》原在詩末，作：「鎗，去聲」。
〔註162〕此係自注，《曝書亭集》原在詩末。「陶宗儀」，底本無，據《曝書亭集》補。
〔註163〕石印本無「此」。
〔註164〕見《御定佩文韻府》卷十六之一。
〔註165〕「鏤」，石印本作「縷」。
〔註166〕卷七十二。
〔註167〕（明）王彥泓《即事十首》其五。
〔註168〕《妓席》。
〔註169〕此係自注。
〔註170〕《至元嘉禾志》卷十三。
〔註171〕見《清》厲鶚《宋詩紀事》卷四十四「魯嘗」。
〔註172〕譚注：「楞嚴寺書本藏經，海內止一部。」
〔註173〕（明）周祈《名義考》卷一《黃梅雨》、（清）陳元龍《格致鏡原》卷四《乾象類四·雨》。
〔註174〕「里」，石印本作「理」。
〔註175〕《新唐書》卷四十一。
〔註176〕卷下。

下棚，茶之全乾升上棚。」〔註177〕**莫是前溪讀曲人**。見卷四《吳興客夜》。

秋燈無燄剪刀停，冷露濃濃桂樹青。怕解羅衣種鶯粟，禾中產鶯粟，相傳八月十五夜，俾女郎解衣播種，則花倍繁。〔註178〕《農圃六書》：「罌粟者，麗春別種也。種具數色，宜中秋夜或重九日裸形種之，兩手交換撒子，復以竹帚掃勻，則花重臺而千葉。」**月明如水浸中庭**。

繡線圖存陸晃遙，〔註179〕《宣和畫譜》：「陸晃，嘉禾人也。《繡線圖》一。」〔註180〕**唐家花鳥棘鍼描**。〔註181〕《宣和畫譜》：「唐希雅，嘉興人。妙於畫竹，作翎毛亦工。」〔註182〕《圖繪寶鑑》：「唐宿，希雅之孫。善畫花竹翎毛，得世傳之妙。墨作棘鍼，雖易元吉不能及之。」**只愁玉面無人畫，須是傳神盛子昭。**子昭，魏塘人。嘗畫崔鶯鶯像。〔註183〕《畫史會要》：「盛懋，字子昭。善畫山水人物。」《輟耕錄》：「泰和丁卯，出蒲東普救寺，繪唐崔鶯鶯真，十洲種玉大志宜之題。畫、詩、書皆絕，神品也。因俾嘉禾繪工盛懋臨寫一軸。」〔註184〕

和韻

星霜乘障一身遙，骨肉難教開士描。縱使全師由陸黯，不妨拜爵自張昭。〔註185〕

去郭西南桂樹林，五畝之園一半陰。白居易《池上篇》：「十畝之宅，五畝之園。」**笑插枝頭最深蕊，兩鬢如粟鬬寒金。**城西屠氏園有桂二本，垂蔭逾畝。每歲兩樹迭開金蕊一枝。〔註186〕《酉陽雜俎》：「潄金鳥出昆明國。魏明帝時，其國來獻此鳥。飴以珍珠及龜腦，常吐金屑如粟。宮人爭以鳥所吐金為釵珥，謂之辟寒金。」〔註187〕

〔註177〕卷上。

〔註178〕此係自注，《曝書亭集》原在詩末。

〔註179〕《曝書亭集》有自注：「陸晃，禾人。有《繡線圖》。載《宣和畫譜》。」原在詩末。
另，國圖藏本眉批：原注缺。

〔註180〕卷三。

〔註181〕《曝書亭集》有自注：「唐希雅及孫宿皆善畫花鳥，墨作棘鍼。」原在詩末。

〔註182〕卷十七。

〔註183〕此係自注。

〔註184〕卷十七《崔麗人》。

〔註185〕譚注：「僧維貞，嘉禾人，工傳寫，尤以善寫貴人得名。《晉書》：『侯景將宋子仙進攻錢塘，海鹽人陸黯舉兵襲殺偽太守。』《吳志》：『張昭封由拳侯。』」

〔註186〕此係自注。

〔註187〕卷十六《廣動植之一》。

和韻

銖衣組缽貯雙林，百尺浮屠海市陰。橫浦遺居何處是，香飄桂子滿園金。〔註188〕

榆錢陣陣麥纖纖，《本草》：「榆白者名枌。未生葉時，先生榆莢，形狀似錢而小，色白成串，俗呼榆錢。」〔註189〕杜甫詩：「江畔細麥復纖纖。」〔註190〕**野菜花黃蝶易黏。記送郎船溪水曲，平蕪一點甋山尖**。甋山在桐鄉。今為錢大理貢墓。〔註191〕吳《志》：「甋山，桐鄉縣北一十七里。」

和韻

酸雞動股羽纖纖，秋興毬場紅白黏。宣德盆中菱米潔，將軍墓上紫金尖。〔註192〕

比翼鴛鴦舉櫂回，《爾雅》：「南方有比翼鳥焉，不比不飛。」〔註193〕**雙飛蝴蝶遇風開。生憎湖上鸕鶿鳥**，〔註194〕吳《志》：「鸕鶿湖，海鹽縣西南四十里，周圍四十餘里。上有黃道神廟，俗稱黃道湖。」**百遍魚梁曬翅來**。杜甫詩：「鸕鶿西日照，曬翅滿魚梁。」〔註195〕

龍香小柄琵琶彎，「琵」字，唐人多作仄音讀。〔註196〕按：白居易詩：「四絃不似琵琶聲。」〔註197〕張祜〔註198〕詩：「宮樓一曲琵琶聲。」〔註199〕方干詩：「語慚不及琵琶槽。」〔註200〕俱作入聲讀。鄭嵎詩：「玉奴琵琶龍香撥。」〔註201〕注：「貴妃妙彈琵琶，有邏逤〔註202〕為槽，龍香柏為撥。」**切玉玲瓏約指環**。見

〔註188〕譚注：「海鹽天寧寺楚石禪師衣缽尚存。張九成曾居鹽官。李清照詩：『露花倒影柳三交，桂子飄香張九成。』」

〔註189〕《御定佩文韻府》卷十六之六、《御定駢字類編》卷一百九十二。

〔註190〕《絕句漫興九首》其八。按：謝靈運《入東道路詩》：「纖纖麥垂苗。」

〔註191〕此係自注。

〔註192〕譚注：「鬥促織場名秋興棚，掛紅白二球，勝者紅邊立，負者白邊立。嚴將軍墓每年產一促織為冠，里人爭往取之，佳者名紫金翅。」

〔註193〕《釋地第九·五方》。

〔註194〕《曝書亭集》有自注：「鸕鶿湖在海鹽縣西南。」原在詩末。
另，國圖藏本眉批：原注缺。

〔註195〕《田舍》。

〔註196〕此係自注，《曝書亭集》原在詩末，位「詞中語也」之後。

〔註197〕《春聽琵琶兼簡長孫司戶》。

〔註198〕「祜」，底本、石印本誤作「祐」。

〔註199〕《玉環琵琶》。

〔註200〕《贈美人四首》其一。

〔註201〕《津陽門詩》。

〔註202〕按：此處所引脫「檀」字。

卷三《古意》。**試按花深深一曲，海棠開後望郎還。**南宋太學服膺齋上舍鄭文，秀州人。妻孫氏寄《秦樓月》詞，一時傳播，酒樓伎館皆歌之。載《古杭雜記》。「花深深」、「海棠開後」，詞中語也。〔註203〕《詞綜》：「孫氏《憶秦娥》詞：『花深深，一鉤羅襪行花陰。行花陰。悶將柳帶，試結同心。耳邊消息空沉沉，畫眉樓上愁登臨。愁登臨。海棠開後，望到如今。』」

和韻

塞上雕弓明月彎，時時泣向大刀環。鴛鴦湖客鴛鴦水，遠夢何勞萬里還。

〔註204〕

酒市茶僚總看場，《山堂肆考》：「茗所曰茶僚。」**金風亭子入春涼。**晏殊《類要》：「嘉興縣有金風亭。」〔註205〕《禾錄》：「金風亭在嘉興縣西南二里。今廢。」按：先生晚號金風亭長。**俊遊改作烏篷小，蔡十郎橋低不妨。**〔註206〕《嘉禾志》：「蔡十郎橋在澄海門西北一里。」

《文類》其四十七

穀皮素紙產由拳，不數成都十樣箋。題取相思八行字，好憑蒼雁寄天邊。

落花三月葬西施，見卷六《風懷》。韓偓《哭花》詩：「夜來風雨葬西施。」**寂寞城隅范蠡祠。**城西南金銘寺有范蠡祠，舊並塑西子像。湖中產螺，皆五色。〔註207〕**水底盡傳螺五色，**劉應鈳《府志》：「范蠡湖在金銘寺南，中產五色螺。相傳范蠡曾隱於此。萬曆十年，郡守龔勉於閣前復創一軒，題曰憑虛覽勝。軒下祀范蠡。」**湖邊空掛網千絲。**見卷一《閒情》。

和韻

演武場東廟祀施，行行祖道此神祠。傷心三疊陽關曲，愁看千條弱柳絲。

〔註208〕

蘇小墓前秋草平，唐徐凝《嘉興逢寒食》詩：「惟有縣前蘇小墓。」王禹偁詩：

〔註203〕此係自注。「『花深深』、『海棠開後』，詞中語也」，底本、石印本無，據《曝書亭集》補。

另，國圖藏本眉批：原注缺。

〔註204〕譚注：「榆林亦有鴛鴦湖。」

〔註205〕此係自注，《曝書亭集》原在詩末。

〔註206〕《曝書亭集》有自注：「蔡十郎橋載《至元嘉禾志》。」

另，國圖藏本眉批：刪改原注。

〔註207〕此係自注，《曝書亭集》原在詩末。

〔註208〕譚注：「施相公廟，行者於此祖道。」

「縣前蘇小有荒墳。」〔註209〕今縣南有賢娼〔註210〕巷。〔註211〕鄒《志》：「蘇小墓在郡治東一百步。晉歌姬也。《張文潛集》及《宋百家詩》載司馬槱事，云墓在錢塘。《寰宇記》云墓在嘉興縣。然《寰宇記》為是。今墓正在嘉興縣前西南。墳高三丈，有大井在其側。舊生雙桃於其上。宋紹興初，衣白以出入，人多畏之，因鎮以塔。後宋路分行天心法以驅除之，遂不復見。有片石在通州廳，云蘇小小墓。豈非家在錢塘而墓在嘉興乎？」蘇小墓上秋瓜生。同心縮結不知處，見卷四《西湖竹枝詞》。日暮野塘空水聲。

和韻〔註212〕

參旗橫照郡樓平，堠火初沉漁火生。郭外城中十三寺，一時落月盡鐘聲。

風檣水檻盡飛花，一曲春波瀲灩斜。北斗闌干郎記取，《古樂府》：「月落參橫，北斗闌干。」〔註213〕七星橋下是兒家。春波、七星，二橋名。〔註214〕

和韻

江城錦鳥遍啼花，柳外回塘宛轉斜。霜鹵鹽場分十處，月波春酒釀千家。〔註215〕

天心湖口好花枝，天星湖在嘉興縣治東。〔註216〕《嘉禾志》：「天心湖，一名天星湖。舊經云：其池東西二十四丈，南北闊五十四丈。舊傳亦係秦始皇掘地為水之所，水草不生，亦一異也。」〔註217〕便過三春采未遲。蝴蝶雙飛如可遂，教郎乞夢冷仙祠。〔註218〕《明詩〔註219〕綜》：「冷謙，字啟敬，嘉興人。洪武初，太常司協律郎。《詩話》：『世傳協律仙去，嘉興府治東北碧漪坊建祠祀之，里人禱夢多驗。祠三面距水，今為土填淤矣。』」〔註220〕

〔註209〕《戲贈嘉興朱宰同年》。
〔註210〕「娼」，《曝書亭集》作「倡」。
〔註211〕此係自注，《曝書亭集》原在詩末。
〔註212〕《曝書亭集》原錄此詩，署「譚吉璁」。
〔註213〕漢樂府《善哉行》。
〔註214〕此係自注。
〔註215〕譚注：「《玉海》：『紹興鹽額，浙西路秀州有鹽場十處。』」
〔註216〕此係自注，《曝書亭集》原在詩末。
〔註217〕《至元嘉禾志》卷四《山阜》。
〔註218〕《曝書亭集》有自注：「湖北有協律郎冷謙祠，禱夢者有奇驗。」
　　　　另，國圖藏本眉批：原注缺。
〔註219〕「詩」，石印本誤作「史」。
〔註220〕卷十三。

和韻

舞蛟石勢拂雲枝，詔使宣和載獨遲。不共銅駝薶艮嶽，至今猶葆谷成祠。〔註221〕

江樓人日酒初濃，一一紅妝水面逢。不待上元燈火夜，徐王廟下鼓鼕鼕。徐王廟在府城東北。每歲人日谷日，挐舟擊鼓，士女往觀。〔註222〕《樂郊私語》：「天仙湖急遞鋪在城西十里，僅一大漾耳。湖旁相傳有徐灣故居。灣，得仙道者，後以委蛻仙去，故以名湖。然復有廟，神稱徐王，蓋誤以徐灣為徐王也。」〔註223〕

和韻

端平橋外浦雲濃，傍岸鄰船恰又逢。水市午聞雞膊膊，城樓遮莫鼓鼕鼕。

河頭時有浣衣人，處處春流漾白蘋。橋下輕舟來往疾，南經娛老北蹲賓。娛老橋在城南，蹲賓橋在府治西。〔註224〕《嘉禾志》：「吳老橋在縣南三里。」〔註225〕蒸餅橋在府治西南三十步。〔註226〕

和韻

卜鄰不少素心人，隨意閉門對渚蘋。館客牙兼書籍店，羹調菽乳但留賓。〔註227〕

芳草城隅綠映衫，鳳池坊北好抽帆。鳳池坊，婁機故宅。今郡學之前。〔註228〕劉《志》：「鳳凰池在郡學前池上，係宋參政婁機之宅。」徐恬舊宅芹泥煖，〔註229〕《吳地記》：「嘉興縣西五百步有晉兵部尚書徐恬宅，舍為靈光寺。」過雨斜陽燕子銜。杜甫詩：「芹泥隨燕嘴。」〔註230〕楊廷秀詩：「燕銜芹根泥。」〔註231〕

〔註221〕譚注：「舞蛟石在東門內，高丈餘，相傳花石綱所取。」

〔註222〕此係自注。

〔註223〕見《說孚》卷十八上、《欽定古今圖書集成·明倫彙編·人事典卷七十四》。

〔註224〕此係自注。

〔註225〕卷八《郵置》。

〔註226〕《浙江通志》卷三十四：「蹲賓橋，《嘉興縣志》：『在府治西，俗名蒸餅橋。』」

〔註227〕譚注：「《老學庵筆記》：『嘉興聞人滋喜留客食，不過蔬豆而已，郡人求館客者多就謀之。又多蓄書，喜借人。自言作門客牙，充書籍行，開豆腐羹店。』菽乳，豆腐別名。見《孫作集》。」

〔註228〕此係自注，《曝書亭集》原在詩末。

〔註229〕《曝書亭集》有自注：「徐恬宅見陸廣微《吳地記》。」原在詩末。
　　　　另，國圖藏本眉批：原注缺。

〔註230〕《徐步》。

〔註231〕按：非楊廷秀詩，出（宋）梅堯臣《蜜》。另，梅堯臣《雜詩絕句十七首》其十五：「燕銜芹岸泥。」

和韻

聲丞猶自著青衫，日憶滄波天際帆。秦駐長牆多地脈，峨眉西望半規銜。〔註232〕

秋涇極望水平堤，秋涇橋在城北。〔註233〕**歷歷杉青古閘西**。〔註234〕見卷六《香奩體》。**夜半嘔啞柔櫓撥**，胡宿詩：「江浦嘔啞風送櫓。」〔註235〕**亭前燈火落帆齊**。落帆，亭名。〔註236〕

和韻〔註237〕

青鶄白鷺浴湖堤，飛向羅潭廟口西。竹傘梭鞵塵不到，秋風且看稻花齊。

屋上鳩鳴穀雨開，陸璣《詩疏》：「鶻鳩陰則屏逐其匹，晴則呼之，語曰『天將雨，鳩逐婦』是也。」《群芳譜》：「清明後十五日，斗柄指辰為穀雨。」〔註238〕**橫塘游女蕩舟回**。橫塘在城東。〔註239〕**桃花落後鼉齊浴，竹筍抽時燕便來**。俗名筍之早者曰燕來。〔註240〕吳《志》：「燕竹，燕來時生筍，故名。」

和韻

十番鼓笛畫船開，吹到風雲酒百回。月自鴛鴦湖上出，燈從獅子匯邊來。〔註241〕

漏澤寺西估客多，《浙江通志》：「漏澤教寺在嘉興縣東二里。」〔註242〕**樓前官道後官河。正值喧闐日中市**，《易》：「日中為市。」〔註243〕**楊花小伎抱箏過**。吳船女郎入市唱曲，號唱楊花。〔註244〕

〔註232〕譚注：「劉青田謂：『峨眉山一枝南龍至長牆秦駐山結穴，惟周孔其人足當之。』見《樂郊私語》。」
〔註233〕此係自注，《曝書亭集》原在詩末。
〔註234〕《曝書亭集》有自注：「杉青，閘名。」原在詩末。
　　　　另，國圖藏本眉批：原注缺。
〔註235〕《趙宗道歸輦下》。
〔註236〕此係自注。
〔註237〕《曝書亭集》原錄此詩，署「譚吉璁」。另，譚注：「羅潭廟在鴛鴦湖東。禾中有『秋分稻秀齊』之諺。」
〔註238〕《御定佩文齋廣群芳譜》卷三。
〔註239〕此係自注，《曝書亭集》原在詩末。
〔註240〕此係自注。
〔註241〕譚注：「獅子匯，東門外埠名。」
〔註242〕卷二百二十八：「漏澤教寺。《至元嘉禾志》：『漏澤院在縣東二里三十步。宋崇寧三年，陳舜俞孫捨宅為之。』《嘉興府志》：『明洪武辛未定為教寺。嘉靖甲寅，寺廢。萬曆中，僧道梅建金湯室。天啟中，僧大賢建彌陀殿。國朝順治間，重建天王殿、大殿、禪堂、東西方丈。』」
〔註243〕《繫辭下》。
〔註244〕此係自注。

和韻

勤王子弟秀州多，路接臨平百里河。舊是蘄王駐師地，羅囊錦徹夜深過。〔註245〕

五月新絲滿市廛，繰車鳴徹斗門邊。斗門在石門北。〔註246〕蘇軾詩：「繰車鳴處楝花風。」〔註247〕沿流直下羔羊堰，羔羊堰在石門縣。〔註248〕雙櫓迎來販客船。

和韻

居士歸來無一廛，柴門深閉白牛邊。鐵肝御史時相問，悔不同浮范蠡船。〔註249〕

魚梁沙淺鷺爭淘，處處村田響桔槔。《韻會》：「桔槔，汲水機。」〔註250〕一夜城西苕水下，《湖州府志》：「苕溪在府治西，出自天目。」先生《太守佟公述德詩序》：「嘉興，海環其東南，具區浸其西北，受苕、霅諸水，分注百川。」〔註251〕酒船直迤小樓高。

和韻

槐葉青時和冷淘，槐葉濃時轉桔槔。槐葉黃時香稻熟，登場禾稼比牆高。

九里橋西落照銜，九里橋在嘉興縣西九里匯。櫻桃初熟鳥爭銜。見卷四《酬毛十九》。須知美酒烏程到，見卷四《題峴山》。遙見新塍一片帆。宋曾魯公監秀州新塍酒稅。今作新城，誤。〔註252〕吳《志》：「新城市在嘉興縣西二十七里。」

〔註245〕 譚注：「靖康二年，浙西路勤王兵秀州七百一十六人。《宋史》：『韓世忠至秀州，稱病不行。朱勝非給苗、傅白太后，封世忠妻梁氏安國夫人，俾速世忠勤王，梁氏率子亮疾驅出城，夜會世忠於秀州。』」

〔註246〕 此係自注，《曝書亭集》原在詩末「羔羊堰在石門縣」之後。

〔註247〕《僕年三十九在潤州道上過除夜作此詩又二十年在惠州錄之以付過》。同詩又一說（宋）關澥作，題為《絕句》。按：（唐）王建《田家行》：「簷頭索索繰車鳴。」（宋）梅堯臣《送汝陰宰孫寺丞》：「黃鳥啄葚繰車鳴。」

〔註248〕 此係自注，《曝書亭集》原在詩末。

〔註249〕 譚注：「陳舜俞棄官歸，居秀之白牛村，自號白牛居士。錢覬以御史判大理執法，貶徙秀州。蘇軾遺詩有『烏府先生鐵作肝』句，世曰『鐵肝御史』。」

〔註250〕 按：《莊子·外篇·天運》：「子貢南遊於楚，反於晉，過漢陰，見一丈人方將為圃畦，鑿隧而入井，抱甕而出灌，搰搰然用力甚多而見功寡。子貢曰：『有械於此，一日浸百畦，用力甚寡而見功多，夫子不欲乎？』為圃者仰而視之曰：『奈何？』曰：『鑿木為機，後重前輕，挈水若抽，數如泆湯，其名為槔。』」

〔註251〕 卷三十八。

〔註252〕 此係自注。

和韻

上元燈火盡龍銜，獸舞魚跳百鳥鵒。千里舳艫連夜發，焦山盡遍錦雲帆。
〔註253〕

馬場漁〔註254〕漱幾沙汀，彭湖一名馬場湖。宋潘師旦以南塢漁〔註255〕漱水十一處會於春波門外，建會景亭。〔註256〕原作「由拳東汎水泠泠」。宿雨初消樹更青。最好南園叢桂發，畫橈長泊煮茶〔註257〕亭。南園，余叔宜春令別業。有桂樹四本，高俱五丈。蘇子瞻煮茶亭在水北。〔註258〕按：朱茂暉，字子莊。崇禎〔註259〕庚辰進士。官至宜春令。流寇薄境攻殺，茂暉收瘞積屍數十，陞兵部主事。「煮茶亭」，見卷七〔註260〕。

和韻

夌山過雨水泠泠，石壁苔深綴字青。想見詩人遊覽數，扁舟來往女陽亭。
〔註261〕

青粉牆低望裏遙，無名氏詞：「柳條金嫩不勝鴉，青粉牆頭道韞家。」〔註262〕紅泥亭子柳千條。李白詩：「紅泥亭子赤闌干。」〔註263〕郎船但逐東流水，西麗橋來北麗橋。《嘉禾志》：「西麗橋在嘉興縣西南二里。北麗橋在縣北二里。」〔註264〕

和韻

朝鮮貢使墨山遙，特賜鈿函詔七條。數嚮明州來往熟，為君也作綠江橋。〔註265〕

〔註253〕譚注：「《宋史》：『韓世忠留秀州，會上元張燈高會，忽引兵趨鎮江。及金兵至，而世忠屯焦山矣。』」
〔註254〕「漁」，石印本作「魚」。
〔註255〕「漁」，石印本作「魚」。
〔註256〕此係自注，《曝書亭集》原在詩末。
〔註257〕「茶」，四庫本《曝書亭集》誤作「茶」。
〔註258〕此係自注。
〔註259〕「禎」，底本作「正」。
〔註260〕石印本此處有「注」。
〔註261〕譚注：「貝助教瓊、鮑布衣悁，家近夌山，與張布衣翼、姚教官桐壽、周山長致堯諸公倡和為詩。今山上尚有題字。」
〔註262〕（唐）無名氏《小秦王》。
〔註263〕《魯郡堯祠送竇明府薄華還西京》。
〔註264〕卷八。
〔註265〕譚注：「西北兩麗橋，相傳高麗使臣所築。蓋宋為契丹所隔，改途由明州詣闕。此熙寧七年事也。高麗有鴨綠江，跨江為橋。鈿函詔，見《宋史》。」

伍胥山頭花滿林，〔註 266〕見卷六《秋日登胥山》。**石佛寺下水深深。**
〔註267〕《括異志》：「寶聖石佛院在嘉興縣東南。唐至德二年，於寺基掘得石佛四軀，
至今見存。天聖中，賜名寶聖。人但呼石佛寺。」〔註268〕**妾似胥山長在眼，郎如
石佛本無心。**

和韻

當湖斷堨誦雙林，堨下湖光九派深。估客颿〔註269〕來隨處宿，阿儂持底比郎
心。

花船新造水中央，白居易詩：「花船載麗人。」〔註 270〕周正道詩：「瓜皮船
小水中央。」〔註271〕**曉發當湖泝漢塘。**用里東為漢魏二塘。〔註 272〕吳《志》：
「當湖在平湖縣東三百步。漢塘在嘉興縣東十里，東入平湖境。」**聽盡鐘聲十八里，
平林小市入新坊。**德藏寺鐘初成，工戒以勿擊，俟行百里擊之。工行至新坊十八
里，遽擊之，由是不能遠聞。載《括異志》。〔註 273〕

和韻

朱公清德未渠央，不賜明湖與葛塘。西麗橋邊頻悵望，烏頭零落狀元坊。〔註274〕

蒲山草與薺山齊，〔註 275〕《平湖縣志》：「蒲山瀕於海。菜薺山瀕於海。」
李確《九山志》有外蒲、裏蒲二山。此指裏蒲言。菜、薺兩山如門，中名菜薺港，海
舟出入，於此最險。乍浦三關，此其一也。**澉浦潮來乍浦西。**吳《志》：「澉浦在海
鹽縣南三十六里。乍浦在平湖縣東南三十里。」**白沃廟南看白馬，**〔註 276〕《括異
志》：「古老相傳，湖初陷，白沃史君躍馬疾走，不及，遂駐馬以鞭指，得湖東南一角，
水至不沒，因立廟。迨今此地獨高。」又云：「兄弟二人，一在沙腰，一在乍浦，皆稱

〔註266〕《曝書亭集》有自注：「胥山在城東十八里。」原在詩末。
　　　　另，國圖藏本眉批：原注缺。
〔註267〕《曝書亭集》有自注：「石佛寺，唐剎。」原在詩末。
〔註268〕按：此語見《說孚》卷一百十六，注出《括異志》；又見《說孚》卷三十一上、
　　　　《欽定古今圖書集成·博物彙編·神異典卷九十四》，注出《蔣氏日錄》。
〔註269〕「颿」，石印本作「飄」。
〔註270〕《武丘寺路》。
〔註271〕按：非周正道詩，出（元）楊慶源《西湖竹枝詞》其二。
〔註272〕此係自注，《曝書亭集》原在詩末。
〔註273〕此係自注。
〔註274〕譚注：「謂文恪公也。」
〔註275〕《曝書亭集》有自注：「蒲山、菜薺山俱在平湖。」原在詩末。
　　　　另，國圖藏本眉批：原注缺。
〔註276〕《曝書亭集》有自注：「白沃廟祀漢史君。」原在詩末。

白沃廟。」〔註277〕巫言風雨夜長嘶。

綠煙初洗兔華秋，片片魚雲靜不流。山月池邊看未足，山月池在平湖
德藏寺。〔註278〕移船買酒弄珠樓。〔註279〕《詩繫》:「弄珠樓在平湖縣東湖中，
舊名戲珠亭，又名珠臺，以九水環拱故也。萬曆間，漢陽蕭鳴甲為湖令，始建樓。董
其昌飛白署曰弄珠樓。」

原作其六十六

婀娜風帆縱所如，弄珠樓上晚晴初。鵝兒載去新豐酒，馬煩攜來乍浦魚。

和韻

東園平仲近何如，頗憶林棲賦《遂初》。上番雨多移紫竹，方池水淺種紅魚。
〔註280〕

鸚鵡湖流碧幾灣，鸚鵡湖即柘湖。〔註281〕《詩繫》:「鸚鵡湖，平湖縣東南
二十里。」白龍湫水落陳山。〔註282〕《括異志》:「陳山在縣東北四十里，高八十
一丈，周回一十五里，有白龍湫、顯濟敷澤龍王廟。山頂有虎穴，深不數尺，春夏不
涸。」遊人秦小娘祠過，秦小娘，晉時人。祠在平湖東南二十里。〔註283〕社鼓
聲邊醉酒還。

和韻

柘湖水接白沙灣，海月亭亭照獨山。一自蓬萊風引去，至今千載不知還。
〔註284〕

阿儂家住秦溪頭，吳《志》:「秦溪在海鹽縣南三十六里。」日長愛櫂橫湖
舟。霅雲寺東花已放，橫湖、霅雲寺俱在半邏東。〔註285〕趙《志》:「霅雲寺在
海鹽治西北三十里，元名瞻雲菴。後廢。景陵中復。」義婦堰南春可遊。義婦堰，

〔註277〕見《欽定古今圖書集成・博物彙編・神異典卷五十四》、《說郛》卷一百十六。
〔註278〕此係自注，《曝書亭集》原在詩末。
〔註279〕《曝書亭集》有自注:「城東有弄珠樓。」原在詩末。
　　　　另，國圖藏本眉批:原注缺。
〔註280〕譚注:「碧漪坊宅東有平仲三株。」
〔註281〕此係自注，《曝書亭集》原在詩末。
〔註282〕《曝書亭集》有自注:「陳山上有白龍湫。見《括異志》。」原在詩末。
　　　　另，國圖藏本眉批:「陳山」原注缺。
〔註283〕此係自注，《曝書亭集》原在詩末。
〔註284〕譚注:「白沙灣、獨山皆在平湖。」
〔註285〕此係自注，《曝書亭集》原在詩末。

漢許昇妻呂榮冢，死黃巾之難，糜府君斂錢葬之。今譌為呂蒙冢。〔註286〕《文樞鏡要》：「呂榮，許昇妻也。昇為賊所殺，遂欲幹穢。榮秉節不聽，遂遇害。是日雷雨晦暝，賊懼，叩頭謝屍，葬之。後刺史名其里曰義婦阪。」〔註287〕

巫子峰晴返景開，傳聞秦女葬山隈。樂資《九州志》：「鹽官縣有秦駐山。始皇巡此，美人死，葬於山下。山之東海口有巫子山。」〔註288〕**閒聽野老沙中語，曾有毛民海上來**。《水經注》：「光熙元年，有毛民三人集於縣，蓋汎於風也。」〔註289〕

和韻

青幟才過白幟開，相邀綱米集城隈。一身欲易蒼生命，那得鄱陽佛子來。〔註290〕

原作其六十九

清江詩筆足波瀾，老去西溪不愛官。更有捐軀程巽隱，文章節義一時難。

和韻

澉市澄湖映夕瀾，人傳都尉舊鹽官。遊人到此登臨倦，不信秦川道路難。

橫浦東連白塔雲，〔註291〕《嘉禾志》：「橫浦在海鹽縣東二里，闊一十二丈。考證：東北通故邑，西通賈湖，南入海」；〔註292〕「白墉山在縣東南二十里海中。考證：山上有白墉，因名。舊有港通魯浦，名曰白墉潭，海舟多泊焉。浦塞，舟皆歸澉浦。」〔註293〕**下方鐘鼓落潮聞。結成海氣樓相似，**鹽官亦有蜃市。〔註294〕見卷六《地軸》。**煮就吳鹽雪不分。**見卷六《雪中過程五》。

和韻

黃梅苦雨水連雲，竈上蛙聲不忍聞。海口湖濆三月堰，桑田滄海一時分。〔註295〕

〔註286〕此係自注。
〔註287〕見（宋）范成大《吳郡志》卷二十七。
〔註288〕此係自注，《曝書亭集》原在詩末。
〔註289〕此係自注。
〔註290〕譚注：「宣和中，鄱陽洪皓為秀州司錄。時大水，民失業。皓髮廩，捐直以糴，恐民紛競，乃授以青白幟。又浙東綱米過城下，皓邀留之，守不可，皓曰：『敢以一身易十萬人命。』號為洪佛子。」
〔註291〕《曝書亭集》有自注：「白塔山在海中。」原在詩末「鹽官亦有蜃市」之後。另，國圖藏本眉批：「白塔」原注缺。
〔註292〕卷五。
〔註293〕卷四。
〔註294〕此係自注，《曝書亭集》原在詩末。
〔註295〕譚注：「《宋史》：『邱崇，江陰人。知秀州，鹹潮歲大入，壞近海田。崇至，於海口視之，遂築三月堰。』」

原作其七十

吳公殉節在京師，冢宰家居城破時。行客可經堂外過，國殤風雨颯淒其。

和韻

華胥午夢是吾師，醒值糟床酒熟時。罋菜但攜春不老，匏尊莫問夜何其。〔註296〕

勸郎莫飲黃支犀，《漢書》：「黃支國獻犀牛。」〔註297〕**勸郎莫聽花冠雞。**《南越志》：「雞冠四開如蓮花，鳴聲清徹。」〔註298〕**聞琴橋東海月上，烏夜村邊烏未啼。**聞琴橋在海鹽城東。烏夜村，何準宅舊址。〔註299〕《輿地志》：「烏夜村，何準寓居。一夕，群烏啼噪，乃生女。他日復夜啼，推之，乃立後之時也。」《吳地記》：「海鹽縣東十一里有何後宅。」

和韻〔註300〕

三條玉帶兩條犀，爭訪金雞夢白雞。高冢累累羊虎盡，塘南塘北亂烏啼。

鷹窠絕頂海風晴，烏兔秋殘夜竝生。鷹窠頂在澉浦山椒，每十月朔，日月竝出海中。〔註301〕左思《吳都賦》：「籠烏兔於日月。」**鐵鎖石塘三百里**，「鐵鎖」，見卷二《秣陵》。〔註302〕**驚濤齧盡寄奴城。**晉安帝隆安五年，孫恩犯海鹽，劉裕拒之，築城於海鹽故治。《宋書·武帝紀》：「諱裕，字德輿，小字寄奴。」〔註303〕

和韻

長水縣前長水晴，語兒鄉俚語兒生。嘉禾作〔註304〕產由拳野，黃龍又見海鹽城。〔註305〕

〔註296〕譚注：「紹興中，有海鹽丞謁一鄉先生，主人未出，丞睡，主人見丞亦睡，兩不敢呼。日夕，不交一語而去。趙子固愛其事，曰：『此二人有華胥意。』遂圖之。春不老，菜名。」

〔註297〕卷十二《平帝紀》。

〔註298〕見《欽定古今圖書集成·博物彙編·禽蟲典卷三十六》。

〔註299〕此係自注。

〔註300〕《曝書亭集》原錄此詩，署「譚吉璁」。另，譚注：「『學繡東，三塔西，有只金母雞，有人尋得著，三條玉帶兩條犀。』堪輿家訣也。里中著姓營葬多於是，究未有葬此穴者。」

〔註301〕此係自注，《曝書亭集》原在詩末。

〔註302〕國圖藏本眉批：沿海石塘用鐵錠鎖住，詩嘗指此，非長江亡鐵鎖也。注誤。應考邑志。

〔註303〕卷一。

〔註304〕沿海石塘用鐵錠鎖住，詩嘗指此，非長江亡鐵鎖也。注誤。應考邑志。「作」，石印本作「乍」。

〔註305〕譚注：「《水經注》：『由拳縣，秦時長水縣也。』又引萬善歷云：『吳黃武六年，

招寶塘傾水淺深，〔註306〕《嘉禾志》：「招寶塘在海鹽縣西南二十五里。考證：宋淳化三年開。淳熙九年，守臣趙善悉重濬。」〔註307〕會骸山古冢銷沉。《九州要記》：「古有金牛入山，皋伯通兄弟鑿山取牛。山崩，二人同死穴中，因曰會骸山。」〔註308〕吳《志》：「金牛山，一曰會骸山，在海鹽縣西南五十里。」都緣世上錢神貴，〔註309〕《晉書·魯褒傳》：「褒傷時之貪鄙，乃隱姓名，而著《錢神論》以刺之。」〔註310〕地下劉伶改姓金。〔註311〕《嘉禾志》：「劉伶墓在嘉興西北二十七里。考證：劉伶，晉人也。錢氏諱鏐，改呼劉為金，俗因呼為金伶墓。」〔註312〕

曲律崑山最後時，《靜志居詩話》：「梁伯龍雅善詞曲，所撰《江東白苧》，妙絕時人。時邑人魏良輔能喉囀音聲，始變弋陽、海鹽故調為崑腔。伯龍填《浣紗記》付之。王元美詩所云『吳閶白麵冶遊兒，爭唱梁郎雪豔詞』是已。同時又有陸九疇、鄭思笠、包郎郎、戴梅川輩，更唱迭和，清詞豔曲，流播人間，今已百年。傳奇家曲別本，弋陽子弟可以改調歌之，惟《浣紗》不能，固是詞家老手。」海鹽高調教坊知。《紫桃軒雜綴》：「張功甫豪侈而有清尚，嘗來吾郡海鹽，作園亭自恣，令歌兒衍曲，務為新聲，所謂海鹽腔是也。」《香祖筆記》：「《樂郊私語》云：『海鹽少年多善歌，蓋出於澉川楊氏。其先人康惠公梓與貫雲石交善，得其樂府之傳。今雜劇中《豫讓吞炭》、《霍光鬼諫》、《敬德不伏老》，皆康惠自制。家僮千指，皆善南北歌調，海鹽遂以善歌名。浙西今世俗所謂海鹽腔者，實發於貫酸齋，源流遠矣。』」〔註313〕至今十棒元宵鼓，《曲譜》有《十棒鼓》。絕倒梨園弟子師。《世說》：「王平子邁世有儁才，少所推服。每聞衛玠言，輒歎息絕倒。」〔註314〕《唐書·禮樂志》：「玄〔註315〕宗既知音律，又酷愛法曲，選坐部伎子弟三百教於梨園，聲有誤者，帝必覺而正之，

由拳西鄉產兒能語，因詔為語兒鄉。黃龍三年，嘉禾生，由拳縣改曰禾興。』」吳《志》：『赤烏五年，海鹽縣言黃龍見。』」

〔註306〕《曝書亭集》有自注：「招寶塘在海鹽西南。」原在詩末。
　　　　按：國圖藏本眉批：「招寶」原注缺。
〔註307〕《至元嘉禾志》卷五。
〔註308〕此係自注，《曝書亭集》原在詩末。
〔註309〕國圖藏本眉批：按：綦毋民、成公綏皆有《錢神論》。
〔註310〕出王隱《晉書》，見《太平御覽》卷五百二。
〔註311〕《曝書亭集》有自注：「郡有劉伶墓，土人避錢鏐諱，改呼金伶墓。」
　　　　另，國圖藏本眉批：不宜刪原注。
〔註312〕《至元嘉禾志》卷十三。
〔註313〕卷一。
〔註314〕《世說新語·賞譽第八》。
〔註315〕「玄」，底本作「元」。

號梨園弟子。」〔註316〕

　　春絹秋羅軟勝綿，折枝花小樣爭傳。舟移濮九娘橋宿，濮院，元濮樂閒所居。濮九娘橋在焉。〔註317〕《桐鄉縣志》：「濮院鎮民多織作紬絹為生。」夜半鳴梭攪客眠。

　　郎牽百丈上官塘，見卷一《捉人行》。客倚篷窗晚飯香。黃口近前休賣眼，《樂府》：「上用滄浪天故，下為黃口小兒。」〔註318〕李白詩：「吳兒多白皙，好為盪舟劇。賣眼擲春心，折花調行客。」〔註319〕船頭已入語兒鄉。《水經注》：「浙江又東逕御兒鄉。」〔註320〕《史記正義》：「『御兒』，今作『語兒』。」〔註321〕《嘉興縣志》：「女陽亭在縣西南。《越絕書》云：『女陽亭者，句踐入臣於吳，夫人從道產女此亭，養於就李鄉。句踐勝吳，更名女陽，更就李為語兒鄉。』」〔註322〕《吳地記》云：「語兒亭在縣南一百里。句踐令范蠡取西施以獻夫差，西施於路與范蠡潛通，三年始達於吳，遂生一子。至此亭，其子一歲，能言，因名語兒亭。」〔註323〕

　　輕船三板過南亭，〔註324〕石門，古南亭。錢起詩：「三板順風船。」〔註325〕蠶女提籠兩岸經。曲罷殘陽人不見，錢起詩：「曲終人不見，江上數峰青。」〔註326〕陰陰桑柘石門青。見卷一《語溪道中》。

　　和韻〔註327〕

　　宅西狷石舊名亭，曾侍先人說五經。夢想故園猶在眼，梭橺一樹假山青。

〔註316〕《新唐書》卷二十二。

〔註317〕此係自注，《曝書亭集》原在詩末。

〔註318〕漢樂府《東門行》。

〔註319〕《越女詞五首》其二。

〔註320〕卷四十。

〔註321〕卷一百一十四《東越列傳》：「斬徇北將軍，為御兒侯。」《正義》：「『御』字今作『語』。語兒鄉在蘇州嘉興縣南七十里，臨官道也。」

〔註322〕《欽定古今圖書集成·方輿彙編·職方典第九百六十四卷·嘉興府部彙考八》。

〔註323〕見（唐）陸廣微《吳地記》。又見《欽定古今圖書集成·明倫彙編·閨媛典卷三百五十》、《經濟彙編·考工典卷一百十》。

〔註324〕《曝書亭集》有自注：「崇德，古南亭。石門，春秋時，吳壘石以拒越。」原在詩末。
　　　　另，國圖藏本眉批：原注不可刪。

〔註325〕《江行無題一百首》之九十一。

〔註326〕《省試湘靈鼓瑟》。

〔註327〕《曝書亭集》原錄此詩，署「譚吉璁」。另，譚注：「先大夫鄉、會試俱以五經中式。狷石居，先大夫讀書處也。」

原作七十七

都官詩卷壓時流，渭老歌詞調更遒。文采百年傳後進，畫圖十老小瀛洲。

和韻

黃岡棲隱有名流，張種同時譽竝遒。多事道書論殿上，何如鄉較〔註328〕在滄州。
〔註329〕

走馬岡長夕照中，走馬岡在石門永新鄉，地有官窯，相傳吳越分疆處。〔註330〕
塘連沙渚路西東。語兒中涇，一名沙渚塘。〔註331〕**不知吳會誰分地**，《吳會
分地紀》，書名，見《太平御覽》。〔註332〕**生遍茱萸一色紅**。吳茱萸，禾郡土產。
〔註333〕

移家只合甓川居，閩人卓成大，元末僑居甓川。〔註334〕**釀就新漿雪不如**。
留客最憐鄉味好，屠墥秋鳥馬嘷魚。馬嘷城殆即《水經注》所云馬罦城也。魚
可為臘。〔註335〕沈懋嘉《秋鳥》詩注：「乍浦陳山屠康僖墓，林木蓊薈，有鳥從南海
來，集其上，秋來春去。初至，剖其腹，猶有青椒，當是日本國所產。大者名戢毛鶯，
亦曰畫鳥鴟，中者花雞，小者鑽籬，湖中佳品。」〔註336〕《浙江通志》：「馬嘷城在海
鹽縣東南一百步。」《清吟堂集》：「當湖海捕有馬嘷魚最美，出重午前後，不過半月。
家家烘臘，供一歲之用，兼以寄遠。」

郎家湖北姜湖南，兩槳緣流路舊諳。卻似釣鼇磯畔鷺，釣鼇磯在南湖
中，龔太守勉所築。〔註337〕**往來涼月影毿毿**。

和韻

貧居丙舍北營南，水曲篙師路盡諳。手種門前楊柳樹，遙憐飛絮雪毿毿。

〔註328〕「較」，乾隆刊本《鴛鴦湖櫂歌》作「校」。
〔註329〕譚注：「《南史》：『顧越，鹽官人。所居新阪黃岡，世有鄉校。侯景之亂，逃
　　　　難東歸，與吳興沈炯、同郡張種每為文會。』重雲，梁殿名，越於中講《老
　　　　子》。」
〔註330〕此係自注，《曝書亭集》原在詩末。
〔註331〕此係自注，《曝書亭集》原在詩末。
〔註332〕此係自注，《曝書亭集》原在詩末。
〔註333〕此係自注。
〔註334〕此係自注，《曝書亭集》原在詩末。
〔註335〕此係自注。
〔註336〕《橋李詩繫》卷十三《秋鳥》。
〔註337〕此係自注，《曝書亭集》原在詩末。

－403－

野王臺廢只空墩，白蓮寺隔水有顧野王讀書臺址。〔註338〕《嘉興縣志》：「顧野王讀書臺在雙溪橋北屠蕭里田中，俗名顧節墩。」翁子墳荒有墓門。朱買臣墓在用里街北。〔註339〕《漢書》：「朱買臣，字翁子。」〔註340〕舍宅尚傳裴相國，真如寺，相傳裴休宅。〔註341〕移家曾住趙王孫。趙王孫謂孟堅也，居廣陳里。〔註342〕《齊東野語》：「趙孟堅，字子固，號彝齋。居嘉禾之廣陳。」〔註343〕吳《志》：「廣陳里在平湖縣東北二十七里。」

和韻

石臼湖南麻雀墩，溪流盡向木蛇門。三江霸業今何在？吳越春秋又屬孫。〔註344〕

秋晚東林落木疎，白蓮僧寺水中居。昏鐘不隔漁莊火，白蓮寺即東林施水院。漁莊在其北。〔註345〕吳《志》：「白蓮講寺在嘉興縣東八里。」古殿猶存日本書。寺壁有日本國人題名二處。〔註346〕

和韻

裴休島上最蕭疏，傳是朱三十五居。安得閒身坐消夏，插天翠柳滿床書。〔註347〕

蘄王戰艦已無蹤，《宋史·韓世忠傳》：「孝宗朝追封蘄王。」〔註348〕按：宋高宗建炎三年，苗傅、劉正彥作亂，世忠至秀州，稱病不行，而大修戰具、戰艦，諒必此時所留遺也。婁相高墳啟舊封。縣東三十里，一塚甚高，是婁機墓。中有石室，為盜所發。〔註349〕《宋史·婁機傳》：「字彥發，嘉興人。累進參知政事。」〔註350〕曾見朋遊南渡日，北山堂外九株松。北山草堂，沈氏宅。其石壘自南

〔註338〕　此係自注，《曝書亭集》原在詩末。
〔註339〕　此係自注，《曝書亭集》原在詩末。
〔註340〕　卷六十四上。
〔註341〕　此係自注，《曝書亭集》原在詩末。
〔註342〕　此係自注。
〔註343〕　卷十九。
〔註344〕　譚注：「《吳越春秋》：『立蛇門以象地戶，故南門上有木蛇，首北向，示越屬於吳也。』」
〔註345〕　此係自注，《曝書亭集》原在詩末。
〔註346〕　此係自注。
〔註347〕　譚注：「朱敦儒行三十五。『插天翠柳』，朱詠月詞中之句也。」
〔註348〕　卷三百六十四。
〔註349〕　此係自注，《曝書亭集》原在詩末。「傳」，底本無，據《曝書亭集》補。
〔註350〕　卷四百一十。

宋。〔註351〕項玉筍《北山草堂記》：「去郡二十里餘曰北山沈氏草堂也，初石聯鑿池累石，手植九松，今高百尺，合數圍。」〔註352〕

和韻

朱書銀尺閟遺蹤，六里山前石簪封。天璽乍頒人入洛，夕陽青蓋有樓松。〔註353〕

仲圭舊里足淹徊，《圖繪寶鑒》：「元吳鎮，字仲圭，號梅花道人。嘉興魏塘鎮人。畫山水師巨然。亦能墨竹墨花。」**曲徑橫橋一水隈。小檻春風誰酹酒，佛香長和墓門梅。**吳鎮墓在嘉善縣治北梅花庵。〔註354〕

和韻

廣陳小市客徘徊，卜宅王孫舊水隈。當時介弟來猶拒，縣尹何知是姓梅。〔註355〕

懷蘇亭子草成蹊，懷蘇亭在府治。〔註356〕《嘉禾百詠》注：「懷蘇亭在禾城東。宋時建，與蘇小墓相望，故名。」〔註357〕**六鶴空堂舊跡迷。**六鶴堂，宋知州鄧根建。〔註358〕趙《志》：「宋時治內有六鶴堂。」**惟有清香樓上月，**府廨有清香樓。見《異聞總錄》。〔註359〕**夜深長照子城西。**子城，載《閒總括異志》。今目為子牆腳。〔註360〕趙《志》：「子城，比羅城內稍東南偏，亦名子牆。今曰府牆。圍二里十步。」

稗花楓葉宋坡湖，〔註361〕吳《志》：「賈湖在海鹽縣西三十里，元名宋坡湖。」**路轉潮鳴山翠無。百里鹽田相望白，**《吳郡記》：「海濱廣斥，鹽田相

〔註351〕 此係自注。

〔註352〕 見《浙江通志》卷四十一。

〔註353〕 譚注：「孫皓時掘地得銀尺。又歷陽長上言石印封發，以朱書石。《樂郊私語》：『六里山舊有石刻，云：天册元年，旃蒙協洽之歲，孟冬陽月，壬寅朔，石簪神遺忽自開發，拾得膏石璽，符文吳賓皇帝，共三十八字。』六里山在海鹽六里堰。」

按：所引《樂郊私語》稱「共三十八字」，實則僅三十六字。《樂郊私語》云云，見《說孚》卷十八上，「壬寅朔」上有「日維」兩字。

〔註354〕 此係自注。

〔註355〕 譚注：「趙子固隱居廣陳鎮，縣令梅斂訪之，不見。弟子昂宜苕中來，再三請，始見。子昂出，呼蒼頭濯其坐。」

〔註356〕 此係自注，《曝書亭集》原在詩末。

〔註357〕 見（清）陳芝光《南宋雜事詩》卷三「京塵空度杏花風」。

〔註358〕 此係自注，《曝書亭集》原在詩末。

〔註359〕 此係自注，《曝書亭集》原在詩末。

〔註360〕 此係自注。

〔註361〕《曝書亭集》有自注：「宋坡湖即賈湖。」原在詩末。

另，國圖藏本眉批：原注缺。

望。」〔註362〕**至今人說小長蘆。**〔註363〕周必大《吳郡諸山錄》:「本覺寺,古檇李也,舊號小長蘆。」按:先生晚號小長蘆釣魚師,屬禹之鼎繪圖,同時題者甚眾。

桑邊禾黍水重圍,時有秋蟲上客衣。三過堂東開夕照,三過堂,蘇子瞻遺跡。〔註364〕《嘉禾志》:「三過堂在本覺寺。考證:蘇東坡與文長老遊,三過於此。第三詩有曰:『三過門中老病死,一彈指頃去來今。』因名其堂。僧北磵為之記。」〔註365〕**滿村黃葉一僧歸。**黃葉庵,釋智舷〔註366〕築。〔註367〕舷公小傳:「字葦如,號秋潭。秀水金明寺僧。嘉興梅溪人。晚構黃葉庵於西郊,自稱黃葉老人。修竹百竿,晨夕手自拂拭。客至,拾落葉煮茶,移時無寒暄語。吳越士大夫慕謁者接踵。」〔註368〕

和韻

屠陵守冢幾村圍,搖櫓依稀是白衣。祠外青泥春雨滑,年年只有燕雙歸。〔註369〕

百花莊口水沄沄,《鴛水鄉音》:「百花洲即百花莊。元有丞相不華居此,俗訛為百花。」**中是吾家太傅墳。**百花莊在城北十五里,先文恪公賜塋在焉。〔註370〕**當暑黃鸝鳴灌木,**《詩》:「黃鳥于飛,集于灌木。」〔註371〕**經冬紅葉映斜曛。**

和韻

幽谿鹿院水沄沄,少女雲間四尺墳。差勝六陵金盌出,玉鉤依舊對斜曛。〔註372〕

鴨觜小船淺水通,荻花門巷蕭蕭風。荊南豫北鬬新釀,張協《七命》:「乃有荊南烏程,豫北竹葉。」〔註373〕**不比吾鄉清若空。**清若空,亦秀州酒名。

〔註362〕此係自注,《曝書亭集》原在詩末。
〔註363〕《曝書亭集》有自注:「檇李舊號小長蘆,見周必大《吳郡諸山錄》。」原在詩末。
〔註364〕此係自注,《曝書亭集》原在詩末。
〔註365〕《至元嘉禾志》卷九。
〔註366〕《曝書亭集》此處有「所」字。
〔註367〕此係自注。
〔註368〕與《檇李詩繫》卷三十二黃葉老僧智舷小傳近同。
〔註369〕譚注:「呂蒙家在海鹽城西四十里。」
〔註370〕此係自注,《曝書亭集》原在詩末。
〔註371〕《周南‧葛覃》。
〔註372〕譚注:「海鹽德芷寺有雲間陸左丞二女墳,楊璉真伽將發之,寺僧真諦抽韋馱木杵奮擊,真伽大懼而去。見《樂郊私語》。」
〔註373〕《文選》卷三十五《七下》。

見《武林遺事》。〔註374〕孫覿詩:「銀瓶快瀉清若空,令君一笑面生紅。」〔註375〕

和韻

魯公浦與暗潮通,十幅輕帆信好風。試訪逋翁舊時宅,下山歌罷石臺空。〔註376〕

秋水尋常沒釣磯,秋林隨意敞柴扉。八月田中黃雀啅,九月盤中黃雀肥。〔註377〕《小丹邱客談》:「吾鄉稻熟時,張羅以捕黃雀,北則陶家莊,南則馬家疃,所產獨肥。喻物者比之披綿,朵頤者侈為珍饌。京師則不然。田雀以四月肥,背有黃羽,與江鄉純色者別。而以江南食法制之,亦甚腴美。蓋江南黃雀所食者稻,疑北地以食麥而肥也。」〔註378〕

和韻〔註379〕

菜花涇上半漁磯,薔薇林中盡竹扉。寒水看同春水闊,高田比似下田肥。

江市魚同海市鮮,南湖淺勝北湖偏。四更枕上歌聲起,泊遍冬瓜堰外船。唐張祜〔註380〕曾領嘉興冬瓜堰稅。〔註381〕《春渚紀聞》:「《雲溪友議》載酒徒朱沖嘲張祜〔註382〕云:『白在東都元已薨,鸞臺鳳閣少人登。冬瓜堰下逢張祜,牛矢灘邊說我能。』以祜時為堰官也。按:《金華子雜說》云:『祜死,子虔望亦有詩名,嘗求濟於嘉興裴弘〔註383〕慶,署之冬瓜堰官。虔望不服。弘〔註384〕慶曰:祜子守冬瓜,已過分矣。』此說似有理也。」〔註385〕《嘉禾志》:「冬瓜堰在嘉興縣北二里。」〔註386〕

妾家城南望虎墩,柳《志》:「望虎墩在府城東南二十五里。」**郎家城北白**

〔註374〕此係自注。

〔註375〕《畫溪行四首》其四。

〔註376〕譚注:「《宋史》:『魯宗道為海鹽令,縣東舊有港通海水至邑下,歲久湮塞,宗道疏治之,號魯公浦。』逋翁,顧況字。常作《下山歌》,宅在橫山。」

〔註377〕《曝書亭集》有自注:「黃雀味甚腴,產陶莊馬疃。」

〔註378〕見《欽定日下舊聞考》卷一百五十一。

〔註379〕《曝書亭集》原錄此詩,署「譚吉璁」。另,譚注:「菜花涇在城東。薔薇林,僧舍名。」

〔註380〕「祜」,底本、石印本作「祐」,據《曝書亭集》改。

〔註381〕此係自注。

〔註382〕「祜」,底本、石印本作「祐」。下同。

〔註383〕「弘」,底本作「宏」,據《春渚紀聞》改。

〔註384〕「弘」,底本作「宏」,據《春渚紀聞》改。

〔註385〕《春渚紀聞》卷七《冬瓜堰誤》。

〔註386〕《至元嘉禾志》卷五:「冬瓜湖堰在縣北三里。考證:舊堰官張祜死後,時裴洪慶命其子領之。張祜之子守冬瓜,此事詳見於《金華子雜記》。」

牛村。陳舜俞居秀州，嘗跨白牛往來，自號白牛居士。〔註387〕《宋史》：「陳舜俞居白牛村，自號白牛居士。」其地今在嘉興。〔註388〕《嘉禾志》：「白牛市在嘉興縣東北六十里。」〔註389〕白牛不見郎騎至，望虎何由過郭門。

百步橋南解纜初，去郡城東北三里有百步橋。〔註390〕《嘉興縣志》：「覆盆橋，前志未載，即今之白婆橋，在演武場敵臺邊者是，誤呼為百步橋。」香醪五木隔年儲。馬永卿《嬾真子》：「蘇秀道中有地名五木，出佳酒。」〔註391〕不須合路尋魚鮓，陸遊日記：「合路賣鮓者甚眾。」〔註392〕按：合路在杉青閘北五里。〔註393〕但向分湖問蟹胥。《一統志》：「分湖產蟹。」〔註394〕吳《志》：「分湖在嘉善縣西北三十三里。」《周禮》注：「青州之蟹胥。」

石尤風急駐蘇灣，蘇灣近吳江境上，陳舜俞墓在焉。〔註395〕趙《志》：「陳舜俞葬烏程縣三碑鄉蘇灣。」逢著鄰船販橘還。祇道夜過平望驛，不知朝發洞庭山。見卷一《舟次平望驛》。《江南通志》：「洞庭山所產柑橘特佳。」

父老禾興舊館前，望雲門北舊有禾興館。〔註396〕香秔熟後話豐年。吳《志》：「香秔味香烈，最早。」樓頭沽酒樓外泊，半是江淮販米船。唐李瀚《嘉興屯田政績記》：「嘉禾一穰，江淮為之康。嘉禾一歉，江淮為之儉。」〔註397〕

茅屋東溪興可乘，東谿，從叔子蓉別業。〔註398〕竹籬隨意掛魚罾。三冬雪壓千年樹，四月花繁百尺藤。

和韻
郭外輕船處處乘，桃花水滿壓魚罾。板橋南畔更西去，一路青林絡紫藤。〔註399〕

〔註387〕此係自注，《曝書亭集》原在詩末。
〔註388〕《御定佩文韻府》卷十三之五。
〔註389〕《至元嘉禾志》卷三。
〔註390〕此係自注，《曝書亭集》原在詩末。
〔註391〕此係自注，《曝書亭集》原在詩末。
〔註392〕此係自注，《曝書亭集》原在詩末。
〔註393〕按：此按語出江浩然《曝書亭詩錄》，非楊氏原創。
〔註394〕此係自注。
〔註395〕此係自注，《曝書亭集》原在詩末。
〔註396〕此係自注，《曝書亭集》原在詩末。
〔註397〕此係自注。
〔註398〕此係自注，《曝書亭集》原在詩末。
〔註399〕譚注：「城南西板橋至項襄毅公墓下，紫藤花最盛。」

舍南舍北繞春流，杜甫詩：「舍南舍北皆春水。」〔註 400〕花外初鶯囀未休。《梁書·蕭子顯傳》：「早雁初鶯，開花落葉。」〔註 401〕畢竟林塘輸甪里，白居易詩：「畢竟林塘誰是主，主人來少客來多。」〔註 402〕《嘉興縣志》：「六里街在東門外，長有六里。或曰甪里以陸魯望號甪里先生也。」愛攜賓客醉仙樓。山樓，從叔子葆所居。四方賓客至者，必集於此。〔註 403〕

和韻

山門長樂枕湖流，象埵風鈴語不休。誰識霜鐘鳴九乳，當年猶有最高樓。
〔註 404〕

溪上梅花舍後開，柳《志》：「梅溪在嘉興縣南四十里。」市南新酒釅新醅。尋山近有殳基宅，《嘉禾志》：「殳山在縣西南五十七里，高二丈，周回七里。考證：昔道士殳基隱居學道於此，後尸解焉，因以名。」看雪遙登顧況臺。余近移家長水之梅谿，殳山在其〔註 405〕西，橫山在其南，皆可望見。顧況讀書臺在橫山頂。〔註 406〕見卷二《橫山》。

和韻〔註 407〕

木樨開後菊花開，黃雀霜螯載酒醅。九日登高東墖寺，風沙終勝赫連臺。

歸人萬里望丘為，丘為，郡人。王維送之詩云：「五湖三畝宅，萬里一歸人。」〔註 408〕白酒黃壺瓠作卮。里中黃元吉冶錫為壺，極精緻。近日鄉人多用匏樽。〔註 409〕《天香樓偶得》：「近來造酒家以白麮為麴，並舂白秔，和潔白之水為酒，久醸而成，極其珍重，謂之三白酒。」《明詩綜》：「巢鳴盛，字端明，嘉興人。崇禎〔註 410〕丙子舉人。遁肥深林，絕跡城市。時群盜四起，鏐鐵銀鏤之器無得留者。於是繞屋種匏，小大凡十餘種，長如鶴頸，纖若蜂腰。杯杓之外，室中所需器皿，莫非

〔註 400〕《客至》。

〔註 401〕卷三十五。

〔註 402〕《題王侍御池亭》。

〔註 403〕此係自注。

〔註 404〕譚注：「真如寺門榜曰『常樂山門』。王明清《揮塵三錄》：『孝宗幼歲偶至秀州城外賓如寺，登鐘樓。先是僧徒以籧篨覆空處，上誤履其上，遂並墜焉。旁觀者失色。上屹然立席上，略無驚怖狀。』」

〔註 405〕「其」，四庫本《曝書亭集》無。

〔註 406〕此係自注。

〔註 407〕《曝書亭集》原錄此詩，署「譚吉璁」。

〔註 408〕此係自注，《曝書亭集》原在詩末。

〔註 409〕此係自注，《曝書亭集》原在詩末。

〔註 410〕「禎」，底本作「正」。

匏者。遠邇爭傚之，檇李匏樽不脛而走海內，孝廉作長歌詠焉。」〔註411〕**來往櫂歌無不可，西溪東泖任吾之。**西溪在府城西三里，鮑恂所居。東泖在平湖。〔註412〕吳《志》：「泖在平湖縣東北三十里。由泖港蜿蜒至橫泖，是為東泖。」

和韻

山栖恣取竹根為，何用星槎汎屈戻。一壑一丘吾願足，十洲五嶽欲安之。〔註413〕

檻邊花外盡重湖，到處杯觴〔註414〕**興不孤。安得家家尋畫手，谿堂遍寫讀書圖。**黃子久有《由拳讀書圖》。〔註415〕按：見《紫桃軒又綴》。

和韻〔註416〕

櫂歌欸乃勝西湖，風景尊前調不孤。只少松陵朱處士，屏風八尺寫新圖。

旃蒙單閼乙卯

題畫竹二首

疎筠个个倚風輕，《史記·貨殖傳》：「竹竿萬个。」徐廣曰：「古賀反。」〔註417〕《六書本義》：「个竹一枝也。」**忽憶鄉園宿雨晴。三畝宅西桐樹北，此時新筍又應生。**

雪禽未染唐希雅，《宣和畫譜》：「唐希雅《雪禽圖》六。」**怪石須添趙大年。**《宣和畫譜》：「趙令穰，字大年。藝祖五世孫也。有《怪石筠柏圖》。」〔註418〕**興發欲尋潭柘寺，**燕京無竹，惟潭柘寺東院一林。〔註419〕《帝京景物略》：「潭柘寺去都西北九十里。」〔註420〕**春流決決響山泉。**

〔註411〕卷七十三。

〔註412〕此係自注。

〔註413〕譚注：「里中項氏有朱碧山所製金杯，鑿張騫於上，以七寶嵌之。」

〔註414〕「杯觴」，四庫本《曝書亭集》作「悲傷」。

〔註415〕此係自注。

〔註416〕《曝書亭集》原錄此詩，署「譚吉璁」。另，譚注：「《春渚紀聞》：『松陵朱象先畫不輕作，其在嘉興，自毛澤民為郡守，於郡城絕景處增廣樓居，名月波者，日與賓客燕息其上，延至象先為作一大屏。』」

〔註417〕卷一百二十九。

〔註418〕卷二十。

〔註419〕此係自注，《曝書亭集》原在詩末。

〔註420〕見《欽定古今圖書集成·方輿彙編·職方典卷四十八》、《欽定日下舊聞考》卷一百五。

懷上方山二首見卷七《同劉侍郎入大房山》。

不到上方三歲久，茅茨長想結山隈。盡移細石教泉下，亂插繁花把徑開。倦客春深歸未得，故人書寄約重來。水筒雲碓安排易，只欠江南繞屋梅。

百丈霞梯潤戶扃，層崖依舊入天青。花源未有秦人住，見卷一《夏墓蕩》。屐齒曾同謝客經。按：謝客謂劉侍郎芳躅。殿地昏鍾催夜月，過橋春水續寒汀。精藍近結支纖侶，《高僧傳》：「支謙受業於支亮，支亮受業於支纖。世稱『天下博知，不出三支』。」〔註421〕準擬松根煮茯苓。《淮南子》：「千年之松下有茯苓。」〔註422〕杜甫詩：「知子松根長茯苓，遲暮有意來同煮。」〔註423〕

送顧乃西還楓涇秀水貢生。官海寧訓導。

客遊五載莫淒然，元夕天涯我十年。為羨王孫歸去路，岸花江草送吳船。

嚴侍郎招同吳明府山濤龔觀察佳育陳處士晉明高上舍層雲集吳氏園亭時公子曾埶在坐〔註424〕嚴名沆，字子餐，號顥亭，餘杭人。順治乙未進士。官戶部侍郎。吳字岱觀，錢塘人。崇禎〔註425〕己卯舉人。官陝西成縣知縣。龔字介岑，錢塘人。官至光祿寺正卿。陳字康侯，仁和人。

八驪曉出郭門東，《南史·王融傳》〔註426〕：「行過朱雀桁開，路人填塞，乃槌車壁曰：『車中乃可無七尺，車前豈可乏八驪。』」〔註427〕避暑閒園河朔同。

〔註421〕《御定佩文韻府》卷四之一。按：《欽定古今圖書集成·明倫彙編·氏族典卷四十一》：
　　　支亮
　　　按《高僧傳》：「支遁、支亮、支纖謂之三支。」
　　　支纖
　　　按《尚友錄》：「支謙受業於支亮，支亮受業於支纖。世稱『天下博知，不出三支』。」
〔註422〕《說山訓》。
〔註423〕《嚴氏溪放歌行》。
〔註424〕「在坐」，四庫本《曝書亭集》作「到任」。
〔註425〕「禎」，底本作「正」。
〔註426〕按：石印本作《南齊書·王融傳》。然《南齊書》卷四十七《王融傳》無此語。
〔註427〕見《御定佩文韻府》卷一百一之一、《御定駢字類編》卷一百五十五。按：原出《南史》卷二十一。

見卷一《送袁駿》。**山簡賓寮攤沼上**，見卷一《夏日閒居》。**謝家褭屐滿亭中。微涼高柳虛簷日，過雨新苗隔岸風。四坐傳杯那不醉，主人先已百分空。**

贈吳明府山濤

詩人吾愛塞翁好，《錢塘縣志》：「吳山濤畫不入蹊徑，揮毫自如。當出關日，賦《西塞》詩三十篇，因自號塞翁。」**風格西陵別擅場。**按：錢塘陸圻麗京、柴紹炳虎臣、孫治宇臺、陳廷會際叔、張綱孫祖望、毛先舒馳黃、丁澎藥園、沈謙去矜、吳百朋錦雯、虞黃昊景明號西陵十子。《國史補》：「唐人宴集賦詩，必推一人擅場。郭曖尚升平之盛集，李端擅場。送別劉相巡江淮，錢起擅場。」〔註428〕**嗜酒肯淹千里駕**，《晉書·嵇康傳》：「呂安服康高致，每一相思，輒千里命駕。」〔註429〕**罷官為起七歌堂。**先生《蔣君墓誌》：「先是知成縣事，錢塘吳君山濤岱觀以同谷在境內，建七歌堂，作栗主以祀杜甫，亦為巡撫所糾。」〔註430〕按：杜甫有《寓居同谷縣作歌七首》。**雲山畫出無前輩**，杜甫詩：「畫手看前輩，吳生遠擅場。」〔註431〕**暑雨燈殘話故鄉。用里菜畦猶未賣**，「用里」，見前《櫂歌》。**歸時休只戀餘杭。**毛際可《與吳岱觀書》：「每訊起居，知避地禹航。」

潞河遙送湯駉南還四首《詩繫》：「湯太學駉，字公牧，海鹽人。」〔註432〕

惜別無從倒玉壺，俶裝遙發短亭孤。張衡《思玄〔註433〕賦》：「簡元辰而俶裝。」**荊高舊侶分攜盡**，見卷三《陳三島過》。**燕市何人送酒徒。**見卷七《送陳鉽》。

青齊南下即扁舟，一片雲帆故國樓。此去向平婚娶了，明年五嶽試同遊。見卷四《觀海行》。

生計歸時且掩門，還憐舊業已無存。全家欲傍西溪住，《名勝志》：「西溪在武林山西北。相傳宋高宗初欲都其地，後得鳳凰山，乃云：『西溪且留下。』俗因呼留下云。」**最愛梅花第幾村。**

〔註428〕見（宋）葉庭珪《海錄碎事》卷十九。

〔註429〕卷四十九。按：《世說新語·簡傲》：「嵇康與呂安善，每一相思，千里命駕。」

〔註430〕康熙本《曝書亭集》卷七十五《知伏羌縣事蔣君墓誌銘》。四庫本《曝書亭集》此篇有脫文，無此節文字。

〔註431〕《冬日洛城北謁玄元皇帝廟》。

〔註432〕《檇李詩繫》卷二十七。

〔註433〕「玄」，底本作「元」。

竹垞三徑也蕭然，歸夢天涯又隔年。倘肯結鄰長水市，開門同對小
池蓮。

懷鄉口號八首〔註434〕按：諸作向繫《櫂歌》。

醧舫西偏盡竹梧，醧舫，余齋名。〔註435〕《梅里志》：「醧舫在潛采堂之西
南隅。鄭簠書額。」紫微山石盡教鋪。《一統志》：「紫微山在杭州海寧縣東北六十
里。」兒孫鄉里堪娛日，不用千金買佛奴。元濮樂閒以中統鈔一千錠買歌兒汪
佛奴。按：見《輟耕錄》。〔註436〕

和韻

卜居簾外想高梧，穿徑惟須亂石鋪。窮塞主歸無長物，庭花為妾木為奴。〔註437〕

先人舊宅北門樓，舍後斜陽墻影低。門巷傷心難再問，夢魂猶繞舊
沙隄。《國史補》：「凡宰相禮絕班行，府縣載沙路，自私第至於城東街，號曰沙路。」
〔註438〕張籍詩：「白麻詔下移相印，新隄未成舊隄盡。」〔註439〕

和韻

不須鍊藥紫雲樓，隨意江皋草閣低。西馬橋西尋季虎，春船解纜月湖隄。〔註440〕

碧漪坊裏譚公宅，鴨腳清陰半畝餘。《格物總論》：「銀杏一名鴨腳，因葉
相似也。」最憶兒時好兄弟，樹根同讀五車書。五經進士譚公宅在府治東北碧
漪坊。舟石郡丞、左羽孝廉、孝山太守、次友典籍及亡兄舍人夏士皆讀書於是〔註441〕，
余亦與焉。庭有鴨腳樹三本。〔註442〕杜甫詩：「讀書秋樹根。」〔註443〕《莊子》：

〔註434〕 國圖藏本眉批：先生手定改題《懷鄉口號》，則不必追溯「向繫櫂歌」，和作
不必錄。且細玩詩句，的係懷鄉，並無櫂歌體制。

〔註435〕 此係自注，《曝書亭集》原在詩末。

〔註436〕《輟耕錄》卷二十七《妓妾守志》：「汪佛奴，歌兒也，姿色秀麗。嘉興富戶濮
樂閒以中統鈔一千錠娶為妾。」
另，國圖藏本眉批：凡有原注之處，俱宜似此式。

〔註437〕 譚注：「《東軒筆錄》：『范希文守邊日，作《漁家傲》詞，永叔呼為窮塞主。』
王元之贈嘉禾朱宰詩：『猶勝白公尉盝屋，庭花剛喚作夫人。』」

〔註438〕《御定淵鑑類函》卷二十三。

〔註439〕《沙堤行呈裴相公》。

〔註440〕 譚注：「紫雲山，五代時譚仙鍊藥處。月湖在城西北西馬橋右，舍弟方邁別業
在焉。」

〔註441〕 「是」，石印本作「此」。

〔註442〕 此係自注。

〔註443〕《孟氏》。

「惠施多方，其書五車。」〔註444〕

　　和韻

　　竹坨聽說梅溪上，繞屋修篁萬個餘。何日結鄰棲傍舍，然穰同照夜深書。〔註445〕

　　舊日園林半已荒，惟餘曲水繞芳塘。少年最憶春遊好，曾向顏家看海棠。顏家園海棠花最盛，今已摧折。〔註446〕《詩繫》：「嘉興白苧村顏氏有西府海棠四株，樹高大，著名禾地。花時，士女遊觀甚多。」〔註447〕

　　和韻

　　花時午日白荒荒，最愛鸎啼半邏塘。一樣橋頭打雙槳，郎舟雲母妾沙棠。

　　墨林遺宅道南存，《嘉興府志》：「項元汴博物好古，尤精繪事。家藏丹青墨蹟，意得輒臨摹題詠其間，自號墨林山人。嘗得鐵琴一，上有天籟字，下有孫登姓氏，因以名閣。」「道南」，見卷七。**詞客留題尚在門。**項處士元汴有天籟閣，蓄古書畫甲天下。其閣下有皇甫子循、屠緯真諸公題詩，尚存。〔註448〕**天籟圖書今已盡，**先生《項子京畫卷跋》：「余家與項氏世為婚姻。所謂天籟閣者，少日屢登焉。乙酉以後，書畫未爐者盡散人間。近日士大夫好古，其家輒貧，或旋購旋去之，大率歸非其人矣。」〔註449〕**紫茄白莧種諸孫。**《南史‧蔡撙傳》：「齋前自種白莧、紫茄，以為常餌。」〔註450〕

　　和韻

　　沈家園子已無存，一水塘灣護郭門。年少休憐露臺妓，當時曾殺悼王孫。〔註451〕

　　舊遊俞〔註452〕**繆日過從，三李銜杯興最濃。**先生《李氏族譜序》：「吾友良年武曾與兄繩遠斯年、弟符分虎談藝，一時言詩者稱三李焉。」〔註453〕**明月綠窗**

〔註444〕《莊子‧天下》。

〔註445〕譚注：「《南史》：『顧歡，海鹽人。家貧讀書，燃糠自照。』」

〔註446〕此係自注。

〔註447〕《檇李詩繫》卷二十譚主事貞默《顏家海》「附考」。

〔註448〕此係自注，《曝書亭集》原在詩末。

〔註449〕《曝書亭集》卷五十四。

〔註450〕卷二十九。

〔註451〕譚注：「趙叔近，悼王元孫，建炎初為秀州守。初，王淵狎露臺妓周，後歸近，淵銜之。張俊為淵部曲時，秀州茶酒小卒徐明為變，命張俊致討，淵喻以意。俊至郡近郊，迎於郡北沈氏園，俊叱眾折其首，取周娟歸於淵，淵以贈韓世忠。」

〔註452〕「俞」，四庫本《曝書亭集》作「余」。

〔註453〕《曝書亭集》卷四十。

期沈約，崔顥《登八詠樓》詩：「梁日東陽守，為樓望越中。綠窗明月在，青史古人空。」〔註454〕**白鹽赤米問周顒**。憶右吉、天自、斯年、武曾、分虎、山子、青士也。〔註455〕《南史·周顒傳》：「王儉問顒曰：『卿山中何所食？』顒曰：『赤米、白鹽、綠葵、紫蓼。』」〔註456〕

和韻

客遊姜被屢相從，飛夢池塘別思濃。遙計歸航轉吳市，晴山九點數何顒。〔註457〕

司農泉石向來耽，徐穉同遊飲必酣。夢想谿山真意好，曹侍郎秋岳倦圃有谿山真意軒。徐穉指敬可也。〔註458〕**夏天修竹水亭南**。孫樵《出蜀賦》：「嵌嵒嵒而查牙兮，上攢羅而憂天。」

和韻

滕郎高詠興尤耽，毛守登樓宴樂酣。更憶詞人賀梅子，斷腸樂府遍江南。〔註459〕

方外能詩數復公，復公，字文可。住初地菴。詩格最老。〔註460〕《嘉興縣志》：「初地菴在鹽倉坊，明萬曆間僧如恒建。恒，聞人氏裔。有聞人端穆祠。徒通復工於詩學。康熙五年，鼎建法堂。」《廬山記》：「惠遠法師送客過虎溪，虎輒鳴號。送陶元亮、陸修靜，與語，道合，不覺送過虎溪，因大笑。世傳《三笑圖》。」〔註461〕**結茅初地虎谿同。詞人寂寞宜過此，一舸月明湖水東。**

和韻

莬符衰衰付諸公，寂寞名山計不同。苦憶落帆亭下水，步兵只合老江東。

曝書亭集詩注卷八

男　蟠　挍

〔註454〕原題作《題沈隱侯八詠樓》。

〔註455〕此係自注。

〔註456〕卷三十四。

〔註457〕譚注：「仲弟左羽客舒州，將返里，轉客吳下。何山九峰在閶門西，相傳何顒宅。」

〔註458〕此係自注，《曝書亭集》原在詩末。

〔註459〕譚注：「江南月波樓詩，宋人推滕元發擅場。毛守謂澤民。集中有《和賀方回月波樓》詞」。方回以『梅子黃時雨』句得名，人號『賀梅子』。黃魯直贈詩云：『解道江南斷腸句，世間惟有賀方回。』」

〔註460〕此係自注，《曝書亭集》原在詩末。

〔註461〕（宋）陳舜俞《廬山記》卷二《敘山北篇第二》。

曝書亭集詩注卷九

嘉興　楊　謙　纂

桐鄉　金德輿　參

柔兆執徐丙辰

讀葉司城封嵩遊草賦贈王士禎〔註1〕《葉慕廬墓誌》：「葉君井叔，諱封。先世王氏，籍浙西之嘉興。父嗣於葉，始氏葉，徙居武昌縣。順治丁亥進士。康熙中，除延平府推官。改知登封縣。戊午，舉博學鴻儒。報罷歸里，自號退翁。自登封入為兵馬指揮。」〔註2〕毛際可《慕廬詩序》：「歲戊午，葉慕廬先生與余同以文學見徵，待命闕下，晨夕過從甚歡，始得其《嵩遊草》讀之，或浩瀚而雄奇，或清真而沖淡，識者以為可與施愚山先生《中嶽》、《少室》諸詩相為伯仲。」〔註3〕

　　客居通潞春復冬，《一統志》：「通州在順天府東四十五里，本漢潞縣。故城東南八里，王莽置有通潞亭。」有如饑鳥仍投籠。平生夢寐在五嶽，見卷四《觀海行》。垂老未覿嵩陽峯。峯頭玉女定笑我，見卷七《柯將軍園亭》。那不控鶴鞭癡龍。見卷四《上元》。《幽冥錄》：「洛下婦人推其夫入深洞中，有人長三丈，引過九處。柏樹下見一羊，令跪捋羊鬚。初得一珠，長人取之。又得一珠，長人又取之。後一珠令啖之，甚療饑。出問張華，曰：『羊為癡龍。初一珠，食之與天地等壽。次者延年，後者充饑而已。』」〔註4〕瓊漿勿飲良可惜，《搜神後記》：「嵩高山北有

〔註1〕「禎」，底本作「正」。

〔註2〕見《漁洋精華錄》卷七《贈葉井叔三首》金榮注。(《漁洋精華錄集釋》第1100頁。)

〔註3〕按：《曝書亭集》卷三十七《葉指揮詩序》：「歲在丙辰，遇葉君井叔於京師。誦其詩，清而婉，麗而靡，戌削而無刻畫之跡。至於友朋山水之好，流連唱歎而不已，庶幾發乎情，止於禮義，可以化下而風上者與。」

〔註4〕見《御定駢字類編》卷二百十七、《御定佩文韻府》卷七之三。

大穴。晉初，嘗有人誤墮穴中。尋穴而行，忽曠然見明。有二人對坐圍棋，局下有一杯白飲。墮者告以饑渴，棋者曰：『可飲此。』墮者飲之，氣力十倍。棋者曰：『從此西行，有天井。但投身入井，自當出。若餓，取井中物食之。』墮者如言，乃出。歸，問張華，華曰：『此仙館也。所飲者，瓊漿。所食者，龍穴石髓也。』」**白髮滿鏡徒愁容**。溫庭筠詩：「愁容滿鏡前。」〔註5〕**葉君昔年宰登封**，《一統志》：「登封縣在河南府城東一百四十里。」**莓苔洗字尋石淙**。《河南通志》：「石淙山在登封縣東南三十五里。」先生《跋石淙碑》：「右唐武后《夏日遊石淙》詩並序，群臣和者一十六人，河東薛曜正書。久視元年五月，刊於平樂澗之北崖。斯遊，新、舊《唐書》本紀均未之書，計敏夫《唐詩紀事》亦不載，僅見之趙明誠《金石錄》及《樓大防集》而已。予友葉封井叔知登封縣事，撰《嵩陽石刻志》，始著於錄。顧刪去九首，覽者不無憾其缺漏。康熙己卯九日，獲披全文。井叔囊語予，澗壁面水，必穴崖棧木乃可摹拓，故儲藏家罕有之。」〔註6〕**霞梯高高八百**〔註7〕**丈，筍鞋踏遍青芙蓉。廬**〔註8〕**岩瀑飛一疋布**，《嵩山志》：「盧岩在太室東，唐盧鴻隱處。其岩削壁千仞，瀑布飛流而下，姿態萬狀，最為奇觀。」**鐵梁峽偃千年松**，《嵩山志》：「大鐵梁峽在中峰東山之過峽處。梁，峽脊也，俗稱鐵梁橋。小鐵梁峽在大鐵梁東一里許。」《嵩高山記》：「嵩嶽有大松，或百歲千歲。採食其實，得長生。」**仙人十六時相逢**。《唐類函》：「《仙經》云：『嵩高山有太室，高三十餘丈，周圍三百步，自然明燭，相見如日月無異。中有十六仙人，雲月光童子。常在天台，時亦往來此中。人非有道，不得望見。』」〔註9〕**閒吹鴒管響明月**，李賀詩：「王子吹笙鵝管長。」〔註10〕**有時髻插三花穠**。《嵩山記》：「嵩陽寺中忽有思惟樹，即貝多也，一年三花。」〔註11〕《初

按：《初學記》卷二十九《獸部·羊》：
劉義慶《幽明錄》曰：「洛下有澗穴，婦欲殺夫，推下。經多時至底，乃得一穴。宮館金寶為飾，明逾三光，人長三丈。如此九處。至最後告饑，長人指樹下一羊，令跪挼羊鬚。初得一珠，長人取之。次亦取一。後令啖，即療饑。請問九處名，求停不去，答云：『君不得停。』」
《太平御覽》卷九百二《獸部十四·羊》近同。

〔註5〕《渚宮晚春寄秦地友人》。
〔註6〕《曝書亭集》卷四十九。
〔註7〕「百」，四庫本《曝書亭集》作「千」。
〔註8〕國圖藏本眉批：盧。
〔註9〕《仙經》云云，見《北堂書鈔》卷一百六十、《藝文類聚》卷七。
〔註10〕《天上謠》。
〔註11〕見《漁洋精華錄》卷四《送愚山遊嵩山》金榮注，前有「賈思勰《齊民要術》」。
（《漁洋精華錄集釋》第661頁。）按：原出《齊民要術》卷十《槃多》，金榮注所引有刪節。

學記》:「漢世有道士從外國將貝多子,於嵩高西麓種之,有四樹與眾木異,一年三花,白色香美。」漸川俞叟與君往來熟,葉封《嵩山志自序》:「予友俞子汝言自客洛來視予,俞子辭榮好道,志在名山,博識善衡鑒。予喜甚,延留署中,相為裁綴。」言君愛奇恒未足。開筵為蒸玉面貍,《閩記》:「玉面貍,俗號果子貍,最為珍味。」行藥曾騎雪色鹿。杜甫詩:「射殺林中雪色鹿。」〔註12〕樓異《少室三十六峰賦》:「繫馬白鹿,神仙眾兮。」〔註13〕注:「白鹿峯上多白鹿。或云仙鹿,其色皆白。」測景還登測景臺,《名勝志》:「測景臺在登封縣。周公定此地為土中,立土圭以測景。」《嵩山志》:「測景臺在告成鎮,有石,方可仞餘,聳立盈丈,上植石表八尺,刻其南曰『周公測景臺』。」逍遙宛在逍遙谷。《嵩山志》:「逍遙谷在金壺峰下,一名承天谷,即紫虛谷也。唐潘師正隱居處。」偶然長嘯百里聞,每遇殘碑三日讀。《世說》:「歐陽率更行見古碑,是索靖所書,駐馬觀之良久。而去數百步,復還下馬,佇立疲倦,則布毯坐觀,三日乃去。」〔註14〕不見囊中金石編,何殊集古歐陽錄。歐陽修《集古錄自序》:「予性顓而嗜古,故上自周穆王以來,下更秦漢隋唐五代,外至四海九州名山大澤、窮崖絕谷、荒林破冢、神仙鬼物、詭怪所傳,莫不皆有以為〔註15〕集古錄。」崇文門西車轂擊,《畿輔通志》:「京城門九,南曰正陽、曰崇文、曰宣武。」《史記》:「臨淄之塗,車轂擊,人肩摩。」〔註16〕十里黃塵眯人目。見卷六《風懷》。下馬尋君道名姓,一笑情親為鄉曲。投我嵩陽詠百篇,勝聽哀絲與豪竹。杜甫詩:「初筵哀絲動豪竹。」〔註17〕近來海內工詩格,新城王君最雄獨。宋犖《阮亭王公墓誌》:「先世自諸城徙家新城,為濟南望族。」一見君詩許絕倫,同調由來賞心速。君今司城名籍甚,揚雄《城門校尉箴》:「尉臣司城,敢告侍階。」《漢書・陸賈傳》:「名聲籍甚。」〔註18〕栗果少年齊足蹋。《寄園寄所寄錄》:「唐〔註19〕詩詠少年子有云:『樓下劫商樓上醉』;又云:『白晝殺人都市中。』初讀之,以為過。觀於京師之六街九衢,市有劫奪,居者行者相視而不敢救,是則都城習染,易地皆然。安得趙、張、王、尹諸公一以重法繩

〔註12〕《久雨期王將軍不至》。
〔註13〕《御定歷代賦彙》卷十五題作《嵩山三十六峰賦》,葉封《嵩陽石刻集記》卷下題作《三十六峰賦》。
〔註14〕(明)何良俊《語林・企羨第二十二》。
〔註15〕「有以為」,石印本作「有以是遂為」。
〔註16〕卷六十九《蘇秦列傳》。
〔註17〕《醉為馬墜諸公攜酒相看》。
〔註18〕卷四十三。
〔註19〕石印本此處有「人」。

之，使栗果惡少年交斂跡也。』」〔註20〕**入門廳事半栽花，插架圖書尚連屋，**韓愈詩：「鄴侯家多書，插架三萬軸。」〔註21〕杜甫詩：「床上書連屋。」〔註22〕**作吏如君良不俗。閒從巷北期王君，更許高齋醉酾醿。**《荊州記》：「淥水出豫章康樂縣，其間烏程鄉有酒官，取水為酒，酒極甘美，與湘東酃湖酒年常獻之，世稱酃淥酒。」〔註23〕**金箱圖畫恣臥遊，**見卷三。**豈必盧鴻草堂宿。**《唐書·隱逸傳》：「盧鴻，字顥然。開元初，備禮徵再，不至。五年，鴻至東都。復下制，許還山。賜隱居服，營草堂。鴻所居室，自號寧極云。」〔註24〕喬宇《遊嵩山記》：「中嶽廟東北為盧巖，蓋盧鴻隱處。」

春暮何少卿招同故鄉諸子集古藤花下送譚十一孝廉兄之舒州《江南通志》：「安慶府，唐曰舒州。」

古藤二本高刺簷，杜甫詩：「庭中藤刺簷。」〔註25〕**甇甇亂掛驪龍髯。**《晉書·郭璞傳》：「夫攀驪龍之髯，撫翠禽之毛者，而不得絕霞肆、跨天津者，未之前聞也。」〔註26〕**主人築堂二十載，客到盡卷堂中簾。肥香徐來翠陰動，晴絲欲墮朱光炎。**張衡《南都賦》：「曜朱光於白水。」**今年經過物候早，三月已見繁花黏。河豚未罷直沽市，**「河豚」，見卷五。「直沽」，見卷五《雲中客舍》。**牡丹定綠房山尖。**《淥水亭雜識》：「牡丹近數曹亳，北地則大房山僧多種之，其色有大紅、淺綠，江南所無也。」〔註27〕**春風不飲最可惜，急收筆架移書籤。**杜甫詩：「筆架沾窗雨，書籤映隙曛。」〔註28〕**相期鄉黨十數子，同時走送譚孝廉。一觴一詠少長集，**王羲之《蘭亭序》：「一觴一詠」；又：「少長咸集。」**脫畧禮法無纖嫌。懸燈直教猛燭並，**魏文帝詩：「猛燭繼望舒。」〔註29〕**有酒但向深杯添。移時留髡盡送客，**見卷三《逢魏璧》。**三人密坐清宵嚴。北城漏鼓聽漸**

〔註20〕《欽定日下舊聞考》卷一百四十六。
〔註21〕《送諸葛覺往隨州讀書》。
〔註22〕《陪鄭廣文遊何將軍山林十首》其九。
〔註23〕《御定佩文韻府》卷五十五之一、《御定康熙字典》卷三十「酴」。
〔註24〕《新唐書》卷一百九十六。
〔註25〕《絕句六首》其五。
〔註26〕卷七十二。
〔註27〕《欽定古今圖書集成·方輿彙編·職方典卷二十一》、《欽定日下舊聞考》卷一百四十九。
〔註28〕《題柏大兄弟山居屋壁二首》其二。
〔註29〕按：非魏文帝詩。《太平御覽》卷八百七十《火部三·燭》：「魏明帝樂府詩曰：『畫作不輟手，猛燭繼望舒。』」

數，下弦殘月光磨鐮。韓愈詩：「新月似磨鐮。」〔註30〕**捉臥甕人選新格，**
〔註31〕《晉書‧畢卓傳》：「太興末，為吏部郎，常飲酒廢職。比舍郎釀熟，卓因醉，
夜至其甕間盜飲之，為掌酒者所縛。明旦視之，乃畢吏部也，遽釋其縛。」〔註32〕
《通志》：「《捉臥甕人格》，□□□□□□□□〔註33〕，趙昌言撰。」〔註34〕《香祖
筆記》：「昔見朱竹垞簡討詩云：『捉臥甕人選新格。』初不解。及觀《通志》有趙昌言
《捉臥甕人格》及《採珠局格》、《旋棋格》、《金龍戲格》等名，始悟所謂。」〔註35〕
主猶鯨吸賓魚喁。杜甫詩：「飲如長鯨吸百川。」〔註36〕《淮南子》：「水濁則魚
喁。」〔註37〕**人生離多合亦易，有淚肯對花前沾。舒州地勝山水兼，孤城**
皖口跳波漸。《地理通釋》：「皖口。《郡縣志》：『舒州，今安慶府，春秋時皖國，漢
為皖縣。』西有皖山皖水。」〔註38〕**芙蓉之池泛永日，**《齊書‧庾杲之傳》：「出為
王儉衛軍長史，時人呼儉府為入芙蓉池。」〔註39〕《南史‧庾杲之傳》：「蕭緬與儉書
曰：『盛府元僚，實難其選。庾景行汎淥水，依芙蓉，何其麗也！』時人以入儉府為蓮
花池，故緬書美之。」〔註40〕**訟庭無事恒虛恬。**庾闡詩：「寂坐挹虛恬。」〔註41〕
鱘魚凝脂切黃玉，《一統志》：「安慶府出鱘膾。」**翠螺如畫圍蒼蒹。乃知下第**
去亦得，絕勝六街衣馬塵容黔。

題元張子正林亭秋曉圖同高層雲〔註42〕賦

《圖繪寶鑒》：「張中，字子正，松
江人。畫山水師黃一峯。」〔註43〕《銷夏錄》：「張子正《林亭秋曉圖》，紙本立軸，
長二尺五寸，闊九寸，款在右方中間，楷書張子正學井西道人筆，作兩行。右方篆書

〔註30〕《晚寄張十八助教周郎博士》。
〔註31〕國圖藏本浮簽：「捉臥甕人選新格」注：《通志》捉臥甕人下，初印本有《事數》
　　　　一卷，有李庭中撰，有十字連接，趙昌言撰。撰，初印本作序。並上無格字。
〔註32〕卷四十九。
〔註33〕八空格，石印本作「《旋基格》、《謀戲格》三卷」。
〔註34〕卷六十九《藝文略第七‧藝術類第九》。
〔註35〕按：見王士禎《池北偶談》卷二十三《捉臥甕人》，非《香祖筆記》。江浩然《曝
　　　　書亭詩錄》正作《池北偶談》。
〔註36〕《飲中八仙歌》。
〔註37〕《主術訓》。
〔註38〕《御定康熙字典》卷二十《皖》。按：原見（宋）王應麟《通鑒地理通釋》卷十
　　　　二《三國形勢考下》，無「西有皖山皖水」。
〔註39〕《南齊書》卷三十四。
〔註40〕卷四十九。
〔註41〕《衡山詩》。
〔註42〕「層雲」，四庫本《曝書亭集》字號與詩題同。
〔註43〕卷五。

林亭秋曉四字，左角貞節堂印、柳道傳印。」〔註44〕

　　一峰畫品最緻密，《輟耕錄》：「黃子久自號大癡，又號一峯。本姓陸，世居平江之常熟，繼永嘉黃氏。畫山水宗董巨。」〔註45〕《水經注》：「林木緻密。」逾三百載流傳稀。今人摹仿目未睹，但取率畧屏紆縈。殘山剩水不數點，杜甫詩：「剩水滄江破，殘山碣石開。」〔註46〕豈惟神異貌亦非。當時藝事許入室，華亭張中稱庶幾。即如此圖乃學井西王生筆，林亭曉色開熹微。陶潛《歸去來辭》：「恨晨光之熹微。」焜黃老綠下掩百竿竹，是誰竹下結屋關荊扉。橋無一人行，樹無一鳥飛。斜川折溜凡幾轉，古寺突兀樓松圍。《抱朴子》：「樓松，偃蓋松也。」〔註47〕涼雲濛濛不可極，懸泉直下春林霏。歐陽修《醉翁亭記》：「日出而林霏開。」人家磧歷更高處，司馬相如《上林賦》：「下磧歷之坻。」《注》：「磧歷，沙石貌。」〔註48〕水榭八九相因依。武陵桃花笑卑濕，茲山避地堪茹薇。黃忠《與申屠蟠書》：「昔人之隱，雖遭其時，猶放聲絕跡，巢棲茹薇。」〔註49〕當知作者意獨得，能使留題數子傳聲徽。按：留題者凡七人。果育老人詩：「山空禽鳥樂，地僻松竹秀。茅屋是誰家，柴門掩永晝。」陳允明詩〔註50〕：「遠山有飛雲，近山見歸鳥。秋風滿空庭，日落人來少。」如一道人詩〔註51〕：「草堂只在南湖上，山色水光相與清。鷗鳥不來魚不起，落花風颺讀書聲。」全思誠詩：「小橋橫水口，矮屋露林梢。想見山中客，書成擬絕交。」曾烜詩：「故山何處最關心，亭外遙岑入望深。卻憶浪遊江海上，漫教猿鶴守空林。」仲孚詩：「煙濕空林翠欲飄，渚花汀草共蕭蕭。仙家應在雲深處，祗許人行到石橋。」卜同詩：「雲開見山高，木落知風勁。亭下不逢人，斜陽淡秋影。」客中三伏正苦熱，對此羽扇都停揮。安得天風扶我縹緲度絕磴，與君攜手同振千仞岡頭衣。左思詩：「振衣千仞岡。」〔註52〕

〔註44〕（清）高士奇《江村銷夏錄》卷三。

〔註45〕卷八《寫山水訣》。

〔註46〕《陪鄭廣文遊何將軍山林十首》其五。

〔註47〕《太平御覽》卷九百五十三《木部二·松》：「《抱朴子》曰：『天陵偃蓋之松，大谷倒生之柏，凡此諸木，皆與天地齊其長久也。』」

〔註48〕《漢書》卷五十七上。

〔註49〕見（明）賀復徵《文章辨體彙選》卷二百九、（明）梅鼎祚《東漢文紀》卷十七。按：原出（晉）袁宏《後漢紀》卷二十五《孝靈皇帝紀》。

〔註50〕（明）趙琦美《趙氏鐵網珊瑚》卷十四作徐賁詩。

〔註51〕《趙氏鐵網珊瑚》卷十四作王璋詩。

〔註52〕《詠史詩八首》其五。

贈鄭簠字汝器，號谷口，上元人。《小石林詩話》：「鄭谷口簠以八分擅名，竹垞謂古今第一人。喬侍讀次子得穀口指授，弱冠早夭，其絕命辭云：『天下八分鄭谷口，我書似之今亦無。兩人相繼歸黃土，此道將無付子虛。』」

　　金陵鄭簠隱作醫，八分入妙堪吾師。周越《書苑》：「八分者，秦羽人上谷王次仲飾隸書為之。鍾繇謂之章程書。」《蔡文姬別傳》云：「臣父邕言：『割程邈隸字，八分取二分；割李斯小篆，二分取八分；故名八分。』」〔註53〕**碣來賣藥長安市，諸公袞袞多莫知。**杜甫《醉時歌》：「諸公袞袞登臺省。」**伊余聞名二十載，今始邂逅嗟何遲。自從鴻都石經後，**《後漢·靈帝紀》：「光和元年二月，始置鴻都門學生。」〔註54〕《蔡邕傳》：「熹平四年，奏求正定六經文字，靈帝許之，邕〔註55〕乃自書丹於碑，使工鑴刻立太學門外。於是後儒咸取正焉。」〔註56〕**工者疎密無定姿。任城學官闕里廟，**《山東通志》：「濟寧州，周為任、邿二國，秦屬東郡，漢置任城縣。」又：「闕里在曲阜縣城內，居魯兩觀闕右，故名。」**羅列不少漢人碑。**先生《郎中鄭固碑跋》：「泊舟任城南池之南，步入州學，見儀門旁列漢碑五，左二右三。郎中鄭君碑，其一也。」〔註57〕又，《書韓勑孔廟二碑》：「闕里孔子廟庭，漢魯相韓〔註58〕勑叔節建碑二，金陵鄭簠汝器相其陷文深淺，手搨以歸。以余於金石之文有同好也，遠遺書寄余〔註59〕。」〔註60〕**簠也幽尋遍摹搨，**《遊宦紀聞》：「臨、摹、硬黃、響搨，是四者各有其說。臨謂置紙在旁，觀其大小濃淡形勢而學之，若臨淵之臨。摹謂以薄紙覆上，隨其曲折婉轉用筆，曰摹。硬黃謂置紙熱熨斗上，以黃蠟塗勻，儷〔註61〕如角枕，毫釐必見。響搨謂以紙覆其上，就明窗牖間映光摹之。」**羲娥星宿摭無遺。**韓愈《石鼓歌》：「孔子西行不到秦，掎摭星宿遺羲娥。」**郃陽酸棗法尤備，**先生《漢郃陽令曹全碑跋》：「萬曆中，郃陽縣民掘地，得漢曹全碑，以其最後出，字畫完好。漢碑之存於今者，莫或過焉。」〔註62〕又，《漢酸棗令劉熊碑跋》：「右漢酸棗令廣陵劉熊孟陽碑，上元鄭簠汝器所藏。碑文全泐，存字不及百名，

〔註53〕見《杜詩詳注》卷十八《李潮八分小篆歌》「大小二篆生八分，秦有李斯漢蔡邕」。
〔註54〕卷八。按：《後漢書》卷六十下《蔡邕列傳》：「光和元年，遂置鴻都門學。」
〔註55〕石印本「邕」上有「蔡」字。
〔註56〕卷六十下。
〔註57〕《曝書亭集》卷四十七。
〔註58〕「韓」，石印本無。
〔註59〕「遠遺書寄余」，石印本作「遠道遺書以寄余」。
〔註60〕《曝書亭集》卷四十七《書韓勑孔廟前後二碑并陰足本》。
〔註61〕「儷」，《遊宦紀聞》卷五作「儼」。
〔註62〕《曝書亭集》卷四十七。

筆法奇古，汝器以為絕品。」**心之所慕手輒追。**《晉書·王羲之傳·論》：「心慕手追，此人而已。」**黃初以來尚行草，**《魏志·文帝紀》：「改延康為皇初。」〔註63〕張懷瓘《書斷》：「魏初有鍾、胡二家，為行書之法，兼真者謂真行，帶草者謂草行。」**此道不絕真如絲。開元君臣雖具體，**《宣和畫譜》：「唐明皇初見翰苑書體，狃於世習，銳意作章草八分，遂擺脫舊學。」〔註64〕杜甫《贈李潮八分歌》：「尚書韓擇木，騎曹蔡有鄰。開元已來數八分，潮也奄有二子成三人。」〔註65〕庾肩吾《書品論》：「學者鮮能具體，窺者罕得其門。」**邊幅漸整趨肥癡。**《唐書·文藝傳》：「近世文章，張九齡如輕縑素練，實濟時用，而窘邊幅。」〔註66〕《黃山谷集》：「唐初字學勁健，得晉宋風。開元後，變為肥厚。」〔註67〕《清暑筆談》：「如書畫家，不善使墨，謂之墨癡。」〔註68〕**寥寥知解八百禩，盡失古法成今斯。邇來孟津數王鐸，**《續圖繪寶鑒》：「王鐸，字覺斯，孟津人。」《王公墓誌》：「近代儒者不講六書之義，自李茶陵、楊新都後，幾為絕學。天啟間，孟津王公覺斯蔚起詞林，以六書為己任，如李監之生開元也。」〔註69〕**流傳恨少無人披。太原傅山最奇崛。**見卷七。**魚頽鷹跱勢不羈。**梁元帝《上東宮古蹟啟》：「遊霧重雲，傳敬禮之法；鳥頡魚頽，表揚泉之賦。鷖鷟之勢，既聞之於索靖；鷹跱之巧，又顯之於蔡邕。」〔註70〕**臨清周之恒，**見卷五。**委曲也得宜。勾吳顧苓粵譚漢，**《明詩綜》：「顧苓，字雲美，吳縣人。有《塔影園稿》。《詩話》：『雲美精隸書，余嘗遇之山塘，借入骨董肆中，見鼎彝刀尺，款識悉能誦，文從字順，每歎為不可及。』」「譚漢」，見卷六。**暨歙程邃名相持，**見卷七。**未若簠也下筆兼經奇。**袁昂《上武帝古今書評啟》：「張芝經奇，鍾繇特絕。」**綿如煙雲飛欲去，屹如柱礎立不移。或如鳥驚墮羽翮，或如龍怒撐之而。**《考工記》：「深其爪，出其目，作其鱗之而。」**箕張昂萃各異**

〔註63〕《三國志》卷二。

〔註64〕卷一。

〔註65〕原題《李潮八分小篆歌》。

〔註66〕見《御定駢字類編》卷一百四十、《御定佩文韻府》卷二十九之二，稱「《唐書·駱賓王傳》」。按：原出《新唐書》卷二百一《文藝列傳上·駱賓王》。

〔註67〕《欽定古今圖書集成·理學彙編·字學典卷九十四》。

〔註68〕《欽定古今圖書集成·理學彙編·字學典卷一百五十一》。

〔註69〕按：見江浩然《曝書亭詩錄》，然隱沒作者，作三空格。引文原出自《牧齋有學集》卷三十《故宮保大學士孟津王公墓誌銘》，故《曝書亭詩錄》缺字恐為「錢謙益」，係有意隱沒。

〔註70〕按：《藝文類聚》卷七十四：

梁元帝《上東宮古蹟啟》曰：「竊以鷖鷟之勢，既聞之於索靖；鷹跱之巧，又顯之於蔡邕。是以遊霧重雲，傳敬禮之法；鳥頡魚頽，表揚泉之賦。」

狀，王僧虔《書賦》：「沉若雲鬱，輕若蟬揚。稠必昂萃，約實箕張。」屏幛大小
從所施。平山堂成蜀岡湧，見卷七。百里照耀連雲槤。工師斲扁一丈六，
眾賓歎息相瞠眙。馬融《長笛賦》：「留際瞠眙。」須臾望見簁來至，井水一
斗研隃麋。《漢官儀》：「尚書郎作文書，月賜隃麋墨一枚。」注：「隃麋，漢地名，
屬鳳翔府。」由來能事在獨得，筆縱字大隨手為。《南史・劉穆之傳》：「武帝
書素拙，穆之曰：『此雖小事，然宣布四遠，願公小復留意。』帝既不能留意。又稟
分有在，穆之乃曰：『公但縱筆為大字，一字徑尺無嫌大，即足有所包，其勢亦美。』
帝從之，一紙不過六七字便滿。」〔註71〕觀者但妒不敢訾，五加皮酒浮千鴟。
《江南通志》：「五加皮，今揚州府高郵以之造酒。」揚雄《酒箴》：「鴟夷滑稽，腹
大如壺。」□□□□□□〔註72〕蘇軾詩：「金錢百萬酒千鴟。」〔註73〕我聞此事
足快意，目雖未覩心已怡。安得留之數晨夕，醉時竊榼醒肩隨。《晉書・
衛恒傳》：「靈帝好書，時多能者，而師宜官為最。或時不持錢詣酒家飲，因書其壁，
雇觀者以酬酒，計錢足而滅之。每書輒削而焚其榼。梁鵠乃益為版而飲之酒，候其
醉而竊其榼。」〔註74〕《禮》：「五年以長則肩隨之。」〔註75〕盧溝橋北風已厲，
見卷七《送葉上舍》。子今南去生凌澌。杜甫詩：「巴東之峽生凌澌。」〔註76〕
驪駒在路留未得，歲聿其暮雲誰思。《詩》：「歲聿其暮。」〔註77〕又：「云誰
之思。」〔註78〕鍾山草堂定好在，《一統志》：「鍾山在江寧府東北。」梁簡文帝
《草堂傳》：「汝南周顒昔經在蜀，以蜀草堂寺林壑可懷，乃於鍾嶺雷次宗學館立寺，
因名草堂，亦號山茨。」〔註79〕放溜且任吳中兒。華陽瘞鶴字刻露，《集古
錄》：「右《瘞鶴銘》，題云華陽真逸撰，刻於焦山之足，好事者伺水落時模而傳之，
祇得其數字云。」〔註80〕鄧尉遺樹花參差。見卷六。無錫城邊見嚴四，名繩
孫。示我長歌一和之。

〔註71〕卷十五。按：早見《宋書》卷四十二《劉穆之傳》。
〔註72〕底本空六格，石印本作「按鴟夷酒器」。
〔註73〕按：非蘇軾詩，出秦觀《觀易元吉獐猿圖歌》。
〔註74〕卷三十六。
〔註75〕《禮記・曲禮上》。
〔註76〕《後苦寒行二首》其二。
〔註77〕《唐風・蟋蟀》。
〔註78〕《邶風・簡兮》。
〔註79〕見《御定佩文韻府》卷十五之二。按：原出《文選》卷四十三孔稚圭《北山移
　　　文》「鍾山之英，草堂之靈」李善《注》。
〔註80〕卷十《瘞鶴銘》。

送顧瀛之沂州《文類》二首。其二云：「苦酒千鍾任客持，訟亭無事晝簾垂。春遊試問桃花澗，勝汎芙蓉庾杲之。」

官亭把袂惜離居，南指臨沂歲未除。《隋書‧地理志》：琅琊郡有臨沂縣。行過蒙陰山葉響，《名勝志》：「蒙陰縣在青州府西南二百五十里。」馬頭青壤雪消初。

壽何少卿元英

冷卿宴客已無錢，蘇軾《送魯元翰知洺州》詩：「適館雖云樂，冷卿當復溫。」注：「世傳京師謂光祿為飽卿，衛尉為煖卿，鴻臚為睡卿，司農為走卿，宗正為冷卿。煖卿謂其管儀鸞供帳之類，冷卿謂其管玉牒所。」〔註81〕猶有南牀許醉眠。〔註82〕《御史臺記》：「唐御史食牀之〔註83〕南設榻，謂之南牀。例不出累月遷登南省，故號南牀。」清鏡看來容四十，練裙書禿管三千。杜牧詩：「攻書筆禿三千管。」〔註84〕日邊初度春尤近，雪後今宵月最圓。弟子麴車來不少，相留判飲到新年。

壽劉編修芳喆二首

金錢袞袞考堂輸，《史記‧平準書》：「農工商交易之路通，而龜貝金錢刀布之幣興焉。」〔註85〕《唐書‧李林甫傳》：「戶部有考堂，天下歲會計處。」〔註86〕今日通階昨日殊。《後漢書》：「虞翻言：『臺郎顯職，仕之通階。』」〔註87〕誰似編修甘寂寞，七年不向〔註88〕集賢趨。《唐書‧百官志》：「明皇常〔註89〕選耆儒，日一人侍讀，以質史籍疑義，置集賢殿侍講學士、侍讀直學士。」

人日梅花一月前，騷人初度棄弧懸。賈誼《新書》：「懸弧之禮義。東方之弧以梧。梧者，東方之草，春木也。其牲以雞。南方之弧以柳。柳者，南方之草，夏

〔註81〕係王注，見《施注蘇詩》卷二十四。按：原題《用舊韻送魯元翰知洺州》，「適」作「道」。

〔註82〕國圖藏本眉批：菆音由御史轉卿，故云。

〔註83〕「之」，石印本作無。

〔註84〕《寄唐州李玭尚書》，「攻書」原作「書功」，與下句「領節門排十六雙」對。

〔註85〕卷三十。

〔註86〕《新唐書》卷二百二十三上《姦臣列傳上‧李林甫》。

〔註87〕按：非虞翻言，乃虞詡言，見卷八十八《虞詡傳》。

〔註88〕「向」，四庫本《曝書亭集》作「見」。

〔註89〕「常」，《新唐書》卷四十七作「嘗」。

木也。其牲以狗。中央之弧以桑。桑者,中央之木也。其牲以牛。西方之弧以棘。棘者,西方之草,秋木也。其牲以羊。北方之弧以棗。棗者,北方之草,冬木也。其牲以彘。」〔註90〕**蕭然賦就攜群從**,見卷六《風懷》。**絕勝徵歌玳瑁筵**。李白詩:「歌舞淹留玳瑁筵。」〔註91〕

強圉大荒落丁巳

河豚歌見卷五。

　　天津之水連北溟,見卷五《八月十五》。**七十二沽瀠回汀**。《寶坻縣志》:「縣東南有七十二沽。」**漁師乘春漾極浦,舴艋葉葉輕於萍**。《集韻》:「舴,船短而深。」《玉篇》:「艋,小船也。」**河豚此時舉網得,活東小大同賦形**。《爾雅》:「科斗,活東。」《本草綱目》:「河豚狀如科斗,大者尺餘。」**賣不值錢棄可惜,堆置更比凡魚腥。南人見之莞爾笑**,《居易錄》:「天津河豚最多,然惟南人嗜之。」〔註92〕**是物足勝通侯鯖**。《西京雜記》:「五侯不相能,賓客不得來往〔註93〕。婁護豐辨〔註94〕傳食五侯間,各得其懽心,競致奇膳。護乃合以為鯖,世稱五侯鯖,以為奇味焉。」〔註95〕**葦蒲束取十百輩**,黃庭堅《謝送蟹》詩:「寒蒲束縛十六輩。」〔註96〕**馬馱車載兼手拎**。《玉篇》:「拎,手懸撚物也。」**晨興主人食指動**,《左傳》:「楚人獻黿於鄭靈公,公子宋與子家將見。子宋之食指動,以示子家,曰:『他日我如此,必嘗異味。』」〔註97〕**忽覩兩縛陳吾庭。客來疾呼莫莫莫**,《全唐詩話》:「司空圖題休休亭之楹曰:『咄咄!休休休,莫莫莫,伎倆雖多性靈惡,賴是長教閒處著。』**亟當投畀煩丁寧**。《後漢‧郎顗傳》:「丁寧再三,留神於此。」〔註98〕**食熊者肥食蠶瘦**,李賀《苦晝短》〔註99〕:「食熊則肥,食蠶則

────────────

〔註90〕《欽定古今圖書集成‧曆象彙編‧歲功典卷十》。按:原出《新書》卷十《胎教》。
〔註91〕《流夜郎贈辛判官》。
〔註92〕卷六。
〔註93〕「來往」,石印本作「往來」。
〔註94〕「辨」,《西京雜記》作「辯」。
〔註95〕卷二。
〔註96〕原題《謝何十三送蟹》。
〔註97〕宣公四年。
〔註98〕卷六十下。
〔註99〕底本「苦晝」與「短」間空一格,石印本作「苦晝短詩」。

瘦。」豆令人重榆則瞑。嵇康《養生論》:「豆令人重，榆令人瞑。」《博物志》:「人啖豆三年，則身重，行止難；啖榆則眠不欲覺。」〔註100〕彼猶無傷此獨甚，犯之不異沖鈴釘。《正韻》:「鈴釘，矛名。」郭璞曰:「鶴鵔矛，江東呼為鈴釘。」主人語客且安坐，吾言物理君試聽。人生一死各有候，韭英棗華木葉零。《黃帝素問》:「脈至如散葉，是肝氣予虛也，木葉落而死。脈至如省客，省客者，脈塞而鼓，是腎氣予不足也，懸去棗花而死。脈至如湧泉，浮鼓肌中，太陽氣予不足也，少氣味韭英而死。」〔註101〕即如飲啄亦分定，鼎腹豈必堅關扃。蘇軾詩:「江干高居堅關扃。」〔註102〕雖云甘脆腐腸藥，枚乘《七發》:「甘脆肥醲，命曰腐腸之藥。」不聞茹藿長延齡。茲魚信毒種乃別，膹胸有法食有經。見卷六《食鐵腳》。《隋書‧經籍志》:「《淮南王食經》並目，百五十六卷，大業中撰。」〔註103〕《通志》:「崔浩《食經》五卷〔註104〕。馬琬《食經》三卷。」或如燕子尾涎涎，見卷二《贈張五》。或如束帶腰黃鞓。《集韻》:「鞓，繫綬也。」今之饋者皆不爾，安用荷鍤〔註105〕薶丘冥。抉精刮膜漉出血，《本草綱目》:「吳人言河豚血有毒，脂令舌麻，子令腹脹，眼令目花，有『油麻子脹眼睛花』之語。」〔註106〕「漉出血」，見卷一《平陵東》。如鱉去醜魚乙丁。《禮》:「魚去乙，鱉去醜。」〔註107〕《爾雅》:「魚枕謂之丁，魚腸謂之乙。」磨刀霍霍切作片，《木蘭詩》:「磨刀霍霍向豬羊。」井華水沃雙銅鉼。《本草注》:「井華水，平旦第一汲者是。」薑芽調辛橄欖醢，《格物論》:「河豚，橄欖、蘆根解其毒。」曾鞏《金陵初食河豚》詩:「蘆芽橄欖實，調芼雜薑薤。」荻筍抽白蔞蒿青。見卷八《櫂歌》。日長風和灶觚淨，見卷六《風懷》。纖塵不到晴窗櫺。《本草綱目》:「煮河豚忌煤炱落中。」重羅之麷生醬和，束皙《餅賦》:「重羅之麷，塵飛白雪。」《本草》:「醬殺一切魚肉菜蔬蕈毒。」凝視滓汁仍清泠。吾生年命匪在卯，《倦遊錄》:「河豚魚有大毒。肝與邠〔註108〕，人食之必死。」奚為舌縮箸躕停。西施乳滑恣教餤，見

〔註100〕卷四《食忌》。
〔註101〕《奇病論篇第四十七》。
〔註102〕《西山戲題武昌王居士》。
〔註103〕《隋書》卷三十四《經籍志三》作「百六十五卷」。《通志》卷六十六亦著錄「百六十五卷」。
〔註104〕《通志》卷六十九著錄崔浩《崔氏食經》四卷。
〔註105〕「鍤」，四庫本《曝書亭集》作「插」。
〔註106〕卷四十四《鱗之三‧河豚》。
〔註107〕《內則》。
〔註108〕「邠」，石印本作「卯」，同。按:（宋）胡仔《漁隱叢話》後集卷二十四:「《藝

卷五《憶河豚》。**索郎酒醾未願醒。**《水經注》：「魏秦州刺史治太和，遷都，罷州，
置河東郡。民有姓劉名墮者，宿擅工釀，採挹河流，醞成芳醇，排於桑落之辰，故酒
得其名。自〔註109〕王公庶友，牽拂相招者，每曰『索郎有顧，思同旅語』。索郎反語
為桑落也。」〔註110〕**入唇美味縱快意，**杜甫詩：「當令美味入吾唇。」〔註111〕
累客坐久心方寧。起看牆東杏花放，橫參七點昏中星。《禮》：「季春之月，
日在胃昏七星中。」〔註112〕《四民月令》：「三月：昏參星夕，杏花盛，桑葉白。」

送董孝廉愷遊五臺字舜民，武進人。有《蒼梧詞》。《一統志》：「五臺山在太原府
五臺縣東北一百四十里，環五百餘里，五峰高出雲表。世傳北方有文殊師利所居之地
曰清涼山，即此也。」《文類》二首。其二云：「樂府新聲次第裁，清涼百尺坐高臺。
好填望月婆羅引，一洗邊愁阿㜷回。」〔註113〕

    軍都關外朔雲屯，見卷七《送陳叟》。**過盡龍堆入雁門。**見卷五《雲中至
日》。《雁門關》。**一路金光瑤草色，**《廣異記》：「謝元卿至東嶽夫人所居，有異草葉
如芭蕉，花正黃色，光可以鑒。曰：『此金光草也。食之化形靈元，壽與天齊。』」**青
天直上五峯尊。**杜甫詩：「祝融五峰尊，峰峰次低昂。」〔註114〕

兕觥歌觥為許文穆公餞趙太史定宇物，為何少卿賦。〔註115〕《靜志居詩話》：「江陵
奪情，事在萬曆五年七月。迨十月朔，彗星見，大內火。於是既望三日，吳編修中行疏
上。次日，趙檢討用賢疏上。又次日，艾員外穆、沈主事思孝疏上。江陵怒不可止，而
諸公均受杖矣。許文穆以庶子充日講官，為吳、趙二公餞。鐫玉杯一，銘曰：『斑斑者
何卜生淚，英英者何蘭生氣，追之琢之永成器』，以贈吳公；犀杯一，銘曰：『文羊一角，
其理沈黝。不惜剖心，寧辭碎首。黃流在中，為君子壽』，以贈趙公。玉杯今不見，犀
者為吾鄉何少卿蓺音所得，余嘗飲此作歌。」〔註116〕按：章藻功《藏趙公兕觥記》云：
「潁陽生許國為定宇館丈題贈。趙傳之門人黃端伯，黃傳之門人陳潛夫。兩賢皆殉國難。

    苑雌黃》云：『予按《倦遊錄》云：河豚魚有大毒。肝與卵，人食之必死。』」
    此語又見（宋）江少虞《事實類苑》卷六十三《風俗雜志·魚》，「夘」亦作
    「卵」。
〔註109〕「自」，底本、石印本作「目」，據《水經注》改。
〔註110〕卷四。
〔註111〕《撥悶》。
〔註112〕《月令》。
〔註113〕國圖藏本眉批：手定刪詩不必存。
〔註114〕《望嶽》。
〔註115〕此係自注。
〔註116〕《明詩綜》卷五十六「吳中行」。

余,陳壻也,謹受而藏之。」審是則兕觥有二矣,不知何者為是。〔註117〕

〔註117〕 按:(清)張晉《兕觥歸趙歌並序》:

嘉慶壬戌,余寓都中玉極庵,同寓為明趙文毅公後裔同蔡明府。出示石刻兕
觥、歸趙詩冊並所繪兕觥圖。按圖,觥闊四寸,高二寸許,上有銘云:「文羊
一角,其理沈黝,不惜剖心,寧辭碎首?黃流在中,為君子壽。潁陽生許國
為定字館丈題贈。」蓋文毅劾張江陵奪情,得罪去國時,許以此贈之也。文
毅傳之門人黃端伯,黃傳之門人陳潛夫。章太史藻功,陳壻也,因受而藏之。
後乃歸曲阜顏衡齋。文毅五世孫趙者庭介翁,覃溪學士以玉爵易歸。覃溪有
長歌並記,同時作者不下百人。

丈夫許國當不朽,安問剖心與碎首。丈夫即貶宜緘口,此時只合飲醇酒。君
不見,文毅在昔官編修,文章氣節無與儔。一朝目擊奪情事,建言不為身家
謀。可憐疏人忤時相,罷官得罪予廷杖。當年直道雖未行,朝野莫不聞其名。
單車蕭然出都去,阻道者誰潁陽生。跪奉兕觥把君手,殷勤願為君子壽。神
羊原能逐眾邪,文羊何必輸中卣。此兕流傳二百年,歸黃歸陳亦屢遷。身歷
滄桑閱朝市,天令鬼守非虛言。珍藏更有章太史,後乃卒歸顏氏子。傳聞趙
氏有孤孫,每誦銘言淚如水。覃溪學士今詞宗,以詩為介遺顏公。千里持歸
告家廟,寶之直與璠璵同。伊余偶作長安客,摩挲新圖重太息。區區一觥何
足言,中有忠臣舊精魄。觥縱不歸人亦寶,觥歸乃見孤孫好。作歌下拜情未
舒,恨不見觥惟見圖。對酒挑燈更展玩,紙上生稜墨花燦,夜夜虹光射霄漢。

(清)潘衍桐編纂《兩浙輶軒續錄》卷十錄張雲璈《兕觥歸趙歌並序》(浙江
古籍出版社2014年版,第3冊第576~577頁):

明神宗之五年,江陵奪情起用,虞山趙文毅公〔用賢〕及編修吳中行疏劾之,
予杖論戍。許文穆公〔國〕時為庶子,鐫玉盃以贈吳,兕觥以贈趙。兕觥之
銘曰:「文羊一角,其理沈黝,不惜剖心,寧辭碎首?黃流在中,為君子壽。」
是兕觥傳之黃端伯、陳潛夫,又傳之章藻功、何薜音諸人。今歸曲阜顏氏,
文毅後裔者庭明府〔王槐〕訪得之,乃走豫章,請學使覃溪翁先生詩文為介,
並別製玉觥,易之以歸,微詩於諸名士。予重其事可傳,勉繼珠玉之後。

鳳皇詔下慈烏里,琶室驚看棘人起。手拋苴杖換魚鬚,綷縩朝衣拖慘紫。〔《朝
野雜記》:「大臣奪情者,服慘紫之袍。」〕相公名重在金甌,朝士書飛穗滿銅
甌。玉堂仙人動白簡,姓氏群傳說天水。彤庭拜杖血肉飛,屈軼當階差可擬。
君門萬里無騰錢,祖帳同朝酌清醴。兕觥一角似神羊,嶽嶽清威防觸抵。酒
酣耳熱意氣動,銘語琳琅無溢美。蕭然行李出都門,何幸相隨共邊徙。微物
由來有謹持,魯市流傳動逾紀。收藏卻自亞聖後,彝鼎同時藉丹緹。公之賢
裔重物色,走請鴻文具筐篚。以玉易犀無吝容,合浦珠還庶堪比。傳聞顏氏
久護惜,不許塵沙橫相被。玉觥藉此存舊跡,豈有貪心論倍蓰?使君健筆作
介紹,其事皆堪附青史。江陵氣燄張天下,身後頻遭縶帶褫。紛紛寶器歸朝
廷,深悔徒前搆邊邸。〔江陵以遼妃訟冤被籍。〕一物何曾返故家,過眼雲煙
已如彼。此觥何意落人固,奕禩相傳到孫子。題曰歸趙亦奇合,事有數存非
偶而。居然聲價比連城,懷璧於今完不毀。要知所寶不在大,玉罍金尊同敝
屣。二百餘年口澤存,薦以黃流公亦喜。奪情首議倡者誰,共說當年侍郎李。
〔幼孜。〕以觥為撻醉爾魂,地下懸知顙有泚。

趙翼《兕觥歸趙歌》(《趙翼全集》第4冊第154頁):

觥為吾宗常熟文毅公劾江陵廷杖出都時許文穆贈行物，上有銘詞，所謂「文羊一角」者也。後流轉於黃端伯、陳潛夫、章藻功、何蘒音諸家，近又在曲阜顏衡齋處。翁覃溪詹事以告文毅五世孫者庭。者庭將以玉杯易歸，而乞覃溪文為乘韋先，並遍丐諸名士作詩張之，以要必得。余故者庭父謹凡先生門下士，且羣從行也，不可無詩，爰為作歌。

相公父死宜歸哭，相公不歸門生促。白簡繞上赤棒來，午門前濺書生肉。柴車一兩削籍行，良友贈之青觥觥。神羊一角理沉黝，銘詞親鑴鐵筆鏗。彝勺班中一禮器，朋酒絲衣肅賓祭。胡為翻入骪臣裝，率彼曠野寘榛薈。緣知饋餼寓意深，要寫觸邪力贔屭。當日權門勢炙手，虎豹當關誰弗避。奪情疏忽出延陵，削牘繼之亟奮臂。薜孤延與霹靂鬥，鬚髮俱焦呼震地。拜杖並不噆蚖蛇，家有渾身膽堪試。此段錚錚百鍊剛，伉直豈惟杜賁醢。一株犀角斷成杯，恰與透骨冰霜屬。是宜什襲逾瓊瑤，長與臘齒藏宗祧。何年流轉出人世，主雖屢易器尚牢。頗聞魏公傳家笏，近傍顏氏陋巷瓢。神物將歸有先兆，邅迍覃溪為介紹。初孫凜然念先緒，誓返故物弄家廟。已琢玉卮為厚償，復乞椽筆作先導。杖瘢忍痛祖宗烈，椸澤興懷子孫孝。此意應蒙觥主憐，會見完璧速歸趙。

翁方綱《復初齋詩集》卷十七《書明許文穆贈趙文毅觥銘拓本後》（《續修四庫全書》第 1454 冊，第 503 頁）：

朱檢討作觥觥歌，章吉士有觥觥記。記端大書曰三忠，上下低回百年事。三忠趙公黃暨陳，能飲此觥能致身。章也自言陳氏壻，婁江秀水皆前塵。秀水之詩未鑴櫝，要我重書合成軸。何前章袞奚必疑，桂生顏生遞相屬。桂生昨飲顏氏齋，醉呼許趙雲吾儕。其時窗燈暈屋月，萬古鬱勃傾胸懷。八分小書氣莽莾，潁陽生為定字丈。爾日匆匆出國門，有此雕鑴發奇響。我筆此條光日星，〔方綱纂修《明綱目》，謹增此二銘於萬曆五年分注下。〕直作史讀弗作銘。秖有玉杯可交酢，何須送者滿都亭。政使重摹已堪羨，何況流傳真不贋。曲阜藏來又幾年，必逢佳客方酣釅。我未見觥初讀文，我不善飲頗識真。易逢瑳琢光晶器，難遇嶔崎磊落人。

卷三十四《觥觥歸趙歌》（《續修四庫全書》第 1454 冊，第 675 頁）：

觥觥傳來二百年，黃陳章後今歸顏。朱檢討詩未銘櫝，而我一再詩文編。予囊為此觥作歌並考辨，此齋此觥緣不淺。摹冊成圖褾成卷，觥居東魯定我懷。卷到西江欣客展，客為誰乎可共論，文毅五世之賢孫。是夕挑燈墮雙淚，天風激蕩江怒奔。趙叟雙瞳爛如電，見此兼旬廢眠飯。湖湘三月寄書來，不辭千里陳初願。報書我為析其由，百斛明珠那惜酬。只緣陋巷珍高義，代友論心直到秋。秋來訪我廬山麓，青眼相看真面目。地從江介指齊魯，天教舊物歸嘗熟。顏公心事惟我知，顏公嗜好乃獨奇。世間無物此觥配，壓囊只要覃溪詩。君往叩門再拜說，淡交千古盟冰雪。月暈光仍舊酒痕，血誠氣可穿山裂。顏公奉觥向君笑，趙叟傾心誓相報。觥喜多年逢故人，叟泣還鄉告家廟。向來藏觥事偶然，今日還觥事更傳。譜出觥觥新樂府，壓倒米家虹月船。

卷三十七《明常熟趙文毅觥觥久藏曲阜顏氏，文毅五世孫者庭不遠數千里，持予詩往求，今竟得之。者庭賦詩寄謝，次韻四首，並邀同志和之，以誌藝林快事》（《續修四庫全書》第 1455 冊，第 10 頁）：

此物思歸二百年，小詩何力敢貪天。憶君灑淚秋燎夕，訪我匡廬嶽麓偏。報國書丹留碧血，傾家買玉換觥船。〔者庭刻玉杯以易之。〕要令奕葉傳忠孝，

不是區區翰墨緣。

老翁七十誓拳拳，實仗精誠上格天。家廟歸來神醉止，椒漿莫罷燭花偏。一庭感泣孫攜手，兩載奔馳騎輿船。安得延陵和璧在，檟還同閟訴前緣。〔吳氏玉杯已失。〕

當時痛飲國門前，感動長星耀互天。威鳳九苞遺響在，交羊一角觸邪偏。丈夫自要垂青史，奇氣聊憑寄酒船。千古士風須砥礪，激昂名節恥貪緣。

樂府新教曲譜傳，歌聲薊北接南天。栝栳所繫綱常重，銘篆非關嗜好偏。得味簞瓢來魯巷，催詩珠玉壓吳船。桂頷此夕明湖夢，時向蘇齋證昔緣。〔桂謂未谷。〕

《復初齋文集》卷二《為常熟趙氏乞曲阜顏衡齋歸觥觫序》（《續修四庫全書》第 1455 冊，第 366 頁）

明神宗之五年，張居正父死奪情時，編修吳行、檢討趙用賢疏劾之，受廷杖出國門，庶子許國鐫玉杯以贈吳，觥觫以贈趙。觥觫之銘曰：「文羊一角，其理沈黝。不惜剖心，寧辭碎首。黃流在中，為君子壽。穎易生許國為定宇館丈題贈。」是觫傳之黃端伯、陳潛夫，又傳之章藻功、何薳音諸人，今在曲阜顏衡齋所。乾隆戊戌夏，衡齋拓其文來京師，予為賦詩並考辨，而以拓本裝冊存於篋。丙午秋，奉使江西，而趙翁者庭自常熟往湖南，道出南昌見訪。語及家世，知為趙公五世孫也。出拓本相眎，翁泫然久之別去。明年春，予按試袁州，翁自醴陵寓書來，道其積念先澤之忱，篤於癯寐，乞為致書顏氏，謀所以易之者。予謂衡齋為人，重然諾，敦古義，非可以利干也。無已，則以法書名帖相易，可乎？然亦不敢必也。得此札時，予為篝燈夜起，耿耿無寐，願以翁此意風屬天下為人後者，是可以作忠教孝矣。然使者既已還楚。其秋七月，翁果自來訪予於南康。予時扃院試士，不可與客通謁也，謂翁可相待旬日不，翁曰諾，則僦旅舍以俟予試竣，而屬予為文乞之。予曰：顏氏之物既無物可以相易，若某之文，又豈足道乎！然竊念衡齋於鄙人文字有篤嗜之癖焉，且夫顏氏收藏之博、鑒別之精不止此一觫也，若其歸於趙氏，則二百年先人之手澤也，在收藏家損一物，不足減其美富，而在孝孫之用心得此一物，足以回二百餘年忠義之氣，則豈獨予願之，天地神祇將昭格而式憑之，是故至情之歌泣可以動鬼神而貫金石也。今者庭趙翁不遠數千里，凌寒暑，涉艱辛，百方營求之不恤，乃獨欲假鄙人之一言，而敢以拙劣辭哉？予既為賦觥觫歸趙之歌，又為之小引，將遍乞京師及四方知交共屬而和焉。蓋深懼鄙言之拙且寒，不足以讚揚顏氏高誼之什一，而尤冀當世通人麗藻交誦而傳道之也。於是乎書。

卷十五《觥觫辨》（《續修四庫全書》第 1455 冊，第 493～494 頁）：

明常熟趙文毅所藏觥觫，上有許文穆八分書贈銘。萬曆五年，文毅劾張江陵杖謫時事也。檟刻篆云三忠口澤：其旁八分書國朝錢塘章息廬吉士記，云：趙傳門人黃端伯，黃傳門人陳潛夫。兩賢皆殉國難。余，陳壻也，謹受而藏之，為之記。而朱竹垞《觥觫歌為何少卿賦》云「神羊一角詎有雙，流傳既久歸婁江。張公以之遺弟子，敢諫吾公趙公似。」近人注竹垞詩者，謂同時何、章二家皆有此觫，疑必有一贗者矣。方綱按：何薳音元英，秀水人。順治十二年進士。康熙七年，由戶部郎中授御史，補鴻臚少卿。竹垞賦此詩在康熙十六年丁巳。章息廬藻功康熙四十二年選庶吉士。今考息廬集中有《藏觥觫記》云：「先賢贈友，衣鉢非誣；即外姑畀予，栝栳斯在。」而其《送傅座主歸西川兼以觥觫志別序》云：「黃海岸先生義重君臣，捐軀殉國。陳元倩先生出偕

　　覆玉盌，屏香螺，《西京雜記》：「香螺卮出南海。」〔註118〕庾信詩：「香螺酌美酒。」〔註119〕徹銀鑿落金叵羅。白居易詩：「銀含鑿落瑳。」〔註120〕《北史·祖珽傳》：「神武宴僚屬，於坐失金叵羅，竇泰令飲酒者皆脫帽，於珽髻上得之。」李白詩：「葡萄酒，金叵羅。」〔註121〕黃支之犀塵盡闢，班固《西都賦》：「黃支之犀。」《嶺南表異錄》：「劉司封嘗言石駙馬毀舊屋，坐於下風，塵自分去，蓋其所服乃闢塵犀。」〔註122〕

　　妻妾，攜手沉淵。彼其師友相承，既死而名留犀角；此乃婦翁所賜，雖生而命等鴻毛。」詳此二篇，一云「外姑畀余」，一云「婦翁所賜」，是其所稱婦翁者，特陳潛夫之後裔，而非即潛夫之壻，無疑者矣。章息廬以此觥贈西川傅公，傅公之後，又不知幾許流傳，而歸於今顏氏。雖無明文可考，然息廬《跋傅座主雪堂詩集》云：「戊戌春殘，恭迎馬帳。」戊戌是康熙五十七年，上距竹垞為何蘰音賦詩時又四十餘年矣。合前後諸公詩文情事綜而計之，蓋趙文毅傳之黃端伯，黃端伯傳之陳潛夫。潛夫既殉難後，又三十餘年，而是觥轉入婁江張氏，又歸於秀水何氏。至其後復歸於陳氏之子孫，乃又歸於章氏。章氏以贈西川傅氏，傅氏之後不知何年轉入顏氏。由黃、陳付授以後，百餘年間，是觥往來蹤跡大致如此，則是觥之在何氏與其在章氏並不同時，而朱、章兩家詩文各紀所聞，遂至判然若二物者，其實黃、陳上距趙文毅杖謫時六十，而何少卿下距息廬又四十餘年，中間付受之緒特未能一一具載於諸公詩文耳。竹垞詩猶云「曾在張何家息廬，記猶云曾在黃陳家」，二集皆未具述歲月，惡可疑也？竹垞詩流傳既久之句，特亦渾淪之詞，而予核計之中間必有復歸於陳之事，故為之考辨其概如此。曲阜顏衡齋拓其文來屬題，故為錄竹垞詩於冊而繫以鄙作焉。

　　另，國家圖書館藏翁方綱《兕觥歸趙歌》一冊，清乾隆五十二年（1787）刻本，俟訪。（《清代詩文集珍本叢刊》第303冊錄翁方綱《兕觥詩並序》，乾隆刻本）
〔註118〕卷一。
〔註119〕《園庭詩》。
〔註120〕《寄獻北都留守裴令公》。
〔註121〕《對酒》。
〔註122〕國圖藏本眉批：唐劉恂《嶺表錄異》：「闢塵犀為婦人簪梳，塵不著也。」按：《嶺表錄異》原本久佚，其見於他書徵引者，或稱《嶺表錄》，或稱《嶺記》，或稱《嶺南錄異》，皆因原書已失，故轉輾謬訛耳。此引《嶺南表異錄》，疑即劉恂之書，而所引之語，今四庫館人纂輯之本無之，則又似另是一書。當考。
　　開林按：此錄自《御定佩文韻府》卷十一之四「犀闢塵」，曰：「《嶺南表異錄》：『犀角為梳簪，塵不著髮。又劉司封嘗言石駙馬毀舊屋，坐於下風，塵自分去。蓋其所服帶乃闢塵犀也。』李商隱詩：『碧城十二曲闌干，犀闢塵埃玉闢寒。』」
　　然《御定佩文韻府》所錄有誤。檢（明）陳禹謨《駢志》卷十八「闢塵試毒」：「《本草》：李司封宗易嘗言石駙馬保吉知陳州，其州廨一皆新之，每毀舊屋，則坐於下風，塵自分去，人皆驚怪之。蓋其所服闢塵犀也。《嶺表錄異》：「闢

李商隱詩：「犀闢塵埃玉闢寒。」〔註123〕**主人持觥客前席，請看觥上銘。為君陳夙昔，定陵沖年資相臣，**《燕都遊覽志》：「神宗顯皇帝陵曰定陵。」**元老奪情眾怒嗔。**〔註124〕《吳志·孫權傳》：「嘉禾六年，詔曰：『夫三年之喪，天下之達制，人情之極痛也。賢者割哀以從禮，不肖者勉而致之。世治道泰，上下無事，君子不奪人情，故三年不逮孝子之門。』」〔註125〕**朝陽一鳳午門伏，**《國史補》：「自褚遂良歿，諫者皆以言為諱。時造奉天宮，李善感為御史，諫止之。時稱鳳鳴朝陽。」〔註126〕《春明夢餘錄》：「午門即俗所謂五鳳樓也。」〔註127〕**折檻寧辭逆鱗觸，**見卷一。韓非《說難》：「夫龍之為蟲也，可擾狎而騎也。然其喉下有逆鱗徑尺，人有嬰之，則必殺人。人主亦有逆鱗，說之者能無嬰人主之逆鱗，則幾矣。」**歸時餞者滿都亭。珍重臨岐許文穆，神羊一角詎有雙。**《後漢·輿服志》：「法冠，或謂之獬豸冠。獬豸，神羊，能別曲直，故以為冠。」〔註128〕《異物志》：「獬豸一角，性忠直，見人鬥則觸不直者，聞人論則咋不正者。」**流傳既久歸婁江，**《明史稿》：「張溥，字天如，太倉人。招同里張采共學，益肆力經史，名籍甚，號婁東二張。」**張公以之遺弟子。敢諫吾公趙公似，更兼愛客無倦容。平原十日恒過從，**見卷八《王尚書》。**朝衣典盡且不顧。快意但寫髇花濃，**皮日休詩：「竹葉島紆徐，髇花波蕩漾。」注：「髇花，酒名。」〔註129〕**我浮此觥亦已數，尊前豈惜狂歌重。吾公邇年徙卿寺，**羅隱詩：「官從幕府歸卿寺。」〔註130〕《嘉興縣志》：「何元英視監河東，內陞鴻臚寺卿，尋轉光祿通政參議。」**西**

塵犀為婦簪梳，塵不著髮。」

又，（明）陳耀文《天中記》卷六十「闢塵」：「李司封宗易嘗言石駙馬保吉知陳州，其州廨一皆新之，每毀舊屋，則坐於下風，塵自分去，人皆驚怪。蓋其所服闢塵犀也。〔《本草》。〕」「闢塵犀為婦簪梳，塵不著髮。〔《嶺表誌異》。〕」

據此可知「李司封」云云（《御定佩文韻府》誤作「劉司封」）實出《本草》，即（宋）唐慎微《證類本草》卷十七。

〔註123〕《碧城》。

〔註124〕國圖藏本眉批：江陵奪情事應據《明史》節錄。

〔註125〕《三國志》卷四十七。

〔註126〕按：《國史補》未見此語。《新唐書》卷一百五《韓瑗傳》：「自瑗與遂良相繼死，內外以言為讀將二十年。帝造奉天宮，御史李善感始上疏極言，時人喜之，謂為『鳳鳴朝陽』。」

〔註127〕卷六。

〔註128〕卷四十。

〔註129〕《奉和添酒中六詠》其一《酒池》。

〔註130〕「幕府」，羅隱《送光祿崔卿赴闕》作「府幕」。

掖南狀誰鶚視。「西掖」，見卷七《輓龔尚書》。「南狀」，見前《壽何少卿》。漢殿今無白獸樽〔註131〕，《三國志》：「魏武用漢儀，元日百官上壽，設白獸樽於庭。有獻直言者，發樽飲之。」〔註132〕滿飲黃流莫輕實。

周郎中自閩回賦贈二首先生《送周郎中還琴山序》：「山陰周君官郎署。十年，七閩之亂，奉天子詔，冒鋒鏑，行萬里，執詞不屈，拘別館，卒不辱命而還。」〔註133〕

萬里孤臣去，三年別館囚。庾信《哀江南賦序》：「三日哭於都亭，三年囚於別館。」遙憐天北望，岑參詩：「孤城天北畔，絕域海西頭。」〔註134〕不異海西頭。王維詩：「蘇武纔為典屬國，節旄空落海西頭。」〔註135〕曲罷紅薔老，按：紅薔係郎中侍兒。善度曲，曹公衡女弟子也。園荒紫蓼秋。空堂今夜燭，誰分話離愁。

入夜衹同宿，見卷二《岳忠武王廟》。經秋雁不飛。《漢書·蘇武傳》：「天子射上林中，得雁，足有繫帛書，言武等在某澤中。」〔註136〕歸迎雙眼淚，去陷幾重圍。陸游詩：「身如敗將陷重圍。」〔註137〕攬鏡顏都改，趨庭計已非。按：郎中自閩回，即持父喪。辛勤完節意，冬月尚絺衣。程汝璞《周氏變節祠記》：「君嘗奉命入閩，宣示天子德意，鋒刃接於前而不懾，冬月衣葛而不易，囚別館者三載，卒完節而還。」

同里李符遊於滇高層雲《李君墓表》：「初入黔中，副使張公純熙提學貴州，見其詩歌，親訪羅致之。改官滇南，復偕之行。」《一統志》：「滇池在雲南府城南，一名滇南澤。楚莊蹻略地，西至滇池，因王其地，號滇國。」遇碧雞山道士《一統志》：「碧雞山在雲南府城西南三十里。」謂曰子前身廬山行腳僧也後十年當仍歸廬山符乃畫廬山行腳圖俾予題詩二首李符自題：「己酉客洱海，訪碧雞山道士，有神術，謂余『前身是廬山種菜僧，居嘗自念他生不願為富貴人，故子今世僅得智慧與壽耳』。聞其言，恍如有悟，便作結茅東林想。道士曰：『子尚有江湖之緣，

〔註131〕「樽」，《曝書亭集》作「尊」。
〔註132〕《晉書》卷二十一《禮志下》：「正旦元會，設白獸樽於殿庭，樽蓋上施白獸，若有能獻直言者，則發此樽飲酒。案禮，白獸樽乃杜舉之遺式也，為白獸蓋，是後代所為，示忌憚也。」
〔註133〕《曝書亭集》卷四十一。
〔註134〕《北庭作》。
〔註135〕《隴頭吟》。
〔註136〕卷五十四。
〔註137〕《思蜀》。

俟至二十五年後可矣。』余識之勿忘。今遇虞山楊生善寫貌，索是圖以見志。瓢背篆癸酉字，是余入山之年也。」

畫裏分明廬嶽僧，雲峰有約十年登。江湖到處勾留住，看爾入山能不能。白居易詩：「夜就儂來能不能。」〔註138〕

桃鄉一望水挼藍，《梅里志》：「桃鄉在司馬坊。詩人李符築花南老屋於此，王石谷為寫桃鄉圖，並題卷末，有『結鄰偕隱』之語。」白居易詩：「直是〔註139〕挼藍新汁色。」擬結鄰居共釣潭。休信碧雞狂道士，閒拋老屋在花南。李符《司馬坊新居》：「花南老屋稱鴻春，白版雙扉祇一重。」

春浮閣

春浮本佛樹，見卷七《鮑家寺》。之子愛逃禪。杜甫詩：「醉中往往愛逃禪。」〔註140〕小閣道南市，見卷七《題福州》。清流舐口泉。《名勝志》：「《城冢記》云：『南譙州城在州西南八十里。北齊徙治於此。隋大業改為清流縣，之處以清流水為名。』」攤書官柳近，《名勝志》：「韋應物建中二年以比部員外郎出守滁州，為政高潔，暇日移杉郡齋，種柳西澗。」對酒女牆偏。盡笑張思曼，《南史·張緒傳》：「緒字思曼。」〔註141〕能牽岸上船。《南史·張融傳》：「融假東出，武帝問融住在何處。答曰：『臣陸處無屋，舟居無水。』後上問其從兄緒，緒曰：『融近東出，未有居止，權牽小船於岸上住。』上大笑。」〔註142〕

按：張融字思光，緒字思曼。先生乃云「盡笑張思曼，能牽岸上船」，又《譙集張上舍水周林》詩「岸上牽船思曼」，不意先生亦有此誤也。〔註143〕

題董尚書墨蹟《明史》：「董其昌，字元宰，松江華亭人。拜南京禮部尚書。福王時，謚文敏。初，華亭自沈度、沈粲以後，南安知府張弼、詹事陸深、布政莫如忠及

〔註138〕《夜招晦叔》。
〔註139〕「是」，《春池上戲贈李郎中》作「似」。
〔註140〕《飲中八仙歌》。
〔註141〕卷三十一。按：早見《南齊書》卷三十三《張緒傳》。
〔註142〕卷三十二。按：早見《南齊書》卷四十一《張融傳》。
〔註143〕國圖藏本眉批：用事偶誤，大家不免，不以一眚掩也。注者但正其誤可耳。此數句似有語病，故易之。
　　　　開林按：批註者對此按語有增刪調整，整理如下：
　　　　按：張融字思光，緒字思曼。先生乃云「盡笑張思曼，岸上能牽船」。張思光事，此詩及《譙集張上舍水周林》詩「岸上牽船」，俱作思曼也。

子是龍皆以善書稱，其昌後出，超越諸家，獨探神妙。」〔註144〕

三真六草董尚書，《南史・王彬傳》：「習篆隸，與志齊名。時人為之語曰：『三真六草，為天下寶。』」〔註145〕**北米東邢總不如**。《明史》：「同時以善書名者，臨邑邢侗、順天米萬鍾、晉江張瑞圖，時人謂邢張米董，又曰南董北米。然三人者不逮其昌遠甚。」**試誦容臺好詩句**，《史記索隱》：「鄭玄〔註146〕云：『商家典樂之官，知禮容，所以禮署稱容臺。』」〔註147〕按：尚書□□□〔註148〕。**一縑肯換百碑碣**。《北史・劉芳傳》：「芳嘗為諸僧傭寫經論，筆跡稱善，卷直一縑。」〔註149〕魏文帝《車渠椀賦序》：「車渠，玉屬也，多纖理縟文，生於西國，其俗寶之。」杜甫詩：「價重百車渠。」

彭城道中詠古二首《江南通志》：「《禹貢》徐州之域，本古大彭氏國。秦置碭郡，又置彭城縣，屬泗水郡。」

舊社枌榆改，《史記・封禪書》：「高祖初起，禱豐枌榆社。」〔註150〕《江南通志》：「枌榆社在豐縣東北十五里。」**寒雲芒碭收**。《史記・高祖紀》：「隱於芒、碭山澤巖石之間。呂后與人俱求，常得之。高祖怪問之。呂后曰：『季所居上常有雲氣。』」〔註151〕《江南通志》：「芒山在徐州碭山縣。碭山在縣東南七十里。」**山風吹野火**，岑參詩：「東風吹野火。」〔註152〕**飛渡斬蛇溝**。《高帝紀》：「高祖被酒，夜經〔註153〕澤中，令一人行前。行前者還報曰：『前有大蛇當徑，願還。』高祖醉，曰：『壯士行，何畏！』乃前，拔劍擊斬蛇。」輿圖：斬蛇溝在豐縣，漢高祖斬白蛇處。

博浪飛椎後，《史記・留侯世家》：「得力士，為鐵椎重百二十斤。秦皇帝東遊，

〔註144〕《欽定古今圖書集成・理學彙編・文學典第一百十四卷・文學名家列傳一百二・明二十四》，原作「《明外史本傳》」。按：此數語亦見《明史》卷二百八十八《文苑列傳四》，無「獨探神妙」四字。

〔註145〕卷二十二。

〔註146〕「玄」，底本、石印本作「元」。

〔註147〕見《史記・殷本紀第三》。

〔註148〕底本空四格，石印本作「官禮部」，則末一空格係小注分行對齊所致。

〔註149〕卷四十二。

〔註150〕卷二十八。

〔註151〕卷八。

〔註152〕《登古鄴城》。

〔註153〕「經」，《史記》作「徑」。

良與客徂〔註154〕擊秦皇帝博浪沙中，誤中副車。」〔註155〕**圯橋進履年**。《留侯世家》：「良嘗遊下邳圯上，有一老父，衣褐，至良所，直墮其履圯下，顧謂良曰：『孺子，下取履！』良長跪履之。曰：『孺子可教矣。』出一編書，曰：『讀此則為王者師矣。』」〔註156〕**無人知偶語**，〔註157〕《史記·秦始皇紀》：「偶語詩書者棄市。」〔註158〕**況有素書傳**。《宋史·藝文志》：「《黃石公素書》一卷。」張商英序：「黃石公圯橋所授子房《素書》，世人多以三略為是，蓋傳之者誤也。晉亂，有盜發子房冢，於玉枕中得此書。上有秘戒：不許傳於不道、不神、不聖、不賢之人。」

清流關《江南通志》：「清流關在滁州西南二十五里。舊志云：『南唐置關，地尤險要。』」

　　清流關厜㕒，《爾雅》：「崒者厜㕒。」**設險古來尚**。《易》：「王公設險，以守其國。」**細路緣秋毫**，杜甫詩：「微徑緣秋毫。」〔註159〕**石角竦殊狀**。丘遲詩：「嶄絕峰殊狀。」〔註160〕**捨我一兩車，拄此九節杖**。杜甫《望嶽》詩：「安得仙人九節杖，拄到玉女洗頭盆。」《劉根外傳》〔註161〕：「漢武帝登少室，見一女子，以九節杖仰指日。」**初行井臼中，俄出松果上。回睇眾山卑，連峰走頹浪**。梅堯臣詩：「韓柳激頹浪。」〔註162〕**入關少礧礫，客意始蕭放。平岡響**

────────────

〔註154〕「徂」，《史記》作「狙」。
〔註155〕卷五十五。
〔註156〕節略過多。《史記》：「良嘗閒從容步遊下邳圯上，有一老父，衣褐，至良所，直墮其履圯下，顧謂良曰：『孺子，下取履！』良鄂然，欲毆之。為其老，彊忍，下取履。父曰：『履我！』良業為取履，因長跪履之。父以足受，笑而去。良殊大驚，隨目之。父去里所，復還，曰：『孺子可教矣。後五日平明，與我會此。』良因怪之，跪曰：『諾。』五日平明，良往。父已先在，怒曰：『與老人期，後，何也？』去，曰：『後五日早會。』五日雞鳴，良往。父又先在，復怒曰：『後，何也？』去，曰：『後五日復早來。』五日，良夜未半往。有頃，父亦來，喜曰：『當如是。』出一編書，曰：『讀此則為王者師矣。』」
〔註157〕國圖藏本眉批：按：《史記·留侯世家》：「上在雒陽南宮，從複道望見諸將往往相與坐沙中語。上曰：『此何語？』留侯曰：『陛下不知乎？此謀反耳』」云云。此語「無人知偶語」，即指此事。注引《秦始皇本紀》，第標偶語二字出處，與本事無涉。
〔註158〕卷六。
〔註159〕《飛仙閣》。
〔註160〕《旦發漁浦潭詩》。
〔註161〕《北堂書鈔》卷一百三十三、《太平御覽》卷七百十、《御定淵鑒類函》卷三百七十八俱作「劉根別傳」。
〔註162〕按：非梅堯臣詩。出秦觀《春日雜興十首》其十。亦見張耒《柯山集》卷七，題《春日雜興四首》。

楓葉，斷壁偃花當。杜甫詩：「危沙折花當。」〔註163〕南滁暑未銷，《江南通志》：「滁河在州東南六十里。」西澗水新漲。《江南通志》：「西澗在州西。《揮麈》云『太祖入滁，以兵浮西澗』，即此。」眺遠懷昔人，儒衣謁戎帳。《揮麈後錄》：「太祖入滁之始也，趙韓王教村童於山下，始與太祖交際，用其計劃，俾為鄉導，提孤軍，乘月夜，指縱銜枚，取道於清流關側蘆子笕，浮西澗，入自北門，直搗郡治。皇甫暉方坐帳中燕勞將士，養銳待戰，倉黃聞變，初不測我師之多寡，躍其愛馬千里電奔東郊，太祖及於河梁，一劍揮之，人馬俱墜橋下，暉遂擒。姚鳳即以其眾解甲請降。自此兵威如破竹，盡取淮南之地。」〔註164〕君臣既深契，一言判興喪。偏師越死地，《左傳》：「彘子以偏師陷。」〔註165〕《孫子》：「置之死地而後生。」〔註166〕於此蹶上將。《孫子》：「勁者先，疲者後，其法十一而至；五十里而爭利，則蹶上將。」〔註167〕遺跡雖已湮，過者心所向。山高而水清，歐陽修《豐樂亭記》：「百年之間，漠然徒見山高而水清。」獨立但怊悵。

題顧夫人畫蘭《板橋雜記》：「顧媚，字眉生，又名眉。〔註168〕莊妍靚雅，風度超群，鬢髮如雲，桃花滿面，弓彎纖小，腰支輕亞，通文史，善畫蘭。追步馬守貞而姿容勝之，時人推為南曲第一家。有眉樓。是時，江南侈靡，文酒之宴，紅妝與烏巾紫裘相間，座無眉娘不樂。而尤豔顧家廚食品，以故設筵〔註169〕眉樓者無虛日。未幾，歸合肥龔尚書芝麓。尚書雄豪蓋代，視金玉如沙泥糞土，得眉娘佐之，益輕財好客，憐才下士，名譽盛於往時。客有求尚書詩文及乞畫蘭者，縑箋動盈篋笥，畫款所書橫波夫人者也。」〔註170〕

眉樓人去筆牀空，《北戶錄》：「筆為雙，為牀，為枝。」注：「南朝呼筆四管為一牀。」往事西州說謝公。《晉書·謝安傳》：「羊曇者，太山知名士也，為安所愛重。安薨後，輟樂彌年，行不由西州路。常因石頭大醉，扶路唱樂，不覺至州門。左右白曰：『此西州門。』曇悲感不已，以馬策扣扉，誦曹子建詩曰：『生存華屋處，零落歸山丘。』慟哭而去。」〔註171〕猶有秦淮芳草色，《江南通志》：「秦淮在江

〔註163〕《次晚洲》。
〔註164〕卷一。
〔註165〕宣公十二年。
〔註166〕《九地》。
〔註167〕《軍爭篇》。
〔註168〕「顧媚，字眉生，又名眉」，「顧姬名媚，字眉生」。
〔註169〕「筵」，石印本作「宴」。
〔註170〕卷中《麗品》。
〔註171〕卷七十九。

寧府上元縣東南。始皇斷方山長壟為瀆，故曰秦淮。」輕紈勻染夕陽紅。蘭名，見
金漳《趙氏譜》。〔註 172〕

著雍敦牂戊午

興化李先生清壽詩〔註 173〕《一統志》：「興化縣在揚州府高郵州東一百二十里。」
徐乾學《李映碧墓表》：「先生諱清，字心水，別號映碧。先世句容，徙居興化。天
啟辛酉舉於鄉，崇禎〔註 174〕辛未進士，筮仕司理寧波，擢刑科給事中。上疏語侵尚
書甄淑，淑劾先生把持，詔鐫級，調浙江布政司照磨。淑敗，即家起吏科給事中。
京師陷，福王監國〔註 175〕南京，遷工科都給事中。有司始諡愍帝為思宗，先生言廟
號同於漢後主禪，請易之。又請補諡太子、二王及開國靖難竝累朝死諫諸臣。或以
為迂。先生歎曰：『士大夫廉恥喪盡矣，不於此時顯微闡幽，激發忠義之氣，復何望
耶？』先生事兩朝，凡三居諫職，章奏後先數十上，竝寢閣不行。尋遷大理寺左寺
丞，遣祀南鎮。行甫及杭，而南都失守，乃由間道趨隱松江，又渡江寓居高郵，久
乃歸故園，杜門不與人事，當道屢薦不起。晚年著書自娛，尤潛心史學，為史論若
干卷，又刪注《南》、《北》二史，編次《南渡錄》、《諸忠紀略》等書，藏於家。」
〔註 176〕

　　世事有屈必有伸，吾思遜國忠節臣。詔書張目不肯草，《明史·方孝孺
傳》：「孝孺，字希直，寧海人。惠帝即位，為侍講學士。燕兵入，帝自焚。孝孺被執
下獄。成祖欲使草詔，召至，悲慟，聲徹殿陛。成祖降榻勞曰：『先生毋自苦。』顧左
右授筆劄，曰：『詔天下，非先生草不可。』孝孺投筆於地，且哭且罵，曰：『死即死
耳，詔不可草。』成祖怒，命磔諸市。」〔註 177〕何得復作叩頭人。《實錄》：「孝
孺叩頭乞哀，上命執之，下於獄。」〔註 178〕《明遜國臣傳》：「同時文學用事之臣際
會功名，史有別書，以故彭惠安公《哀江南》詞有曰：『後來姦佞儒，巧言自粉飾。叩
頭乞餘生，無乃非直筆。』」一時史筆授曲學，壯夫氣短懦夫嗔。褎〔註 179〕

〔註 172〕此係自注。
〔註 173〕四庫本《曝書亭集》無此詩。按：李清書曾遭禁，因而刪此篇。
〔註 174〕「禎」，底本、石印本作「正」。
〔註 175〕「福王監國」，《憺園全集》、江浩然《曝書亭詩錄》作「弘光即位」。
〔註 176〕《憺園全集》卷三十二。（清光緒九年金吳瀾刻本）
〔註 177〕卷一百四十一。
〔註 178〕（明）王世貞《弇山堂別集》卷二十一，稱「《文廟實錄》」。
〔註 179〕「褎」，康熙本《曝書亭集》作「裒」。

忠之典歲久闕，《唐書》：「穆宗詔：『褒忠，所以勸臣節也。』」〔註180〕草野論議徒紛綸。棗園先生家海澨，按：棗園，李別業也。早成進士官於鄞。《一統志》：「鄞縣，寧波府附郭。」掖垣竹埤歷八舍，杜甫詩：「掖垣竹埤梧十尋。」〔註181〕《周禮》：「宮伯，掌王宮之士庶子凡在版者。掌其政令，行其秩敘，作其徒役之事，授八次八舍之職事。」抗疏豈憚批龍鱗。揚雄《解嘲》：「獨可抗疏，時道是非。」《國策》：「奈何以見陵之怨，欲批其逆鱗哉？」曾聞過江上封事，見卷七《輓龔尚書》。神人觀聽交歡忻。方黃鐵練名盡易，《靜志居詩話》：「顧公錫疇典禮容臺，始定議建文君諡。尋追贈死節諸臣。予諡文正者，方孝儒；諡文貞者，黃觀；諡忠襄者，鐵鉉；諡忠貞者，練子寧，共二十六人。此外得諡，又五十二人。首陳其說者，萬公元吉。佐其事者，李公清。」榜祠木末金川新。余賓碩《金陵覽古》：「木末亭有方正學祠，祠中門牖皆北向，今非復舊制。祠南為正學墓，門人廖鏞所收葬也。」《明史·恭閔帝紀》：「四年，燕兵犯金川門。」〔註182〕電光石火雖暫照，朱子《答張欽夫書》：「正禪家所謂石火電光底消息。」猶勝霜霧霾窮塵。《爾雅》：「天氣下，地不應，曰雯。地氣發，天不應，曰霧。」《詩》：「終風且霾。」〔註183〕鮑照賦：「埋魂幽石，委國〔註184〕窮塵。」傳之百世終不湮，先生用意良苦辛。邇來閉戶三十載，著書更比當年勤。東京舊事孟元老，孟元老《東京夢華錄序》：「僕昔從先人遊京師，卜居金梁橋西夾道之南。古有夢遊華胥之國，其樂無涯者。僕今追昔，回首悵然。目之曰《夢華錄》。」北盟新編徐夢莘。《宋史·徐夢莘傳》：「夢莘恬於榮進，每念生於靖康之亂，四歲而江西阻訌，母繦負亡去得免。思究見顛末，乃網羅舊聞，會粹同異，為《三朝北盟會編》三百五十卷。」〔註185〕藏之名山自怡悅，司馬遷《報任安書》：「僕誠已著此書，藏之名山，傳之其人。」陶弘景詩：「只可自怡悅。」〔註186〕使者徵索推蒲輪。《漢書·武帝紀》：「遣使者安車蒲輪，束帛加璧，徵魯申公。」〔註187〕先生穩臥南溪濱，《一統志》：「南溪在興化縣治南。」白蕉之衫紫荷巾。白居易詩：「短靴低帽白蕉衫。」〔註188〕曹唐詩：「風前

〔註180〕《新唐書》卷一百九十一《忠義列傳上·李源》。
〔註181〕《題省中院壁》。
〔註182〕《卷四》。
〔註183〕《邶風·終風》。
〔註184〕「國」，《蕪城賦》作「骨」。
〔註185〕卷四百三十八《儒林列傳八》。
〔註186〕《詔問山中何所有賦詩以答》。
〔註187〕卷六。
〔註188〕《東城晚歸》。

整頓紫荷巾。」〔註189〕三詔六聘催未起,「三詔」,見卷十六《題蔡徵君》。「六聘」,見卷七《同劉侍郎》。衡門但與沙鷗親。年今八十能抱真,《參同契》:「惟昔聖賢,懷玄抱真。」齒兒髮秀目綠筋,《詩》:「黃髮兒齒。」〔註190〕任昉《王文憲集序》:「齒危髮秀之老。」〔註191〕《法輪經》:「老子兩目日光,方瞳綠筋。」〔註192〕立譚古昔猶斷斷。《禮》:「必則古昔。」《漢書》:「斷斷焉,行行焉,雖未詳備,斯可略觀矣。」〔註193〕玉堂才子念明發,《通考》:「宋太宗飛白書玉堂之署四字,詔賜翰林。」《詩》:「明發不寐,有懷二人。」〔註194〕按:先生子名梓,字木菴,時官檢討。四月正及懸弧辰。袖懷蟠桃五寸核,《玉芝堂談薈》:「洪武乙卯夏五月,上御奉天門,召翰林臣,出示元內庫所藏巨桃半核,長五寸,廣四寸七分,前刻『西王母賜漢武桃』。命學士宋濂為記。」〔註195〕目送海鶴千里津。棗園池水風漣淪,蘭藥四照花如茵。元稹詩:「欄藥紫霞英。」〔註196〕王中《頭陀寺碑》:「四照之花萬品。」〔註197〕許渾詩:「山花如繡草如茵。」〔註198〕五加皮酒粥面厚,見前《贈鄭簋》。蘇軾詩:「社酒粥麵釀〔註199〕。」鳴薑繪鯉羅兼珍。韋琳《俎賦》〔註200〕:「方當鳴薑動桂,紆蘇佩檽。」烏衣不改王謝裏,見卷一《詠燕》。一門群從稱觴頻。見卷三《祁六坐上》。古來傳經藉遺老,耆儒往往上壽臻。《後漢·儒林傳》:「郡國耆儒皆補郎、舍人。」〔註201〕《莊子》:「上壽百歲,中壽八十,下壽六十。」〔註202〕不見張蒼伏勝暨轅固,《史記·張丞相傳》:「張丞相蒼者,陽武人也。自秦時為柱下史,明習天下圖書記籍。年百有餘歲而卒。」〔註203〕《儒林傳》:「伏生者,濟南人也。故為秦博士。孝文時,欲求能治

〔註189〕《送羽人王錫歸羅浮》。按:韓翃《又題張逸人園林》:「興罷歸來還對酌,茅簷掛著紫荷巾。」
〔註190〕《魯頌·閟宮》。
〔註191〕《文選》卷四十六。
〔註192〕按:《酉陽雜俎》卷二:「(老君)目方瞳,綠筋貫之。」
〔註193〕卷六十六《公孫劉田王楊蔡陳鄭傳·贊》。
〔註194〕《小雅·小宛》。
〔註195〕卷三十五《桃核長五寸》。
〔註196〕《答姨兄胡靈之見寄五十韻》。
〔註197〕《文選》卷五十九。
〔註198〕《寄桐江隱者》。
〔註199〕《過高郵寄孫君孚》。「釀」,原詩押冬韻,作「醲」。
〔註200〕《太平廣記》卷二百三十四作「俎表」。
〔註201〕卷一百九上。
〔註202〕《盜跖》。
〔註203〕卷九十六。

《尚書》者，天下無有。乃聞伏生能治，欲召之。是時伏生年九十餘，老，不能行，於是乃詔太常使掌故晁錯往受之。」〔註204〕《注》：「伏生名勝。」〔註205〕又：「清河王太傅轅固生，齊人也。以治《詩》，孝景時為博士。今上初即位，復以賢良徵固。諸諛儒多疾毀固，曰『固老』，罷歸之。時固已九十餘矣。」**博士江翁杜子春。**〔註206〕《漢書‧儒林傳》：「博士江公世為《魯詩》宗〔註207〕。」〔註208〕《敘周禮廢興》：「河南緱氏杜子春，永平之初，年且九十。家於南山，能通其讀，頗識其說。鄭眾、賈逵往受業焉。」杭堇浦曰：「群從謂弟沛、澄、沂、淦及猶子國宋。」

鄚州題壁

《名勝志》：「任丘縣北三十五里鄚州城，故漢鄚縣，有莫亭，在其城內。唐為鄚州。開元中，以鄚字類鄭，因更為莫。」

積水漁村渡，新涼酒旆風。河間多姹女，若個數錢工。見卷六《慈仁寺》。

得龔百朋嶺南書卻寄

別雁橫汾信去留，何時漂轉入端州。天邊消息初踰嶺，戰後江山獨上樓。草檄硯開鸚鵒潤，《南史‧蔡景歷傳》：「武帝將討王僧辯，召令草檄，景歷援筆立成。」〔註209〕**歸帆雲暝鷓鴣愁。**李群玉詩：「酒飛鸚鵡重，歌送鷓鴣愁。」〔註210〕**回憐十載相逢地，晉府街東竝馬遊。**《明史稿》：「晉恭王棡，太祖第三子。洪武三年封，十一年就藩太原。」

為徐徵士題畫

《竹垞集外詩‧為喬侍讀題畫二首》，其二云：「三百臨安樹，移來種水濱。如何濃綠底，不見採桑人。」

買斷西濛港，《吳江縣志》：「西濛港在城東南二十里。」湖田二頃餘。應同尹都尉，暇便著農書。《漢書‧藝文志》：「《尹都尉》十四篇。」〔註211〕劉向《別錄》：「《尹都尉書》有種芥、葵、蓼、韭、蔥諸篇。」

〔註204〕卷一百二十一。
〔註205〕《集解》引張晏說。
〔註206〕國圖藏本眉批：江公失其名，故以公稱之，說見顧氏《日知錄》。此作「翁」，疑「公」之誤。
〔註207〕「宗」，石印本誤作「宋」，且屬下讀。
〔註208〕卷八十八。
〔註209〕卷六十八。
〔註210〕《廣江驛餞筵留別》。
〔註211〕卷三十。

王尚書招同陸元輔**鄧漢儀毛**奇齡**陳維崧周之道李良年諸徵士讌集怡園周覽亭閣之勝率賦六首**尚書名熙，字胥庭，宛平人。順治丁亥進士。官大學士。諡文靖。鄧字孝威，泰州人。舉鴻博，以年老授中書。回籍。有《過嶺集》。陳字其年，宜興縣學生。舉鴻博，官檢討。有《湖海樓集》。周字起莘。王士禛〔註212〕《王文靖神道碑》：「搆怡園於里第之旁，築山引流，朝夕奉文貞節屢周遊。」

北斗依城近，〔註213〕《三輔黃圖》：「惠帝更築長安城，城南為南斗形，城北為北斗形，至今人稱漢舊京為斗城。」〔註214〕**南陔選地偏**。見卷三《還家即事》。**綵衣逢暇日**，見卷七《送喬舍人》。**珠履託群賢**。見卷一《渡黃浦》。**山擁牆初亞，林疎徑屢穿。身隨沙際鶴，飲啄到平泉**。《劇談錄》：「平泉莊去洛城三十里，卉木臺榭，若造仙府。」〔註215〕

石自吳人壘，梯懸漢棧牢。李白《蜀道難》：「然後天梯石棧相勾連。」韓愈《征蜀聯句》：「漢棧罷囂闐。」**白榆星歷歷**，見卷一《七夕》。**蒼蘚路高高**。曹植詩：「高高上無極，天臨〔註216〕安可窮。」**宛得棲林趣，渾忘步屧勞。下山無定所，隨意各分曹**。《楚辭》：「分曹並進，道〔註217〕相迫些。」

按：黃梨州《張南垣傳》云：「三吳大家名園皆出其手。其後東至於越，北至於燕，請之者無虛日。有四子，皆衣食其業，而叔祥為最著。」李秋錦《書張銓侯疊石贈言卷》云：「吾郡張氏累世用疊石知名，而銓侯為最，嘗供事御苑。」今〔註218〕先生云「石自吳人壘」，則怡園壘石出於張氏無疑，但未知出於誰手也。〔註219〕

澗白泉初徙，籬金菊未枯。夕曛含略彴，見卷六《題畫》。**亂石點樗蒲**。《珊瑚鉤詩話》：「樗蒲起自老子，今謂之呼盧，取純色而勝之之義。」羅含《湘中記》：「湘水至清，深五六丈，不見底。了了石子如樗蒲。」**密坐千人許**，《吳地記》：「虎丘山劍池傍有石，可坐千人，號千人石。」**迷途八陣俱**。《水經注》：「江水又東逕諸葛亮圖壘南。石磧平曠，望兼川陸，有亮所作八陣圖，東跨故壘，皆累細石為之。

〔註212〕「禛」，底本作「正」。
〔註213〕國圖藏本眉批：怡園在宣武門之南，起句特言其依皇居、近北斗耳。注引漢長安城為斗城，殊牽合。
〔註214〕《御定淵鑒類函》卷三百四十。
〔註215〕（唐）康駢《劇談錄》卷下《李相國宅》。
〔註216〕「臨」，曹植《雜詩七首》其二作「路」。
〔註217〕「道」，《招魂》作「道」。
〔註218〕「今」，石印本作空格。
〔註219〕國圖藏本眉批：瑣事不必詳考。

自壘西去，聚石八行，行間相去二丈，因曰八陣。既成，自今行師，更不覆敗，皆圖兵勢行藏之權。自後深識者所不能了。」〔註220〕**不因爨煙細，何處覓行廚。**

風礙雙亭外，疎藤蔓十尋。龍蛇寒自蟄，見卷五《山雪》。**鳥雀暮長吟。待結千花墜，應同萬柳深。隔林催未起，獨坐想濃陰。**

履滿西南戶，《禮》：「戶外有二履。」〔註221〕《詩》：「西南其戶。」〔註222〕**堂臨上下洞。**《爾雅》：「逆流而上曰泝洄，順流而下曰泝遊。」〔註223〕**落成凡幾日，**《左傳》：「楚子成章華之臺，願與諸侯落之。」〔註224〕《注》：「宮室始成，祭之，曰落成。」**勝引喜先陪。**王熙《安雅堂集序》：「家有小樓，顏曰勝引。」**監史新圖格，**《詩》：「既立之監，或佐之史。」〔註225〕**壺觴舊醱醅。**見卷八《櫂歌》。**謝公能賭墅，會見捷書來。**見卷四《山陰苦雨》。

小閣簷端起，虛窗樹杪憑。忽驚黃屋近，《〈史記·項羽紀〉注》：「天子車以黃繒為蓋裏〔註226〕，故曰黃屋車。」〔註227〕**更繞翠微層。**見卷七《玉泉山下》。**九日今年悔，諸公逸興能。尚書期可再，雪後轉須登。**

題周恭肅公畫牛二首《明詩綜》：「周用，字行之，吳江人。弘〔註228〕治壬戌進士。官至吏部尚書。諡恭肅。有《白川集》。《詩話》：『白川十齡能畫，長師石田翁，得其指授。』余嘗見公畫，龍戲浪穿山，蜿蜒升降，百年絹素，雲霧猶濕。至寫平坡放犢，亦不減史道碩、厲歸真。」〔註229〕

白川畫龍兼畫牛，繞村急雨菰蒲秋。馬臻詩：「氣吞十里菰蒲秋。」〔註230〕**百年紙墨黯無色，雲氣溟濛猶未收。**

〔註220〕卷三十三。
〔註221〕《曲禮》。
〔註222〕《小雅·斯干》。
〔註223〕《釋水第十二》。
〔註224〕昭公七年。
〔註225〕《小雅·賓之初筵》。
〔註226〕「裏」，《正義》作「裏」。
〔註227〕《項羽本紀第七》：「紀信乘黃屋車。」《正義》：「李斐云：『天子車以黃繒為蓋裏。』」
〔註228〕「弘」，底本、石印本作「宏」。
〔註229〕卷三十三。
〔註230〕按：不詳。（元）馬臻《鷺》：「水風吹冷逼菰蒲。」另，（唐）儲光羲《同諸公秋霽曲江俯見南山》：「菰蒲林下秋。」（唐）盧綸《秋夜同暢當宿潭上西亭》：「菰蒲相與秋。」

牧童橫笛吹不得，背面卻看溪上山。記得濫溪西去路，《名勝志》：「平望之水源自天目山，東流至荻塘，會爛溪而出鎮。漢嚴助墓在吳江爛溪之旁，今為嚴墓村，少保周用世居之。」荻花楓葉淺沙灣。

沈烈女詩 《吳縣志》：「沈氏女許字黃於庚，未嫁，夫亡。女年十九，父母議改適。女聞，閉戶自縊，以救甦。自是縞素，樓止一樓，家人罕得見。鼎革時，兄欲攜之避兵，女曰：『樓居三十年，死固吾分，奚避為？』遂絕粒死。於庚弟家芳迎女柩與於庚合葬虎丘。」

吳趨沈氏女，許嫁黃小同。墨車雖未迎，《儀禮·士昏禮》：「主人爵弁，纁裳緇袘，從者畢玄〔註231〕端，乘墨車。從車二乘，執燭前馬。」媒妁言已通。黃童抱羸疾，《後漢·黃香傳》：「香九歲失母，思慕憔悴。號曰『天下無雙，江夏黃童』。」〔註232〕十九年命終。沈女〔註233〕得凶問，淚落如泉江。布總箭笄髽，喪服治衣工。《儀禮·喪服》：「妻為夫。」《傳》曰：「夫至尊也。」「妾為君。」《傳》曰：「君至尊也。」「女子子在室為父，布總箭笄髽衰三年。」上樓不下樓，鷁頷縣春冬。含辛桂枝蠹，《漢書·南粵王傳》：「趙佗報文帝書。桂蠹一器。」師古曰：「此蟲食桂，故味辛，而漬之以蜜食之也。」〔註234〕食苦蓼葉蟲。見卷七《夢硯歌》。父母勸之嫁，女恚經樓中。須臾救復活，自誓永不雙。陶嬰《黃鵠歌》：「悲夫黃鵠之早寡兮，七年不雙。」〔註235〕獨居三十年，兵革俄乘墉。《易》：「乘其墉，弗克攻，吉。」〔註236〕全家盡逃匿，女仍守樓窗。結我裳與衣，輟彼飧與饔。一笑歸黃壚，《淮南子》：「夫能滑淖精微，貫金石，窮至遠，放乎九天之上，蟠乎黃壚之下。」〔註237〕之死何從容。層層虎丘墖，見卷六《效香奩體》。下臨松柏桐。兩家謀合葬，龜筮咸相從。《書》：「龜從，筮從。」〔註238〕

〔註231〕「玄」，底本、石印本作「元」。
〔註232〕《御定佩文韻府》卷一之一。按：《後漢書》卷八十上《文苑列傳上》：「黃香，字文強，江夏安陸人也。年九歲，失母，思慕憔悴，殆不免喪，鄉人稱其至孝。年十二，大守劉護聞而召之，署門下孝子，甚見愛敬。香家貧，內無僕妾，躬執苦勤，盡心奉養。遂博學經典，究精道術，能文章，京師號曰『天下無雙，江夏黃童』。」
〔註233〕「女」，四庫本《曝書亭集》作「氏」。
〔註234〕卷九十五。
〔註235〕《列女傳》卷四《魯寡陶嬰》。按：石印本此處無注，詩末有「補注」，即此。
〔註236〕《同人》九四。
〔註237〕《兵略訓》。
〔註238〕《洪範》。

小字書新銘，白石沙磨礱。雙飛化〔註239〕蝴蝶，並蒂生芙蓉。杜甫詩：「並蒂芙蓉本自雙。」〔註240〕春水鴨頭綠，李白詩：「遙看漢水鴨頭綠。」〔註241〕秋草雞冠紅。楊萬里詩：「羊角豆纏松葉架，雞冠花隔竹槍〔註242〕籬。」花船恣來往，愛泊山西東。吾願遊冶女，視此馬鬣封。《禮》：「從若斧者焉，馬鬣封之謂也。」〔註243〕

題腰鼓圖

細腰急捧鼓參撾，《荊楚歲時記》：「村民臘日打細腰鼓而宴。諺曰：『腰〔註244〕鼓鳴，春草生。』」〔註245〕《後漢·禰衡傳》：「衡方為《漁陽參撾》，蹀躞而前。」《注》：「撾，擊鼓杖也。參撾，擊鼓之法。」〔註246〕水調兼歌穆護沙。《楊升庵集》：「樂府有《穆護沙》，與《水調》、《河傳》皆隋開汴河時，詞人所製勞歌也。其聲犯角。其後訛沙為煞云。」〔註247〕料得翻身誇絕技，只嫌插鬢少葵花。

邱漢陽壽詩二首按：邱名俊孫，江南淮安籍，湖廣宜城人。崇禎〔註248〕癸未進士。歷任山西分守、冀寧道右參政，清操惠政。詳《漢陽府志》。

自從江漢櫂歸舟，《名勝志》：「漢水在漢陽府城北，即《禹貢》『嶓冢導漾，東流為漢』者。沔水在城西南三十里，源出襄水，南入大江，與漢水合。」雲壑棲遲三十秋。占得釣磯臨海嶼〔註249〕，至今八十轉風流。

圖經七十二福地，其二乃在東楚間。先生林居盋池近，《名勝志》：「淮安府西北十五里有盋池山，岡阜盤旋三四里，形如盋盂，故名。世傳王子喬煉丹其上。」長年不改芙蓉顏。

〔註239〕「化」，四庫本《曝書亭集》作「花」。

〔註240〕《進艇》。

〔註241〕《襄陽歌》。

〔註242〕「槍」，底本、石印本作「搶」，據楊萬里《早炊童家店》改。

〔註243〕《禮記·檀弓上》。

〔註244〕「腰」，《荊楚歲時記》作「臘」。

〔註245〕（宋）謝維新《古今合璧事類備要》卷十八。

〔註246〕卷一百十上《文苑列傳上》。

〔註247〕楊慎《詞品》。

〔註248〕「禎」，底本、石印本作「正」。

〔註249〕「嶼」，四庫本《曝書亭集》作「宇」。

屠維協洽己未

元日同孫枝蔚毛奇齡陳維崧吳雯汪楫諸徵士喬萊舍人湯右曾上舍集曹舍人禾書齋遲李良年潘耒不至即席限韻二首孫字豹人，陝西三原人。舉鴻博，以年老授正字。有《溉堂集》。吳字天章，山西蒲州人。舉鴻博，放歸。有《蓮洋集》。汪字舟次，江南儀徵籍，休寧人。由贛榆訓導舉鴻博，授檢討。歷官福建布政使司。有《悔齋集》。湯字西厓，仁和人。康熙戊辰進士。歷官吏部右侍郎。有《懷清〔註250〕堂集》。按：李秋錦是日止酒齋食，有《謝曹頌嘉舍人之招因呈坐上諸公》詩。

勝引期元日，虛齋束五經。〔註251〕《雲麓漫鈔》：「都人呼酒餅為酒京。《侯鯖錄》有《酒經》。晉安人餽酒致書，云：『或一經，或五經。』他邦人不知其義。聞送五經，束帶迎於門。」〔註252〕客來衣半白，〔註253〕《通典》：「進士科始隋大業中，盛貞觀、永徽之際。縉紳雖極人臣，不由進士者，不以為美。其推重謂之白衣卿相，以白衣之士即卿相之資也。」〔註254〕杯至眼俱青。見卷六《壽何侍郎》。密坐更番改，清詩〔註255〕次第聆。燭花高不落，嘶騎且回停。

樂極修簫譜，見卷八《櫂歌》。觴行罷酒監。見上《王尚書》。同聲歌郢曲，見卷三《題祁六》。異味轉吳帆。東閣花須放，西山翠可鑱。還期共潘李，並馬試春衫。

〔註250〕湯右曾《懷清堂集》二十卷首一卷，清乾隆十一年刻本，見錄《清代詩文集彙編》第195冊。「清」，底本、石印本誤作「情」，據改。

〔註251〕國圖藏本眉批：次句謂收束書籍以待讌會。注引《侯鯖錄》云云，非是。且以束帶之束為束五經，更無文理。

〔註252〕吳焯《南宋雜事詩》卷二「會向歌樓喚酒京，不煩束帶款逢迎」注。按：《雲麓漫抄》卷三：「今人呼勸酒瓶為酒京。《侯鯖錄》云：『陶人為器，有酒經。』晉安人盛酒以瓦壺，小頸，環口修腹，容一斗。凡餽人牲，兼酒置，書云一經，或二經、五經。它境人遊是邦，不達是義。聞送五經，則束帶迎於門。蓋自晉安人語相傳及今。」

〔註253〕國圖藏本眉批：《日知錄》：「白衣者，庶人之服，然有以處士而稱之者。《史記·儒林傳》：『公孫宏以春秋白衣為天子三公。』《後漢書》：『孔融與白衣禰衡跌盪放言。』《晉書·閻纘傳》：『薦白衣南安朱沖可為太孫師傅。』《清波雜志》言前此仕族子弟，未受官者皆衣白。」

〔註254〕《御定佩文韻府》卷四之八。

〔註255〕「詩」，四庫本《曝書亭集》作「言」。

古意投高舍人士奇

奕奕九層臺，上官儀句。〔註256〕《呂氏春秋》：「有俄〔註257〕氏有二佚女，為九成臺，飲食必以鼓。」泠泠五絃琴。常建詩：「泠泠花下琴」〔註258〕《史記・樂書》：「舜作五絃之琴，以歌南風。」〔註259〕威鳳刷其羽，見卷四《謁劉文成祠》。沈約詩：「刷羽泛清源。」〔註260〕歌舞樂帝心。《荀子》：「有鳳有凰，樂帝之心。」〔註261〕朝儀靈沼上，《書》：「鳳凰來儀。」〔註262〕《詩》：「王在靈沼。」〔註263〕夕息高梧陰。覽輝千仞餘，賈誼《弔屈原賦》：「鳳凰翔於千仞兮，覽德輝而下之。」求友及遐深。爰居本海處，見卷三《雜詩》。亦復辭煙潯。謝莊詩：「逶迤濟煙潯。」〔註264〕東門一戾止，見卷三《雜詩》。遊目嘉樹林。阮籍詩：「上有嘉樹林。」〔註265〕和風動閶闔，見卷一《董逃行》。百鳥啾啁吟。獨無笙簧舌，王禹偁詩：「上林聞鶯囀，巧舌如笙簧。」〔註266〕臆對難為音。賈誼《鵩鳥賦》：「鵩乃歎息，舉首奮翼，口不能言，請對以臆。」主人軫物微，飼花若黃金。見卷一《雀飛多》。食之非不甘，愧莫報以琛。寄言鸞鳳侶，釋此歸飛禽。

酬閻若璩 《江南通志》：「閻字百詩。其先自太原徙淮安府山陽縣。淹貫經史，博而思精，最長於考訂，多闡先儒所未發。所著有《尚書疏證》。」〔註267〕《經義考》：「山陽閻百詩、錢塘姚善夫、桐鄉錢曉城，三家皆攻《古文尚書》者。」〔註268〕

烈火燔帝竹，《竹譜》：「員丘帝竹，一節為船。」秦鏡忽以淪。孔穎達《易經正義序》：「秦亡金鏡，未墜斯文。」李白詩：「秦帝淪玉鏡。」〔註269〕番番濟南叟，見前《李先生壽詩》。後死耄而勤。《書》：「耄期倦於勤。」〔註270〕腹笥傳

〔註256〕《酬薛舍人萬年宮晚景寓直懷友》，「層」作「成」。

〔註257〕「俄」，《季夏紀第六・音初》作「娀」。

〔註258〕《送李十一尉臨溪》。

〔註259〕卷二十四。

〔註260〕《酬謝宣城朓詩》。

〔註261〕《解蔽篇》。

〔註262〕《益稷》。

〔註263〕《大雅・靈臺》。

〔註264〕《七夕夜詠牛女應制詩》。

〔註265〕《詠懷》其十一。

〔註266〕《聞鶯》。

〔註267〕卷一百六十三《人物志・儒林一》。

〔註268〕卷九十二「錢氏煌《壁書辨疑》」條。

〔註269〕《送張秀才謁高中丞》。

〔註270〕《大禹謨》。

少女，《後漢·邊韶傳》：「邊為姓，孝為字。腹便便，五經笥。」〔註271〕齒落餘空齦。《韻會》：「齦，齒根肉。」掌故潁川來，衛宏《定古文尚書序》：「伏生老不能正言，言不可曉也。使其女傳言教晁錯。齊人語多與潁川異，錯所不知者凡十二三，略以其意屬讀而已。」何絲聽其真。《古詩》：「識曲聽其真。」〔註272〕所怪張歐陽，《漢書·儒林傳》：「伏生教濟南張及歐陽生。」〔註273〕疑義嘿〔註274〕不申。金絲魯宮響，《漢書·藝文志》：「武帝末，魯共王壞孔子宅，欲以廣其宮。而得《古文尚書》及《禮記》、《論語》、《孝經》凡數十篇，皆古文也。共王往入其宅，聞鼓琴瑟鍾磬之音，於是懼，乃止不壞。」〔註275〕《水經注》：「魯恭王壞孔子宅，聞堂上有金石絲竹之音。」〔註276〕科斗蟠輪囷。孔安國《尚書序》：「至魯共王，好治宮室，壞孔子舊宅，以廣其居。於壁中得先人所藏古文，虞夏商書之書，及傳《論語》，《孝經》，皆科斗文字。」俄遭巫蠱發，《漢書·儒林傳》：「孔氏有《古文尚書》，孔安國以今文字讀之，因以起其家逸《書》，得十餘篇，蓋《尚書》滋多於是矣。遭巫蠱，未立於學官。」〔註277〕竹簡跡久湮。《尚書序》：「以所聞伏生之書，考論文義，定其可知者，為隸古定。更以竹簡寫之。」梅生千載後，一一紛羅陳。其餘航頭字，《尚書正義》：「昔東晉之初，豫〔註278〕章內史梅賾上《孔氏傳》，猶闕《舜典》『自乃命以位』已上二十八字，世所不傳，多用王、范之注補之，而皆以『慎徽五典』以下為《舜典》之初。至齊蕭鸞建武四年，吳興姚方興於大航頭得孔氏傳古文《舜典》，亦類太康中書，乃表上之。事未施行，方興以罪致戮。至隋開皇初購求遺典，始得之。」〔註279〕招撠亦有因。《漢書·藝文志》：「武帝時，軍政楊僕招撠遺逸，猶未能備。」〔註280〕譬若完衣裳，安用重補紉。《禮》：「衣裳綻裂，紉箴請補綴。」〔註281〕

〔註271〕卷一百十上《文苑列傳上》。
〔註272〕《古詩十九首》其四。
〔註273〕卷八十八。
〔註274〕「嘿」，四庫本《曝書亭集》作「默」。
〔註275〕卷三十。
〔註276〕《御定佩文韻府》卷二十七之四。按：《水經注》卷二十五：「漢武帝時，魯恭王壞孔子舊宅，得《尚書》、《春秋》、《論語》、《孝經》，時人已不復知有古文，謂之科斗書，漢世秘之，希有見者。於時聞堂上有金石絲竹之音，乃不壞。」
〔註277〕卷八十八。
〔註278〕「豫」，底本、石印本誤作「預」，居《尚書正義》改。
〔註279〕卷三。
〔註280〕卷三十。
〔註281〕《內則》。

黃庭堅詩：「女兒衣袴得補紉。」〔註282〕**文從義艱晦**，吳棫云：「增多之書，皆文從字順，非若伏生之書詰曲聱牙。」**體殊絕蹤塵。孔書既咸在，謨誥恒鮮新。何不正今譌，去險歸溫純。**《漢書‧揚雄傳》：「典謨之篇，雅頌之聲，不溫純深潤，則不足以揚鴻烈而章緝熙。」〔註283〕**此義誠難知，疑者頗相循。閻生并州彥，**《一統志》：「太原府。舜初以冀州地廣，分置并州，後省入冀。周置并州。」〔註284〕**徙宅清淮溽。昨年應詔至，旅食春明春。**《唐六典》：「京城東面三門，中曰春明，北曰通化，南曰延英。」杜甫詩：「旅食京華春。」〔註285〕**小心對縫袚，**見卷六《同紀處士》。**餘勇剩古人。**《左傳》：「欲勇者賈余餘勇。」〔註286〕**示我一編書，其言狂且醇。**韓愈詩：「憐子狂且醇。」〔註287〕**諸家援王吳，**按：王柏《書疑》九卷、《尚書附傳》四十卷，吳澄《書經纂言》四卷，皆攻《古文尚書》者。**百氏搜墨苟。**〔註288〕墨子：「昔周公旦朝讀書百篇。」〔註289〕**幽室決窔奧，**《爾雅》：「西南隅謂之奧，東南隅謂之窔。」班固《答賓戲》：「守窔奧之熒燭。」**希音辨韶鈞。雖為見者駭，**《經義考》：「近山陽閻百詩氏復作《古文尚書疏證》，其吹疵摘繆加密，而蕭山毛大可氏特著《古文尚書冤詞》以雪之。合兩家之說，無異輪攻而墨守也。」〔註290〕**猶勝徒呫呻。**《禮》：「今之教者，呻其佔畢。」〔註291〕**吾生嬾述作，老矣潛悲辛。**杜甫詩：「到處潛悲辛。」〔註292〕**君非漢井丹，經義何紛綸。**《後漢‧井丹傳》：「丹字大春。少受業太學〔註293〕，通五經，善談論，故京師為之語曰：『五經紛綸井大春。』」〔註294〕**況有紈扇詠，贈我情彌親。客**

〔註282〕《贈送張叔和》。另，黃庭堅《庭堅得邑太和六舅按節出同安邂逅於皖公溪口風雨阻留十日對榻夜語因詠誰知風雨夜復此對床眠別後覺斯言可念列置十字字為八句寄呈十首》其七：「補紉雖云工。」

〔註283〕卷八十七下。

〔註284〕《明一統志》卷十九《山西布政司》。

〔註285〕《奉贈韋左丞二十二韻》。

〔註286〕成公二年。

〔註287〕《送惠師》。

〔註288〕國圖藏本眉批：「百氏」句，謂閻氏《疏證》一書搜羅百家之說。注引《墨子》「周公讀書」一語，無謂。

〔註289〕王應麟《困學紀聞》卷二：「墨子南使衛，載書甚多。弦唐子見而怪之，墨子曰：『昔周公旦朝讀書百篇，夕見七十二士，相天下猶如此，吾安敢廢此也？』」

〔註290〕卷七十四《書三》按語。

〔註291〕《學記》。

〔註292〕《奉贈韋左丞二十二韻》。

〔註293〕「太學」，石印本無。

〔註294〕卷一百十三《逸民列傳》。

子寓招提，先生《南泉寺新建惜字林記》：「南泉寺在三里河橋之東，康熙十有七年夏，予策柴車應召，舍於僧廬。」〔註295〕不出動盈旬。春冰玉河裂，見卷六《瓊華島》。草暖波粼粼。溫庭筠詩：「門前溝水波粼粼。」〔註296〕紅杏舒繁條，翠嵐壓重閣。楊炯詩：「烽火壓重閣。」〔註297〕相期出郭遊，西山恣回巡。並馬騁劇談，劉峻《廣絕交論》：「騁黃馬之劇談。」〔註298〕九皇八伯民。〔註299〕賈公彥《周禮正義序》：「《春秋緯命歷序》云：『有九頭紀，時有臣，無官位尊卑之別。』燧皇、伏羲既有官，則其間九皇六十四民有官明矣，但無文字以知其官號也。」醒即坐松石，醉即臥花茵。

御試省耕詩二十韻

長樂虬鐘啟，《三輔黃圖》：「鐘室在長樂中。」王勃啟：「霜湛虬鐘，蘊希聲而待物。」〔註300〕端門羽仗〔註301〕排。《漢書·周勃傳》：「謁者持戟衛端門。」〔註302〕張昱《輦下曲》：「羽仗執金班控鶴。」〔註303〕良辰元巳近，沈約詩：「麗日屬元巳。」〔註304〕暄景暮春佳。張衡《南都賦》：「暮春之禊，元巳之辰。」帝念勤民切，群情望幸皆。蘋風吹近遠，蘭澤洗氛霾。銜尾中流鷁，拳毛內廐騧。《長安志》：「太宗所乘六駿，石像在陵後。五曰拳毛騧，平劉黑闥時乘。」農輿沾雨露，張衡《東京賦》：「農輿輅木。」俞騎束鞱軑。左思《吳都賦》：「俞騎騁路。」李白《北風行》：「別時提劍救邊去，遺此虎文金鞱軑。」沙柳津亭岸，山松驛路牌。張籍詩：「惟見松牌記象州。」〔註305〕西疇一以望，東作此時偕。《書》：「平秩東作。」〔註306〕於耜分原上，《詩》：「三之日于耜。」〔註307〕

〔註295〕《曝書亭集》卷六十七。

〔註296〕《張靜婉採蓮歌》。

〔註297〕按：楊炯《和劉長史答十九兄》：「鼓鼙鳴九域，風火集重閣。」

〔註298〕《文選》卷五十五。

〔註299〕國圖藏本眉批：《路史》：「《太史公書》：九皇氏沒，六十四氏興。六十四氏沒，而三皇興。」《漢舊儀》云：「三皇五帝九皇六十四氏，凡八十有一姓，皆古帝王也。」氏或民。

〔註300〕《上武侍極啟》。

〔註301〕「仗」，四庫本《曝書亭集》作「杖」。

〔註302〕《御定佩文韻府》卷十三之四。按：《漢書》卷四十：「有謁者十人持戟衛端門。」

〔註303〕《輦下曲一百二首》其十四。

〔註304〕《三月三日率爾成章詩》。

〔註305〕《蠻州》。

〔註306〕《堯典》。

〔註307〕《豳風·七月》。

提筐臨水涯。杏花殷似火，菖葉小於釵。《呂氏春秋》：「冬至五旬七日，菖始生。菖者，草之先生也。於是始耕。」〔註308〕巷靜餳簫市，《方言》：「餳謂之餹。」《劉夢得詩話》：「沈佺期《嶺表寒食》詩：『馬上逢寒食，春來不見餳。』常疑之。因讀《毛詩》『簫管備舉』，鄭《箋》：『簫，編小竹管，如今賣餳者所吹。』六經惟此中有『餳』字。」煙澄杭世駿《禁林集》作「低」。土銼柴。見卷四《縹丹楓驛》。倉庚飛習習，《詩》：「有鳴倉庚。」〔註309〕《禮》：「鷹乃學習。」〔註310〕布穀語《禁林集》作「雨」，誤。〔註311〕喈喈。《爾雅》：「鳴〔註312〕鳩，鵠鵴。」《注》：「今之布穀也。」《詩》：「其鳴喈喈。」〔註313〕樂事紆乾顧，豐年協睿懷。歌時成夏諺，行處即堯階。《世紀》：「堯階三尺，茅茨不剪。」帳殿開黃屋，庾肩吾詩：「別筵開帳殿，離舟卷幔城。」〔註314〕人家繞翠厓，定知先稼穡。《書》：「先知稼穡之艱難。」〔註315〕力為減徭差，吉日宣王禱。《詩》：「吉日維戊，既伯既禱。」〔註316〕《序》：「《吉日》，美宣王田也。」空同軒後齋。見卷一《董逃行》。《莊子》：「黃帝退捐天下，築特室，席白茅，閒居三月。」〔註317〕星躔齊北拱，聲教已南諧。《書》：「聲教訖於四海。」〔註318〕張衡《東京賦》：「北燮丁令，南諧越裳。」曲渚宜浮洛，劉孝綽詩：「洛橋分曲渚，官寺隱回橋。」〔註319〕《書》：「浮於洛，達於河。」〔註320〕芳尊迥勝淮。《左傳》：「有酒如淮。」〔註321〕宸遊多悅豫，振旅入天街。《左傳》：「入而振旅，歸而飲至。」〔註322〕《史記·天官書》：「昴、畢間為天街。」〔註323〕

〔註308〕《士容論第六·任地》。
〔註309〕《豳風·七月》。
〔註310〕《月令》。
〔註311〕石印本無此注。
〔註312〕「鳴」，《爾雅·釋鳥第十七》作「鶌」。
〔註313〕《周南·葛覃》。
〔註314〕《應令詩》。
〔註315〕《無逸》。
〔註316〕《小雅·吉日》。
〔註317〕《在宥第十一》。
〔註318〕《禹貢》。
〔註319〕《發建興渚示到陸二黃門詩》。按：原詩押陽韻，「橋」作「塘」。
〔註320〕《禹貢》。
〔註321〕昭公十二年。
〔註322〕隱公五年。
〔註323〕卷二十七。

送張大理雲翼省親皋**蘭結婚作**《名勝志》：「蘭州在臨洮府城北二百一十里，隋開皇置，以皋蘭山為名。山在州南五里。《漢書》：『霍去病為驃騎將軍，擊匈奴，屯兵皋蘭山下』，即此地也。」

　　纔投縞紵慰臨岐，見卷五《龔百朋》。別酒翻慳雪後持。聽棘暫辭歸覲日，《禮》：「大司寇聽之棘木之下。」〔註324〕絃桐為譜述昏詩。咸陽紫鳳秦臺迴，見卷一《閒情》。京兆青螺漢殿知。見《閒情》。《北戶錄》：「墨為螺，為量，為丸，為枚。」〔註325〕此去心懸清禁月，重逢應及柳如絲。

為姜宸英題畫字西溟，慈谿人。供奉史館。丁丑探花。

　　潞水秋風上短槎，日湖南望水雲賒。《名勝志》：「鄞縣城東南里許為日湖，一名細湖，縱百二十丈，衡二十丈，周圍二百五十丈有奇。其源與月湖俱出四明山。一自它山堰經仲夏堰入南門為日湖，故又名南湖。」空教天子知名字，《池北偶談》：「上嘗問內直諸臣以布衣四人名字，即李因篤、姜宸英、嚴繩孫、朱彝尊也。後公卿薦舉鴻博，獨姜不與。繩孫目疾，是日應制僅為八韻詩，已不錄。上特令與李、朱二人同授檢討。」〔註326〕先生《孝潔姜先生墓誌》：「慈谿姜君宸英，詩文傾折海內士，天子知其姓字。然屢赴鄉試，不見錄也。」〔註327〕不賦長楊賦白華。《漢書·揚雄傳》：「雄從上至射熊館，還，上《長楊賦》。」〔註328〕《詩序》：「《白華》，孝子之絜白也。」

送施鑒〔註329〕范**令什邡**字韓友，嘉興人。康熙癸卯舉人。《元和郡縣志》：「什邡縣本漢之舊縣，屬廣漢郡。高祖封雍齒為什邡侯，俗名雍齒城。」〔註330〕

　　早縮銅章去，《漢官儀》：「邑宰銅章墨綬，秩六百石。」嚴程莫滯留。連雲仍舊棧，到日恰高秋。訟向泉邊聽，書從鳥外郵。毋嫌山郭小，漢將此封侯。《史記·高祖功臣侯年表》：「雍齒以趙將從，定諸侯，封什邡侯。」〔註331〕

〔註324〕《禮記·王制》。
〔註325〕卷二《米餅》。
〔註326〕卷二《四布衣》。
〔註327〕《曝書亭集》卷七十六。
〔註328〕卷八十七下。
〔註329〕「鑒」，四庫本《曝書亭集》作「鹽」。
〔註330〕卷三十二。
〔註331〕卷十八。

寄酬張五處士兄彥之字洮侯，號峭岩，華亭人。有《攬秀閣稿》。

五茸多富室，見卷一《渡黃浦》。筭緡苦煩挐。《漢書‧武帝紀》：「元狩三〔註332〕年，初算緡錢。」李斐曰：「緡，絲也，以貫錢也。一貫千錢，出算二十也。」兄也雖屢空，家居能晏如。陶潛詩：「屢空常晏如。」〔註333〕糠籺恒不飽，《漢書‧陳平傳》：「食糠籺。」〔註334〕杜甫詩：「黎民糠籺窄。」〔註335〕寄詩饒雁魚。杜甫詩：「天上多鴻雁，河中足鯉魚。」〔註336〕何哉兔園冊，《五代‧劉岳傳》：「馮道入朝，任贊、劉岳在後。道數反顧，贊問：『道顧何為？』岳曰：『遺下《兔園冊》耳。』」〔註337〕不鈔貨殖書。《史記》有《貨殖傳》。

和田郎中雯移居韻《古懽堂詩話》：「己未，予領冬曹節慎庫。七月，自橫街移居粉房巷。先至其處，督奴子搬家具。悶坐久，作詩一篇題壁上，有『東野家具少於車』、『牆腳殘立山薑花』之句。俄而漁洋至，見而和之。次日，遍傳都下，和者百人。」〔註338〕

道南道北書一車，《世說》：「阮仲容、步兵居道南，諸阮居道北。北阮皆富，南阮貧。」〔註339〕田郎與我齊移家。月俸雖分五斗粟，《宋史》：「真宗祥符年間，加文武職官月俸。」〔註340〕《晉書‧陶潛傳》：「吾不能為五斗米折腰，事鄉里小兒。」〔註341〕相呼野性同麏麚。《楚辭》：「白鹿麏麚兮，或騰或倚。」〔註342〕濁醪盈杯注淶水，《名勝志》：「淶水縣在易州城北一百五十里。」煖湯濯足歌彭衙。杜甫《彭衙行》：「煖湯濯我足。」風簾無額星炯碎，短牆縱茸仍夭伊耶切。斜。窻前喜有兩棗樹，凝想滿眼他時花。誦子山薑詩句爽，有若暝坐翻

〔註332〕「三」，《漢書》卷六《武帝紀》作「四」。

〔註333〕《始作鎮軍參軍經曲阿》。

〔註334〕卷四十。

〔註335〕《驅豎子摘蒼耳》。

〔註336〕《寄高三十五詹事》。

〔註337〕《新五代史》卷五十五。

〔註338〕（清）田雯《古懽堂集》卷十九。

〔註339〕《任誕》。

〔註340〕按：《周禮‧天官‧大宰》：「四曰祿位，以馭其士。」鄭玄《注》：「祿，若今月奉也。」賈公彥《疏》：「古者祿皆月別給之，漢之月奉亦月給之，故云若今月奉也。」

〔註341〕卷九十四《隱逸列傳》。按：《宋書》卷九十三《隱逸列傳‧陶潛》：「我不能為五斗米折腰向鄉里小人。」

〔註342〕淮南小山《招隱士》。

金鴉。韓愈詩：「金鴉既騰翥，六合俄清新。」〔註343〕注：「金鴉，日也。」**盤空
硬語和未穩，月黑漏鼓鼕鼕摐**。《靈異小錄》：「馬周上言，令金吾每階〔註344〕
隅懸鼓，夜擊以止其行李，備竊盜，時人遂呼為鼕鼕鼓也。有道人裴休戲為詞曰：『遮
莫鼕鼕鼓，須傾滿滿杯。金吾若相問，報導玉山頹。』」**布衾不睡我亦爾，牽牛獨
處嗤匏媧**。曹植《洛神賦》：「歎匏瓜之無匹兮，詠牽牛之獨處。」按：王獻之《十
三行帖》「匏瓜」作「匏媧」。

原作〔註345〕

東野家具少於車，學打僧包何為家。一捆亂書十瓦鉢，奚奴負走如奔鼲。小巷逼
塞通破寺，鄰人指說來官衙。自操箕帚埽土銼，糊窗吹紙西風斜。雨淋屋塌堆瓦礫，
牆腳殘立山薑花。日暮天寒驗霜信，匝飛禿樹啼老鴉。短檠無油月相照，二更三更城
鼓摐。魚目鰥鰥瞠不睡，直從萬古尋羲媧。

題李檢討澄中所藏明月蘆雁圖〔註346〕字渭清，山東諸城人。舉鴻博，授檢討，

官至侍讀。有《漁村集》。

吾家水閣傍江斜，風荻侵簷一丈花。連雁低飛渾不見，祇聽拍拍響
圓沙。蘇軾詩：「春風在流水，鳧雁先拍拍。」〔註347〕

遠岸風微宿雨殘，天邊忽湧爛銀盤。盧仝《月蝕詩》：「爛銀盤從海底出。」
盧河橋畔秋容好，比似南湖一曲看。

淨業寺看荷花同嚴四檢討繩孫作《燕都遊覽志》：「淨業寺從德勝門西循城下，

行徑轉得此寺。昔為智光寺之基。」《明水軒日記》：「淨業寺門臨水，岸去水止尺許，
其東有軒，坐蔭高柳，荷香襲人。江南雲水之勝，無以過此。」〔註348〕

香剎綠堤轉，官橋信水流。綠雲千萬頃，不見採蓮舟。

李檢討澄中惠鮮鰒音雹。魚賦謝〔註349〕

〔註343〕《送惠師》。
〔註344〕「階」，《海錄碎事》卷十上《帝王部・帝王門・鼕鼕鼓》、《御定佩文韻府》卷
　　　七之一、《御定駢字類編》卷六十六俱引作「街」。
〔註345〕《古歡堂集》卷六《移居詩》。
〔註346〕《曝書亭集》詩題有「二首」。
〔註347〕《遊桓山會者十人以「春水滿四澤夏雲多奇峰」為韻得澤字》。
〔註348〕兩則見《欽定日下舊聞考》卷五十三。
〔註349〕「謝」，四庫本《曝書亭集》作「詩」。

海岱惟青州，《書》。〔註350〕水族不可籌。張衡《西京賦》：「操鯤鮞，殄水族。」有魚其名鰒，《漢書·王莽傳》：「啗鰒魚。」〔註351〕《後漢·伏隆傳》：「張步遣使獻鰒魚。」鰒魚出山東，大不踰數指。託命白石矸。《三蒼》郭璞注：「鰒狀似蛤，偏著石。」寧戚《飯牛歌》：「南山矸，白石爛。」孔如螺者九，《廣志》：「鰒無鱗，有殼。一面附石，細孔雜雜，或七或九。」《本草》：「石決明一名九孔螺。」是鰒魚甲附石上。體具蚌之半。浮沉信潮汐，王充《論衡》：「氣升地沉，水溢而為潮；氣降地浮，水縮而為汐。」〔註352〕出沒昧昏旦。湲湲逐崩濤，枚乘《七發》：「沈沈湲湲，蒲伏連延。」〔註353〕《注》：「魚鱉顛倒之貌。」汩汩臨駮岸。《樂府》：「崇雲臨駮岸〔註354〕。」漁師三五輩，李商隱詩：「工人三五輩，輦出土與泥。」〔註355〕利刃挾新鍛。《書》：「鍛乃戈矛，礪乃鋒刃。」〔註356〕迎寒解衣褌，燎薪雜石炭。《老學庵筆記》：「北方多石炭，南方多木炭，蜀多竹炭。」〔註357〕《眉公秘笈》：「石炭即煤也，南人謂之煤，山西人謂之石炭。」俄而投沖波，若勇士赴難。滑苔裹玃殼，《南史·何胤傳》：「車螯蚶蠣，眉目內闕，慚渾沌之奇；玃殼外緘，非金人之慎。」〔註358〕自恃兩堅悍。韓愈《胡少府碑》：「年幾八十，堅悍不衰。」〔註359〕彼石陷死地，嗟汝豈得竄。殺機伺巧發，一割乃中斷。《本草綱目》：「石決明形長如小蚌而扁，外皮甚麤，細孔雜雜，內則光耀。生於石崖之上，海人泅水，乘其不意，即易得之。否則緊黏難脫

〔註350〕《尚書·禹貢》。

〔註351〕卷九十九下。

〔註352〕《漁洋精華錄》卷一《海門歌》「早潮晚汐無批捐」金榮注。（《漁洋精華錄集釋》第172頁）按：《論衡》未見此語。（宋）潘自牧《記纂淵海》卷八《地理部·潮》：

《高麗圖經》云：「潮汐往來，應期不爽，為天地之至信。古人嘗論之。在《山海經》以為海鰍出入之度，浮屠書以為神龍之變化，竇叔蒙《海嶠志》以為水隨之盈虛，盧肇《海潮賦》以為日出於海衝擊而成，王充《論衡》以為水者地之血脈，隨氣進退。卒未之盡。大抵天依水，水承地，而一元之氣升降於太空之中，地乘水，力以自持，與元氣升降。方其氣升而地沉，則海水溢而為潮；及其氣降而地浮，則海水縮而為汐。一晝一夜，陰陽之氣凡再升再降，故一日之間潮汐皆再焉。〔《臨安志》。〕」

〔註353〕《文選》卷三十四。

〔註354〕「駮岸」，陸機《猛虎行》作「岸駮」。

〔註355〕《井泥四十韻》。

〔註356〕《費誓》。

〔註357〕卷一。

〔註358〕卷三十。

〔註359〕《五百家注昌黎文集》卷三十《唐故少府監胡公墓神道碑》。

也。」〔註360〕黨附安可常，徒令見者歎。是物昔所珍，不數鴟鴞胖。《禮》：「鴟鴞胖。」〔註361〕彥回三十枚，曾鄙萬錢換。《南史‧褚彥回傳》：「時淮北屬江南，無鰒魚。或有間關得至者，一枚直數千錢。人有餉彥回鰒魚三十枚，彥回時雖貴，而貧薄過甚，門生有獻計賣之，云可得十萬錢。彥回變色曰：『我謂此是食物，非曰財貨，且不知堪賣錢，聊爾受之。』」〔註362〕李君家諸城，古臺琅琊畔。《山東通志》：「琅琊臺在青州府諸城縣東南一百五十里琅琊山下。」封書敕官奴，《漢書‧淮南王傳》：「令官奴入宮中。」〔註363〕鄉味來歲晏。荒途犯風雪，羸馬走顛汗。韓愈詩：「羸馬顛且僵。」〔註364〕《漢書‧公孫弘〔註356〕傳》：「無汗馬之勞。」〔註366〕柳宗元《乞巧文》：「臣到百步，喉喘顛汗。」以之貽故人，腥涎尚未澣。疑有蠙珠存，《書》：「淮夷蠙珠暨魚。」〔註367〕《本草》：「鰒魚大者如手，明耀五色，內亦含珠。」無復朽索貫。《書》：「若朽索之馭六馬。」〔註368〕《易》：「貫魚以宮人寵。」〔註369〕饌法失嚴龜，《通志》：「《嚴龜食法》十卷。」〔註370〕食經忘馬琬。見前《河豚歌》。庖廚異羹臛，見卷六《食鐵腳》。南北互譏讚。《南史‧崔祖思傳》：「高帝置酒為樂，羹鱠既至，祖思曰：『此味故為南北所推。』沈文季曰：『羹鱠吳食，非祖思所解。』祖思曰：『炰鱉鱠鯉，似非句吳之詩。』文季曰：『千里蓴羹，豈關魯、衛之事？』」〔註371〕《類篇》：「讚，譏也。」於焉出新意，滓汁藉糟灌。蘇軾《鰒魚行》：「中都貴人珍此味，糟浥油藏能遠致。」雜雜筠筐排，一一桂火煨。費昶詩：「香薪桂火炊彫胡。」〔註372〕雖殊馬甲脆，韓愈詩：「章舉馬甲柱。」〔註373〕《侯鯖錄》：「《江賦》云『玉珧海月』，退之謂馬柱甲，是此也。」〔註374〕足勝羊胃

〔註360〕《本草綱目》卷四十六《介之二‧石決明》。
〔註361〕《禮‧內則》。
〔註362〕卷二十八。
〔註363〕卷四十四。
〔註364〕《此日足可惜贈張籍》。
〔註356〕「弘」，底本、石印本作「宏」。
〔註366〕《漢書》卷五十八。按：早見《史記》卷一百一十二《平津侯主父列傳》。
〔註367〕《禹貢》。
〔註368〕《五子之歌》。
〔註369〕《剝》六五。
〔註370〕卷六十九《藝文略第七‧藝術類第九》。
〔註371〕卷四十七。
〔註372〕費昶《行路難》。一說為吳均作。
〔註373〕《初南食貽元十八協律》。
〔註374〕卷三。

爛。《後漢・劉玄傳》:「長安為之語曰:『竈下養,中郎將。爛羊胃,騎都尉。爛羊頭,關內侯。』」〔註375〕**觀頤匪自養**,《易》:「『觀頤』,觀其所養也;『自求口實』,觀其自養也。**比鄰呼酒伴**。杜甫詩:「走覓南鄰愛酒伴。」〔註376〕**饞扠了陶盤**,韓愈詩:「饞扠飽活孿。」〔註377〕秦觀詩:「陶盤奉旨蓄。」〔註378〕**不食真鈍漢**。盧仝詩:「不鯫〔註379〕溜鈍漢,何由通姓名。」

送耿副使之官隴右

雙旌曉發動征塵,《唐書・百官志》:「節度使總軍旅。初授日,賜雙旌雙節。」〔註380〕**猶見黃花驛路新。樹屏莫辭朱圉遠**,《書》:「乃命建侯樹屏,在我後之人。」〔註381〕又:「西傾、朱圉、鳥鼠。」〔註382〕蔡《傳》:「朱圉,地志在天水郡冀縣南,今秦州大潭縣也,俗呼為白岩山。」〔註383〕《名勝志》:「朱圉山在伏羌縣西南三里,即《禹貢》之『西傾』也。」**封侯須與玉關鄰**。《漢書・西域傳》:「漢軍正任文將兵屯玉門關,為貳師後距。」〔註384〕**魚龍積水褰帷近,馬鹿晴山繞幕春。到日西堂留牘少,尺書須寄倦遊人。**

佛手柑二首 《群芳譜》:「佛手柑,其實如人手,有指,有長尺餘者。清香襲人,置衣笥中,雖形乾而香不歇。」〔註385〕

奈女環初脫,見卷六《風懷》。**金仙露最甘**。《宋史・徽宗紀》:「宣和元年,詔佛改號大覺金仙,餘為仙人、大士。」〔註386〕《群品經》:「初,慧可名神光,事達摩祖〔註387〕師於少林寺。一夜,天大雨雪,光堅立不動。遲明,積雪過膝,謂師曰:『天寒極矣,願開甘露門,以濟群品。』遂潛取利刃,斷左臂,置於前。師知是法

〔註375〕卷四十一。
〔註376〕《江畔獨步尋花七絕句》其一。
〔註377〕《城南聯句》。
〔註378〕《田居四首》其四。
〔註379〕「鯫」,《揚州送伯齡過江》作「喞」。
〔註380〕《新唐書》卷四十九下《百官志四下》:「節度使掌總軍旅,顓誅殺。初授,具帑抹兵仗詣兵部辭見,觀察使亦如之。辭日,賜雙旌雙節。」
〔註381〕《康王之誥》。
〔註382〕《禹貢》。
〔註383〕(宋)蔡沈《書經集傳》卷二。
〔註384〕卷九十六上。
〔註385〕《御定佩文齋廣群芳譜卷六十五》卷六十五。
〔註386〕卷二十二《徽宗本紀四》。
〔註387〕「祖」,石印本無。

器。」**萬重來水市，一笑啟筠籃。味豈踰淮變，**《考工記》：「橘踰淮而北為枳，鸜鵒不踰濟，貉貉踰汶則死，此地氣然也。」**香仍隔歲含。回思珠海住，**《嶺表錄異記》：「廣〔註388〕州海水之中有洲島，島上有大池，謂之珠海。」**千樹嶺雲南。**

宛是祇林得，《首楞嚴經》：「且今與汝坐祇陀林，遍觀林渠及與殿堂，上至日月，前對恒河，汝今於我師子座前，舉手指陳，是種種相。」〔註389〕**宜從漢殿傳。**《後漢·西域傳》：「世傳明帝夢見金人長大，頂有光明，以問羣臣。或曰：『西方有神，名曰佛，其形長丈六尺而黃金色。』帝於是遣使天竺，問佛道法，遂於中國圖畫形象焉。」〔註390〕**浮江螺女外，**《搜神記》：「福州謝端子然一身，釣於江上，獲一巨螺，其大如斗。置之甕中，不以為異。出，歸則飲食盈案。端潛伺之，有一少女從甕中出，至灶下然火，具饌於室。入而問之曰：『妾天漢中白螺素女也。天憫君孤子，遣為具食。君已悉，我當去。』乃留空螺，曰：『君有所求，當取於其中。』因出門，不復見。後端有乏，探螺皆如意。傳數世猶在。號江曰螺女江，洲曰螺女洲，廟曰螺女廟，其地在虔州西南。」〔註391〕**置驛橘官先。**《漢書·地里〔註392〕志》：巴郡胊忍縣。《注》：「容毋〔註393〕水所出，南有橘官、鹽官。」〔註394〕《抱朴子》〔註395〕：「漢武時，交趾有橘官，秩二百石，主貢御橘。」**白截鵝肪嫩，**《齊民要術》：「荔枝青華朱實，大如雞子，核黃黑似熟蓮，實白如肪，甘而多汁。」〔註396〕孟郊、韓愈《聯句》：「鵝肪截佩璜。」〔註397〕**黃堆兔琖圓。**《方輿勝覽》：「兔毫琖。出甌寧之吉水。黃魯直詩云：『建安甆碗鷓鴣斑。』又，君謨《茶錄》：『建安所造黑琖，紋如兔毫。然其毫色異者，土人謂之毫變琖。其價甚高，且艱得之。』」〔註398〕**尚嫌香氣遠，分傍枕函邊。**

〔註388〕「廣」，《說郛》卷六十七下、《御定駢字類編》卷七十七、《御定淵鑑類函》卷三百六十四俱引作「廉」。

〔註389〕《首楞嚴經》卷二。

〔註390〕卷一百十八。

〔註391〕按：《搜神記》無此語。見《格致鏡原》卷九十五，稱「《搜神記》」，文字稍有不同。

〔註392〕「里」，石印本作「理」。

〔註393〕「毋」，底本、石印本作「母」，據《漢書》改。

〔註394〕卷二十八上。

〔註395〕按：出《南方草木狀》卷下。另，又見《藝文類聚》卷八十六、《太平御覽》卷六百二十六、《御定佩文韻府卷》九十三之七、《御定淵鑒類函》卷四百一，俱作「《異物志》」。

〔註396〕卷十《荔支》引「《廣志》曰」。

〔註397〕《城南聯句》。

〔註398〕卷十一。

上章沼灘庚申

平蜀詩十三章並序《菜根堂集》：「滇逆自甲寅倡亂，海內鼎沸，全蜀首先淪陷。繼而盤踞興元，蔓延秦隴。逆寇數十萬，蜂聚天水，環繞洛門，三輔騷然震動。上以奮威將軍顯吾王公膺閫外重寄，大小數十戰，掎角數閱月，設奇制勝，所向克捷，為三秦半壁。及洛門寇潰，退保興元。顯吾提精銳之師，渡渭河，涉鳳嶺，親冒矢石。殘寇望風披靡，始據武關，扼吭守險，以拒我師。顯吾以武關為興元天塹，且棧道險巇，寇知我不敢遽進，若從間疾趨以絕其後，出其不意，破賊必矣。乃分兵繞武關之後，衝鋒陷陣，斬殺無算。寇以我兵從天而下，連夜奔遁雞頭關。漢城諸逆知勢不能支，各自潰逃。顯吾抵漢城，招降卒，輯殘黎，不戮一人，民皆安堵。迨殘寇入蜀，復據保寧。時偽帥九人，收合餘燼數萬，深溝高壘，以為固守計。顯吾同建威將軍吳公從漢南統大師，疾馳五丁，奪七盤，首克葭萌，分兵取廣、昭、蒼三邑，四晝夜直抵龍盤山。顯吾謂吳公曰：『逆寇嬰城死守，以老我師。不分兵攻擊，卒難取勝。公擁一軍，於盤龍山柯城之東北以分其勢；我統一軍，從城之西南直逼錦屏，阨其咽喉。必出戰，不三日，山賊可拔也。』是夜，顯吾率松潘鎮提所部勁旅，盡渡蒼溪之竹貢灘，分布各營，列於錦屏山之西南。次日黎明，寇果擁大隊於城南接戰。顯吾與松潘總兵冒鋒鏑，賈勇直前。寇果敗逃。而城內尚有寇守，浮橋一帶盡伏火器。顯吾顧其子用予曰：『不從此時入城，遲有備矣。』父子以八騎奪橋斬關，往〔註399〕趨城內，號令諸將毋許妄殺一人。以蜂屯蟻聚之眾，一鼓蕩平，商民咸喜。」〔註400〕《居易錄》：「奮威將軍王進寶武關之戰，身先士卒，所向無前，轉戰直抵保寧。王屏藩縊死，其麾下大將尚數十人，已約降，猶據城觀望。進寶免胄卸甲，盡屏左右，單騎馳入，大呼曰：『我仁義將軍也，降者待以不死。』賊將皆羅拜歸命，乃直入偽帥府，解屏藩之懸而哭之。賊大喜過望，遂定閬中。漢羌川蜀稱進寶為仁義將軍，故賊聞之皆悅服云。」〔註401〕

臣伏見皇上即阼以來，《史記·文帝紀》：「皇帝即阼。」〔註402〕仁聲溥洽，凡在海外，重譯來格。《韓詩外傳》：「成王之時，越裳氏重九譯而至，獻白雉於周公。」〔註403〕邇者巴蜀負固，《周禮》：「負固不服則攻之。」〔註404〕蕞爾叛寇，神人交憤。六師所向，何堅不摧。皇上先之以德化，未即咸劉，《書》：「咸

〔註399〕「往」，《漁洋精華錄集釋》、江浩然《曝書亭詩錄》作「逕」。
〔註400〕《漁洋精華錄》卷九《詔起奮威將軍鎮保寧》「百戰能輕敵」惠棟注。（《漁洋精華錄集釋》第1412頁）
〔註401〕卷五。
〔註402〕卷十。
〔註403〕卷五。
〔註404〕《夏官司馬第四·大司馬》。

劉厥敵。」〔註405〕乃凶渠既殞，陸倕《石闕銘》：「凶渠泥首。」〔註406〕餘孽罔悛，天威赫怒，《詩》：「王赫斯怒。」〔註407〕爰命虎臣，《詩》：「矯矯虎臣。」〔註408〕五道分軍，陳琳《檄吳將校部曲文》：「萬里剋期，五道併入。」〔註409〕采入其阻。《詩》。〔註410〕日未浹旬，保寧、成都千里〔註411〕底定。正月丁巳，捷書上聞。誕集文武臣工，宣於闕下，僉曰：蜀寇之不靖，於今六稔。《左傳》：「不可以五稔。」〔註412〕《說文》：「稔，穀熟也。」古人以一年為一稔。皇上休養民力，湛靜不綠。《漢書‧匡衡傳》：「湛靜安舒者戒於後時。」〔註413〕《詩》：「不競不綠。」〔註414〕金鏡在握，劉峻《廣絕交論》：「聖人握金鏡，闡風烈。」〔註415〕朗照萬里之遠。山川險易，瞭若掌中。廟算恢宏，《孫子》：「兵未戰而廟勝，得算之多者也。」〔註416〕指授方畧。《書》：「夾右碣石入於河。」〔註417〕《疏》：「禹之治水，必每州巡行，度其形勢，計其人功，施設規模，指授方略，令人分布並作。」以師則武，以時則利，以將相則和調，《史記‧陸賈傳》：「將相和調則士豫〔註418〕附。」〔註419〕用能不日成功。《詩》：「不日成之。」〔註420〕聖武布昭，《書》：「布昭聖武。」〔註421〕遠邁隆古。臣以布衣，被蒙恩澤，拔置史館。粵稽曩昔，劉闢〔註422〕既擒，《唐書‧憲宗紀》：「帝，順宗長子。永貞元年八月，詔立為皇帝。乙巳即位。癸丑，劍南西川行軍司馬劉闢自稱留後。十一月壬申夏，綏銀節度留後楊惠琳反。元和元年三月辛巳，惠琳伏

〔註405〕《君奭》。
〔註406〕《文選》卷五十六。
〔註407〕《大雅‧皇矣》。
〔註408〕《魯頌‧泮水》。
〔註409〕《文選》卷四十四。
〔註410〕《商頌‧殷武》。
〔註411〕「千里」，四庫本《曝書亭集》無。
〔註412〕僖公二年。
〔註413〕卷八十一。
〔註414〕《商頌‧長發》。
〔註415〕《文選》卷五十五。
〔註416〕《計篇》。
〔註417〕《禹貢》。
〔註418〕「豫」，《史記》作「務」。
〔註419〕卷九十七。
〔註420〕《大雅‧靈臺》。
〔註421〕《伊訓》。
〔註422〕「闢」，四庫本《曝書亭集》作「辟」。

誅。九月辛亥，克成都。十月戊子，闔伏誅。」〔註 423〕**韓愈進《元和聖德詩》；**韓愈《元和聖德詩序》：「輒依古作四言《元和聖德詩》一篇。」**明之平蜀，□□□□**〔註 424〕：「廖永忠帥舟師自夔州乘勝抵重慶，沿江州縣望風奔附。次銅鑼峽，明昇與右丞劉仁等大懼。仁勸昇奔成都，其母彭氏〔註 425〕泣曰：『事勢如此，縱往成都，不過延命旦夕，何益？不如早降，以免生靈於鋒鏑。』明昇遂遣使詣永忠〔註 426〕軍，全城納款。」劉基亦作頌以獻。臣雖蒙滯，躬逢盛際，於以頌揚丕烈，其何敢後。乃拜手稽首而獻詩曰：

皇帝聖哲，靡遠勿瞻。南諧北燮，見前《省耕》。**西被東漸。**《書》：「東漸於海，西被於流沙。」〔註 427〕**蠢爾不庭，**《詩》：「蠢爾蠻荊。」〔註 428〕《左傳》：「以王命討不庭。」〔註 429〕**憑阻滇黔。爰踞**〔註 430〕**巴蜀，以逞戈銛。**

皇帝曰諮，元戎是敕。《詩》：「元戎十乘。」〔註 431〕**欲宣武功，**《詩》：「有此武功。」〔註 432〕**誕敷文德。**《書》：「帝乃誕敷文德。」〔註 433〕**寇眾來挑，我堅壘壁。匪久其師，恤民之力。**

民力既恤，士氣孔揚。我車我牛，《詩》。〔註 434〕**我倉我箱。**《詩》：「乃求千斯倉，乃求萬斯箱。」〔註 435〕**芻茭菽粟，**《書》：「峙乃芻茭。」〔註 436〕**在巘在岡。**《詩》：「陟則在巘。」又：「迺陟南岡。」〔註 437〕**萬夫豫附，萬馬騰驤。**

魁渠肆殄，《書》：「殲厥渠魁。」〔註 438〕**梟謀日阻。**《後漢·朱浮傳》：「造

〔註 423〕《新唐書》卷七。

〔註 424〕按：此處引文出處，底本作墨丁，石印本作空格。

〔註 425〕「彭氏」，石印本無。

〔註 426〕石印本此處有「之」。

〔註 427〕《禹貢》。

〔註 428〕《小雅·采芑》。

〔註 429〕隱公十年。

〔註 430〕「踞」，四庫本《曝書亭集》作「居」。

〔註 431〕《小雅·六月》。

〔註 432〕《大雅·《文王有聲》。

〔註 433〕《大禹謨》。

〔註 434〕《小雅·黍苗》。

〔註 435〕《小雅·甫田》。

〔註 436〕《費誓》。

〔註 437〕《大雅·公劉》。

〔註 438〕《胤征》。

梟鴟之逆謀。」〔註439〕**帝曰可哉，命整雲旅**。鮑照詩：「肅裝屬雲旅。」〔註440〕
分鑣以馳。梁昭明太子《文選序》：「分鑣並驅。」**揚旌負羽**。揚雄《羽獵賦》：「蒙
盾負羽。」**或搤其吭**，《史記·婁敬傳》：「夫與人鬥，不搤其吭〔註441〕，拊〔註442〕
其背，皆未能全勝。」**或擊其膂**。

　　赫赫奮威，師度七盤。《一統志》：「七盤嶺在保寧府廣元縣北一百七十里。」
既下葭萌，《華陽國志》：「昔蜀王弟葭萌封漢中，命其地曰葭萌。」《寰宇記》：「昭
化縣本漢葭萌地，天寶中改為益昌縣。」〔註443〕**入閬中關**。《一統志》：「保寧府，
唐為閬中郡。」**桓桓勇略**，《書》：「尚桓桓。」〔註444〕**鳥道鉤援**。《南中八志》：
「鳥道四百里，以其險絕，獸猶無蹊，特上有飛鳥之道耳。」杜甫詩：「關塞極天惟鳥
道。」〔註445〕《詩》：「以爾鉤援。」〔註446〕**縣井既收**，綿竹、井研二縣俱屬成都
府。**遂復錦官**。《華陽國志》：「成都西城，故錦官城也。」

　　如彼東瀛，梁簡文帝《招真館碑》：「東瀛淥水，三變成田。」**用注螢爝**。《北
史·崔仲方傳》：「芻蕘所見，冀申螢爝。」〔註447〕**如彼沖風，用卷秋籜**。庾信
《賀平鄴都表》：「旗鼓所臨，沖風之卷秋葉。」**昧雉斯經**，《公羊傳》：「昧雉彼視。」
〔註448〕《晉語》：「雉經於新城廟。」**窮獸乃縛**。《法苑珠林》：「窮獸入廬，乃祈生
於歐〔註449〕氏。」〔註450〕**徹其幟竿，清我堢柝**。

　　蜀之黃髮，《詩》：「黃髮〔註451〕臺背。」**植杖**〔註452〕**以遨**。**蜀之黃口**，見

〔註439〕卷六十三。
〔註440〕《從過舊宮詩》。
〔註441〕「吭」，《史記》卷九十九作「亢」。
〔註442〕「拊」，石印本作「附」。
〔註443〕卷一百三十五。
〔註444〕《牧誓》。
〔註445〕《秋興八首》。
〔註446〕《大雅·皇矣》。
〔註447〕《隋書》卷六十《崔仲方傳》。《北史》卷三十二《崔仲方傳》「芻」作「𪉟」。
　　　　另，《宋書》卷八十四《孔覬傳》：「若實有螢爝，增暉光景。」《南齊書》卷
　　　　二十三《王儉傳》：「太陽躋景，無俟螢爝之暉。」
〔註448〕襄公二十七年。
〔註449〕「歐」，《法苑珠林》作「區」。
〔註450〕卷七十三《十惡篇第八十四·述意部第一》。
〔註451〕「髮」，《大雅·行葦》作「耇」。
〔註452〕按：《論語·微子》：「子路從而後，遇丈人，以杖荷蓧。子路問曰：『子見夫
　　　　子乎！』丈人曰：『四體不勤，五穀不分。孰為夫子？』植其杖而芸。」

卷八《櫂歌》。聯臂而謠。壺則有漿，簞則有醪。見卷四《山陰雨霽》。或徯於野，《書》：「徯我後。」〔註453〕或迓於郊。

　　逦疆逦理，《詩》。〔註454〕橙邱宜切。林棘路。杜甫詩：「橙林礙日吟風葉。」〔註455〕嵇紹《白首賦序》：「忠貞抗於棘路。」爾宅爾田，輕爾徭賦。巴貢其牋，《紙譜》：「蜀牋紙盡用蔡倫法，有玉版、貢餘、經屑、表光之名。」賨輸其布。《晉中興書》：「巴人謂賦為賨。」《後漢·南蠻傳》：「歲令大人輸布一匹、小口二丈，是謂賨布。」〔註456〕棧谷梯山，《後漢·西域傳·論》：「梯山棧谷，繩行沙度之道，莫不備寫情形，審求根實。」〔註457〕千里襃泚。《水經注》：「行者間關，襃泚山水之號，亦因事生焉。」〔註458〕補注：《書》：「今爾尚宅爾宅，畋爾田。」〔註459〕

　　捷書夜奏，徹於宸聰。徐元弼詩：「猶是滿宸聰。」〔註460〕午門斯啟，見前《兕觥歌》。宣示臣工。小大稽首，《詩》。〔註461〕蹈舞攸同。庭燎晰晰，《詩》。〔註462〕光如日中。

　　我出我師，《詩》。〔註463〕正月初吉。《詩》：「二月初吉。」〔註464〕至於益部，《一統志》：「四川，古梁州地，漢置益州部。」曾不旬日。矯矯虎臣，《詩》。〔註465〕殆罕其匹。帝心是嘉，首用遷秩。

　　人亦有言，《詩》。〔註466〕師克在和。《左傳》：「師克在和，不在眾。」〔註467〕惟此成功，廟筭實多。貳者勿族，降者勿苛。皇仁之溥，四國是吪。

〔註453〕《仲虺之誥》。
〔註454〕《大雅·緜》。
〔註455〕《堂成》。
〔註456〕卷一百十六。
〔註457〕卷一百十八。
〔註458〕卷三十七。
〔註459〕《多方》。
〔註460〕《冊上公太常奏雅樂》。
〔註461〕《小雅·楚茨》。
〔註462〕《小雅·庭燎》。
〔註463〕《小雅·出車》：「我出我車。」
〔註464〕《小雅·小明》。
〔註465〕《魯頌·泮水》。
〔註466〕《大雅·桑柔》。
〔註467〕桓公十一年。

《詩》。〔註468〕

井絡既平，左思《蜀都賦》：「遠則岷山之精，上為井絡。」《注》：「岷山之地，上為東井維絡也。」坤垠式奠。柳宗元《劍門銘》：「井絡坤垠，時惟外區。界山為門，環於蜀都。」蒙詔牂牁，《唐書·南詔傳》：「南詔本哀牢夷後，烏蠻別種也。夷語，王為詔。其先渠帥有六，自號六詔：蒙巂詔、越析詔、浪穹詔、邆睒詔、施浪詔、蒙舍詔。」〔註469〕《一統志》：「牂牁，古西夷之地名。秦為夜郎、且蘭二縣地。漢置牂牁郡。唐為播州。」載歸赤縣。見卷二《岳忠武王墓》。皇帝神武，《易》：「古之聰明睿知、神武而不殺者夫。」〔註470〕俾修組練。《左傳》：「楚使鄧廖帥組甲三百、被練三千以侵吳。」〔註471〕亦有昆池，於焉習戰。《漢書·武帝紀》：「發謫吏穿昆明池。」《注》：「《西南夷傳》：『越巂昆明國有滇池，方三百里。』漢使求通身毒國，為昆明所閉。欲伐之，故作昆明池象之，以習水戰。」〔註472〕

聖有恆訓，儆戒無虞。《書》。〔註473〕凡百有位，《詩》。〔註474〕職思其居。《詩》。〔註475〕勿謂外寧，官守或渝。小臣作詩，以贊訏謨。《詩》：「訏謨定命。」〔註476〕

題李檢討柟梅花圖和韻《遂初堂集》：「同陳其年諸子集李木菴齋，盆梅滿屋，燈影橫斜，分韻四首。」《騰笑集》和韻四首。其二云：「疏影孤山後，寥寥愛者誰。青猿慵未摘，翠羽弱難持。落月長疑夢，巡簷亦有詩。緇塵眼初豁，不厭最繁枝。」其三云：「霽〔註477〕雪三楹屋，苔枝四尺身。不眠尋塞管，相對儼鄉人。愧後遨頭夜，思傾麴尾春。玉堂許酬和，猶及賞花辰。」其四云：「披圖精舍小，酒榼暫教刪。只少柂樓坐，江橋對虎山。簾猶映松下，月未減籬間。有約明年放，南鄰日往還。」

樂飲高齋勝，都亭不易哉。《漢書·司馬相如傳》：「往舍都亭。」〔註478〕

〔註468〕《豳風·破斧》。
〔註469〕《御定佩文韻府》卷七十七之二、《御定駢字類編》卷九十九。
〔註470〕《繫辭上》。
〔註471〕襄公三年。
〔註472〕卷六。《注》引「臣瓚曰」。
〔註473〕《大禹謨》。
〔註474〕《小雅·巷伯》、《小雅·雨無正》：「凡百君子。」
〔註475〕《唐風·蟋蟀》。
〔註476〕《大雅·抑》。
〔註477〕「霽」，底本為墨丁，據《騰笑集》、石印本補。
〔註478〕卷五十七上。按：早見《史記》卷一百一十七《司馬相如列傳》。

客從元夕暇，花擬故園開。未雨莓苔潤，沖寒雀豹來。杜甫詩：「山意沖寒欲放梅。」〔註479〕韓愈詩：「相殘雀豹趨。」〔註480〕若為方法便，分乞小窗栽。

刺梅園餞別陸進遊汝陽字蕙思，餘杭人。有《巢青閣集》。

刺梅園裏青松樹，笑我頻來竟白頭。避暑暫辭襱襀客，程曉《三伏詩》：「閉門避暑臥，出入不相過。今世襱襀子，觸熱到人家。」《西溪叢話》：「《炙轂子》云：『襱襀，笠子也。』」〔註481〕《集韻》云：「襱襀，不曉事也。」停杯又起別離愁。村煙斷續陽人聚，《十三州志》：「梁周南鄙邑，秦滅東周，遷其君於此，謂之陽人聚，在今汝州西。」山色東西郟縣樓。《名勝志》：「郟城縣在汝州東九十里。」餘事機雲時倡〔註482〕和，《晉書‧陸雲傳》：「字士龍，六歲能屬文，性清〔註483〕正，有才理。少與兄機齊名，雖文章不及機，而持論過之，號曰『二陸』。」〔註484〕按：陸天濤時官郟縣。莫忘日下置輕郵。

題楊〔註485〕**上舍自牧潛籟軒**字謙六，號預齋，昌平人。

香草芹城外，《昌平山水記》：「芹城在州東三十里，有橋。橋下有水，出芹城北，南流入於沙河。」〔註486〕幽居虎峪隈。見卷七《同劉侍郎》。緇塵吹不到，白鳥有時來。萬籟入門寂，群花繞屋開。家僮聞剝啄，知得異書回。

七月晦日賜藕恭紀二首

宸遊西苑念詞曹，《畿輔通志》：「西苑在皇城內，周圍深廣，波光澄澈，綠荷芳藻，含香吐秀，遊魚浮鳥，競戲成〔註487〕集。島皆奇石巉岩，下瞰池水，喬松古檜，煙雲繚繞，隱然蓬萊仙府也。」〔註488〕高適詩：「星使出詞曹。」〔註489〕踏藕

〔註479〕《小至》。
〔註480〕《城南聯句》。
〔註481〕卷下。
〔註482〕「倡」，《曝書亭集》作「唱」。
〔註483〕「清」，底本作「情」，據《晉書》、石印本改。
〔註484〕卷五十四。
〔註485〕「楊」，《曝書亭集》作「湯」，誤。
〔註486〕《欽定古今圖書集成‧方輿彙編‧職方典》卷十三、卷五十、《欽定日下舊聞考》卷一百三十四。
〔註487〕「成」，江浩然《曝書亭詩錄》同，《欽定古今圖書集成》引《畿輔通志》作「群」。
〔註488〕《欽定古今圖書集成‧方輿彙編‧職方典卷三》。
〔註489〕《送柴司戶充劉卿判官之嶺外》。

連船出鷺濤。杜甫詩：「踏藕野泥中。」〔註490〕嚴維詩：「青雀舟隨白鷺〔註491〕
濤。」白蕅金門教遍及，《爾雅》：「荷其本蕅。」《注》：「莖下白蕅在泥中者。」揚
雄《解嘲》：「今吾子幸得歷金門，上玉堂有日矣。」〔註492〕青泥玉井訝新淘。見
卷六《雪窗》。欲添素節秋迎閏，是歲閏八月。〔註493〕《廣雅釋》：「蓮曰芙蓉，
其根曰藕。陸佃云：『凡芙蓉行根，如竹行鞭。節生一葉一花，花葉常偶生，故謂之
藕。』藕生應月，月生一節，遇閏則益一節。」看漉花磚日漸高。見卷六《壽徐侍
讀》。賜果自來聞曲禮，見卷六《壽何侍御》。不圖異數小臣叨。

　　分載篋輿路未賒，《史記‧張耳傳》：「廷尉以貫高事辭聞。上使泄公持節問
之篋輿前。」〔註494〕冰條玉筍淨無瑕。《談苑》：「陳彭年在翰林所兼十餘職，皆
文翰清秘之目。人謂其署銜為一條冰。」《唐書‧李宗閔傳》：「為中書舍人，典貢舉，
所取多知名士，若唐沖、薛庠、袁都等，世謂之玉筍。」〔註495〕蒸來須實麞牙
稻，白居易詩：「祿米麞牙稻，園蔬鴨腳葵。」〔註496〕雪後寧論虎掌瓜。《家
語》：「以黍雪桃。」注：「雪，刷也。」杜甫詩：「佳人雪藕絲。」〔註497〕《齊民要
術》：「瓜有龍肝、虎掌、羊骹、兔頭。」〔註498〕故事緟書前代少，歸田對客
異時誇。餘根試傍柯亭種，《玉堂叢語》：「柯潛既綜院章，就詞林後圃結清風
亭，亭左〔註499〕鑿池蒔蓮，決渠引泉。公退偃坐其中，脩然若真登瀛洲者。」又：
「廖道南遊翰林，見有亭一區，曰柯亭；有柏二株，曰柯學士柏。歎曰：『流風遺澤，
令人永矢勿諼。』」〔註500〕驗取薰風紅白花。

〔註490〕《陪鄭公秋晚北池臨眺》。
〔註491〕「鷺」，《送崔峒使往睦州兼寄薛司戶》作「露」。按：（唐）駱賓王，《夏日遊
　　　　德州贈高四》：「鷺濤開碧海，鳳彩綴詞林。」（唐）皎然《送稟上人遊越》：
　　　　「投石輕龍窟，臨流笑鷺濤。」
〔註492〕按：節略似不當。原作：「今吾子幸得遭明盛之世，處不諱之朝，與群賢同行，
　　　　歷金門、上玉堂有日矣。」
〔註493〕此係自注。
〔註494〕卷八十九。
〔註495〕《新唐書》卷一百七十四。
〔註496〕《官舍閑題》。
〔註497〕《陪諸貴公子丈八溝攜妓納涼晚際遇雨二首》。
〔註498〕卷二《種瓜第十四》。
〔註499〕「左」，石印本作「下」。
〔註500〕此兩則見《欽定古今圖書集成‧方輿彙編‧職方典卷四十一》、《欽定日下舊
　　　　聞考》卷六十四。

送慕主事榷音較。**關杭州**《漢書．武帝紀》：「天漢三年，初榷酒酤。」〔註 501〕

江漲橋邊路，《能改齋漫錄》：「近時士人於錢塘江漲橋為狹斜之遊。」〔註 502〕**星隨使者來。**見卷七《雪霽》。**須知持國計，**見卷六《壽何侍御》。**端藉軼倫才。**《鶡冠子》：「歷越踰俗，軼倫超等。」〔註 503〕**書幌晴湖卷，茶檣夜火開。**杜牧《出守吳興》：「春橋垂酒幔，夜柵集茶檣。」〔註 504〕**西谿春信早，**見卷八《潞河》。**誰並詠官梅。**見《壽何侍御》。

題吳徵君雯詩卷二首〔註 505〕《後漢．庾乘傳》：「徵辟並不起，號曰徵君。」〔註 506〕《居易錄》：「天章詩情高邁，當世無輩。素耽二氏之書，有出世之志。予曾序其《蓮洋詩》。己未，以鴻博徵赴京師，獨不掃門時相。」〔註 507〕

籍甚吳郎大雅材，司馬相如《上林賦》：「載雲罕，掩群雅。」《注》：「詩小雅之材七十四人，大雅之材三十一人，故曰群雅。」〔註 508〕**賦詩不上柏梁臺。**《漢書．武帝紀》：「元鼎二年春，起柏梁臺。」〔註 509〕《三輔黃圖》：「帝嘗置酒其上，詔群臣和詩。」**翻飛卻似橫汾雁，幾度秋風上苑來。**

題畫〔註 510〕

桐葉苔衣晚翠含，繩床羽扇羅幽探。床頭不畫鸕鷀杓，知是新涼酒半酣。

送趙主事吉士榷關揚州先生《趙君墓誌》：「字天羽，一字恒夫，世居徽州之休寧。君入籍杭州。順治八年，舉浙江鄉貢進士。康熙七年，謁選知太原交城縣事。徵

〔註 501〕卷六。
〔註 502〕卷十六《玉瓏璁詞》。
〔註 503〕《天權第十七》。
〔註 504〕按：非杜牧詩。（唐）許渾《送人歸吳興》：「春橋懸酒幔，夜柵集茶檣。」
〔註 505〕四庫本《曝書亭集》因第二首有「屈大均」，只錄第一首，故題為「一首」。此處亦僅錄其一，而忘改詩題。
附原詩：
三晉風騷雜偽真，遺山歿後更無人。把君行卷誰堪並，除是番禺屈大均。
另，國圖藏本眉批：集內凡違礙詩皆刪去，是也。此何不竟存一刪一。
〔註 506〕卷九十八。
〔註 507〕卷三。
〔註 508〕《史記》卷一百一十七《司馬相如列傳》。《注》乃《索隱》引「張揖曰」。
〔註 509〕卷六。
〔註 510〕按：《曝書亭集》無此詩。

入為戶部山西司主事。二十年，奉使徵揚州關鈔。」〔註 511〕《竹垞近詩・送趙天羽榷關揚州並請盡刊東山處士遺書二首》其二云：「處士東山卜〔註 512〕宅深，百年論定首儒林。屬辭最善春秋教，作史無慚高尚心。棗木流傳終有待，蟫魚泯滅試重尋。發揚端藉云孫力，早晚書成報好音。」

珠簾十里江都市，杜牧詩：「春風十里揚州路，卷上珠簾盡〔註 513〕不如。」**鐵鹿連船估客檣**。見卷一〔註 514〕《那呵灘》。**持節自來星使重，籌緡須比水衡強**。《漢書》：「元帝時，都中錢三十萬、水衡錢三十五萬、少府錢十八萬。帝溫恭少欲，賞賜節約，故少府、水衡錢多。」〔註 515〕《算法》：「以有餘為強。」**橋邊揚子仍開驛**，丁芝仙詩：「林開揚子驛。」〔註 516〕**柳外平山舊有堂**。見卷七《酬彭師度》。**到及梅花官閣綻，好攜賓從促飛觴**。

贈別梅庚三首字耦長，一字子長，號雪坪，又號聽山翁。江南宣城人。康熙辛酉順天舉人。有《天逸閣集》、《玉筍遊草》、《吳市吟》。《漁洋詩話》：「宣城諸梅號多才。今惟耦長在。耦長工詩畫。《琴溪》云：『田家桑落酒，風物藥粗魚。』又《落梅》云：『背城花塢得春遲，野雀銜殘客未知。聞說綠珠堪絕世，我來偏見墮樓時。』」

宛陵才子數都官，《江南通志》：「寧國府，漢置丹陽郡，治宛陵。」《宋史・梅堯臣傳》：「堯臣字聖俞，宣州宣城人。累遷尚書都官員外郎。撰《宛陵集》四十卷。」〔註 517〕《通典》：「魏置都官，隋改都官為刑部。」〔註 518〕**似爾清詩和者難。猶記春遊潭柘寺**，見卷八《題畫竹》。**下方點筆到層欄**。

東田西曲我曾居，《輿地紀勝》：「東田，齊文惠太子立，在上元縣東八里，形勢為天下第一。」**擬向茅山讀道書**。《南畿志》：「茅山在句容縣東南四十里。」《南史・陶弘〔註 519〕景傳》：「於是止於句容之句曲山。恒曰：『此山下是第八洞宮，名金陵〔註 520〕華陽之天，周回一百五十里。昔漢有咸陽三茅君得道，來掌此山，故謂之

〔註 511〕《曝書亭集》卷七十七《朝議大夫戶科給事中降補國子監學正趙君墓誌銘》。
〔註 512〕「卜」，底本作「十」，據石印本改。另，此詩見趙吉士《趙徵君東山先生存稿跋》（《四庫提要著錄叢書》集部第 113 冊《趙徵君東山先生存稿》，北京出版社 2010 年版，第 167 頁），亦作「卜」。
〔註 513〕「盡」，《贈別二首》其一作「總」。
〔註 514〕「一」，底本誤作「二」，據石印本改。
〔註 515〕（宋）吳淑《事類賦》卷十。按：《漢書》未見。
〔註 516〕《渡揚子江》。一作孟浩然詩。
〔註 517〕卷四百四十三《文苑列傳五》。
〔註 518〕卷二十三。
〔註 519〕「弘」，底本、石印本作「宏」。
〔註 520〕「陵」，《南史》作「壇」。

茅山。』」〔註521〕**此意沉吟三歲久，送君南去轉躊躇。**先生《蔣京少梧月詞序》：「比年客白下，思入茅山為道士，著書以老。願未果，翻策柴車入京師，風塵蓬勃，懷山水之樂，蓋有夢寐不能釋者。」〔註522〕

谿山重疊細泉分，畫手由來最軼群。輸與田郎團扇好，秋窗看寫敬亭雲。謂學使雯也。〔註523〕見卷四《施學使》。

奉酬相國馮夫子問病之作名溥，字孔博，號易齋，山東臨朐人。順治丁亥進士。官至大學士。諡文毅。

月閏延秋序，樽空病酒徒。黃楊生易厄，見卷六《風懷》。**烏幾憑逾孤。**李光孝詩：「烏幾繩床詩夢熟。」〔註524〕**夫子勝龍樹，**《翻譯名義集》：「輔行云：『樹樹學廣通，天下無敵。龍接入宮，一夏但誦七佛經目，知佛法妙因而出家。』」《三種論》：「南天竺國中大名德比丘，厥號為龍樹。」《隋書·經籍志》：「《龍樹菩薩藥方》四卷。」〔註525〕**奉錢資藥爐。清風兼有作，**《詩》：「吉甫作誦，穆如清風。」〔註526〕**宛使蟄蟲蘇。**《禮》：「蟄蟲昭蘇。」〔註527〕

送十一叔還里即作豫章之遊二首《一統志》：「江西，漢置豫章郡。」

沙隄棘樹路依然，見卷八《懷鄉口號》。《北齊書·邢邵傳》：「槐宮棘寺顯麗於中。」〔註528〕**再到京華四十年。客裏鬢絲驚並老，愁中藥裏迭相憐。觥籌尚記投賓轄，**見卷一《八月十五》。**薑蔗都無負郭田。**韋應物詩：「薑蔗傍湖田。」〔註529〕**此去南湖仍暫住，未容高枕竹林眠。**杜甫《示姪佐》：「自聞茅屋趣，只想竹林眠。」

大江西上總風湍，猶勝驚沙老據鞍。擬共故人登快閣，《一統志》：「快閣在泰和縣治東澄江之上，以江山廣遠、景物清華故名。黃魯直詩：『癡兒了卻公家事，快閣東西倚晚晴。』」**便浮小艇泝層灘。**見卷二《灘行口號》。**竹雞格磔雲根**

〔註521〕卷七十六《隱逸列傳下》。
〔註522〕《曝書亭集》卷四十。
〔註523〕此係自注。
〔註524〕《次薩使君韻四首》其一。
〔註525〕卷三十四。
〔註526〕《大雅·烝民》。
〔註527〕《樂記》。
〔註528〕卷三六。
〔註529〕《送唐明府赴溧水》。

語，《格物論》：「竹雞比鷓鴣差小，毛羽褐色，多斑，赤文。」《本草集解》：「竹雞生江南。自呼鉤輈格磔。」楊升庵集：「古詩：『黮黮布雲根。』雲生於石，故石曰雲根。」〔註530〕蘭草青蔥鏡裏看。江淹詩：「玉樹信蔥青。」〔註531〕南道逢迎應不少，莫輕留滯等長安。

曝書亭集詩注卷九　　　　　　　　　　　　　　　　　男　蟠　挍

〔註530〕《升菴集》卷七十八《雲根》。

〔註531〕《從冠軍建平王登廬山香爐峰詩》。